América del Sur

PEARSON **myspanishlab**™ ¡Hola!

Part of the award-winning MyLanguageLabs suite of online learning and assessment systems for basic language courses, MySpanishLab brings together—in one convenient, easily navigable site—a wide array of language-learning tools and resources, including an interactive version of the ***¡Anda! Curso elemental para estudiantes avanzados*** student text, an online Student Activities Manual, and all materials from the audio and video programs. Chapter Practice Tests, tutorials, and English grammar Readiness Checks personalize instruction to meet the unique needs of individual students. Instructors can use the system to make assignments, set grading parameters, listen to student-created audio recordings, and provide feedback on student work. MySpanishLab can be packaged with the text at a substantial savings. For more information, visit us online at http://www.mylanguagelabs.com/books.html.

A GUIDE TO *¡ANDA! CURSO ELEMENTAL PARA ESTUDIANTES AVANZADOS* ICONS	
Readiness Check for MySpanishLab	This icon, located in each chapter opener, reminds students to take the Readiness Check in MySpanishLab to test their understanding of the English grammar related to the Spanish grammar concepts in the chapter.
MySpanishLab	This icon indicates that additional resources for pronunciation and grammar are available in MySpanishLab.
Text Audio Program	This icon indicates that recorded material to accompany *¡Anda! Curso elemental* is available in MySpanishLab (www.mylanguagelabs.com), on audio CD, or on the Companion Website (www.pearsonhighered.com/anda).
Pair Activity	This icon indicates that the activity is designed to be done by students working in pairs.
Group Activity	This icon indicates that the activity is designed to be done by students working in small groups or as a whole class.
Web Activity	This icon indicates that the activity involves use of the Internet.
Video icon	This icon indicates that a video episode is available for the *Ambiciones siniestras* video series that accompanies the *¡Anda! Curso elemental* program. The video is available on DVD and in MySpanishLab.
Student Activities Manual	This icon indicates that there are practice activities available in the *¡Anda! Curso elemental* Student Activities Manual. The activities may be found either in the printed version of the manual or in the interactive version available through MySpanishLab. Activity numbers are indicated in the text for ease of reference.
Workbooklet	This icon indicates that an activity has been reproduced in the *Workbooklet* available as a print supplement or in MySpanishLab.
Interactive Globe	This icon indicates that additional cultural resources in the form of videos, web links, interactive maps, and more, relating to particular countries, are organized on an interactive globe in MySpanishLab.
eText Activities	This icon indicates that the activity is only available online and can be found in students' MySpanishLab course.

Curso elemental para estudiantes avanzados

¡Anda!

Curso elemental para estudiantes avanzados

¡Anda!

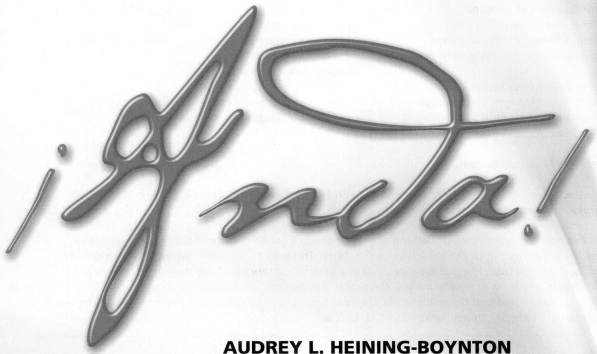

AUDREY L. HEINING-BOYNTON
GLYNIS S. COWELL
The University of North Carolina at Chapel Hill

WITH
Jean LeLoup
María del Carmen Caña Jiménez

PEARSON

Boston Columbus Indianapolis New York San Francisco Upper Saddle River
Amsterdam Cape Town Dubai London Madrid Milan Munich Paris Montréal Toronto
Delhi Mexico City São Paulo Sydney Hong Kong Seoul Singapore Taipei Tokyo

Senior Vice President: Steve Debow
Executive Editor, Spanish: Julia Caballero
Editorial Assistant: Jessica Finaldi
Executive Marketing Manager: Kris Ellis-Levy
Senior Marketing Manager: Denise Miller
Development Coordinator: Celia Meana
Development Editor, ¡Anda!: Janet García-Levitas
Development Editor, Spanish: Meriel Martínez
Senior Managing Editor for Product Development: Mary Rottino
Associate Managing Editor (Production): Janice Stangel
Senior Production Project Manager: Nancy Stevenson
Executive Editor, MyLanguageLabs: Bob Hemmer
Senior Media Editor: Samantha Alducin
Development Editor, MyLanguageLabs: Bill Bliss
Editorial Coordinator, World Languages: Regina Rivera
Senior Art Director: Maria Lange
Cover Design: DePinho Design
Operations Manager: Mary Fischer
Operations Specialist: Alan Fischer
Full-Service Project Management: Michael Packard, PreMediaGlobal
Composition: PreMediaGlobal
Printer/Binder: R.R. Donnelley
Cover Printer: Lehigh - Phoenix Color
Cover Image: Shutterstock Images

This book was set in 10/12 Janson Roman.

Credits and acknowledgments borrowed from other sources and reproduced, with permission, in this textbook appear on appropriate pages within the text (or on page **A47**).

DEDICATION

In memory of my father

—Audrey

To all my students, graduate and undergraduate, past and present, from whom I have learned so much

—Glynis

ISBN-10: 0-205-90571-4
ISBN-13: 978-0-205-90571-3

10 9 8 7 6 5 4 3 2 1

PEARSON

www.pearsonhighered.com

Brief Contents

PARA EMPEZAR

(The numbers next to the grammar and vocabulary sections indicate their location in the **eText**, which can be found in **MySpanishLab**.)

	CAPÍTULO A Preliminar	**CAPÍTULO 1** ¿Quiénes somos?	**CAPÍTULO 2** La vida universitaria
Vocabulary sections	1 Saludos, despedidas y presentaciones p. 4 2 Expresiones útiles para la clase p. 8 4 Los cognados p. 10 7 Los adjetivos de nacionalidad p. 14 8 Los números 0–30 p. 16 9 La hora p. 18 10 Los días, los meses y las estaciones p. 20 11 El tiempo p. 23	1 La familia p. 32 6 Gente p. 40 9 Los números 31–100 p. 47	1 Las materias y las especialidades p. 62 2 La sala de clase p. 65 5 Los números 100–1.000 p. 72 6 En la universidad p. 74 8 Las emociones y los estados p. 79 10 Los deportes y los pasatiempos p. 81
Grammar sections	3 El alfabeto p. 9 5 Los pronombres personales p. 11 6 El verbo ***ser*** p. 13 12 ***Gustar*** p. 25	2 El verbo ***tener*** p. 34 3 Sustantivos singulares y plurales p. 36 4 El masculino y el femenino p. 37 5 Los artículos definidos e indefinidos p. 38 7 Los adjetivos posesivos p. 41 8 Los adjetivos descriptivos p. 43	3 Presente indicativo de verbos regulares p. 67 4 La formación de preguntas y las palabras interrogativas p. 70 7 El verbo ***estar*** p. 76 9 El verbo ***gustar*** p. 80
Pronunciation		Vowels p. 33	Word stress and accent marks p. 63
Cultural readings and country focus	• **Nota cultural** Cómo se saluda la gente p. 7 • **Nota cultural** ¿Tú o usted? p. 12 • **Nota cultural** Los hispanos p. 16 • **Nota cultural** El mundo hispano p. 17	• **Nota cultural** Los apellidos en el mundo hispano p. 33 • **Nota cultural** El español, lengua diversa p. 46	• **Nota cultural** Las universidades hispanas p. 64 • **Nota cultural** Los deportes en el mundo hispano p. 84
Cultura		**LOS ESTADOS UNIDOS** p. 52	**MÉXICO** p. 88
Escucha		Presentaciones p. 49 **Estrategia:** Determining the topic and listening for words you know p. 49	Una conversación p. 86 **Estrategia:** Listening for the gist p. 86
¡Conversemos!		Communicating about people you know p. 50	Communicating about university life p. 86
Escribe		Un poema p. 50 **Estrategia:** Organizing ideas / Preparing to write p. 50	Una descripción p. 87 **Estrategia:** Creating sentences p. 87
Ambiciones siniestras		**Lectura:** *Conexiones* p. 54 **Estrategia:** Recognizing cognates p. 54 **Video:** *¿Quiénes son?* p. 56	**Lectura:** *Las solicitudes* p. 90 **Estrategia:** Skimming p. 90 **Video:** *La aventura comienza* p. 92

CAPÍTULO 3 Estamos en casa	CAPÍTULO 4 Nuestra comunidad	CAPÍTULO 5 ¡A divertirse! La música y el cine	CAPÍTULO 6 ¡Sí, lo sé!
1 La casa p. 98 3 Los muebles y otros objetos de la casa p. 106 4 Los quehaceres de la casa p. 109 5 Los colores p. 111 7 Los números 1.000–100.000.000 p. 116	1 Los lugares p. 134 3 ¿Qué tienen que hacer? ¿Qué pasa? p. 140 7 Servicios a la comunidad p. 149	1 El mundo de la música p. 172 6 El mundo del cine p. 184	**Reviewing strategies** p. 206
2 Algunos verbos irregulares p. 101 6 Algunas expresiones con ***tener*** p. 113 8 ***Hay*** p. 119	2 ***Saber*** y ***conocer*** p. 137 4 Los verbos con cambio de raíz p. 142 5 El verbo ***ir*** p. 146 6 ***Ir*** + ***a*** + infinitivo p. 147 8 Las expresiones afirmativas y negativas p. 151 9 Un repaso de ***ser*** y ***estar*** p. 154	2 Los adjetivos demostrativos p. 175 3 Los pronombres demostrativos p. 177 4 Los adverbios p. 179 5 El presente progresivo p. 180 7 Los números ordinales p. 187 8 ***Hay que*** + infinitivo p. 188 9 Los pronombres de complemento directo y la "***a***" personal p. 189	**Comunicación** Recycling of **Capítulo Preliminar A** to **Capítulo 5**
The letters ***h, j,*** and ***g*** p. 99	The letters ***c*** and ***z*** p. 135	Diphthongs and linking p. 173	
• **Nota cultural** ¿Dónde viven los españoles? p. 105 • **Nota cultural** Las casas "verdes" p. 119	• **Nota cultural** Actividades cotidianas: Las compras y el paseo p. 136 • **Nota cultural** La conciencia social p. 151	• **Nota cultural** La música latina en los Estados Unidos p. 178 • **Nota cultural** La influencia hispana en el cine norteamericano p. 186	
ESPAÑA p. 124	**HONDURAS, GUATEMALA Y EL SALVADOR** p. 161	**NICARAGUA, COSTA RICA Y PANAMÁ** p. 195	**Cultura**
Una descripción p. 121 **Estrategia:** Listening for specific information p. 121	El voluntariado p. 157 **Estrategia:** Paraphrasing what you hear p. 157	Planes para un concierto p. 192 **Estrategia:** Anticipating content p. 192	
Communicating about homes and life at home p. 122	Communicating about ways to serve the community p. 158	Communicating about music and film p. 193	
Un anuncio p. 123 **Estrategia:** Noun → adjective agreement p. 123	Una tarjeta postal p. 159 **Estrategia:** Proofreading p. 159	Una reseña p. 194 **Estrategia:** Peer review/ editing p. 194	
Lectura: *El concurso* p. 126 **Estrategia:** Scanning p. 126 **Video:** *¡Tienes una gran oportunidad!* p. 128	**Lectura:** *Las cosas no son siempre lo que parecen* p. 164 **Estrategia:** Skimming and Scanning (II) p. 164 **Video:** *¿Quiénes son en realidad?* p. 166	**Lectura:** *La búsqueda de Eduardo* p. 198 **Estrategia:** Anticipating content p. 198 **Video:** *Se conocen* p. 200	Recap of Episodes 1–5

(The numbers next to the grammar and vocabulary sections indicate their location in the **eText**, which can be found in **MySpanishLab**.)

CAPÍTULO 10 ¡Viajemos!	CAPÍTULO 11 El mundo actual	CAPÍTULO 12 Y por fin, ¡lo sé!
1 Los medios de transporte p. 374 **4** El viaje p. 388	**1** Los animales p. 412 **2** El medio ambiente p. 416 **4** La política p. 426	**Reviewing strategies** p. 452
2 Los mandatos informales p. 379 **3** Los mandatos formales p. 383 **5** Otras formas del posesivo p. 392 **6** El comparativo y el superlativo p. 394	**3** El subjuntivo p. 419 **5** ***Por*** y ***para*** p. 429 **6** Las preposiciones y los pronombres preposicionales p. 432 **7** El infinitivo después de preposiciones p. 436	**Comunicación** Recycling of **Capítulo Preliminar B** to **Capítulo 11**
The letters ***b*** and ***v*** p. 375	Review of Word Stress and Accent Marks p. 413	
• **Nota cultural** ¿Cómo nos movemos? p. 386 • **Nota cultural** Venezuela, país de aventuras p. 391	• **Nota cultural** El Yunque: tesoro tropical p. 419 • **Nota cultural** La política en el mundo hispano p. 428	
COLOMBIA Y VENEZUELA p. 402	**CUBA, PUERTO RICO Y LA REPÚBLICA DOMINICANA** p. 441	**Cultura**
Las vacaciones p. 399 **Estrategia:** Listening for linguistic cues p. 399	Un anuncio político p. 438 **Estrategia:** Using visual organizers p. 438	
Communicating about travel plans p. 400	Communicating about world issues p. 439	
Un reportaje p. 401 **Estrategia:** Using linking words p. 401	Un anuncio de servicio público p. 440 **Estrategia:** Persuasive writing p. 440	
Lectura: *¿Qué sabía?* p. 404 **Estrategia:** Skipping words p. 404 **Video:** *Falsas apariencias* p. 406	**Lectura:** *Celia* p. 444 **Estrategia:** Using visual organizers p. 444 **Video:** *El desenlace* p. 446	Recap of Episodes 7–11

Preface

WELCOME TO *¡ANDA! CURSO ELEMENTAL PARA ESTUDIANTES AVANZADOS*

The program designed for high beginner courses that provides *all* that your students need in one semester to prepare them for a successful entry to an intermediate level of language study!

¡Anda! Curso elemental para estudiantes avanzados is a research-based, class-tested, accelerated beginning Spanish program entirely grounded in the National Standards. This dynamic and motivating one-semester program provides the tools, practice, and support your students need to achieve their goals. It also provides the support that ***you***, the instructor, need to help your students achieve success.

Who are the students who benefit from *¡Anda! Curso elemental para estudiantes avanzados?*

There are a variety of student populations that benefit from the ***¡Anda! Curso elemental para estudiantes avanzados*** program.

- ✔ **Students who studied Spanish in K–12 schools:** These learners have had formal study in the K–12 schools, but do not place directly into college intermediate courses. What these learners need is a refresher before continuing their studies of the Spanish language. The thorough review with ***¡Anda! Curso elemental para estudiantes avanzados*** brings these diverse learners to the perfect launching point for intermediate Spanish language courses.
- ✔ **Students who are heritage speakers of Spanish:** Many heritage speakers need a more formal, accelerated approach to the language and culture they inherited from their families. These heritage language learners may come directly from high school, they may be learners who decide during their undergraduate or graduate programs that they want to learn more about their home language, or they may be inspired, non-traditional learners who are interested in pursuing their heritage language either for career goals or for pleasure. ***¡Anda! Curso elemental para estudiantes avanzados*** delivers an abundance of support they need to achieve their goals.
- ✔ **Spanish for special purposes learners:** Course offerings with titles such as *Business Spanish*, *Spanish for Law Enforcement*, or *Spanish for Health Care Providers* are usually one semester in duration. These courses need a foundation in Spanish language structures and cultures. Teaching the specialized vocabulary for the multitude of careers is not enough. ***¡Anda! Curso elemental para estudiantes avanzados*** provides the structure that creates the essential scaffolding for the curriculum.

- ✔ **Adult learners:** As the importance of Spanish continues to rise in the worlds of commerce, national security, and travel, more adults are interested in pursuing Spanish in an individualized, self-study, or small group setting. Unlike other commercial products that make unreasonable claims regarding what the learner will be able to do, ***¡Anda! Curso elemental para estudiantes avanzados*** sets realistic, achievable goals.
- ✔ **Learners whose native language is neither English nor Spanish:** These international students usually are competent in English as a foreign language as well as their home language. Since they are already at least bilingual, they are familiar with language learning and how they learn a language. ***¡Anda! Curso elemental para estudiantes avanzados*** is the perfect learning environment for them to continue their multilingual paths.

Why *¡Anda! Curso elemental para estudiantes avanzados*?

We were pleased by the enthusiastic response to the first edition of ***¡Anda!***, and we are honored that so many schools have chosen to adopt it for use in their introductory Spanish courses. The response confirmed our sense that many schools were feeling a need for a new kind of Spanish textbook program.

We wrote ***¡Anda!*** originally because Spanish instructors had told us that their courses were changing. In survey after survey, in focus group after focus group, they had said that they were finding it increasingly difficult to accomplish everything they wanted in their elementary Spanish courses. They also told us that they needed a version of ***¡Anda!*** specifically designed for the accelerated/high-beginner student. They told us that their lives and their students' lives were busier than ever. And as a result, they told us, there simply wasn't enough time available to do everything they wanted to do. Some reported that they felt compelled to gallop through their text in order to cover all the grammar and vocabulary, omitting important cultural topics and limiting their students' opportunities to develop and practice communication skills. Many instructors were looking for new ways to address the challenges they and their students were facing. We created ***¡Anda! Curso elemental para estudiantes avanzados*** to solve these challenges.

The challenges we heard about from all these Spanish instructors still exist today, and thus our goals and guiding principles for the second edition of the ***¡Anda!*** program remain the same as they were in the first edition. Nevertheless we have made many changes in response to helpful suggestions from users of the first edition, and we have created a power-paced program even more focused on the needs of students and instructors in the High Beginner/Accelerated Elementary course.

The *¡Anda!* Story

The ***¡Anda!*** program was developed to provide practical responses to the challenges today's Spanish instructors are facing. Its innovations center around three key areas:

1. Realistic goals with a realistic approach
2. Focus on student motivation
3. Tools to promote success

Realistic goals with a realistic approach

¡Anda!* Curso elemental para estudiantes avanzados** was created and organized specifically for learners with language talents and /or previous language learning experiences. In the opening Para empezar chapter, ***¡Anda! Curso elemental para estudiantes avanzados moves the learner quickly and efficiently through basic vocabulary and grammar that is familiar from previous studies. After this jump-start chapter, the program proceeds with realistic goals and a realistic pace. The ultimate goal is to lead students successfully toward the American Council on the Teaching of Foreign Languages (ACTFL) Oral Proficiency Interview (OPI) level of narrating in the major time frames. ***¡Anda! Curso elemental para estudiantes avanzados*** provides an abundance of practice that helps learners achieve their goals.

The scope and sequence has been carefully designed, based on research and feedback from instructors and users at a wide variety of institutions. The vocabulary in ***¡Anda! Curso elemental para estudiantes avanzados*** is high frequency, and the number of new words is controlled. The grammar scope and sequence is the result of extensive research in which hundreds of Spanish instructors across the country responded. Well over 80% of the respondents agree with the placement of the grammar topics for the ***Curso elemental para estudiantes avanzados*** program. This careful planning and attention to chunking of material results in students having adequate time throughout the program to focus on communication, culture, and skills development, and to master the vocabulary and grammar concepts to which they are introduced.

Para empezar, the initial chapter of ***¡Anda! Curso elemental para estudiantes avanzados,*** is comprised of four mini-chapters: Preliminar and Chapters 1–3. These brief chapters are meant to jump-start the learners with basic vocabulary and grammatical structures. Then, Chapters 4 through 11 of ***¡Anda! Curso elemental para estudiantes avanzados*** provide a realistic approach for the achievement of realistic goals.

- New material is presented in manageable amounts, or **chunks,** allowing students to assimilate and practice without feeling overwhelmed.
- Each chapter contains a **realistic** number of new vocabulary words.
- Vocabulary and grammar explanations are interspersed, each **introduced at the point of need.**
- Grammar explanations are clear and concise, utilizing either deductive or inductive presentations, and include many supporting examples followed by practice activities. The inductive presentations provide students with examples of a grammar concept. They then must formulate the rule(s) through the use of guiding questions. The inductive presentations are accompanied by a new *Explícalo tú* heading and an icon that directs them to Appendix 1, where answers to the questions in the presentations may be found.

- Practice begins with **mechanical** exercises, for which there are correct answers, progresses through more **meaningful,** structured activities in which the student is guided but has some flexibility in determining the appropriate responses, and ends with **communicative** activities in which students are manipulating language to create personalized responses.

Focus on student motivation

The many innovative features of ***¡Anda!*** that have made it such a successful program continue in ***¡Anda! Curso elemental para estudiantes avanzados*** to help instructors generate and sustain interest on the part of their students, whether they be of traditional college age or adult learners:

- Chapters are organized around themes that reflect **student interests** and tap into students' **real-life experiences.**
- Basic **vocabulary** has been selected and tested through ***¡Anda!'s*** development for its relevance and support, while additional words and phrases are offered so that **students can personalize** their responses and acquire the vocabulary that is most meaningful to them. Additional vocabulary items are found in *Vocabulario útil* boxes throughout the chapters as well as in Appendix 3 (*También se dice…*).
- Activities have been designed to foster active participation by students. The focus throughout is on giving students opportunities to speak and on allowing instructors to **increase the amount of student "talk time"** in each class period. The majority of activities **elicit students' ideas and opinions,** engaging them to respond to each other on a variety of levels. Abundant pair and group activities encourage students to learn from and support each other, creating a comfortable arena for language learning.
- Each activity is designed to begin with **what the student already knows.**
- A **high-interest mystery story,** *Ambiciones siniestras,* runs through each chapter. Two episodes are presented in each regular chapter, one as the chapter's reading selection (in the *Lectura* section), the other in a corresponding video segment (in the *Video* section).
- Both **"high" and "popular" culture** are woven throughout the chapters to enable students to learn to recognize and appreciate cultural diversity as they explore behaviors and values of the Spanish-speaking world. They are encouraged to think critically about these cultural practices and gifts to society.

Tools to promote success

The ***¡Anda! Curso elemental para estudiantes avanzados*** program includes many unique features and components designed to help students succeed at language learning and their instructors at language teaching.

Student learning support

- A **"walking tour"** of the ***¡Anda! Curso elemental para estudiantes avanzados*** text and supplements helps students navigate their language program materials and understand better the whys and howls of learning Spanish.
- Explicit, systematic **recycling boxes with page references** help students link current learning to previously studied material in earlier chapters or sections.

- **Periodic review and self-assessment** boxes (*¿Cómo andas? I* and *¿Cómo andas? II*) help students gauge their understanding and retention of the material presented. A final assessment in each chapter (*Y por fin, ¿cómo andas?*) offers a comprehensive self-assessment.
- **Student notes** provide additional explanations and guidance in the learning process. Some of these contain cross-references to other student supplements. Others offer learning strategies (*Estrategia*) and additional information (*Fíjate*).
- **MySpanishLab** offers students all the resources and support for a complete learning program. The asynchronous learning environment includes the e-book sections and practice activities as well as English and Spanish grammar tutorials, vocabulary tutorials, pre-assessments, and individualized study plans. Hints, verb charts, instructional games, a glossary, and other resources are available as well.
- A **Workbooklet,** available separately, allows students to complete the activities that involve writing without having to write in their copies of the textbook.

Instructor teaching support

One of the most important keys to student success is instructor success. The ***¡Anda!*** program has all of the support that you have come to expect and, based on our research, it offers many other enhancements!

- The **Annotated Instructor's Edition** of ***¡Anda!*** offers a wealth of materials designed to help instructors teach effectively and efficiently. Strategically placed annotations explain the text's methodology and function as **a built-in course in language teaching methods.**
- **Estimated time indicators** for presentational materials and practice activities help instructors create lesson plans.
- Other annotations provide **additional activities** and suggested answers.
- **The annotations are color-coded** and labeled for ready reference and ease of use.
- A treasure trove of supplemental activities, available for download in the **Extra Activities** folder of MySpanishLab, allows instructors to choose additional materials for in-class use.

Teacher Annotations

The teacher annotations in the ***¡Anda!*** fall into a variety of categories:

- **Methodology:** A deep and broad set of methods notes designed for the novice instructor.
- **Section Goals:** Set of student objectives for each section.
- **National Standards:** Information containing the correlation between each section with the National Standards as well as tips for increasing student performance.
- **21st Century Skills:** Interpreting the new Partnership for the 21st Century skills and the National Standards. These skills enumerate what is necessary for successful 21st century citizens.
- **Planning Ahead:** Suggestions for instructors included in the chapter openers to help prepare materials in advance for certain activities in the chapter. Also provided is information regarding which activities to assign to students prior to them coming to class.

- **Warm-up:** Suggestions for setting up an activity or how to activate students' prior knowledge relating to the task at hand.
- **Suggestion:** Teaching tips that provide ideas that will help with the implementation of activities and sections.
- **Note:** Additional information that instructors may wish to share with students beyond what is presented in the text.
- **Expansion:** Ideas for variations of a topic that may serve as wrap-up activities.
- **Follow-up:** Suggestions to aid instructors in assessing student comprehension.
- **Notes:** Information on people, places, and things that aid in the completion of activities and sections by providing background knowledge.
- **Additional Activity:** Independent activities related to the ones in the text that provide further practice than those supplied in the text.
- **Alternate Activity:** Variations of activities provided to suit each individual classroom and preferences.
- **Heritage Language Learners:** Suggestions for the heritage language learners in the classroom that provide alternatives and expansions for sections and activities based on prior knowledge and skills.
- **Audioscript:** Written script of all *Escucha* recordings.
- **Recap of *Ambiciones siniestras:*** A synopsis of both the *Lectura* and *Video* sections for each episode of *Ambiciones siniestras.*

The authors' approach

Learning a language is an exciting, enriching, and sometimes life-changing experience. The development of the ***¡Anda!*** program, now its second edition, is the result of many years of teaching and research that guided the authors independently to make important discoveries about language learning, the most important of which center on the student. Research-based and pedagogically sound, ***¡Anda! Curso elemental para estudiantes avanzados*** is also the product of extensive information gathered firsthand from numerous focus group sessions with students, graduate instructors, adjunct faculty, full-time professors, and administrators in an effort to determine the learning and instructional needs of each of these groups.

The Importance of the National Foreign Language Standards in *¡Anda!*

The ***¡Anda! Curso elemental para estudiantes avanzados*** program is based on the *National Foreign Language Standards*. The five organizing principles (the 5 Cs) of the Standards for language teaching and learning are at the core of ***¡Anda!*: Communication, Cultures, Connections, Comparisons,** and **Communities.** Each chapter opener identifies for the instructor where and in what capacity each of the 5 Cs is addressed. The **Weave of Curricular Elements** of the *National Foreign Language Standards* provides additional organizational structure for ***¡Anda!*** Those components of the **Curricular Weave** are: **Language System, Cultural Knowledge, Communication Strategies, Critical Thinking Skills, Learning Strategies, Other Subject Areas,** and **Technology.** Each of the Curricular Weave elements is omnipresent and, like the 5 Cs, permeates all aspects of each chapter of ***¡Anda!***

- The *Language System*, which comprises components such as grammar, vocabulary, and phonetics, is at the heart of each chapter.
- The *Comunicación* sections of each chapter present vocabulary, grammar, and pronunciation at the point of need and maximum usage. Streamlined presentations are utilized that allow the learner to be immediately successful in employing the new concepts.
- *Cultural Knowledge* is approached thematically, making use of the chapter's vocabulary and grammar. Many of the grammar and vocabulary activities are presented in cultural contexts. Cultural presentations begin with the two-page chapter openers and always start with what the students already know about the cultural themes/concepts from their home, local, regional, or national cultural perspective. The *Nota cultural* and *Les presento mi país* sections provide rich cultural information about each Hispanic country.
- *Communication and Learning Strategies* are abundant with tips for both students and instructors on how to maximize studying and in-class learning of Spanish, as well as how to utilize the language outside of the classroom.
- *Critical Thinking Skills* take center stage in ***¡Anda! Curso elemental para estudiantes avanzados.*** Questions throughout the chapters, in particular tied to the cultural presentations, provide students with the opportunities to answer more than discrete point questions. The answers students are able to provide do indeed require higher-order thinking, but at a linguistic level completely appropriate for a beginning language learner.
- With regard to *Other Subject Areas*, ***¡Anda! Curso elemental para estudiantes avanzados*** diligently incorporates **Connections** to other disciplines via vocabulary, discussion topics, and suggested activities. This edition also highlights a **Communities** section, which includes experiential and service learning activities in the Student Activities Manual.
- Finally, *technology* is taken to an entirely new level with **MySpanishLab** and the *Ambiciones siniestras* DVD. The authors and Pearson Education believe that technology is a means to the end, not the end in and of itself, and so the focus is not on the technology per se, but on how that technology can deliver great content in better, more efficient, more interactive, and more meaningful ways.

By embracing the National Foreign Language Standards and as a result of decades of experience teaching Spanish, the authors believe that:

- A **student-centered classroom** is the best learning environment.
- Instruction must **begin where the learner is,** and all students come to the learning experience with prior knowledge that needs to be tapped.
- All students can learn in a **supportive environment** where they are encouraged to take risks when learning another language.
- **Critical thinking** is an important skill that must constantly be encouraged, practiced, and nurtured.
- **Learners** need to **make connections** with other disciplines in the Spanish classroom.

With these beliefs in mind, the authors have developed hundreds of creative and meaningful language-learning activities for the text and supporting components that employ students' imagination and engage the senses. For both students and instructors, they have created an instructional program that is **manageable, motivating,** and **clear.**

Comparison of Chapters in *¡Anda! Curso elemental para estudiantes avanzados*

Many of you have successfully used or are using ***¡Anda! Curso elemental***. What follows is a correspondence of the chapters in that edition with those in this ***¡Anda! Curso elemental para estudiantes avanzados*** edition.

Para empezar	This is a condensed chapter containing content from chapters Preliminar A through 3 from the full edition. Vocabulary presentations are preserved in their entirety. All grammar explanations, along with many activities, have been pulled out and placed in **MySpanishLab** for online review and practice. Vocabulary and Grammar summaries for each chapter are included at the end of *Para empezar* for easy student reference.
Capítulo 4	Same content as Capítulo 4 in the full edition. *Nota cultural* readings and *Ambiciones siniestras* readings and video can be found in the eText in **MySpanishLab**. Activities for these sections can also be completed online.
Capítulo 5	Same content as Capítulo 5 in the full edition. *Nota cultural* readings and *Ambiciones siniestras* readings and video can be found in the eText in **MySpanishLab**. Activities for these sections can also be completed online.
Capítulo 6	Reduced to include only the *Un poco de todo* activities.
Capítulos 7–11	Same content as the corresponding chapters in the full edition. *Nota cultural* readings and *Ambiciones siniestras* readings and video can be found in the eText in **MySpanishLab**. Activities for these sections can also be completed online.
Capítulo 12	Reduced to include only the *Un poco de todo* activities.

The Authors

Audrey Heining-Boynton

Audrey Heining-Boynton received her Ph.D. from Michigan State University and her M.A. from The Ohio State University. Her career spans K-12 through graduate school teaching, most recently as Professor of Education and Spanish at The University of North Carolina at Chapel Hill. She has won many teaching awards, including the prestigious ACTFL Anthony Papalia Award for Excellence in Teacher Education, the Foreign Language Association of North Carolina (FLANC) Teacher of the Year Award, and the UNC ACCESS Award for Excellence in Working with LD and ADHD students. Dr. Heining-Boynton is a frequent presenter at national and international conferences, has published more than one hundred articles, curricula, textbooks, and manuals, and has won nearly $4 million in grants to help create language programs in North and South Carolina. Dr. Heining-Boynton has also held many important positions: President of the American Council on the Teaching of Foreign Languages (ACTFL), President of the National Network for Early Language Learning, Vice President of Michigan Foreign Language Association, board member of the Foreign Language Association of North Carolina, committee chair for Foreign Language in the Elementary School for the American Association of Teachers of Spanish and Portuguese, and elected Executive Council member of ACTFL. She is also an appointed two-term *Foreign Language Annals* Editorial Board member and guest editor of the publication.

Glynis Cowell

Glynis Cowell is the Director of the Spanish Language Program in the Department of Romance Languages and Literatures and an Assistant Dean in the Academic Advising Program at The University of North Carolina at Chapel Hill. She has taught first-year seminars, honors courses, and numerous face-to-face and hybrid Spanish language courses. She also team-teaches a graduate course on the theories and techniques of teaching foreign languages. Dr. Cowell received her M.A. in Spanish Literature and her Ph.D. in Curriculum and Instruction, with a concentration in Foreign Language Education, from The University of North Carolina at Chapel Hill. Prior to joining the faculty at UNC-CH in August 1994, she coordinated the Spanish Language Program in the Department of Romance Studies at Duke University. She has also taught Spanish at both the high school and community college level. At UNC-CH she has received the Students' Award for Excellence in Undergraduate Teaching as well as the Graduate Student Mentor Award for the Department of Romance Languages and Literatures.

Dr. Cowell has directed teacher workshops on Spanish language and cultures and has presented papers and written articles on the teaching of language and literature, the transition to blended and online courses in language teaching, and teaching across the curriculum. She is the co-author of two other college textbooks.

Faculty Reviewers

Silvia P. Albanese, *Nassau Community College*
Ángeles Aller, *Whitworth University*
Nuria Alonso García, *Providence College*
Carlos Amaya, *Eastern Illinois University*
Tyler Anderson, *Colorado Mesa University*
Aleta Anderson, *Grand Rapids Community College*
Ines Anido, *Houston Baptist University*
Inés Arribas, *Bryn Mawr College*
Tim Altanero, *Austin Community College*
Bárbara Ávila-Shah, *University at Buffalo*
Ann Baker, *University of Evansville*
Ashlee Balena, *University of North Carolina–Wilmington*
Amy R. Barber, *Grove City College*
Mark Bates, *Simpson College*
Charla Bennaji, *New College of Florida*
Georgia Betcher, *Fayetteville Technical Community College*
Christine Blackshaw, *Mount Saint Mary's University*
Marie Blair, *University of Nebraska*
Kristy Britt, *University of South Alabama*
Isabel Zakrzewski Brown, *University of South Alabama*
Eduardo Cabrera, *Millikin University*
Majel Campbell, *Pikes Peak Community College*
Paul Cankar, *Austin Community College*
Monica Cantero, *Drew University*
Aurora Castillo, *Georgia College & State University*
Tulio Cedillo, *Lynchburg College*
Kerry Chermel, *Northern Illinois University*
Carrie Clay, *Anderson University*
Alyce Cook, *Columbus State University*
Jorge H. Cubillos, *University of Delaware*
Shay Culbertson, *Jefferson State Community College*
Cathleen G. Cuppett, *Coker College*
Addison Dalton, *Virginia Tech*
John B. Davis, *Indiana University, South Bend*
Laura Dennis, *University of the Cumberlands*
Lisa DeWaard, *Clemson University*
Sister Carmen Marie Diaz, *Silver Lake College of the Holy Family*
Joanna Dieckman, *Belhaven University*
Donna Donnelly, *Ohio Wesleyan University*
Kim Dorsey, *Howard College*
Mark A. Dowell, *Randolph Community College*
Dina A. Fabery, *University of Central Florida*
Jenny Faile, *University of South Alabama*
Juliet Falce-Robinson, *University of California, Los Angeles*
Mary Fatora-Tumbaga, *Kauai Community College*
Ronna Feit, *Nassau Community College*
Irene Fernandez, *North Shore Community College*
Erin Fernández Mommer, *Green River Community College*
Rocío Fuentes, *Clark University*
Judith Garcia-Quismondo, *Seton Hill University*
Elaine Gerber, *University of Michigan at Dearborn*
Andrea Giddens, *Salt Lake Community College*
Amy Ginck, *Messiah College*
Kenneth Gordon, *Winthrop University*
Agnieszka Gutthy, *Southeastern Louisiana University*
Shannon Hahn, *Durham Technical Community College*
Nancy Hanway, *Gustavus Adolphus College*
Sarah Harmon, *Cañada College*
Marilyn Harper, *Pellissippi State Community College*
Mark Harpring, *University of Puget Sound*
Dan Hickman, *Maryville College*
Amarilis Hidalgo de Jesus, *Bloomsburg University*
Charles Holloway, *University of Louisiana Monroe*
Anneliese Horst Foerster, *Queens University of Charlotte*
John Incledon, *Albright College*
William Jensen, *Snow College*
Qiu Y. Jimenez, *Bakersfield College*
Roberto Jiménez, *Western Kentucky University (Glasgow Regional Center)*
Valerie Job, *South Plains College*
Michael Jones, *Schenectady County Community College*
Dallas Jurisevic, *Metropolitan Community College*
Hilda M. Kachmar, *St. Catherine University*
Amos Kasperek, *University of Oklahoma*
Melissa Katz, *Albright College*
Lydia Gil Keff, *University of Denver*
Nieves Knapp, *Brigham Young University*
Melissa Knosp, *Johnson C. Smith University*
Pedro Koo, *Missouri State University*
Allison D. Krogstad, *Central College*
Courtney Lanute, *Edison State College*
Rafael Lara-Martinez, *New Mexico Institute of Mining and Technology*
John Lance Lee, *Durham Technical Community College*
Roxana Levin, *St. Petersburg College: Tarpon Springs Campus*
Penny Lovett, *Wake Technical Community College*
Paula Luteran, *Hutchinson Community College*
Katie MacLean, *Kalamazoo College*
Eder F. Maestre, *Western Kentucky University*
William Maisch, *University of North Carolina, Chapel Hill*
H.J. Manzari, *Washington and Jefferson College*
Lynne Flora Margolies, *Manchester College*
Anne Mattrella, *Naugatuck Valley Community College*
Maria R. Matz, *University of Massachusetts, Lowell*
Sandra Delgado Merrill, *University of Central Missouri*
Lisa Mershcel, *Duke University*
Geoff Mitchell, *Maryville College*
Charles H. Molano, *Lehigh Carbon Community College*
Javier Morin, *Del Mar College*
Noemi Esther Morriberon, *Chicago State University*
Gustavo Obeso, *Western Kentucky University*

Elizabeth Olvera, *University of Texas at San Antonio*
Michelle Orecchio, *University of Michigan*
Martha T. Oregel, *University of San Diego*
Cristina Pardo-Ballister, *Iowa State University*
Edward Anthony Pasko, *Purdue University, Calumet*
Joyce Pauley, *Moberly Area Community College*
Gilberto A. Pérez, *Cal Baptist University*
Beth Pollack, *New Mexico State University*
Silvia T. Pulido, *Brevard Community College*
JoAnne B. Pumariega, *Penn State Berks*
Lynn C. Purkey, *University of Tennessee at Chattanooga*
Aida Ramos-Sellman, *Goucher College*
Alice S. Reyes, *Marywood University*
Rita Ricaurte, *Nebraska Wesleyan University*
Geoffrey Ridley Barlow, *Purdue University, Calumet*
Daniel Robins, *Cabrillo College*
Sharon D. Robinson, *Lynchburg College*
Ibis Rodriguez, *Metropolitan University, SUAGM*
David Diego Rodríguez, *University of Illinois, Chicago*
Mileta Roe, *Bard College at Simon's Rock*
Donna Boston Ross, *Catawba Valley Community College*
Marc Roth, *St. John's University*
Kristin Routt, *Eastern Illinois University*
Christian Rubio, *University of Louisiana at Monroe*
Claudia Sahagún, *Broward College*
Adán Salinas, *Southwestern Illinois College*
Ruth Sánchez Imizcoz, *The University of the South*
Love Sánchez-Suárez, *York Technical College*
Gabriela Segal, *Arcadia University*
Diana Semmes, *University of Mississippi*
Michele Shaul, *Queens University of Charlotte*
Steve Sheppard, *University of North Texas, Denton*
Roger K. Simpson, *Clemson University*
Carter Smith, *University of Wisconsin–Eau Claire*
Nancy Smith, *Allegheny College*
Ruth Smith, *University of Louisiana at Monroe*
Margaret L. Snyder, *Moravian College*
Wayne Steely, *Saint Joseph's College*
Irena Stefanova, *Santa Clara University*
Benay Stein, *Northwestern University*
Gwen H. Stickney, *North Dakota State University*
Erika M. Sutherland, *Muhlenberg College*
Carla A. Swygert, *University of South Carolina*
Sarah Tahtinen-Pacheco, *Bethel University*
Luz Consuelo Triana-Echeverria, *St. Cloud State University*
Cynthia Trocchio, *Kent State University*
Elaini Tsoukatos, *Mount St. Mary's University*
Robert Turner, *Shorter University*
Ivelisse Urbán, *Tarleton State University*
Maria Vallieres, *Villanova University*
Sharon Van Houte, *Lorain County Community College*
Yertty VanderMolen, *Luther College*
Kristi Velleman, *American University*
Gayle Vierma, *University of Southern California*
Phoebe Vitharana, *Le Moyne College*
Richard L.W. Wallace, *Crowder College*
Martha L. Wallen, *University of Wisconsin–Stout*
Mary H. West, *Des Moines Area Community College*
Michelangelo Zapata, *Western Kentucky University*
Theresa Zmurkewycz, *Saint Joseph's University*

Faculty Focus Groups

Stephanie Aaron, *University of Central Florida*
María J. Barbosa, *University of Central Florida*
Ileana Bougeois-Serrano, *Valencia Community College*
Samira Chater, *Valencia Community College*
Natalie Cifuentes, *Valencia Community College*
Ana Ma. Diaz, *University of Florida*
Aida E. Diaz, *Valencia Community College*
Dina A. Fabery, *University of Central Florida*
Ana J. Caldero Figueroa, *Valencia Community College*
Pilar Florenz, *University of Central Florida*
Stephanie Gates, *University of Florida*
Antonio Gil, *University of Florida*
José I. González, *University of Central Florida*
Victor Jordan, *University of Florida*
Alice A. Korosy, *University of Central Florida*
Joseph Menig, *Valencia Community College*
Odyscea Moghimi-Kon, *University of Florida*
Kathryn Dwyer Navajas, *University of Florida*
Julie Pomerleau, *University of Central Florida*
Anne Prucha, *University of Central Florida*
Lester E. Sandres Rápalo, *Valencia Community College*
Arcadio Rivera, *University of Central Florida*
Elizabeth Z. Solis, *University of Central Florida*
Dania Varela, *University of Central Florida*
Helena Veenstra, *Valencia Community College*
Hilaurmé Velez-Soto, *University of Central Florida*
Roberto E. Weiss, *University of Florida*
Robert Williams, *University of Central Florida*
Sara Zahler, *University of Florida*

Acknowledgments

¡Anda! Curso elemental para estudiantes avanzados is the result of careful planning between ourselves and our publisher and ongoing collaboration with students and you, our colleagues. We look forward to continuing this dialogue and sincerely appreciate your input. We owe special thanks to the many members of the Spanish-teaching community whose comments and suggestions helped shape the pages of every chapter—you will see yourselves everywhere. We gratefully acknowledge the reviewers and we thank in particular our ***¡Anda!*** *Advisory Board* for their invaluable support, input, and feedback. The Board members are:

Megan Echevarría, *University of Rhode Island*
Luz Font, *Florida State College at Jacksonville*
Yolanda Gonzalez, *Valencia College*
Linda Keown, *University of Missouri*
Jeff Longwell, *New Mexico State University*
Gillian Lord, *University of Florida*
Dawn Meissner, *Anne Arundel Community College*
María Monica Montalvo, *University of Central Florida*
Markus Muller, *Long Beach State University*
Joan Turner, *University of Arkansas – Fayetteville*
Donny Vigil, *University of North Texas, Denton*
Iñigo Yanguas, *San Diego State University*

Special thanks go to Esther Castro for her important input and support. We are also grateful to those who have collaborated with us in the writing of ***¡Anda! Curso elemental para estudiantes avanzados.***

We owe many thanks to Megan Echevarría for her superb work on the Student Activities Manual. We also owe great thanks to Donny Vigil for his authoring of the Testing Program as well as Anastacia Kohl for her important Testing Program authoring contributions.

Equally important are the contributions of the highly talented individuals at Pearson Education. We wish to express our gratitude and deep appreciation to the many people at Pearson who contributed their ideas, tireless efforts, and publishing experience for ***¡Anda! Curso elemental para estudiantes avanzados.*** First, we are indebted to Pearson Vice President Steve Debow for his invaluable expertise, guidance, motivation, and leadership with this program. Additionally we thank Phil Miller, Publisher, and Julia Caballero, Executive Editor, whose support and guidance have been essential. We are indebted to Janet García-Levitas, Development Editor, for all of her hard work, suggestions, attention to detail, and dedication to the programs. We have also been fortunate to have Celia Meana, Development Coordinator, bring her special talents to the project, helping to create the outstanding final product. We would also like to thank Bob Hemmer and Samantha Alducin for all of the hard work on the integration of technology for the ***¡Anda!*** program with MySpanishLab.

Our thanks to Meriel Martínez, Development Editor, for her efficient and meticulous work in managing the preparation of the Student Activities Manual and the Testing

Program. Thanks to Samantha Pritchard, Editorial Assistant, for attending to many administrative details.

Our thanks also go to Denise Miller, Senior Marketing Manager, for her strong support of ***¡Anda!,*** creating and coordinating all marketing and promotion for this high beginner program.

Many thanks are also due to Nancy Stevenson, Senior Production Editor, who guided ***¡Anda!*** through the many stages of production, and to our Art Manager, Gail Cocker. We continue to be indebted to Andrew Lange for the amazing illustrations that translate our vision.

We would like to sincerely thank Mary Rottino, Senior Managing Editor for Product Development, for her unwavering support and commitment to ***¡Anda!*** and Janice Stangel, Associate Managing Editor, Production, for her support and commitment to the success of ***¡Anda!*** We also thank our colleagues and students from across the country who inspire us and from whom we learn.

And finally, our love and deepest appreciation to our families for all of their support during this journey: David; John, Jack, and Kate.

Audrey L. Heining-Boynton

Glynis S. Cowell

A WALKING TOUR

I'm Audrey
Heining-Boynton

¡Hola!
¡Bienvenidos!

and I'm
Glynis Cowell

We are the authors of ***¡Anda! Curso elemental para estudiantes avanzados*** and we were thinking that when you visit a new place, one of the best ways to get to know your new environment quickly is to consult your guidebook before you take the trip! We thought it would be a good idea for you to join us on a "walking tour" of your new Spanish textbook and supplementary materials because we know from experience that language texts have a unique organization that is different from that of other textbooks. . . . They use terminology that you might not be familiar with, and lots of the material is written in the language you don't know yet. So let's get on with the tour!

Here it is!

ORGANIZATION OF A CHAPTER

STOP 1

Do you know what each section of a Spanish textbook is about?
Do you know what you're being asked to read, memorize, and practice, and why? Here's an outline of a typical chapter (Chapters 4–11) in ***¡Anda!*** followed by some actual chapter sections so that you can see what they look like. And we couldn't resist . . . we made lots of notes for you!

COMUNICACIÓN I	
Vocabulary and grammar	(in manageable chunks, as needed, each numbered consecutively throughout the chapter)
Pronunciation practice	(after first vocabulary list, located in your Student Activities Manual [SAM] / MySpanishLab)
Nota cultural box	(brief, contextualized readings, relevant to chapter theme)
¿Cómo andas? I	(first self-assessment box)
COMUNICACIÓN II	
Vocabulary and grammar	(in manageable chunks, as needed, each numbered consecutively throughout the chapter)
Nota cultural box	(brief, contextualized readings, relevant to chapter theme)
Escucha	(a focus on listening)
¡Conversemos!	(fun, contextualized activities where you "put it all together" orally)
Escribe	(a focus on writing)
¿Cómo andas? II	(second self-assessment box)
CULTURA	(a focus on one or more Spanish-speaking countries—what the people do, what they make, and how they think)
AMBICIONES SINIESTRAS	(a mystery story told through reading and video)
Y por fin, ¿cómo andas?	(cumulative self-assessment box)
Vocabulario activo	(a two-page list of all of the essential vocabulary of the chapter)

CHAPTER OPENER

STOP 2

The chapter title announces the theme of the chapter, which is reflected in the visual on the right.

The questions are designed to get you to think about the topic for the chapter—not to get you to search for THE right answer. Bringing the topic to the forefront of your mind will help you make educated guesses about the meanings of Spanish words. Remember the topic as you work your way through the chapter.

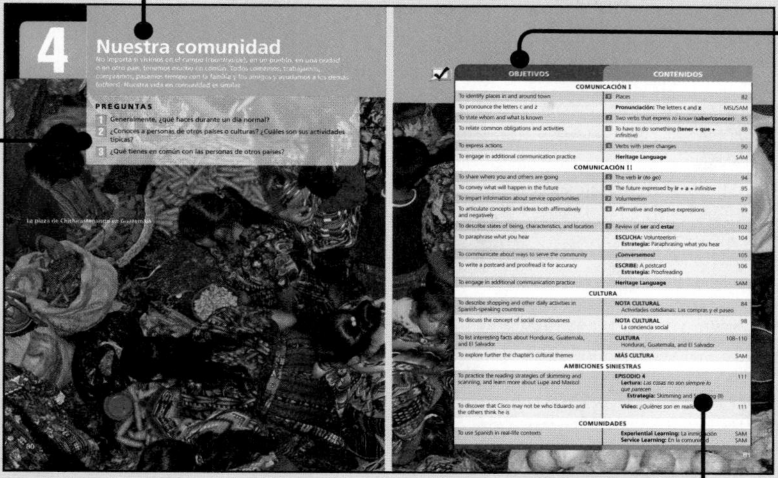

There is a list of goals for the communication, culture, and mystery story sections under *Objetivos*. You will also see other goals such as those for using Spanish outside of your classroom and in the community. Notice how the goals relate to the chapter theme!

The content related to the goals is listed under *Contenidos,* with page numbers. It's in English so that you can understand it clearly!

COMUNICACIÓN

STOP 3

Comunicación I and II are divided into manageable chunks of what you need to learn: vocabulary (the words you need) and grammar (the structures that you use to put the words together). Vocabulary and grammar are two of the most important tools for communication! By the way, we didn't invent this—research indicates that the best presentation of language separates vocabulary and grammar for a manageable progression especially when combined with recycling and reintroduction of previously studied material—more on that later.

Communicative goals are listed for each vocabulary and grammar section.

The vocabulary sections are numbered consecutively throughout the chapter.

The vocabulary chunks introduce new vocabulary through art.

A lot of the vocabulary is presented without translations so that you can try to figure out the meanings of the Spanish words.

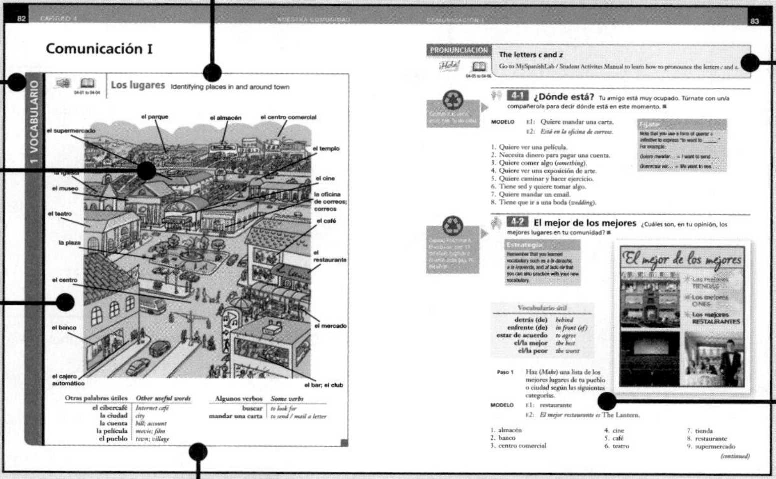

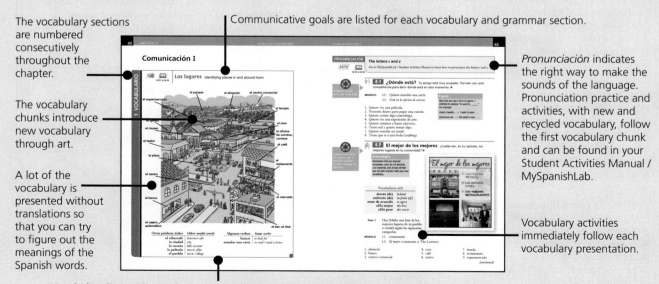

Pronunciación indicates the right way to make the sounds of the language. Pronunciation practice and activities, with new and recycled vocabulary, follow the first vocabulary chunk and can be found in your Student Activities Manual / MySpanishLab.

Vocabulary activities immediately follow each vocabulary presentation.

Vocabulary lists with translations are given for those words that are hard to illustrate and, therefore, hard for you to guess the meanings.

GRAMMAR

STOP 4

The grammar sections introduce new grammar concepts.

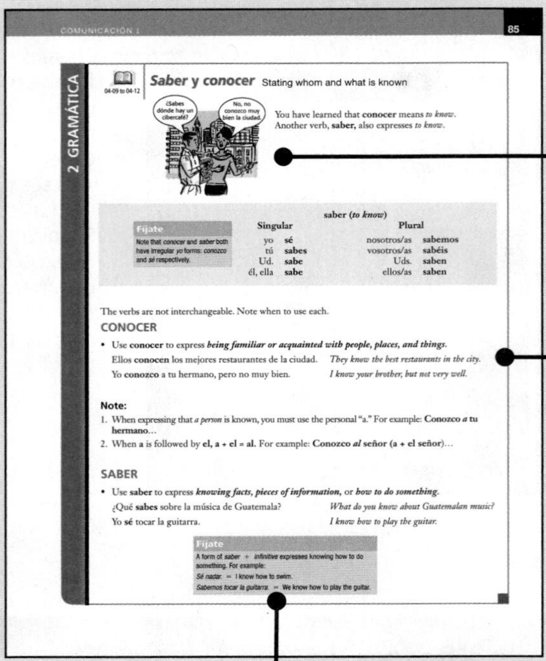

2 GRAMÁTICA

04-09 to 04-12

Saber y conocer Stating whom and what is known

¿Sabes dónde hay un cibercafé?
No, no conozco muy bien la ciudad.

You have learned that **conocer** means *to know*. Another verb, **saber**, also expresses *to know*.

Fíjate

Note that *conocer* and *saber* both have irregular *yo* forms: *conozco* and *sé* respectively.

saber (*to know*)

Singular		Plural	
yo	**sé**	nosotros/as	**sabemos**
tú	**sabes**	vosotros/as	**sabéis**
Ud.	**sabe**	Uds.	**saben**
él, ella	**sabe**	ellos/as	**saben**

The verbs are not interchangeable. Note when to use each.

CONOCER

- Use **conocer** to express ***being familiar or acquainted with people, places, and things.***

Ellos **conocen** los mejores restaurantes de la ciudad. *They know the best restaurants in the city.*
Yo **conozco** a tu hermano, pero no muy bien. *I know your brother, but not very well.*

Note:

1. When expressing that *a person* is known, you must use the personal "a." For example: **Conozco *a* tu hermano**...
2. When **a** is followed by **el, a + el = al.** For example: **Conozco *al* señor (a + el señor)**...

SABER

- Use **saber** to express ***knowing facts, pieces of information,*** or ***how to do something.***

¿Qué **sabes** sobre la música de Guatemala? *What do you know about Guatemalan music?*
Yo **sé** tocar la guitarra. *I know how to play the guitar.*

Fíjate

A form of *saber* + *infinitive* expresses knowing how to do something. For example:
Sé nadar. = I know how to swim.
Sabemos tocar la guitarra. = We know how to play the guitar.

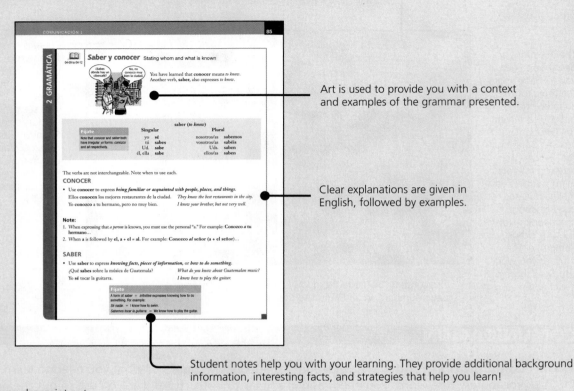

Art is used to provide you with a context and examples of the grammar presented.

Clear explanations are given in English, followed by examples.

Student notes help you with your learning. They provide additional background information, interesting facts, and strategies that help you learn!

Recycling boxes also point out when we have deliberately reused materials from a previous chapter—or from earlier in the same chapter—to help you build upon what you have already studied. Page references are provided so that you can return to that section of the book if you need and/or want to.

Icons indicate when to work in pairs or groups, and also refer you to other resources (e.g., MySpanishLab, audio, corresponding activity numbers in the Student Activities Manual) when you need them.

You'll find a blend of activities that practice individual words and verb forms, as well as activities in which you focus on putting everything together to use the language for purposes of communication.

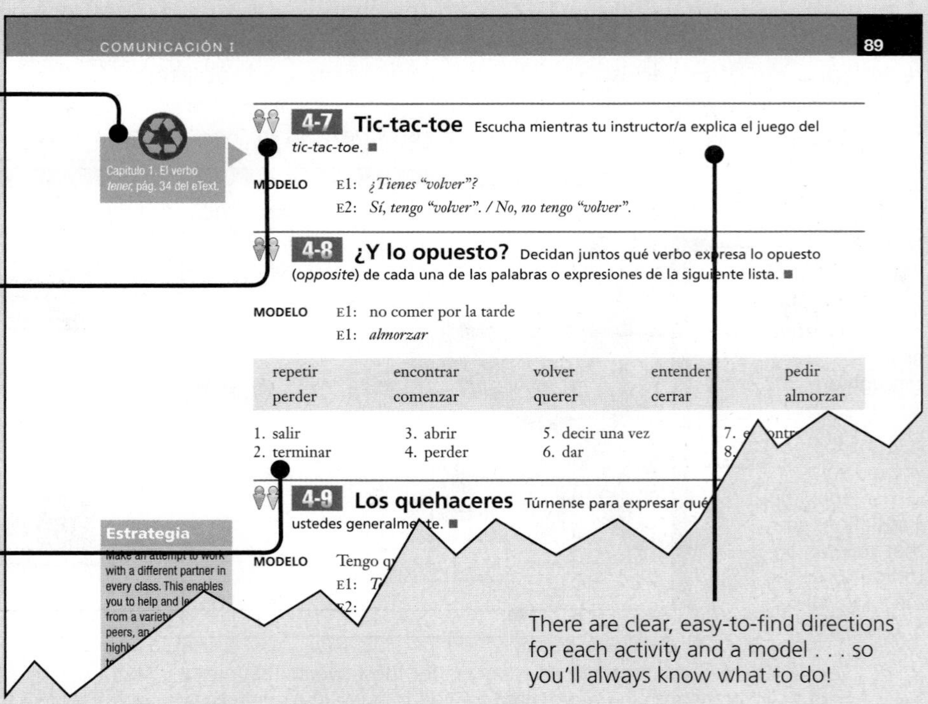

Capítulo 1. El verbo *tener*, pág. 34 del eText.

4-7 Tic-tac-toe Escucha mientras tu instructor/a explica el juego del *tic-tac-toe*. ■

MODELO E1: *¿Tienes "volver"?*
E2: *Sí, tengo "volver". / No, no tengo "volver".*

4-8 ¿Y lo opuesto? Decidan juntos qué verbo expresa lo opuesto (*opposite*) de cada una de las palabras o expresiones de la siguiente lista. ■

MODELO E1: no comer por la tarde
E1: *almorzar*

repetir	encontrar	volver	entender	pedir
perder	comenzar	querer	cerrar	almorzar

1. salir
2. terminar
3. abrir
4. perder
5. decir una vez
6. dar
7. e... ontr...
8. ...

4-9 Los quehaceres Túrnense para expresar qué ... ustedes generalme...te. ■

MODELO Tengo q...
E1: T...
E2: ...

Estrategia

Make an attempt to work with a different partner in every class. This enables you to help and le... from a variety... peers, an... highly...

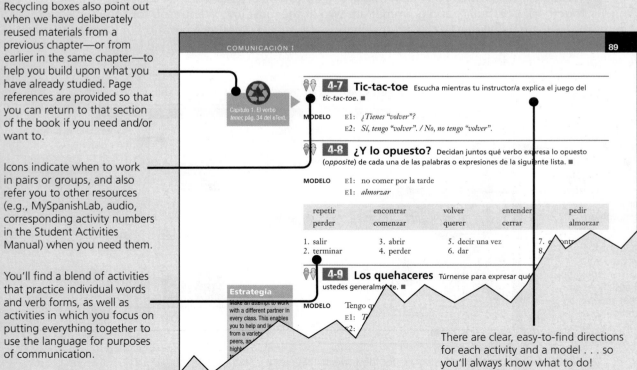

There are clear, easy-to-find directions for each activity and a model . . . so you'll always know what to do!

LISTENING, SPEAKING, WRITING, AND SELF-ASSESSMENT

STOP 5 The second **Comunicación** provides listening comprehension (**Escucha**), more interactive oral activities (**¡Conversemos!**), and writing activities (**Escribe**) prior to the self-assessment check (**¿Cómo andas?**).

In the *Escucha* section, there is a strategy—a technique or focus—that will help you learn to be a better listener.

A pre-listening section to get you thinking about what you already know about the topic—it prepares you to understand the passage

The actual listening exercise with a follow-up activity checks for comprehension.

Applying what you have learned: You now use the language on your own in a similar but different context.

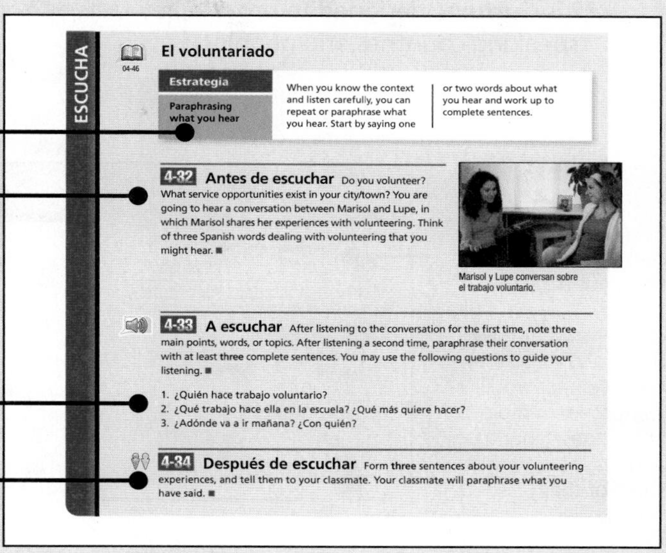

ESCUCHA

04-46 **El voluntariado**

Estrategia — **Paraphrasing what you hear**: When you know the context and listen carefully, you can repeat or paraphrase what you hear. Start by saying one or two words about what you hear and work up to complete sentences.

4-32 Antes de escuchar Do you volunteer? What service opportunities exist in your city/town? You are going to hear a conversation between Marisol and Lupe, in which Marisol shares her experiences with volunteering. Think of three Spanish words dealing with volunteering that you might hear. ■

Marisol y Lupe conversan sobre el trabajo voluntario.

4-33 A escuchar After listening to the conversation for the first time, note three main points, words, or topics. After listening a second time, paraphrase their conversation with at least **three** complete sentences. You may use the following questions to guide your listening. ■

1. ¿Quién hace trabajo voluntario?
2. ¿Qué trabajo hace ella en la escuela? ¿Qué más quiere hacer?
3. ¿Adónde va a ir mañana? ¿Con quién?

4-34 Después de escuchar Form **three** sentences about your volunteering experiences, and tell them to your classmate. Your classmate will paraphrase what you have said. ■

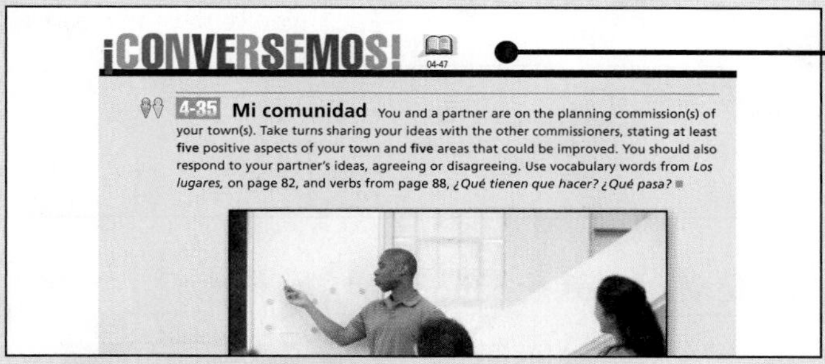

¡CONVERSEMOS! 04-47

4-35 Mi comunidad You and a partner are on the planning commission(s) of your town(s). Take turns sharing your ideas with the other commissioners, stating at least **five** positive aspects of your town and **five** areas that could be improved. You should also respond to your partner's ideas, agreeing or disagreeing. Use vocabulary words from *Los lugares*, on page 82, and verbs from page 88, *¿Qué tienen que hacer? ¿Qué pasa?* ■

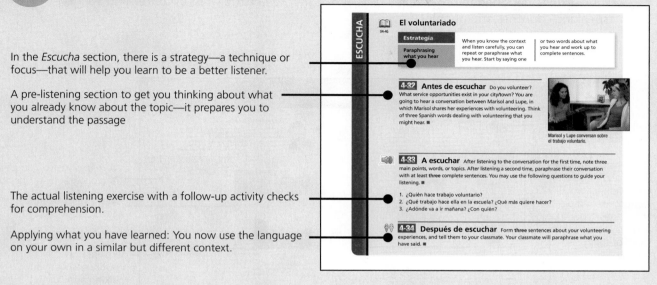

The *¡Conversemos!* section provides you with even more oral practice. In this section you put together all the grammar and vocabulary you have learned in the current chapter along with opportunities to recycle your Spanish knowledge from previous chapters. These are real-life scenarios in which you interact with a classmate or present on your own.

Escribe is also related to the chapter theme, includes a strategy that will help you learn to be a better writer, and walks you through the writing process with pre-writing and post-writing activities.

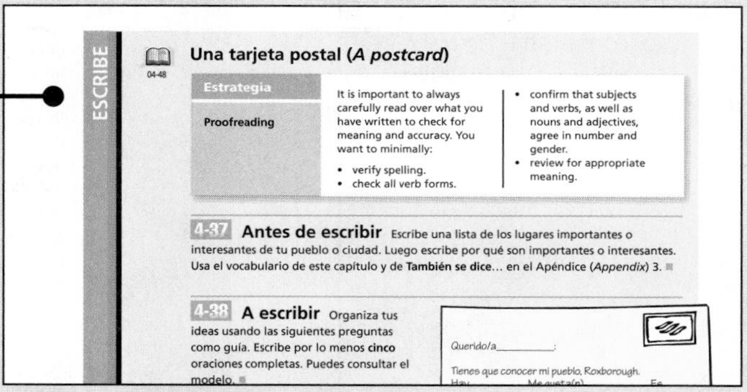

ESCRIBE

04-48 **Una tarjeta postal (*A postcard*)**

Estrategia — **Proofreading**: It is important to always carefully read over what you have written to check for meaning and accuracy. You want to minimally:

- verify spelling.
- check all verb forms.
- confirm that subjects and verbs, as well as nouns and adjectives, agree in number and gender.
- review for appropriate meaning.

4-37 Antes de escribir Escribe una lista de los lugares importantes o interesantes de tu pueblo o ciudad. Luego escribe por qué son importantes o interesantes. Usa el vocabulario de este capítulo y de **También se dice**… en el Apéndice (*Appendix*) 3. ■

4-38 A escribir Organiza tus ideas usando las siguientes preguntas como guía. Escribe por lo menos **cinco** oraciones completas. Puedes consultar el modelo. ■

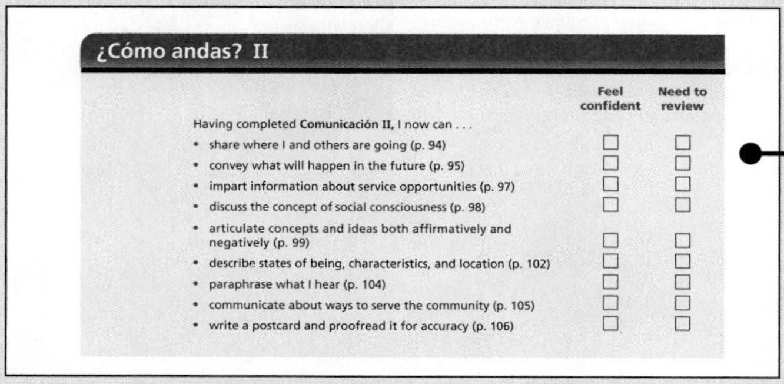

¿Cómo andas? II

Having completed **Comunicación II**, I now can . . .

	Feel confident	Need to review
• share where I and others are going (p. 94)	☐	☐
• convey what will happen in the future (p. 95)	☐	☐
• impart information about service opportunities (p. 97)	☐	☐
• discuss the concept of social consciousness (p. 98)	☐	☐
• articulate concepts and ideas both affirmatively and negatively (p. 99)	☐	☐
• describe states of being, characteristics, and location (p. 102)	☐	☐
• paraphrase what I hear (p. 104)	☐	☐
• communicate about ways to serve the community (p. 105)	☐	☐
• write a postcard and proofread it for accuracy (p. 106)	☐	☐

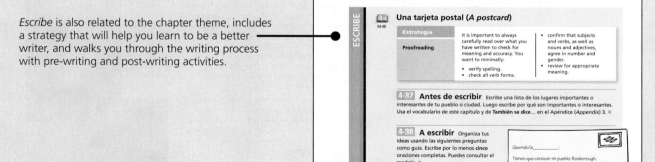

The final activity in each *Comunicación* section is the self-assessment, called *¿Cómo andas?* (How are you doing?). Here you can do a quick check to see how well you have mastered the topics and structures in that section. At the end of the chapter, *Y por fin, ¿cómo andas?* (So, finally, how are you doing?), is the cumulative self-assessment which allows you to determine what you have mastered in that chapter and what you need to review prior to moving on to the next chapter.

STOP 6

Time for a break to grab a cup of **café con leche**?

Between the second **Comunicación** and **Ambiciones siniestras** (the ongoing mystery story) is **Cultura,** designed to provide key facts and high-interest information concerning Spanish-speaking countries and peoples.

You'll find lots of photos with short captions in Spanish.

Read/listen to a native speaker explain a little bit about his or her country . . . what folks do there, what they think, and what they like. We hope you'll want to learn more about these countries and maybe even visit some of them.

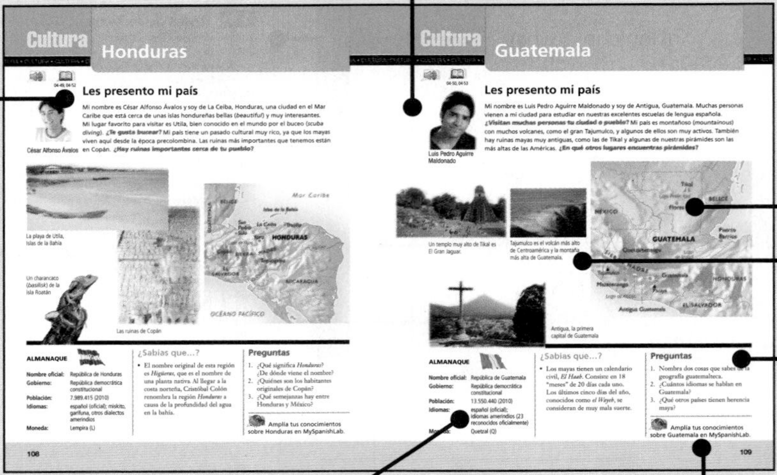

A map gives you an idea about the geography of the country.

We give some interesting facts about each country.

Here are some questions to get you thinking about what you've seen and read.

An almanac of country statistics is given for each country presented.

Here's a reminder that there is more information about this country on MySpanishLab.

Also appearing at pertinent points throughout the *Comunicación* sections are brief cultural presentations (**Nota cultural**) that seamlessly connect the Spanish language with the culture of its speakers. You will find the text of two Nota cultural readings in your eText on MSL.

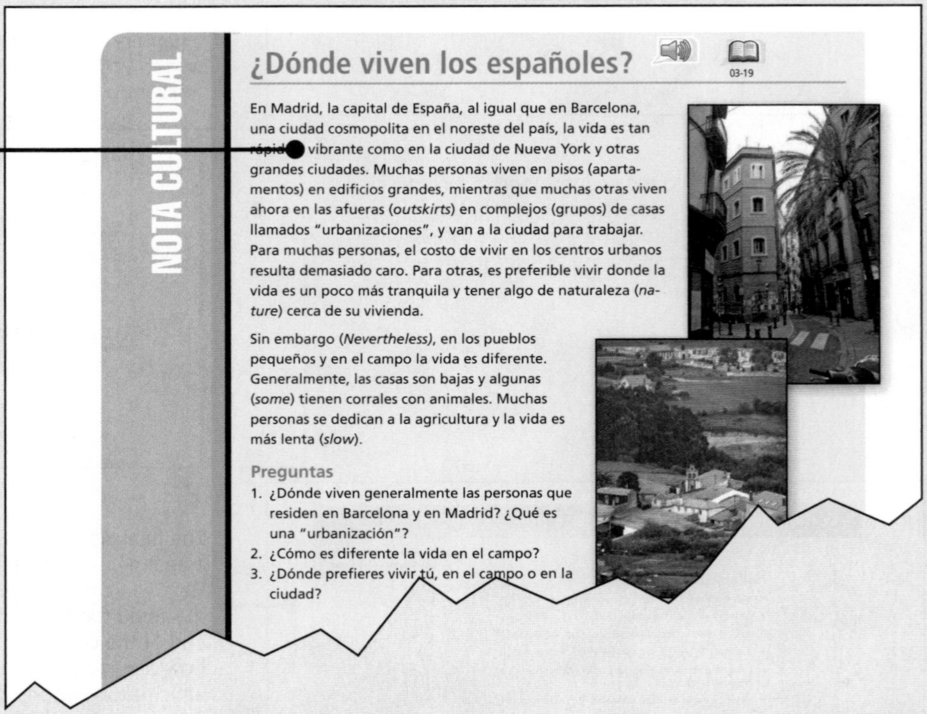
NOTA CULTURAL

¿Dónde viven los españoles?

03-19

En Madrid, la capital de España, al igual que en Barcelona, una ciudad cosmopolita en el noreste del país, la vida es tan rápida y vibrante como en la ciudad de Nueva York y otras grandes ciudades. Muchas personas viven en pisos (apartamentos) en edificios grandes, mientras que muchas otras viven ahora en las afueras (*outskirts*) en complejos (grupos) de casas llamados "urbanizaciones", y van a la ciudad para trabajar. Para muchas personas, el costo de vivir en los centros urbanos resulta demasiado caro. Para otras, es preferible vivir donde la vida es un poco más tranquila y tener algo de naturaleza (*nature*) cerca de su vivienda.

Sin embargo (*Nevertheless*), en los pueblos pequeños y en el campo la vida es diferente. Generalmente, las casas son bajas y algunas (*some*) tienen corrales con animales. Muchas personas se dedican a la agricultura y la vida es más lenta (*slow*).

Preguntas

1. ¿Dónde viven generalmente las personas que residen en Barcelona y en Madrid? ¿Qué es una "urbanización"?
2. ¿Cómo es diferente la vida en el campo?
3. ¿Dónde prefieres vivir tú, en el campo o en la ciudad?

READING AND VIDEO

STOP 7 A mystery story called **Ambiciones siniestras** is presented through readings and videos. It reuses many of the grammar structures and vocabulary words presented in the chapter. In your eText on MSL you will see the following features.

Strategies give you ideas and techniques to help you become a better reader.

The pre-reading activity helps you prepare for what you are about to read. It gets you thinking about topics that will be presented in the story so that the context will help you figure out what is going on.

The reading activity asks you to apply the strategies to the reading.

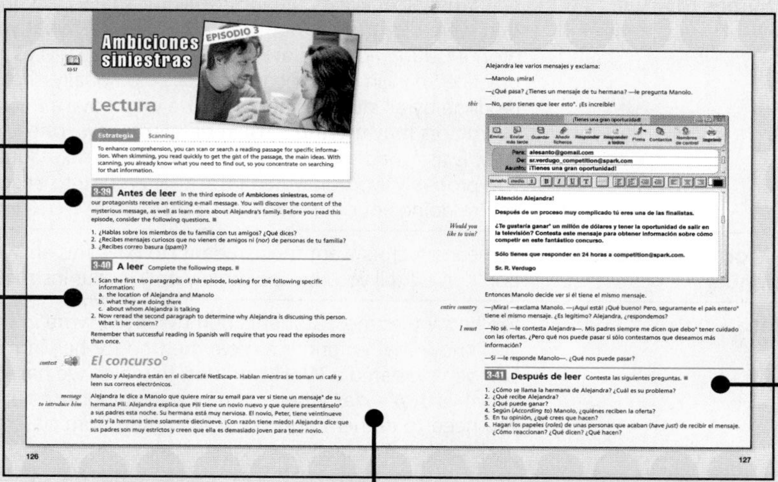

Ambiciones siniestras EPISODIO 3

03-57

Lectura

Estrategia Scanning

To enhance comprehension, you can scan or search a reading passage for specific information. When skimming, you read quickly to get the gist of the passage, the main ideas. With scanning, you already know what you need to find out, so you concentrate on searching for that information.

3-39 Antes de leer In the third episode of **Ambiciones siniestras**, some of our protagonists receive an enticing e-mail message. You will discover the content of the mysterious message, as well as learn more about Alejandra's family. Before you read this episode, consider the following questions. ■

1. ¿Hablas sobre los miembros de tu familia con tus amigos? ¿Qué dices?
2. ¿Recibes mensajes curiosos que no vienen de amigos ni (*nor*) de personas de tu familia?
3. ¿Recibes correo basura (*spam*)?

3-40 A leer Complete the following steps. ■

1. Scan the first two paragraphs of this episode, looking for the following specific information:
   a. the location of Alejandra and Manolo
   b. what they are doing there
   c. about whom Alejandra is talking
2. Now reread the second paragraph to determine why Alejandra is discussing this person. What is her concern?

Remember that successful reading in Spanish will require that you read the episodes more than once.

contest *El concurso*°

Manolo y Alejandra están en el cibercafé NetEscape. Hablan mientras se toman un café y leen sus correos electrónicos.

message / *to introduce him* Alejandra le dice a Manolo que quiere mirar su email para ver si tiene un mensaje° de su hermana Pili. Alejandra explica que Pili tiene un novio nuevo y que quiere presentárselo° a sus padres esta noche. Su hermana está muy nerviosa. El novio, Peter, tiene veintinueve años y la hermana tiene solamente diecinueve. ¡Con razón tiene miedo! Alejandra dice que sus padres son muy estrictos y creen que ella es demasiado joven para tener novio.

126

Alejandra lee varios mensajes y exclama:

—Manolo, ¡mira!

—¿Qué pasa? ¿Tienes un mensaje de tu hermana? —le pregunta Manolo.

this —No, pero tienes que leer esto°. ¡Es increíble!

¡Tienes una gran oportunidad!

Enviar | Enviar más tarde | Guardar | Añadir ficheros | Responder | Responder a todos | Firma | Contactos | Nombres de control | Imprimir

Para: alesanto@gomail.com
De: sr.verdugo_competition@spark.com
Asunto: ¡Tienes una gran oportunidad!

¡Atención Alejandra!

Después de un proceso muy complicado tú eres una de las finalistas.

Would you like to win? **¿Te gustaría ganar° un millón de dólares y tener la oportunidad de salir en la televisión? Contesta este mensaje para obtener información sobre cómo competir en este fantástico concurso.**

Sólo tienes que responder en 24 horas a competition@spark.com.

Sr. R. Verdugo

Entonces Manolo decide ver si él tiene el mismo mensaje.

entire country —¡Mira! —exclama Manolo. —¡Aquí está! ¡Qué bueno! Pero, seguramente el país entero° tiene el mismo mensaje. ¿Es legítimo? Alejandra, ¿respondemos?

I must —No sé. —le contesta Alejandra—. Mis padres siempre me dicen que debo° tener cuidado con las ofertas. ¿Pero qué nos puede pasar si sólo contestamos que deseamos más información?

—Sí —le responde Manolo—. ¿Qué nos puede pasar?

3-41 Después de leer Contesta las siguientes preguntas. ■

1. ¿Cómo se llama la hermana de Alejandra? ¿Cuál es su problema?
2. ¿Qué recibe Alejandra?
3. ¿Qué puede ganar?
4. Según (*According to*) Manolo, ¿quiénes reciben la oferta?
5. En tu opinión, ¿qué crees que hacen?
6. Hagan los papeles (*roles*) de unas personas que acaban (*have just*) de recibir el mensaje. ¿Cómo reaccionan? ¿Qué dicen? ¿Qué hacen?

127

The post-reading activity helps you check your comprehension.

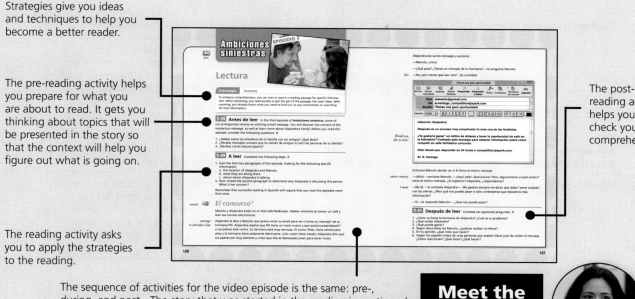

The sequence of activities for the video episode is the same: pre-, during, and post-. The story that was started in the reading is continued in the video. To understand the story, you'll have to read first and then watch the video.

Meet the cast of the video:

Alejandra

Cisco

Manolo

Eduardo

Marisol

Lupe

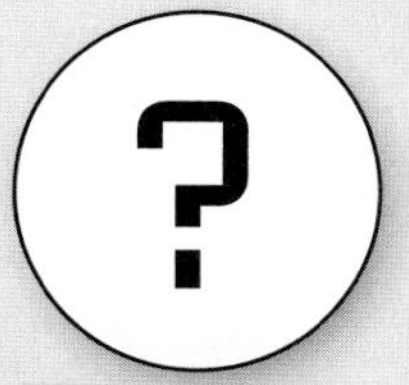

Sr. Verdugo

VOCABULARY SUMMARIES

STOP 8 The **Vocabulario activo** section at the end of each chapter is where you have all the new vocabulary from the chapter in one place. The words and phrases are organized by topic, in alphabetical order.

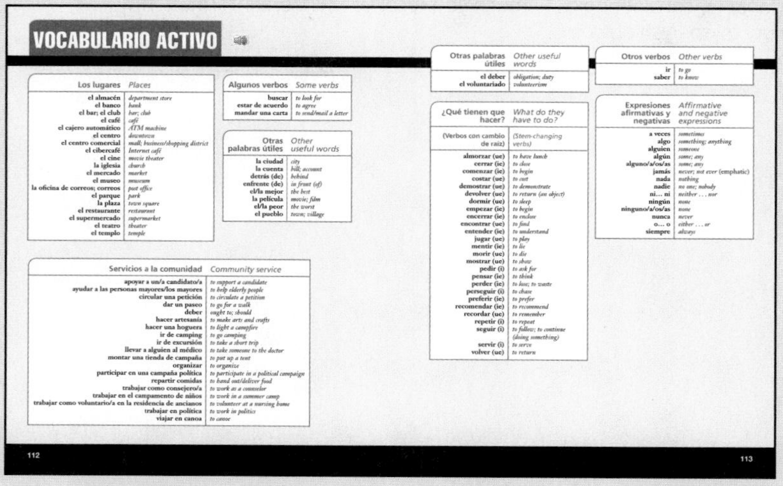

VOCABULARIO ACTIVO

Los lugares	Places
el almacén	department store
el banco	bank
el bar; el club	bar; club
el café	café
el cajero automático	ATM machine
el centro	downtown
el centro comercial	mall; business/shopping district
el cibercafé	Internet café
el cine	movie theater
la iglesia	church
el mercado	market
el museo	museum
la oficina de correos; correos	post office
el parque	park
la plaza	town square
el restaurante	restaurant
el supermercado	supermarket
el teatro	theater
el templo	temple

Algunos verbos	Some verbs
buscar	to look for
estar de acuerdo	to agree
mandar una carta	to send/mail a letter

Otras palabras útiles	Other useful words
la ciudad	city
la cuenta	bill; account
detrás (de)	behind
enfrente (de)	in front (of)
el/la mejor	the best
la película	movie; film
el/la peor	the worst
el pueblo	town; village

Servicios a la comunidad	Community service
apoyar a un/a candidato/a	to support a candidate
ayudar a las personas mayores/los mayores	to help elderly people
circular una petición	to circulate a petition
dar un paseo	to go for a walk
deber	ought to; should
hacer artesanía	to make arts and crafts
hacer una hoguera	to light a campfire
ir de camping	to go camping
ir de excursión	to take a short trip
llevar a alguien al médico	to take someone to the doctor
montar una tienda de campaña	to put up a tent
organizar	to organize
participar en una campaña política	to participate in a political campaign
repartir comidas	to hand out/deliver food
trabajar como consejero/a	to work as a counselor
trabajar en el campamento de niños	to work in a summer camp
trabajar como voluntario/a en la residencia de ancianos	to volunteer at a nursing home
trabajar en política	to work in politics
viajar en canoa	to canoe

112

Otras palabras útiles	Other useful words
el deber	obligation; duty
el voluntariado	volunteerism

¿Qué tienen que hacer?	What do they have to do?
(Verbos con cambio de raíz)	(Stem-changing verbs)
almorzar (ue)	to have lunch
cerrar (ie)	to close
comenzar (ie)	to begin
costar (ue)	to cost
demostrar (ue)	to demonstrate
devolver (ue)	to return (an object)
dormir (ue)	to sleep
empezar (ie)	to begin
encerrar (ie)	to enclose
encontrar (ue)	to find
entender (ie)	to understand
jugar (ue)	to play
mentir (ie)	to lie
morir (ue)	to die
mostrar (ue)	to show
pedir (i)	to ask for
pensar (ie)	to think
perder (ie)	to lose; to waste
perseguir (i)	to chase
preferir (ie)	to prefer
recomendar (ie)	to recommend
recordar (ue)	to remember
repetir (i)	to repeat
seguir (i)	to follow; to continue (doing something)
servir (i)	to serve
volver (ue)	to return

Otros verbos	Other verbs
ir	to go
saber	to know

Expresiones afirmativas y negativas	Affirmative and negative expressions
a veces	sometimes
algo	something; anything
alguien	someone
algún	some; any
alguno/a/os/as	some; any
jamás	never; not ever (emphatic)
nada	nothing
nadie	no one; nobody
ni… ni	neither . . . nor
ningún	none
ninguno/a/os/as	none
nunca	never
o… o	either . . . or
siempre	always

113

SUPPLEMENTARY MATERIALS

STOP 9

Before we finish our walking tour, we want to walk through the many supplements that we provide. Your instructor may have selected some of them to be used in your course.

Student Activities Manual	The Student Activities Manual (SAM for short) contains practice activities that were designed as homework to reinforce what you learn in class. Your pronunciation activities are also found in the SAM as well as ideas on how to practice Spanish in your community. Additionally, there are activities that can be done by all students and/or those who have a Hispanic heritage. Although instructors may use the SAM in different ways, one thing is constant: the SAM is assigned as homework. So we make no assumptions . . . we know you probably won't have an instructor around to answer any questions when you're doing your homework at 2:00 A.M.!
Answer Key for the Student Activities Manual	Some instructors want their students to have this answer key; other instructors don't. We'll sell you the answer key only if your instructor requests it.
Workbooklet	We know that most students don't want to write in their textbooks, but we also know that writing is a great method for helping you to learn Spanish! So, we've created a **Workbooklet,** in which we have reproduced all of the activities in ***¡Anda!*** where writing is an important part of the activity (e.g., you need to gather information in writing from classmates and then report back to the class orally).
Ambiciones siniestras DVD	The DVD of **Ambiciones siniestras** allows you to watch or rewatch the video at any point during your busy 24/7 life. This is a great tool for helping you practice your comprehension and listening skills!
Audio CD for the student text	This audio CD contains the listening passages that correlate with sections of your textbook. A listening icon appears in your text with a cross-reference to help you locate the audio.
Audio CDs for the Student Activities Manual	These audio CDs contain the listening passages you'll need for some of the activities in the SAM.
Vistas culturales DVD	If you want to listen to native speakers of Spanish and learn more about each of the Spanish-speaking countries, this is the DVD for you!
MySpanishLab	MySpanishLab contains all of the above supplements and more. It's a state-of-the-art learning management system, designed specifically for language learners and teachers. You'll need an access code to get in, but the price is very reasonable, considering how much you receive. For more information, go to www.myspanishlab.com.

SIGNPOSTS!

STOP 10

When traveling, it's always helpful to watch out for the signposts. Here is a list of signposts that we've used in ***¡Anda!***

- You will find this first icon in each chapter opener to remind you to take the Readiness Check in MySpanishLab to test your understanding of the English grammar related to the Spanish grammar concepts in the chapter.
- Accompanying the activity instructions, this pair icon indicates that the activity is designed to be completed in groups of two.
- This group icon indicates that the activity is designed to be completed in small groups or as a whole class.
- This icon indicates that an activity involves listening and that the audio is provided for you either on the Companion Website (CW) or, if you are using MySpanishLab, in the eBook.
- Activities that ask you to write have been duplicated in a separate *Workbooklet* so that you don't have to write in your text if you don't want to. This icon indicates that an activity has been reproduced in the *Workbooklet*.
- The activity references below this icon tell you which activities in the Student Activities Manual (SAM) are related to that particular section of the textbook. You may have the printed SAM or the electronic version in MySpanishLab.
- This icon tells you where to find the **Ambiciones siniestras** video: on DVD or in MySpanishLab.
- This icon tells you where to find the **Vistas culturales** video and other cultural resources in MySpanishLab.
- This icon means that the activity that it accompanies requires you to use the Internet.
- ¡Hola! This icon indicates that additional resources for pronunciation, practice activities, and Spanish/English tutorials related to the Spanish grammar topic that you are studying are available in MySpanishLab.
- e This icon indicates that the activity is only available online and can be found in students' MySpanishLab course.

***¡Qué disfruten!* Enjoy!**

RELIMINAR

A

1

2

3

Para empezar

Welcome to ***¡Anda! Curso elemental para estudiantes avanzados.*** As you know, learning a language is a skill much like learning to ski or playing an instrument. Developing these skills takes practice and commitment. Since you have had experiences in Spanish or other world languages, ***¡Anda! Curso elemental para estudiantes avanzados*** will be your guide. It will provide you with key essentials in your journey to become successful communicating in Spanish. This program will support you as you complete the review and study of essential first-year concepts, preparing you for successful study at the intermediate level and beyond.

Spanish is one of the most widely spoken languages in the world. You will find that knowledge of the Spanish language is a useful professional and personal tool.

This *Para empezar* chapter is comprised of four mini chapters: Capítulo Preliminar A, and Capítulos 1, 2 and 3. The vocabulary and grammar in these four short chapters of *Para empezar* are basic concepts of beginning Spanish that will successfully jump-start your one semester introductory Spanish experience.

PREGUNTAS

1. What are some characteristics of successful language learners?
2. Why is it important to study Spanish?
3. How might Spanish play a role in your future?

Estrategia

This icon at the beginning of each chapter reminds you that there are Readiness Checks in MySpanishLab that help you assess your current understanding of the concepts to come.

Comunicación
Capítulo Preliminar A

Estrategia

For a complete list of vocabulary for *Para empezar*, refer to the Vocabulary summary beginning on page 70. You will notice that all of the vocabulary for *Capítulos Preliminar A, 1, 2* and *3* are there for you to consult.

1 VOCABULARIO

¡Hola! eText 4 A-01 to A-04

Saludos, despedidas y presentaciones
Greeting, saying good-bye, and introducing someone

Los saludos	*Greetings*
¡Hola!	*Hi! Hello!*
Buenos días.	*Good morning.*
Buenas tardes.	*Good afternoon.*
Buenas noches.	*Good evening; Good night.*
¿Cómo estás?	*How are you?* (familiar)
¿Cómo está usted?	*How are you?* (formal)
¿Qué tal?	*How's it going?*
Más o menos.	*So-so.*
Regular.	*Okay.*
Bien, gracias.	*Fine, thanks.*
Bastante bien.	*Just fine.*
Muy bien.	*Really well.*
¿Y tú?	*And you?* (familiar)
¿Y usted?	*And you?* (formal)

Las despedidas	*Farewells*
Adiós.	*Good-bye.*
Chao.	*Bye.*
Hasta luego.	*See you later.*
Hasta mañana.	*See you tomorrow.*
Hasta pronto.	*See you soon.*

Las presentaciones	*Introductions*
¿Cómo te llamas?	*What is your name?* (familiar)
¿Cómo se llama usted?	*What is your name?* (formal)
Me llamo…	*My name is . . .*
Soy…	*I am . . .*
Mucho gusto.	*Nice to meet you.*
Encantado/Encantada.	*Pleased to meet you.*
Igualmente.	*Likewise.*
Quiero presentarte a…	*I would like to introduce you to . . .* (familiar)
Quiero presentarle a…	*I would like to introduce you to . . .* (formal)

- The expressions **¿Cómo te llamas?** and **¿Cómo se llama usted?** both mean *What is your name?* but the former is used among students and other peers (referred to as *familiar*). You will learn about the differences between these *familiar* and *formal* forms later in this chapter. Note that **Encantado** is said by a male, and **Encantada** is said by a female.
- Spanish uses special punctuation to signal a question or an exclamation. An upside-down question mark begins a question and an upside-down exclamation mark begins an exclamation, as in **¿Cómo te llamas?** and **¡Hola!**

Estrategia

Activities with the ***e*** icon can be found in your MySpanishLab course. The activities provide practice as you review, develop, and refine your Spanish knowledge and abilities. These activities to be done online, outside of class help prepare you for the pair and group activities that will take place during your class.

e A-1 Saludos y despedidas

e A-2 ¡Hola! ¿Qué tal?

e A-3 ¿Cómo te llamas?

e A-4 Quiero presentarte a…

Estrategia

This icon signifies that you will be working with a group of students. Working with your classmates affords you extra practice speaking Spanish.

A-5 Una fiesta Imagine that you are at a party. In groups of five, introduce yourselves to each other. Use the model as a guide. ■

MODELO

AMY:	*Hola, ¿qué tal? Soy Amy.*
ORLANDO:	*Hola, Amy. Soy Orlando. ¿Cómo estás?*
AMY:	*Muy bien, Orlando. ¿Y tú?*
ORLANDO:	*Bien, gracias. Amy, quiero presentarte a Tom.*
TOM:	*Encantado.*
E4:	…

NOTA CULTURAL

¡Hola! eText 7 — A-05 to A-07

Cómo se saluda la gente

Estrategia

The *¡Hola!* icon indicates that the reading for *Nota cultural* can be found in the eText in your MySpanishLab course. The number indicates the page for the cultural information and activity.

2 VOCABULARIO

¡Hola! eText 8 — A-08 to A-10

Expresiones útiles para la clase Understanding and responding appropriately to basic classroom expressions and requests

The following list provides useful expressions that you and your instructor will use frequently.

Preguntas y respuestas	***Questions and answers***
¿Cómo?	*What? How?*
¿Cómo se dice… en español?	*How do you say . . . in Spanish?*
¿Cómo se escribe… en español?	*How do you write . . . in Spanish?*
¿Qué significa?	*What does it mean?*
¿Quién?	*Who?*
¿Qué es esto?	*What is this?*
Comprendo.	*I understand.*
No comprendo.	*I don't understand.*
Lo sé.	*I know.*
No lo sé.	*I don't know.*
Sí.	*Yes.*
No.	*No.*

Expresiones de cortesía	***Polite expressions***
De nada.	*You're welcome.*
Gracias.	*Thank you.*
Por favor.	*Please.*

Mandatos para la clase	***Classroom instructions (commands)***
Abra(n) el libro en la página…	*Open your book to page . . .*
Cierre(n) el/los libro/s.	*Close your book/s.*
Conteste(n).	*Answer.*
Escriba(n).	*Write.*
Escuche(n).	*Listen.*
Lea(n).	*Read.*
Repita(n).	*Repeat.*
Vaya(n) a la pizarra.	*Go to the board.*

In Spanish, commands can have two forms. The singular form (**abra, cierre, conteste,** etc.) is directed to one person, while the plural form (those ending in **-n: abran, cierren, contesten,** etc.) is used with more than one person.

e A-6 Práctica

e A-7 Más práctica

3 GRAMÁTICA

¡Hola! eText 9 | A-11 to A-16

El alfabeto Spelling in Spanish

The Spanish alphabet is quite similar to the English alphabet except in the ways the letters are pronounced. Learning the proper pronunciation of the individual letters in Spanish will help you pronounce new words and phrases.

Estrategia

For a summary of this and all of the grammar points, go to the eText or refer to *Capítulo Preliminar A* in the Grammar summary at the end of *Para empezar*, beginning on page 74. You will also note that all of the grammar points for mini chapters 1, 2, and 3 are referenced there to assist you.

LETTER	LETTER NAME	EXAMPLES	LETTER	LETTER NAME	EXAMPLES
a	a	**a**diós	**ñ**	eñe	ma**ñ**ana
b	be	**b**uenos	**o**	o	c**ó**m**o**
c	ce	**c**lase	**p**	pe	**p**or favor
d	de	**d**ía	**q**	cu	**q**ué
e	e	**e**spañol	**r**	ere	seño**r**a
f	efe	por **f**avor	**s**	ese	**s**aludos
g	ge	lue**g**o	**t**	te	**t**arde
h	hache	**h**ola	**u**	u	**u**sted
i	i	señor**i**ta	**v**	uve	nue**v**e
j	jota	**j**ulio	**w**	doble ve o uve doble	**W**ashington
k	ka	**k**ilómetro	**x**	equis	e**x**amen
l	ele	**l**uego	**y**	ye o i griega	**y**o
m	eme	**m**adre	**z**	zeta	pi**z**arra
n	ene	**n**oche			

e A-8 En español

e A-9 ¿Qué es esto?

4 VOCABULARIO

¡Hola! eText 10 A-17 to A-19

Los cognados Identifying cognates

Cognados, or *cognates*, are words that are similar in form and meaning to their English equivalents. As you learn Spanish you will discover many cognates. Can you guess the meanings of the following words?

inteligente **septiembre** **familia** **universidad**

e A-10 Práctica

e A-11 ¿Hablas español?

5 GRAMÁTICA

¡Hola! eText 11 A-20 to A-21

Los pronombres personales
Expressing the subject pronouns

Tú

Usted

NOTA CULTURAL

¡Hola! eText 12 | A-22 to A-25

¿Tú o usted?

A-12 ¿Cómo se dice?

A-13 ¿Tú o usted?

6 GRAMÁTICA

¡Hola! eText 13 | A-26 to A-31

El verbo *ser* Using *to be*

ser (*to be*)

Singular			Plural		
yo	**soy**	*I am*	nosotros/as	**somos**	*we are*
tú	**eres**	*you are*	vosotros/as	**sois**	*you are*
Ud.	**es**	*you are*	Uds.	**son**	*you are*
él, ella	**es**	*he/she is*	ellos/as	**son**	*they are*

A-14 Vamos a practicar

A-15 "Ser o no ser… "

7 VOCABULARIO

¡Hola! eText 14 | A-32 to A-34

Los adjetivos de nacionalidad Stating nationalities

Me llamo Sonia. Soy puertorriqueña.
Encantado. Yo soy John. Soy estadounidense.

Nacionalidad	Estudiantes
alemán	Hans
alemana	Ingrid
canadiense	Jacques/Alice
chino	Tsong
china	Xue Lan
cubano	Javier
cubana	Pilar
español	Rodrigo
española	Guadalupe
estadounidense (norteamericano/a)	John/Kate
francés	Jean-Paul
francesa	Brigitte
inglés	James
inglesa	Diana
japonés	Tabo
japonesa	Yasu
mexicano	Manuel
mexicana	Milagros
nigeriano	Yena
nigeriana	Ngidaha
puertorriqueño	Ernesto
puertorriqueña	Sonia

In Spanish:

- adjectives of nationality are not capitalized unless one is the first word in a sentence.
- most adjectives of nationality have a form for males, and a slightly different one for females. (You will learn more about this in **Capítulo 1.** For now, simply note the differences.)
- when referring to more than one individual, you make the adjectives plural by adding either an **-s** or an **-es.** (Again, in **Capítulo 1** you will formally learn more about forming plural words.)
- some adjectives of nationality have a written accent mark in the masculine form, but not in the feminine, like **inglés/inglesa** and **francés/francesa.** For example: **Mi papá es *inglés* y mi mamá es *francesa*.**

e A-16 ¿Cuál es tu nacionalidad?

e A-17 ¿Qué son?

NOTA CULTURAL

¡Hola! eText 16 — A-35

Los hispanos

8 VOCABULARIO

¡Hola! eText 16 — A-36 to A-39

Los números 0–30 Counting from 0–30

0	**cero**	7	**siete**	13	**trece**	19	**diecinueve**	25	**veinticinco**
1	**uno**	8	**ocho**	14	**catorce**	20	**veinte**	26	**veintiséis**
2	**dos**	9	**nueve**	15	**quince**	21	**veintiuno**	27	**veintisiete**
3	**tres**	10	**diez**	16	**dieciséis**	22	**veintidós**	28	**veintiocho**
4	**cuatro**	11	**once**	17	**diecisiete**	23	**veintitrés**	29	**veintinueve**
5	**cinco**	12	**doce**	18	**dieciocho**	24	**veinticuatro**	30	**treinta**
6	**seis**								

e A-18 ¿Qué número?

e A-19 ¿Cuál es la secuencia?

NOTA CULTURAL

¡Hola! eText 17 A-40 to A-41

El mundo hispano

9 VOCABULARIO

¡Hola! eText 18 A-42 to A-44

La hora Stating the time

Es (la) medianoche.

Es (el) mediodía.

Es la una.

Son las diez y cinco.

Son las tres y cuarto.

Son las seis y media.

Son las nueve menos cuarto.

Son las diez menos veinticinco.

La hora	***Telling time***
¿Qué hora es?	*What time is it?*
Es la una. / Son las…	*It's one o'clock. / It's . . . o'clock.*
¿A qué hora… ?	*At what time . . . ?*
A la… / A las…	*At . . . o'clock.*
…de la mañana	*. . . in the morning*
…de la tarde	*. . . in the afternoon, early evening*
…de la noche	*. . . in the evening, at night*
la medianoche	*midnight*
el mediodía	*noon*
menos cinco	*five minutes to the hour*
y cinco	*five minutes after the hour*

When telling time in Spanish:

- use **Es la...** to say times between 1:00 and 1:59.
- use **Son las...** to say times *except* between 1:00 and 1:59.
- use **A la...** or **A las...** to say *at* what time.
- use **la** with **una** (**a la una**) for hours between 1:00 and 1:59.
- use **las** for hours greater than *one* (**a las ocho**).
- use the expressions **mediodía** and **medianoche** to say *noon* and *midnight*.
- **de la tarde** tends to mean from noon until 7:00 or 8:00 P.M.
- **cuarto** and **media** are equivalent to the English expressions *quarter* (fifteen minutes) and *half* (thirty minutes). **Cuarto** and **media** are interchangeable with the numbers **quince** and **treinta**.
- use **y** for times that are before and up to the half-hour mark.
- use **menos** for times that are beyond the half-hour mark.

e A-20 ¿Qué hora es?

Estrategia

You will note many icons that indicate you will be working with a partner. Communicating orally in pairs is one of the best ways to increase and improve your Spanish speaking ability.

A-21 Tu horario

Think about your daily schedule. Then, take turns asking and telling your partner at what times you do the following activities. ■

MODELO E1: *¿A qué hora?*
E2: *a la una y media*

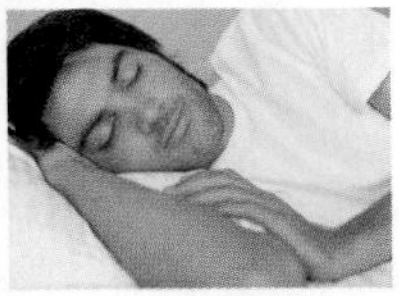

1. 

2. 

3. 

4. 

5. 

6. 

7. 

8. 

A-22 ¿Y el fin de semana?

What is your schedule for the weekend? Take turns telling your partner at what times you plan to do the activities from **A-21** this coming weekend. ■

10 VOCABULARIO

¡Hola! eText 20 A-45 to A-51

Los días, los meses y las estaciones

Eliciting the date and season

Los meses y las estaciones (*Months and seasons*)

la primavera

marzo, abril y mayo

el verano

junio, julio y agosto

el otoño

septiembre, octubre y noviembre

el invierno

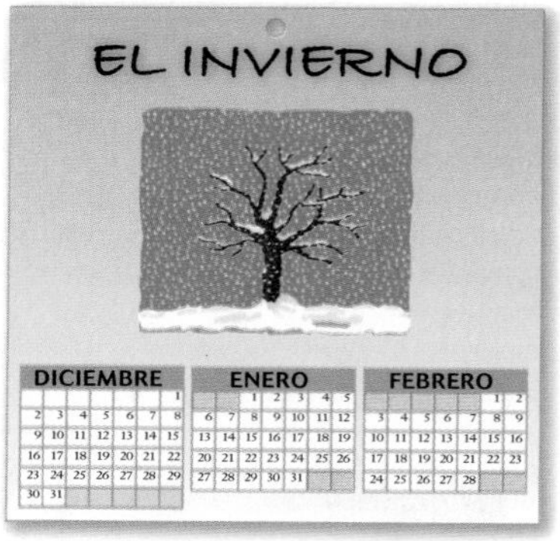

diciembre, enero y febrero

Los días de la semana	*Days of the week*
lunes	*Monday*
martes	*Tuesday*
miércoles	*Wednesday*
jueves	*Thursday*
viernes	*Friday*
sábado	*Saturday*
domingo	*Sunday*

Expresiones útiles	*Useful expressions*
¿Qué día es hoy?	*What day is today?*
¿Cuál es la fecha de hoy?	*What is today's date?*
Hoy es lunes.	*Today is Monday.*
Hoy es el 1° (primero) de septiembre.	*Today is September first.*
Mañana es el 2 (dos) de septiembre.	*Tomorrow is September second.*

Unlike in English, the days of the week and the months of the year are not capitalized in Spanish. Also, in the Spanish-speaking world, in some countries, Monday is considered the first day of the week. On calendars the days are listed from Monday through Sunday.

A-23 Antes y después

A-24 Y los meses

A-25 ¿Cuándo es?

Look at the activities included in the **Guía del ocio.** Take turns determining what activity takes place and at what time on the following days. ■

Fíjate

In Spanish, ***h*** is the abbreviation for ***hora.***

GUÍA DEL OCIO MADRID

MÚSICA

Sábado 4

- **XVI Festival de Jazz:**

Joe Henderson
La Riviera. 21 h.

- **Alonso y Williams**
La Madriguera. 24 h.

Domingo 5

- **Pedro Iturralde**
Clamores. Pases: 22.45 y 0.45 h. Libre.

Lunes 6

- **Moreiras Jazztet**
Café Central. 22 h.

CINE

Las vidas de Celia
(2005, España)****
Género: Drama
Director: Antonio Chavarrías
Interpretación: Najwa Nimri, Luis Tosar…
Najwa Nimri da vida a una mujer que intenta suicidarse la misma noche que otra joven es asesinada.

Mujeres en el parque
(2006, España)*****
Género: Drama
Director: Felipe Vega
Interpretación: Adolfo Fernández, Blanca Apilánez…
Una película llena de pequeños misterios, donde los personajes se enfrentan a lo difícil de las relaciones personales.

Volver (2006, España)*****
Género: Comedia dramática
Director: Pedro Almodóvar
Interpretación: Penélope Cruz, Carmen Maura…
Se basa en la vida y los recuerdos del director sobre su madre y el lugar donde se crió.

EXPOSICIONES

- **Museo Nacional Centro de Arte Reina Sofía**
Santa Isabel, 52.
Metro Atocha
Tel. 91 4675062
Horario: de 10 a 21 h. Domingo de 10 a 14.30 h.
Martes cerrado.

Un recorrido del arte del siglo XX, desde Picasso. Salas dedicadas a los comienzos de la vanguardia. Además, exposiciones temporales.

- **Museo del Prado**
Paseo del Prado, s/n. Metro Banco de España.
Tel. 91 420 36 62 y 91 420 37 68
Horario: martes a sábado de 9 a 19 h. Domingo de 9 a 14 h.
Lunes cerrado.

Todas las escuelas españolas, desde los frescos románicos hasta el siglo XVIII. Grandes colecciones de Velázquez, Goya, Murillo, etc. Importante representación de las escuelas europeas (Rubens, Tiziano, Durero, etc.). Escultura clásica griega y romana y Tesoro del Delfín.

MODELO E1: el lunes por la noche
E2: *El Moreiras Jazztet es a las veintidós horas / a las diez.*

1. el sábado por la noche
2. el miércoles por la mañana
3. el domingo
4. el sábado por la noche
5. el martes por la tarde

11 VOCABULARIO

¡Hola! eText 23 A-52 to A-56

El tiempo Reporting the weather

¿Qué tiempo hace? (*What's the weather like?*)

el sol
Hace sol.
Hace buen tiempo.

la lluvia
Llueve.
Hace mal tiempo.

la nube
Está nublado.

el viento
Hace viento.

la nieve
Nieva.

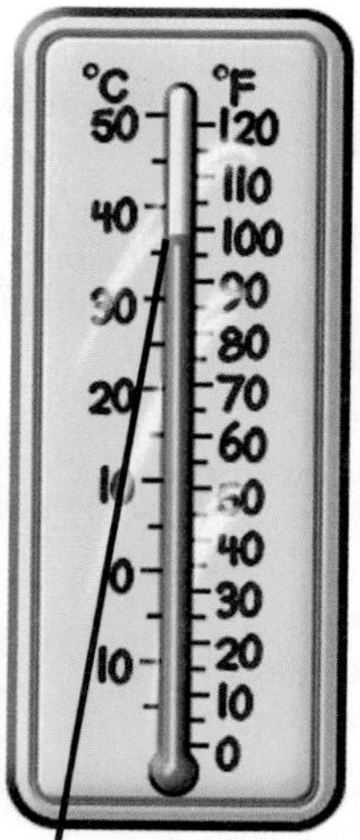

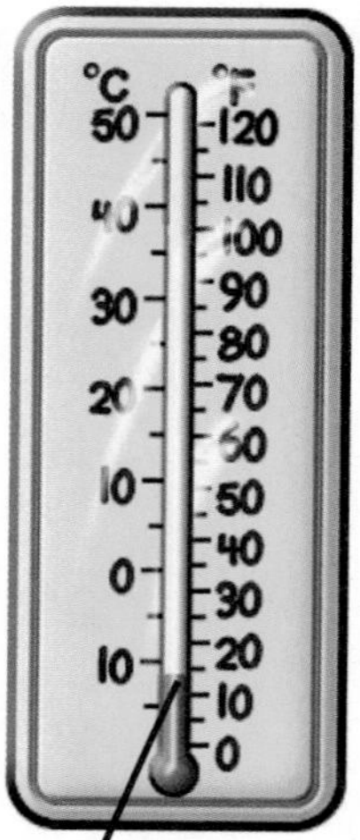

la temperatura

99 °F/37 °C
Hace calor.

14 °F/-10 °C
Hace frío.

e A-26 ¿Qué tiempo hace?

e A-27 España

A-28 **Y América del Sur** Take turns making statements about the weather based on the map of South America. You can say what the weather is like, and also what it is not like. Follow the model. ■

MODELO E1: *Llueve en Bogotá.*
E2: *No hace frío en Venezuela.*

Fíjate

To make a negative statement, simply place the word no before the verb: *No llueve en Caracas. No nieva en Buenos Aires. No hace calor en Punta Arenas.*

12 GRAMÁTICA

¡Hola! eText 25 — A-57 to A-59

Gustar Sharing personal likes and dislikes

Me gusta la primavera.

No me gusta el invierno.

Me gustan los viernes.

No **me gustan** los lunes.

A-29 ¿Qué te gusta?

A-30 ¿Qué más te gusta?

Take turns asking your partner about the following places and things. ■

MODELO E1: *¿Te gustan las hamburguesas?*
E2: *No, no me gustan las hamburguesas.*

1. 

Las Vegas, Nevada

2. 
las guitarras

3. 
las camionetas

4. 
la pizza

5. 
San Antonio, Texas

6. 
los teléfonos celulares

7. 
el béisbol

8. 
el fútbol

¿Cómo andas?

Each of the coming chapters of ***¡Anda! Curso elemental para estudiantes avanzados*** will have self-check sections for you to assess your progress. In this chapter, a **¿Cómo andas?** (*How are you doing?*) section will appear after each *Comunicación*. Use the checklists to measure what you have learned in the chapter. Place a check in the *Feel confident* column of the topics you feel you know, and a check in the *Need to review* column of those that you need to practice more. Be sure to go back and practice because it is the key to your success!

Having completed this section of *Para empezar*, I now can . . .	**Feel confident**	**Need to review**
Comunicación - Capítulo Preliminar A		
• greet, say good-bye, and introduce someone (p. 4)	☐	☐
• understand and respond appropriately to basic classroom expressions and requests (p. 6)	☐	☐
• spell in Spanish (p. 7)	☐	☐
• identify cognates (p. 8)	☐	☐
• express the subject pronouns (p. 8)	☐	☐
• use *to be* (p. 9)	☐	☐
• state nationalities (p. 10)	☐	☐
• count from 0 to 30 (p. 11)	☐	☐
• state the time (p. 12)	☐	☐
• elicit the date and season (p. 14)	☐	☐
• report the weather (p. 16)	☐	☐
• share personal likes and dislikes (p. 17)	☐	☐
Cultura		
• compare and contrast greetings in the Spanish-speaking world and in the United States (p. 6)	☐	☐
• explain when to use the familiar and formal *you* (p. 9)	☐	☐
• summarize the diversity of the Spanish-speaking world (p. 11)	☐	☐
• name the continents and countries where Spanish is spoken (p. 12)	☐	☐

OBJETIVOS	CONTENIDOS	
COMUNICACIÓN - CAPÍTULO 1		
To describe families	1 The family	21
To pronounce vowels	**Pronunciación:** Vowels	MSL / SAM
To express what someone has	2 The verb **tener**	22
To use singular and plural nouns	3 Singular and plural nouns	24
To identify masculine and feminine nouns	4 Masculine and feminine nouns	24
To convey *the, a, one,* and *some*	5 Definite (*the*) and indefinite (*a, an, some*) articles	25
To give details about yourself and others	6 People	26
To state possession	7 Possessive adjectives (*my, your, our,* etc.)	27
To supply details about people, places, and things	8 Descriptive adjectives	28
To count from 31 to 100	9 Numbers 31–100	30
To determine the topic and listen for known words	**ESCUCHA:** Family introductions **Estrategia:** Determining the topic and listening for words you know	32
To communicate about people you know	**¡Conversemos!**	32
To organize ideas to write a poem	**ESCRIBE:** A poem **Estrategia:** Organizing ideas/Preparing to write	32
To engage in additional communication practice	**Heritage Language**	SAM
CULTURA		
To illustrate formation of Hispanic last names	**NOTA CULTURAL** Los apellidos en el mundo hispano	22
To compare and contrast several regional and national differences in the English and Spanish languages	**NOTA CULTURAL** El español, lengua diversa	30
AMBICIONES SINIESTRAS		
To recognize cognates when reading and to meet the six protagonists To discover more about the protagonists' classes and their lives	**EPISODIO 1** **Lectura:** *Conexiones* **Estrategia:** Recognizing cognates **Video:** *¿Quiénes son?*	33 33
COMUNIDADES		
To use Spanish in real-life contexts	**Experiential Learning:** Familias famosas **Service Learning:** Familia, cultura y niños	SAM SAM

Comunicación

Capítulo 1 ¿Quiénes somos?

1 VOCABULARIO

¡Hola! eText 32 01-01 to 01-05

La familia Describing families

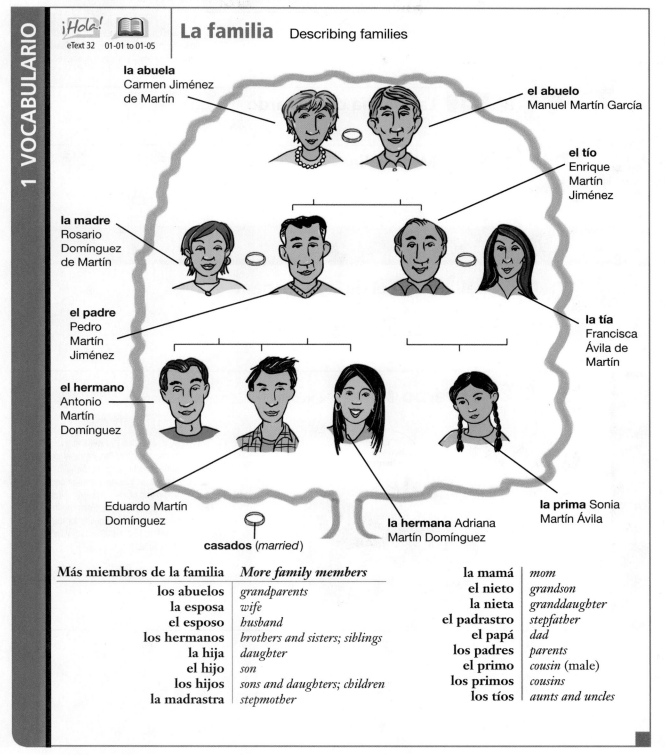

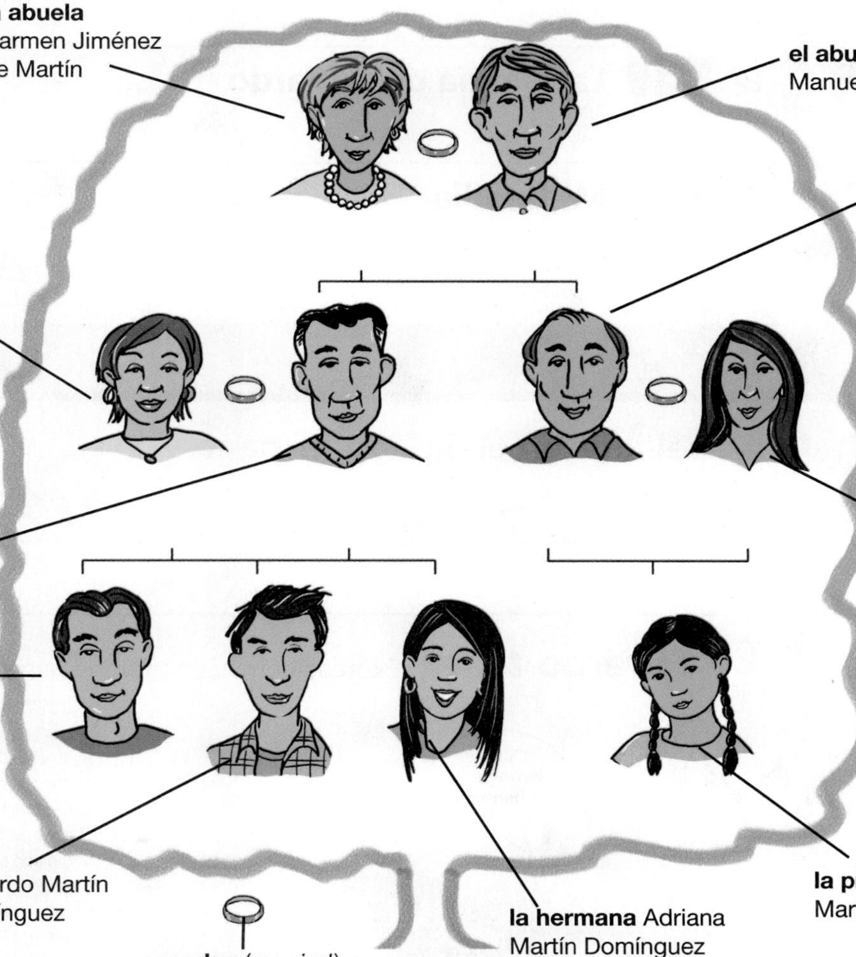

Más miembros de la familia	*More family members*
los abuelos	*grandparents*
la esposa	*wife*
el esposo	*husband*
los hermanos	*brothers and sisters; siblings*
la hija	*daughter*
el hijo	*son*
los hijos	*sons and daughters; children*
la madrastra	*stepmother*

la mamá	*mom*
el nieto	*grandson*
la nieta	*granddaughter*
el padrastro	*stepfather*
el papá	*dad*
los padres	*parents*
el primo	*cousin* (male)
los primos	*cousins*
los tíos	*aunts and uncles*

PRONUNCIACIÓN

¡Hola! 01-06 to 01-08

Vowels

Go to MySpanishLab / Student Activities Manual to learn about the pronunciation of vowels.

Fíjate

You will find this *Pronunciación* section, and accompanying activities, on MySpanishLab and in the Student Activities Manual.

Estrategia

Remember that activities with the ***e*** icon can be found in your MySpanishLab course. The activities provide practice as you review, develop, and refine your Spanish knowledge and abilities.

e 1-1 La familia de Eduardo

e 1-2 Mi familia

NOTA CULTURAL

¡Hola! eText 33 01-09 to 01-11

Los apellidos en el mundo hispano

2 GRAMÁTICA

¡Hola! eText 34 01-12 to 01-16

El verbo *tener* Expressing what someone has

Tengo una hermana y un hermano.

Estrategia

As a reminder, you will find a summary of this and all of the grammar points in the eText or refer to *Capítulo Preliminar A* in the Grammar summary at the end of *Para empezar*, beginning on page 74. You will also note that all of the grammar points for mini chapters 1, 2, and 3 are referenced there to assist you.

e 1-3 ¿Quién tiene familia?

e 1-4 ¡Apúrate!

1-5 La familia de José

Complete the paragraph with the correct forms of **tener.** Then share your answers with a partner. Finally, based on what you learned in the previous culture presentation regarding last names, what is José's father's last name? What is José's mother's maiden name? ■

Yo soy el primo de José. Él (1) _______ una familia grande. (2) _______ tres hermanos, Pepe, Alonso y Tina. Su hermano Pepe está casado (*is married*) y (3) _______ dos hijos. También José y sus hermanos (4) _______ muchos tíos, siete en total. La madre de José (5) _______ tres hermanos y dos están casados. El padre de José (6) _______ una hermana y ella está casada con mi padre: ¡es mi madre! Nosotros (7) _______ una familia grande. ¿Y tú?, ¿(8) _______ una familia grande?

José Olivo Peralta y su familia

1-6 De tal palo, tal astilla

Create **three** sentences with **tener** based on the family tree that you sketched for **1-2,** page 22. Tell them to your partner, who will then share what you said with another classmate. ■

MODELO

E1 (ALICE): *Tengo un hermano, Scott. Tengo dos tíos, George y David. No tengo abuelos.*

E2 (JEFF): *Alice tiene un hermano, Scott. Tiene dos tíos, George y David. No tiene abuelos.*

Fíjate

The word *un* in the *modelo* for **1-6** is the shortened form of the number *uno.* It is used before a masculine noun—a concept that will be explained later in this chapter.

3 GRAMÁTICA

¡Hola! eText 36 01-17 to 01-20

Sustantivos singulares y plurales
Using singular and plural nouns

Raúl tiene dos primas y Jorge tiene una prima.

e 1-7 Te toca a ti

e 1-8 De nuevo

4 GRAMÁTICA

¡Hola! eText 37 01-21 to 01-22

El masculino y el femenino
Identifying masculine and feminine nouns

El abuelo y las tías.

e 1-9 ¿Recuerdas?

1-10 Para practicar

5 GRAMÁTICA

¡Hola! eText 38 — 01-23 to 01-27

Los artículos definidos e indefinidos

Conveying *the, a, one,* and *some*

Eduardo tiene una hermana. La hermana de Eduardo se llama Adriana.

1-11 Vamos a practicar

1-12 Una concordancia

1-13 ¿Quiénes son?

Fill in the blanks with the correct form of either the definite or indefinite article. Then take turns sharing your answers and explaining your choices. You may want to refer to the family tree on page 21. ■

Estrategia

To say "Eduardo's sister" or "Eduardo's grandparents," you add *de Eduardo* to each of your sentences: *Es la hermana de Eduardo. Son los abuelos de Eduardo.*

MODELO Adriana es *la* hermana de Eduardo.

(1) ________ abuelos se llaman Manuel y Carmen. Eduardo tiene (2) ________ tío.
(3) ________ tío se llama Enrique. Eduardo tiene (4) ________ prima; se llama Sonia.
(5) ________ hermano de Eduardo se llama Antonio.

6 VOCABULARIO

¡Hola! eText 40 01-28 to 1-31

Gente Giving details about yourself and others

Miguelito/Clarita

el niño/la niña

Daniel/Mariela

el chico, el muchacho/ la chica, la muchacha

Javier/Ana

el joven/la joven

Manuel/Manuela

el hombre/la mujer

la Sra. Torres/ la Srta. Sánchez/ el Sr. Martín

la señora/ la señorita/el señor

Manolo/Pilar

el amigo/la amiga

Roberto/Pepita

el novio/la novia

e 1-14 Los opuestos

e 1-15 ¿Cómo se llama?

7 GRAMÁTICA

¡Hola! eText 41 | 01-32 to 01-36

Los adjetivos posesivos Stating possession

Mis padres se llaman Juan y María. ¿Cómo se llaman tus padres?

e 1-16 ¿De quién es?

e 1-17 Relaciones familiares

Estrategia

Using your own friends and family will help you remember the vocabulary. Write the names of your immediate family or your best friends. Then write a description of how those people are connected to each other. E.g., *Karen es la madre de Brian* or *Brian es el hijo de Karen.*

1-18 Tu familia

Using at least **three** different possessive adjectives, talk to your partner about your family. ■

MODELO En mi familia somos cinco personas. Mi padre se llama John y mi madre es Marie. Sus amigos son Mary y Dennis. Tengo dos hermanos, Clark y Blake. Nuestros tíos son Alice y Ralph y nuestras primas se llaman Gina y Glynis.

8 GRAMÁTICA

¡Hola! eText 43 01-37 to 01-42

Los adjetivos descriptivos

Supplying details about people, places, and things

Las características físicas, la personalidad y otros rasgos

alto alta bajo baja

guapo guapa

delgado delgada gordo gorda

débil fuerte

inteligente

joven mayor

pobre rico rica

La personalidad	*Personality*
aburrido/a	*boring*
antipático/a	*unpleasant*
bueno/a	*good*
cómico/a	*funny; comical*
interesante	*interesting*
malo/a	*bad*
paciente	*patient*
perezoso/a	*lazy*
responsable	*responsible*
simpático/a	*nice*
tonto/a	*silly; dumb*
trabajador/a	*hard-working*

Las características físicas	*Physical characteristics*
bonito/a	*pretty*
feo/a	*ugly*
grande	*big; large*
pequeño/a	*small*

Otras palabras útiles	*Other useful words*
muy	*very*
(un) poco	*(a) little*

e 1-19 ¿Cómo son?

e 1-20 ¿Cómo los describes?

1-21 Al contrario

Student 1 creates a sentence using the cues provided, and Student 2 expresses the opposite. Pay special attention to adjective agreement. ■

MODELO los hermanos González/guapo

E1: *Los hermanos González son guapos.*

E2: *¡Ay no, son muy feos!*

1. los abuelos / pobre
2. la señora López / muy antipático
3. Jaime / delgado
4. la tía Claudia / mayor
5. Tomás y Antonia / alto
6. nosotros / perezoso

Capítulo Preliminar A. El verbo *ser*, pág. 13 del eText.

1-22 ¿Cómo eres?

Imagine you are applying to a dating service. ■

Paso 1 Describe yourself to your partner using at least **three** adjectives, and then describe your ideal date.

MODELO *Me llamo Julie. Soy joven, muy inteligente y alta. Mi hombre ideal es inteligente, paciente y cómico.*

Paso 2 How similar are you and your partner and how similar are your ideal mates?

MODELO *Rebeca y yo somos jóvenes, altas y muy inteligentes. Nuestros hombres ideales son cómicos y pacientes.*

matchideal.com
Soy inteligente,
cómico y responsable.
No soy muy rico pero
soy trabajador.
¿Eres inteligente,
simpática y cómica?
Contacta con
matchideal.com/chucho.

1-23 ¿Es cierto o falso?

Describe **five** famous (or infamous!) people or characters. Your partner can react by saying **Es verdad** (*It's true*) or **No es verdad** (*It's not true*). If your partner disagrees with you, he/she must correct your statement. ■

MODELO E1: *Santa Claus es gordo y un poco feo.*

E2: *No es verdad. Sí, es gordo pero no es feo. Es guapo.*

Estrategia

Being an "active listener" is an important skill in any language. *Active listening* means that you hear and understand what someone is saying. Being able to repeat what someone says helps you practice and perfect the skill of active listening.

1-24 **¿Cuáles son sus cualidades?** Think of the qualities of your best friend and those of someone you do not particularly like (**una persona que no me gusta**). Using adjectives that you know in Spanish, write at least **three** sentences that describe each of these people. Share your list with a partner. ■

MODELO

MI MEJOR (*BEST*) AMIGO/A	UNA PERSONA QUE NO ME GUSTA
1. Es trabajador/a.	1. Es antipático/a.
2. Es inteligente.	2. No es paciente.
3. …	3. …

Capítulo Preliminar A. Los pronombres personales, pág. 11 del eText.

1-25 **Describe a una familia** Bring family photos (personal ones or some taken from the Internet or a magazine) to class and describe the family members to a classmate, using at least **five** sentences. ■

MODELO *Tengo dos hermanas, Kate y Ana. Ellas son simpáticas y bonitas. Mi papá no es aburrido y es muy trabajador. Tengo seis primos…*

NOTA CULTURAL

¡Hola! eText 46 | 01-43 to 01-44

El español, lengua diversa

9 VOCABULARIO

¡Hola! eText 47 | 01-45 to 01-48

Los números 31–100 Counting from 31 to 100

The numbers 31–100 function in much the same way as the numbers 0–30. Note how the numbers 30–39 are formed. This pattern will repeat itself up to 100.

31	**treinta y uno**	37	**treinta y siete**	51	**cincuenta y uno…**
32	**treinta y dos**	38	**treinta y ocho**	60	**sesenta**
33	**treinta y tres**	39	**treinta y nueve**	70	**setenta**
34	**treinta y cuatro**	40	**cuarenta**	80	**ochenta**
35	**treinta y cinco**	41	**cuarenta y uno…**	90	**noventa**
36	**treinta y seis**	50	**cincuenta**	100	**cien**

Estrategia

Practice the numbers in Spanish by reading and pronouncing any numbers you see in your daily routine (e.g., highway signs, prices on your shopping receipts, room numbers on campus, phone numbers, etc.).

e 1-26 Examen de matemáticas

e 1-27 ¿Qué número es?

1-28 ¿Quiere dejar un recado?

Imagine that you work in a busy office. You take messages with the following phone numbers. Say the numbers to a partner who will write them down. Then switch roles, mixing the order of the numbers. ■

MODELO E1: 223-7256
E2: *dos, veintitrés, setenta y dos, cincuenta y seis*

1. 962-2136
2. 615-9563
3. 871-4954
4. 414-4415
5. 761-7920
6. 270-2325

Capítulo Preliminar A. Los números 0–30, pág. 16 del eText.

Fíjate

In most of the Spanish-speaking world, commas are used where the English-speaking world uses decimal points, and vice versa. For example, in English one says "six point four percent," in Spanish, *seis coma cuatro por ciento.*

1-29 Los hispanos en los EE.UU.

Use the information from the pie chart to answer the following questions in Spanish. ■

Vocabulario útil	
por ciento	*percent*

PORCENTAJE DE POBLACIÓN HISPANA

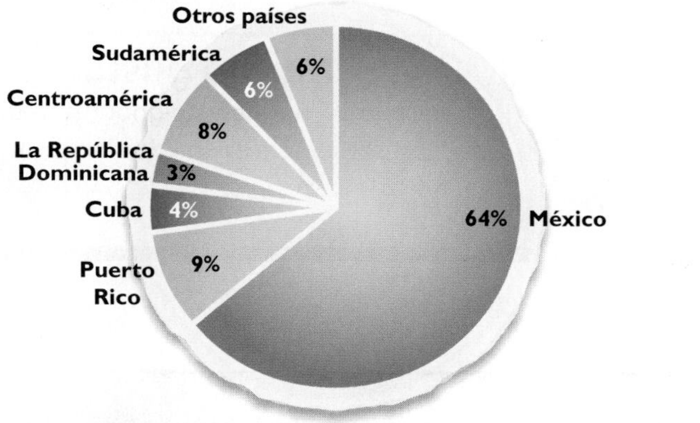

Source: US Census Bureau State & County Quick Facts

1. What percentage of U.S. Hispanics is from Cuba?
2. What percentage of U.S. Hispanics is from Puerto Rico?
3. What percentage of U.S. Hispanics is from Mexico?
4. What percentage of U.S. Hispanics is from South America?
5. What percentage of U.S. Hispanics comes from countries other than Mexico?

ESCUCHA

¡Hola! eText 49 01-49 to 01-50

Presentaciones

Estrategia

The *¡Hola!* icon indicates where you can find the *Estrategia* and activities for *Escucha* in the eText in your MySpanishLab course.

¡CONVERSEMOS!

01-51

1-33 Jefe nuevo With a partner, imagine that your new boss came to your office today to introduce himself/herself. Call your best friend, and describe your new boss in at least **four** sentences. ■

1-34 Mucho gusto You have just met a new neighbor. Imagine that your partner is your new neighbor, and describe yourself and your family to him/her. Use at least **six** sentences. In addition to **ser** and **tener,** create sentences using *Me gusta / No me gusta,* etc. ■

ESCRIBE

¡Hola! eText 50 01-52

Un poema

Estrategia

The *¡Hola!* icon indicates where you can find the *Estrategia* and activities for *Escribe* in the eText in your MySpanishLab course.

Ambiciones siniestras

¡Hola! eText 54 01-57

Estrategia

The *¡Hola!* icon indicates where you can find the video, reading and corresponding activities for *Ambiciones sinestras* in the eText in your MySpanishLab course.

Lectura y video

¿Cómo andas?

Having completed this section of *Para empezar*, I now can . . .	Feel confident	Need to review
Comunicación - Capítulo 1		
• describe families (p. 21)	☐	☐
• pronounce vowels (MSL / SAM)	☐	☐
• express what someone has (p. 22)	☐	☐
• use singular and plural nouns (p. 24)	☐	☐
• identify masculine and feminine nouns (p. 24)	☐	☐
• convey *the, a, one,* and *some* (p. 25)	☐	☐
• give details about myself and others (p. 26)	☐	☐
• state possession (p. 27)	☐	☐
• supply details about people, places, and things (p. 28)	☐	☐
• count from 31 to 100 (p. 30)	☐	☐
• determine the topic and listen for known words (p. 32)	☐	☐
• communicate about people I know (p. 32)	☐	☐
• organize ideas to write a poem (p. 32)	☐	☐
Cultura		
• illustrate formation of Hispanic last names (p. 22)	☐	☐
• compare and contrast several regional and national differences in the English and Spanish languages (p. 30)	☐	☐
Ambiciones siniestras		
• recognize cognates when reading and meet the six protagonists (p. 33)	☐	☐
• discover more about the protagonists' classes and their lives (p. 33)	☐	☐
Comunidades		
• use Spanish in real-life contexts (SAM)	☐	☐

Comunicación

Capítulo 2 La vida universitaria

1 VOCABULARIO

¡Hola! eText 62 02-01 to 02-05

Las materias y las especialidades

Sharing information about courses and majors

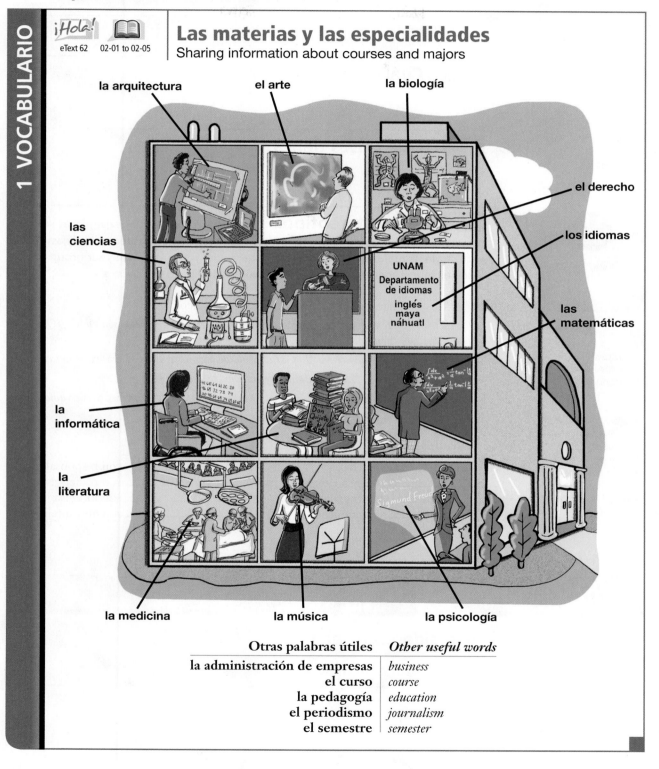

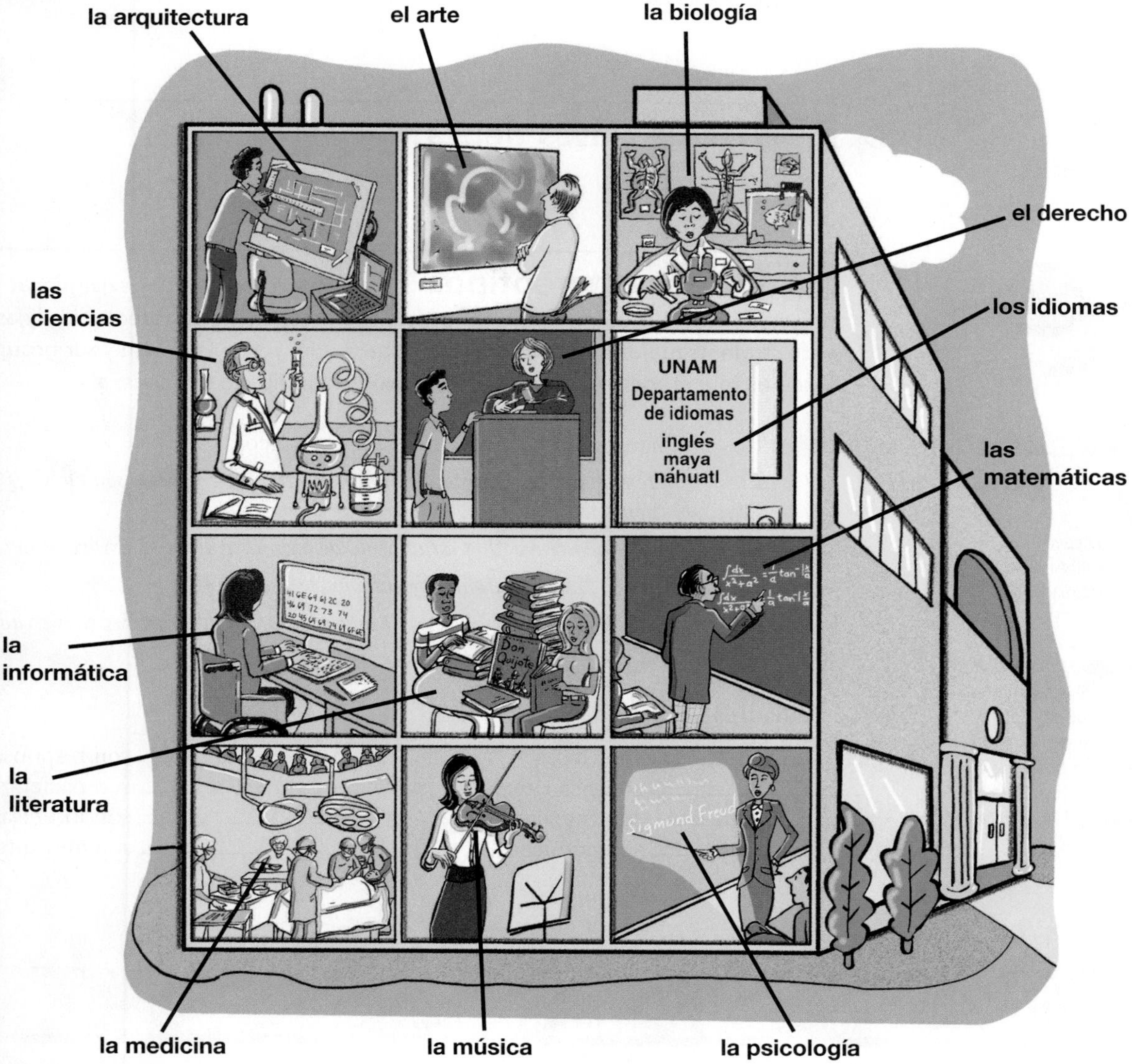

Otras palabras útiles	*Other useful words*
la administración de empresas	*business*
el curso	*course*
la pedagogía	*education*
el periodismo	*journalism*
el semestre	*semester*

PRONUNCIACIÓN

¡Hola! 02-06 to 02-08

Word stress and accent marks

Go to MySpanishLab / Student Activities Manual to learn about word stress and accent marks.

e 2-1 ¿Cuál es su especialidad?

e 2-2 ¿Qué clases tienes?

Capítulo 1. El verbo *tener,* pág. 34 del eText; Los adjetivos descriptivos, pág. 43 del eText.

Estrategia

Go to Appendix 3, *También se dice…*, for an expanded list of college majors. *También se dice…* includes additional vocabulary and regional expressions for all chapters. Although not exhaustive, the list will give you an idea of the variety and richness of the Spanish language.

2-3 Unos estereotipos

Do you think stereotypes exist just at your university? In your opinion, the following characteristics are stereotypically associated with students majoring in which fields? Share your responses with your group of three or four students, then report the group findings to the class. ■

MODELO Los estudiantes de ______________ son ricos.

E1: *Tengo "Los estudiantes de administración de empresas son ricos". ¿Qué tienes tú?*

E2: *También tengo "Los estudiantes de administración de empresas son ricos".*

E3: *Tengo "Los estudiantes de informática son ricos".*

GRUPO: *Tenemos "Los estudiantes de administración de empresas y los estudiantes de informática son ricos".*

Los estudiantes de…

1. ______________ son ricos.
2. ______________ son simpáticos.
3. ______________ son trabajadores.
4. ______________ son cómicos.
5. ______________ son responsables.
6. ______________ son pacientes.
7. ______________ son interesantes.
8. ______________ son muy inteligentes.

NOTA CULTURAL

¡Hola! eText 64 02-09

Las universidades hispanas

2 VOCABULARIO

¡Hola! eText 65 02-10 to 02-13

La sala de clase Describing your classroom and classmates

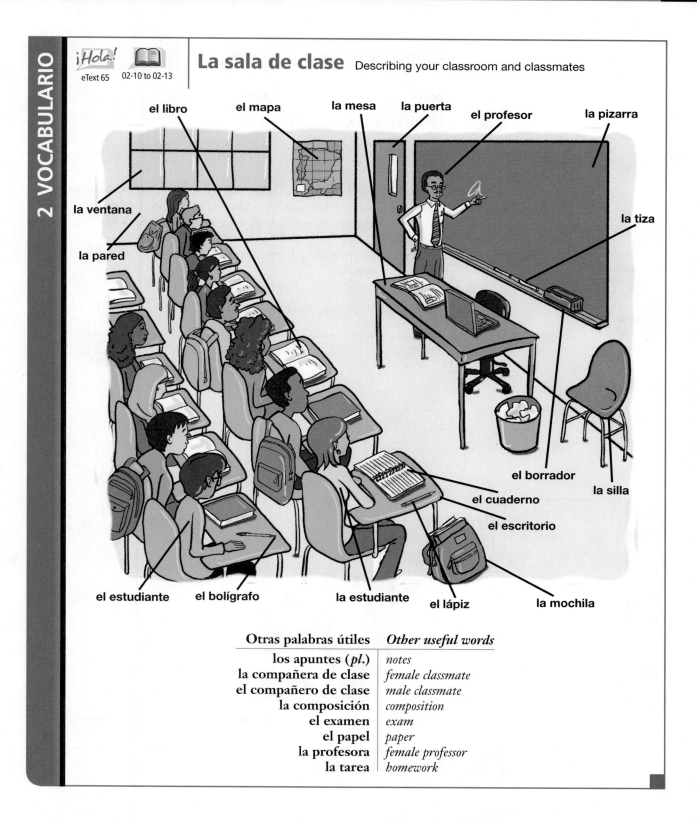

Otras palabras útiles	*Other useful words*
los apuntes (*pl.*)	*notes*
la compañera de clase	*female classmate*
el compañero de clase	*male classmate*
la composición	*composition*
el examen	*exam*
el papel	*paper*
la profesora	*female professor*
la tarea	*homework*

2-4 ¿Cómo es tu sala de clase?

2-5 ¿Qué tiene Chucho?

Workbooklet

2-6 ¿Qué tienen tus compañeros?

Randomly choose three students and complete the chart below. Then take turns having your partner identify the classmates as you state **five** things each one has or does not have for class. ■

Fíjate

As in English, when listing a series of things, the word *y* (*and*) is placed just before the last item. In Spanish, however, note that you do not place a comma before *y*.

MODELO E1: *La estudiante 1 tiene dos cuadernos, un libro, un bolígrafo y dos lápices. ¡No tiene la tarea!*

E2: *¿Es Sarah?*

E1: *Sí, es Sarah. / No, no es Sarah.*

ESTUDIANTE 1 ______	ESTUDIANTE 2 ______	ESTUDIANTE 3 ______
(NO) TIENE...	(NO) TIENE...	(NO) TIENE...
1.	1.	1.
2.	2.	2.
3.	3.	3.
4.	4.	4.
5.	5.	5.

3 GRAMÁTICA

¡Hola! eText 67 02-14 to 02-18

Presente indicativo de verbos regulares

Relating daily activities

2-7 Vamos a practicar

2-8 El email de Carlos

Workbooklet

2-9 Dime quién, dónde y cuándo

Look at the three columns below. Then, connect a pronoun to an activity, and then to a class, to create **five** sentences. Share your answers with a classmate. ■

MODELO E1: *nosotros / usar un microscopio / clase de ciencias*
E2: Usamos un microscopio en la clase de ciencias.

Fíjate

Remember that subject pronouns (*yo, tú, él, ella,* etc.) are used for emphasis or clarification, and therefore do not always need to be expressed.

PRONOMBRE	ACTIVIDAD	CLASE
yo	preparar una presentación	matemáticas
nosotros/as	leer mucho	literatura
ellos/as	necesitar una calculadora	español
ella	estudiar leyes (*laws*)	periodismo
tú	escribir muchas composiciones	historia
Uds.	contestar muchas preguntas	derecho
él	aprender mucho	arquitectura

2-10 ¿A quién conoces que...?

Who do you know who displays the following characteristics? Complete the following questions. Then, take turns asking and answering in complete sentences to practice the new verbs. ■

MODELO ¿Quién ________ (hablar) mucho?
E1: *¿Quién habla mucho?*
E2: *Mi hermano Tom habla mucho. También mis hermanas hablan mucho.*

1. ¿Quién ________ (correr) mucho?
2. ¿Quién ________ (estudiar) muy poco (*very little*)?
3. ¿Quién ________ (escribir) muchos emails?
4. ¿Quién ________ (llegar) siempre tarde a la clase?
5. ¿Quién ________ (abrir) su mochila?
6. ¿Quién ________ (usar) los apuntes de sus amigos?
7. ¿Quién ________ (comprender) todo (*everything*) cuando el/la profesor/a habla español?
8. ¿Quién ________ (creer) en Santa Claus?

4 GRAMÁTICA

¡Hola! eText 70 — 02-19 to 02-23

La formación de preguntas y las palabras interrogativas Creating and answering questions

Antonio: ¿Cuántos idiomas hablas?
Silvia: Hablo dos, español y francés. ¿Y tú?
Antonio: Solo hablo español, pero mi loro habla cinco idiomas.

e 2-11 ¿Sí o no?

e 2-12 Preguntas, más preguntas

2-13 ¿Y tú?

Interview your classmates using the following questions about Spanish class. ■

MODELO E1: ¿Cuántas sillas hay en la clase?
E2: *Hay veinte sillas.*

1. ¿Quién enseña la clase?
2. ¿Dónde enseña la clase?
3. ¿Quiénes hablan en la clase generalmente?
4. ¿Cuántos estudiantes hay en la clase?
5. ¿Qué libro(s) usas en la clase?
6. ¿Tomas muchos apuntes en la clase?
7. ¿Es la clase fácil o difícil?
8. ¿Trabajas mucho en la clase de español?

Vocabulario útil	
difícil	*difficult*
fácil	*easy*

Capítulo 1. La familia, pág. 32 del eText; El verbo *tener*, pág. 34 del eText; Los adjetivos descriptivos, pág. 43 del eText.

2-14 ¿Y tu familia o amigos?

Write **five** questions you could ask classmates about their families or friends, then move around the room asking those questions of as many people as possible. ■

MODELO E1: *¿Cómo se llaman tus padres? ¿Dónde viven tus abuelos?*
E2: *¿Cuántos hermanos tienes?…*

5 VOCABULARIO

¡Hola! eText 72 02-24 to 02-27

Los números 100–1.000 Counting from 100–1,000

100	**cien**	200	**doscientos**	600	**seiscientos**
101	**ciento uno**	201	**doscientos uno**	700	**setecientos**
102	**ciento dos**	300	**trescientos**	800	**ochocientos**
116	**ciento dieciséis**	400	**cuatrocientos**	900	**novecientos**
120	**ciento veinte**	500	**quinientos**	1.000	**mil**

e 2-15 ¡Dinero!

e 2-16 Vamos a adivinar

6 VOCABULARIO

¡Hola! eText 74 02-28 to 02-32

En la universidad Elaborating on university places and objects

Los lugares

Otras palabras útiles	*Other useful words*
el apartamento	*apartment*
el edificio	*building*
el laboratorio	*laboratory*
la tienda	*store*

La residencia

Fíjate

El radio is the radio; *la radio* is the broadcast.

Otras palabras útiles	*Other useful words*
el compañero de cuarto	*male roommate*
el horario (de clases)	*schedule (of classes)*
el reproductor de CD/DVD	*CD/DVD player*

e 2-17 ¡Lo sé!

e 2-18 En mi cuarto…

2-19 Datos personales

You are a foreign exchange student in Mexico, living with a family. Your Mexican little "brother" wants to know all about you! Answer his questions, which follow, then ask a classmate the same questions. ■

1. ¿De dónde eres?
2. ¿Qué estudias?
3. ¿Dónde estudias?
4. ¿Dónde comes?
5. ¿Dónde compras tus libros?
6. ¿Dónde vives?
7. ¿Qué necesitas para tu clase de español?
8. ¿Qué necesitas para una clase de matemáticas?
9. ¿Qué tienes en tu mochila?

7 GRAMÁTICA

¡Hola! eText 76 02-33 to 02-37

El verbo *estar* Expressing *to be*

2-20 ¿Cuál es la palabra?

2-21 Busco…

2-22 ¡Ahora mismo!

With a partner, determine what the following people may be doing, using the following verbs. ■

aprender	comprar	comer	escribir	estudiar
hablar	leer	preparar	tomar	trabajar

MODELO E1: Marta está en la sala de clase.
E2: *Toma apuntes.*

1. Juan y Pepa están en la biblioteca.
2. Mi hermana está en la librería.
3. El profesor está en su casa.
4. Los estudiantes están en la cafetería.
5. María está en su apartamento.
6. Patricia está en el centro estudiantil.
7. Tú estás en el laboratorio.
8. Mi amiga y yo estamos en la clase de español.

2-23 La clase de geografía Take turns asking a partner in which countries the following capitals are located. ■

MODELO E1: *¿Dónde está Washington, D.C.?*
E2: *Washington, D.C., está en los Estados Unidos.*

Fíjate

Knowledge of geography is increasingly important in our global community. Activity **2-23** presents an opportunity to review the countries and capitals of the Spanish-speaking world.

1. Madrid
2. México, D.F.
3. Lima
4. San Juan
5. La Paz
6. Buenos Aires
7. Santiago
8. Tegucigalpa
9. Santo Domingo
10. La Habana

8 VOCABULARIO

¡Hola! eText 79 02-38 to 02-41

Las emociones y los estados
Articulating emotions and states of being

Chema/Gloria

aburrido/a

Roberto/Mayra

cansado/a

Samuel/Tina

contento/a

Ruy/Carmen

enfermo/a

Memo/Eva

enojado/a

Carlos/Patricia

nervioso/a

Ramón/Raquel

preocupado/a

Fernando/Silvia

triste

Carlos/Rebeca

feliz

e 2-24 ¿Cómo están?

e 2-25 ¿Qué pasa?

2-26 ¿Dónde y cómo?

Together, look at the following drawings and determine where the people are, what they are doing, and how they might be feeling. ■

Tomás

Tina

Ana y Mirta

El profesor Martín y sus estudiantes

MODELO E1: El profesor Martín

E2: *El profesor Martín está en la clase. Enseña matemáticas. Está contento.*

1. Tomás
2. Tina
3. Ana y Mirta
4. Los estudiantes del profesor Martín

9 GRAMÁTICA

¡Hola! eText 80 02-42 to 02-46

El verbo *gustar* Conveying likes and dislikes

¿Te gusta el arte abstracto?

e 2-27 ¿Qué te gusta?

e 2-28 Te toca a ti

10 VOCABULARIO

¡Hola! eText 81 02-47 to 02-50

Los deportes y los pasatiempos
Offering opinions on sports and pastimes

bailar

caminar

escuchar música

ir de compras

jugar al básquetbol

jugar al béisbol

jugar al fútbol

jugar al fútbol americano

jugar al golf

montar en bicicleta

jugar al tenis

nadar

ver la televisión

patinar

tocar un instrumento

tomar el sol

Otras palabras útiles	*Other useful words*
el equipo	*team*
hacer ejercicio	*to exercise*
la pelota	*ball*

e 2-29 ¿En qué mes te gusta...?

e 2-30 ¿Cuánto te gusta?

NOTA CULTURAL

¡Hola! eText 84 | 02-51

Los deportes en el mundo hispano

Workbooklet

2-31 ¿Eres activo/a? Just how active are you? Complete the chart with activities that should, or do, occupy your time. Share your results with a partner. So . . . are you leading a well-balanced life? ■

Vocabulario útil

a menudo	*often*
a veces	*sometimes; from time to time*
nunca	*never*

A MENUDO	A VECES	NUNCA	NECESITO HACERLO (*DO IT*) MÁS
1.	1.	1.	1.
2.	2.	2.	2.
3.	3.	3.	3.
4.	4.	4.	4.
5.	5.	5.	5.

Workbooklet

2-32 Tus preferencias Select your **three** favorite sports and/or pastimes **(que más me gustan)** and then select your **three** least favorite **(que menos me gustan)** from **2-31**. ■

Paso 1 Write your choices in the chart. Then, create **two** sentences summarizing your choices.

LOS DEPORTES/PASATIEMPOS QUE MÁS ME GUSTAN	LOS DEPORTES/PASATIEMPOS QUE MENOS ME GUSTAN
1. patinar	1.
2. bailar	2.
3. leer	3.

MODELO *Los deportes o pasatiempos que más me gustan son patinar, bailar y leer. Los deportes o pasatiempos que menos me gustan son…*

Paso 2 Circulate around the classroom to find classmates with the same likes and dislikes as you. Follow the model. When you find someone with the same likes or dislikes, write his/her name in the chart that follows.

MODELO E1: *¿Qué deporte o pasatiempo te gusta más?*
E2: *El deporte que me gusta más es el tenis.*
E1: *¿Qué deporte o pasatiempo te gusta menos?*
E2: *El pasatiempo que me gusta menos es ir de compras.*

LOS/LAS COMPAÑEROS/AS	EL DEPORTE/PASATIEMPO QUE MÁS LES GUSTA
1.	
2.	
3.	
LOS/LAS COMPAÑEROS/AS	**EL DEPORTE/PASATIEMPO QUE MENOS LES GUSTA**
1.	
2.	
3.	

ESCUCHA

¡Hola! eText 86 02-52 to 02-53

Una conversación

¡CONVERSEMOS!

02-54

2-36 La vida universitaria

Imagine that you are at a gathering on campus for exchange students from Mexico. Introduce yourself. ■

Paso 1 Create at least **five sentences** about you. Then create at least **five questions** to ask the person you are meeting. Include the following information:

- Introductions from *Capítulo Preliminar A* (p. 4)
- Vocabulary including majors, courses, professions, campus places, emotions and states of being, and sports and pastimes
- New **-ar, -er,** and **-ir** verbs from this chapter.

Paso 2 Take turns playing the roles of the student on your campus and the visiting Mexican student.

ESCRIBE

¡Hola! eText 87 02-55

Una descripción

¡Hola! eText 90

02-60

Ambiciones siniestras

Lectura y video

¿Cómo andas?

Having completed this section of *Para empezar*, I now can . . .	Feel confident	Need to review
Comunicación - Capítulo 2		
• share information about courses and majors (p. 35)	☐	☐
• indicate the stressed syllables in words (MSL/SAM)	☐	☐
• describe my classroom and classmates (p. 37)	☐	☐
• relate daily activities (p. 38)	☐	☐
• create and answer questions (p. 39)	☐	☐
• count from 100–1,000 (p. 40)	☐	☐
• elaborate on university places and objects (pp. 41–42)	☐	☐
• express *to be* (p. 43)	☐	☐
• articulate emotions and states of being (p. 45)	☐	☐
• convey likes and dislikes (p. 46)	☐	☐
• offer opinions on sports and pastimes (pp. 46–47)	☐	☐
• glean the main idea (p. 49)	☐	☐
• communicate about university life (p. 49)	☐	☐
• craft a personal description (p. 49)	☐	☐
Cultura		
• examine Hispanic university life (p. 36)	☐	☐
• compare and contrast sports (p. 48)	☐	☐
Ambiciones siniestras		
• skim a reading and note facts about the protagonists' lives (p. 50)	☐	☐
• discover more about the protagonists (p. 50)	☐	☐
Comunidades		
• use Spanish in real-life contexts (SAM)	☐	☐

Comunicación

Capítulo 3 Estamos en casa

1 VOCABULARIO

¡Hola! eText 98 03-01 to 03-07

La casa Describing homes

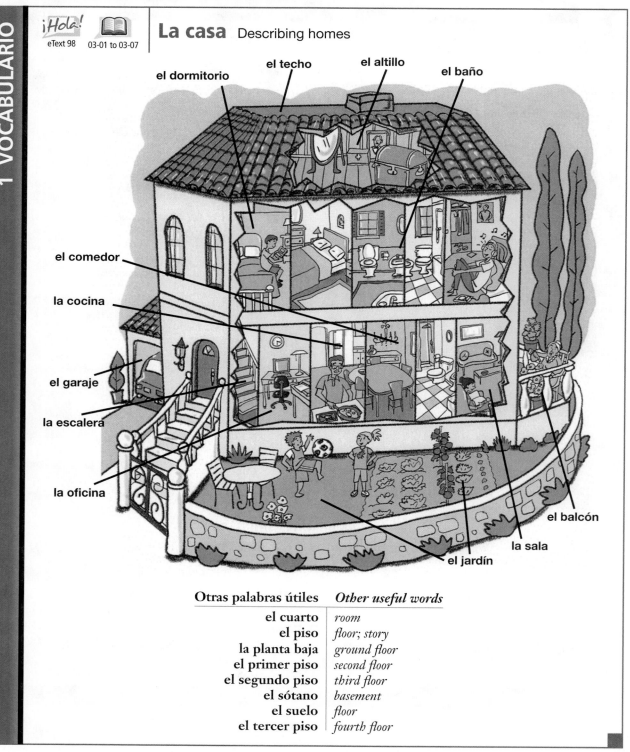

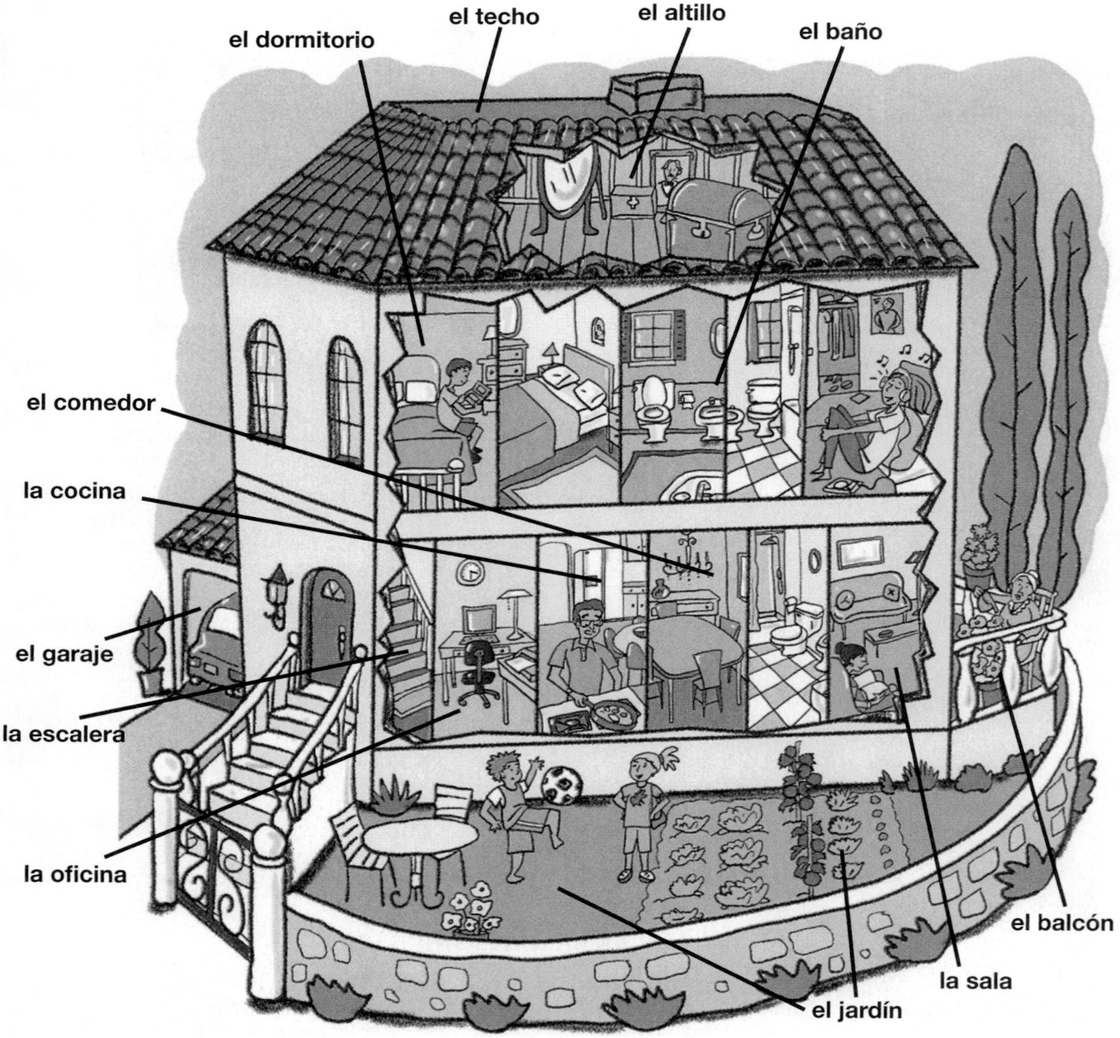

Otras palabras útiles	*Other useful words*
el cuarto	*room*
el piso	*floor; story*
la planta baja	*ground floor*
el primer piso	*second floor*
el segundo piso	*third floor*
el sótano	*basement*
el suelo	*floor*
el tercer piso	*fourth floor*

PRONUNCIACIÓN

¡Hola! 03-08 to 03-11

The letters *h, j,* and *g*

Go to MySpanishLab/Student Activities Manual to learn to pronounce the letters **h, j,** and **g.**

e 3-1 ¿Dónde están?

e 3-2 Las partes de la casa

3-3 ¿Y tu casa...?

Túrnense para describir sus casas (o la de un miembro de su familia o de un amigo) y compararlas con la casa de la página 52. Usen el modelo para crear por lo menos (*at least*) **cinco** oraciones (*sentences*). ■

Fíjate

In the directions, words like *miren, túrnense, comparen,* and *usen* are plural—they refer to both you and your classmate.

MODELO *En la casa del dibujo, la sala está en la planta baja y mi sala está en la planta baja también. En la casa del dibujo, el dormitorio está en el segundo piso, pero mi dormitorio está en la planta baja. No tenemos un altillo...*

3-4 Es una casa interesante...

Look at the following photos and together, create a short description of one of the houses. Imagine the interior, and the person(s) who may live there. Share your description with the class. ■

MODELO *La casa está en México y es grande y muy moderna. Tiene seis dormitorios, cuatro baños, una cocina grande y moderna, una sala grande y un balcón. Gastón y Patricia viven allí. Tienen tres hijos. Ellos trabajan en la ciudad...*

Vocabulario útil

antiguo/a	*old*
la calle	*street*
el campo	*country*
la ciudad	*city*
contemporáneo/a	*contemporary*
humilde	*humble*
moderno/a	*modern*
nuevo/a	*new*
tradicional	*traditional*
viejo/a	*old*

1.

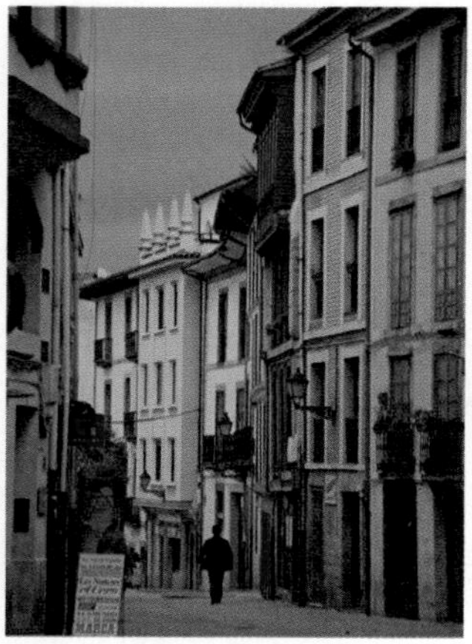

Oviedo, España

2.

México

3.

Guanajuato, México

4.

Cartagena, Colombia

5.

Las islas flotantes de los Uros, Perú

6.

Luarca, España

2 GRAMÁTICA

¡Hola! eText 101 | 03-12 to 03-18

Algunos verbos irregulares Expressing actions

3-5 La ruleta

3-6 Combinaciones

3-7 Otras combinaciones Completa los siguientes pasos. ■

Paso 1 Escribe una oración lógica con cada (*each*) verbo, combinando elementos de las tres columnas.

MODELO (A) nosotros, (B) hacer, (C) la tarea en el dormitorio

Nosotros hacemos la tarea en el dormitorio.

COLUMNA A	COLUMNA B	COLUMNA C
Uds.	(no) hacer	estudiar en el balcón
mamá y papá	(no) ver	programas interesantes en la televisión los domingos
yo	(no) conocer	de la casa
tú	(no) oír	la tarea en el dormitorio
el profesor	(no) querer	los libros al segundo piso
nosotros/as	(no) salir	ruidos (*noises*) en el altillo por la noche
ellos/ellas	(no) traer	bien el arte de España

Paso 2 En grupos de tres, lean las oraciones y corrijan (*correct*) los errores.

Paso 3 Escriban juntos (*together*) **dos** oraciones nuevas y compártanlas (*share them*) con la clase.

3-8 Confesiones Time for true confessions! Take turns asking each other how often you do the following things. ■

Capítulo 2. La formación de preguntas y las palabras interrogativas, pág. 70 del eText.

siempre (*always*) a menudo (*often*) a veces (*sometimes*) nunca (*never*)

MODELO venir tarde (*late*) a la clase de español

E1: *¿Vienes tarde a la clase de español?*

E2: *Nunca vengo tarde a la clase de español. ¿Y tú?*

E1: *Yo vengo tarde a veces.*

1. querer estudiar
2. oír lo que (*what*) dice tu profesor/a
3. poder contestar las preguntas de tu profesor/a de español
4. escuchar música en la clase de español
5. hacer preguntas tontas en clase
6. traer tus libros a la clase
7. salir temprano (*early*) de tus clases
8. querer comer en la sala para ver la televisión

Workbooklet

3-9 Firma aquí Complete the following steps. ■

Paso 1 Circulate around the room, asking your classmates appropriate questions using the cues provided. Ask those who answer **sí** to sign on the corresponding line in the chart.

MODELO venir a clase todos los días

E1: *Roberto, ¿vienes a clase todos los días?*

E2: *No, no vengo a clase todos los días.*

E1: *Amanda, ¿vienes a clase todos los días?*

E3: *Sí, vengo a clase todos los días.*

E1: *Muy bien. Firma aquí, por favor.* Amanda

Fíjate

Part of the enjoyment of learning another language is getting to know other people. Your instructor structures your class so that you have many opportunities to work with different classmates.

¿QUIÉN… ?	
1. ver la televisión todas las noches	________
2. hacer la tarea siempre	________
3. salir con los amigos los jueves por la noche	________
4. estar enfermo/a hoy	________
5. conocer Madrid	________
6. poder estudiar con música fuerte (*loud*)	________
7. querer ser arquitecto	________
8. tener una nota muy buena en la clase de español	________

Paso 2 Report some of your findings to the class.

MODELO *Joe ve la televisión todas las noches. Toni siempre hace la tarea. Chad está enfermo hoy…*

3-10 Entrevista Complete the following steps. ■

Paso 1 Ask a classmate you do not know the following questions. Then change roles.

1. ¿Haces ejercicio? ¿Con quién? ¿Dónde?
2. ¿Cuándo ves la televisión? ¿Cuál es tu programa favorito?
3. ¿Con quién(es) sales los fines de semana (*weekends*)? ¿Qué hacen ustedes?
4. ¿Qué días vienes a la clase de español? ¿A qué hora?
5. ¿Dónde pones tus libros?
6. ¿Siempre dices la verdad?

Paso 2 Share a few of the things you have learned about your classmate with the class.

MODELO *Mi compañero sale los fines de semana con sus amigos y no hace ejercicio.*

NOTA CULTURAL

¡Hola! eText 105 03-19

¿Dónde viven los españoles?

3 VOCABULARIO

¡Hola! eText 106 | 03-20 to 03-25

Los muebles y otros objetos de la casa
Elaborating on rooms

Otras palabras útiles	*Other useful words*
amueblado/a	*furnished*
el armario	*armoire; closet; cabinet*
la cosa	*thing*
el cuadro	*picture; painting*
el mueble	*piece of furniture*
los muebles	*furniture*
el objeto	*object*

e 3-11 En mi casa

e 3-12 El dormitorio de Cecilia

Capítulo 2. El verbo *gustar*, pág. 80 del eText.

3-13 ¿Quieres una casa estupenda? You have received a grant to study abroad in Sevilla, Spain! Now you need to find a place to live. Look at the three apartment ads below, and select one of them. Give your partner at least **three** reasons for your choice. Use expressions like **Me gusta(n)...** or **Tiene un/una...** Be creative! ■

MODELO *Me gusta el edificio nuevo y tiene muebles. No me gustan…*

Piso. Plaza de Cuba, Los Remedios. Edificio nuevo: dos dormitorios, baño, cocina, sala grande y balcón. Amueblado. 750€ al mes. Tel. 95 446 04 55.

Piso. Colonia San Luis. Sala, cocina, dormitorio y baño. Sin muebles. 400€ al mes. Tel. 95 448 85 32.

Alquilo piso de lujo en casa patio rehabilitada del siglo XVIII. Dos plantas, sala, cocina con zona de comedor, baño y dormitorio. Totalmente amueblado (junto a la Plaza Nueva, a dos minutos de la Catedral, Alcázar). Para más información por favor ponte en contacto con Teresa Rivas. Tel. 95 422 47 03.

4 VOCABULARIO

¡Hola! eText 109 | 03-26 to 03-29

Los quehaceres de la casa

Sharing information about household chores

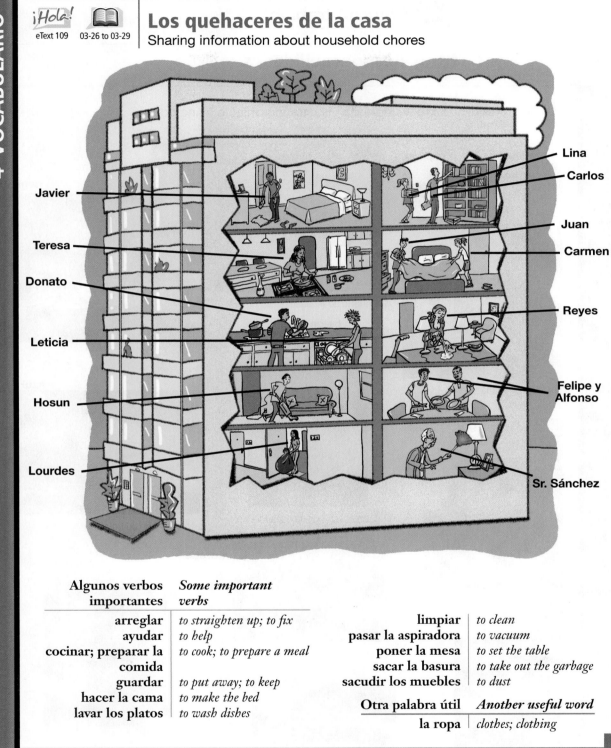

Algunos verbos importantes	*Some important verbs*
arreglar	*to straighten up; to fix*
ayudar	*to help*
cocinar; preparar la comida	*to cook; to prepare a meal*
guardar	*to put away; to keep*
hacer la cama	*to make the bed*
lavar los platos	*to wash dishes*
limpiar	*to clean*
pasar la aspiradora	*to vacuum*
poner la mesa	*to set the table*
sacar la basura	*to take out the garbage*
sacudir los muebles	*to dust*

Otra palabra útil	*Another useful word*
la ropa	*clothes; clothing*

e 3-14 ¡Mucho trabajo!

e 3-15 Responsabilidades

5 VOCABULARIO

¡Hola! eText 111 03-30 to 03-33

Los colores Illustrating objects using colors

una casa sevillana

el puerto de Ribadeo

Los Picos de Europa

una casa urbana española

el mar al lado de Baiona

la catedral en Bilbao

Un viñedo en La Rioja

una casa privada

las botellas para la sidra

un autobús

3-16 La casa ideal

3-17 ¿Cómo son?

3-18 Buena memoria Bring in colorful pictures of a house or rooms in a house. Select one picture and take a minute to study it carefully. Turn it over and relate to a partner as much detail as you can remember about the picture, especially pertaining to colors. Then listen to your partner talk about his or her picture. Who remembers more? ■

3-19 En la casa de Dalí Go to the Internet to take a virtual tour of the home of a famous Spaniard, such as the house of the famous artist Salvador Dalí, the Castillo Gala Dalí in Púbol, Spain. While you are exploring his house, or the house of another Spaniard, answer the following questions. Then compare your answers with those of a classmate. ■

1. ¿Qué ves en el jardín?
2. ¿Qué muebles ves o imaginas en cada cuarto?
3. ¿Cuáles son los colores principales de cada cuarto?
4. ¿Qué te gusta más de esta casa? ¿Qué te gusta menos?

El Castillo Gala Dalí

6 GRAMÁTICA

¡Hola! eText 113 | 03-34 to 03-37

Alguna expresiones con *tener*

Depicting states of being using *tener*

The verb **tener,** besides meaning *to have,* is used in a variety of expressions.

Susana tiene 19 años.

tener... años	*to be . . . years old*
tener calor	*to feel hot*
tener cuidado	*to be careful*
tener éxito	*to be successful*
tener frío	*to be cold*
tener ganas de + (*infinitive*)	*to feel like + (verb)*
tener hambre	*to be hungry*
tener miedo	*to be afraid*
tener prisa	*to be in a hurry*
tener que + (*infinitive*)	*to have to + (verb)*
tener razón	*to be right*
tener sed	*to be thirsty*
tener sueño	*to be sleepy*
tener suerte	*to be lucky*
tener vergüenza	*to be embarrassed*

e 3-20 ¿Qué pasa?

e 3-21 ¿Qué haces cuando...?

Capítulo Preliminar A. Los días, los meses y las estaciones, pág. 20 del eText; Capítulo 2. Presente indicativo de verbos regulares, pág. 67 del eText.

3-22 ¿Qué tengo yo?

Expresa cómo te sientes (*you feel*) en las siguientes ocasiones usando (*using*) expresiones con **tener.** Compara tus respuestas con las de un/a compañero/a. ■

MODELO E1: antes de comer
E2: *Antes de comer tengo hambre.*

1. temprano en la mañana
2. los viernes por la tarde
3. después de correr mucho
4. en el verano
5. en el invierno
6. cuando tienes tres minutos para llegar a clase
7. cuando sacas una "A" en un examen
8. cuando lees un libro de Stephen King o ves una película (*movie*) de terror

3-23 Pobre Pablo

Poor Pablo, our friend from Madrid, is having one of those days! With a partner, retell his story using **tener** expressions. ■

MODELO

El despertador de Pablo no funciona (*does not work*). Tiene una clase a las 8:00 y es tarde. Sale de casa a las 8:10.

Pablo tiene prisa.

1. Es invierno y Pablo no tiene abrigo (*coat*).

2. Pablo tiene un insuficiente (60% en los Estados Unidos) en un examen.

3. Pablo recibe una oferta (*offer*) de trabajo increíble.

4. Pablo ve que no tiene dinero para comer.

5. Pablo está en casa y quiere una botella de agua. En el refrigerador no hay ninguna (*none*).

3-24 Datos personales

Túrnense para hacerse esta entrevista (*interview*). ■

1. ¿Cuántos años tienes?
2. ¿Qué tienes que hacer hoy?
3. ¿Tienes ganas de hacer algo diferente? ¿Qué?
4. ¿En qué clase tienes sueño?
5. ¿En qué clase tienes mucha suerte?
6. ¿Siempre tienes razón?
7. ¿Cuándo tienes hambre?
8. ¿Cuándo tienes sueño?
9. Cuando tienes sed, ¿qué tomas?
10. ¿En qué tienes éxito?

7 VOCABULARIO

¡Hola! eText 116 03-38 to 03-42

Los números 1.000–100.000.000

Counting from 1,000 to 100,000,000

1.000	mil	**100.000**	cien mil
1.001	mil uno	**400.000**	cuatrocientos mil
1.010	mil diez	**1.000.000**	un millón
2.000	dos mil	**2.000.000**	dos millones
30.000	treinta mil	**100.000.000**	cien millones

e 3-25 ¿Cuánto cuesta?

e 3-26 ¿Cuál es su población?

3-27 ¿Qué compras? Your rich uncle left you an inheritance with the stipulation that you use the money to furnish your house. Refer to the pictures on page 57 to spend 3.500€ on your house. Make a list of what you want to buy, assigning prices to any items without tags. Then share your list with your partner, who will keep track of your spending. Did you overspend? ■

MODELO *Quiero comprar una televisión por* (for) *ochocientos noventa y nueve euros.*

Fíjate

The sentence in the model includes two verbs; the second verb is an infinitive (*-ar, -er, -ir*).

Quiero compr**ar** una televisión.	*I want to buy a television.*

NOTA CULTURAL

¡Hola! eText 119 03-46

Las casas "verdes"

8 GRAMÁTICA

¡Hola! eText 119 03-43 to 03-45

Hay Stating *There is / There are*

¿Qué hay en ese cuarto?

e 3-28 ¡Escucha bien!

e 3-29 ¿Qué hay en tu casa?

Capítulo Preliminar A. Los números 0–30, pág. 16 del eText; Capítulo 2. La formación de preguntas y las palabras interrogativas, pág. 70 del eText.

3-30 ¿Cuántos hay? Túrnense para preguntar y contestar cuántos objetos y personas hay en su clase aproximadamente. ■

MODELO libros de español

E1: *¿Cuántos libros de español hay?*

E2: *Hay treinta libros de español.*

1. puertas
2. escritorios
3. mochilas azules
4. cuadernos negros
5. estudiantes contentos
6. estudiantes cansados
7. computadoras
8. estudiantes a quienes les gusta jugar al fútbol
9. estudiantes a quienes les gusta ir a fiestas (*parties*)
10. estudiantes a quienes les gusta estudiar

ESCUCHA

¡Hola! eText 121 — 03-47 to 03-48

Una descripción

¡CONVERSEMOS!

03-49

3-34 **Su casa** Look at the drawing below, and create a story about the family who lives there. Your partner will ask you the following questions as well as additional ones he/she may have. ■

- When does your story take place?
- What is the weather?
- What is the name of the family?
- Describe furniture and household objects using colors.

Also make sure that your story includes the following components.

- Include at least *eight* different verbs.
- Use at least *three* new **tener** expressions (p. 61).

3-35 **Mi casa ideal** Describe tu casa ideal. Di por lo menos (*at least*) **diez** oraciones, usando palabras descriptivas (adjetivos) en cada oración. Tu compañero/a de clase va a hacer por lo menos **tres** preguntas sobre tu descripción. ■

ESCRIBE

¡Hola! eText 123 03-50

Un anuncio (*ad*)

México

¡Hola! eText 88 02-56 to 02-59

Les presento mi país

Gabriela García Cordera

Mi nombre es Gabriela García Cordera y soy de Monte Albán, México. Soy una estudiante de la Universidad Nacional Autónoma de México (la UNAM) que está en la Ciudad de México. Vivo cerca de (*near*) la universidad con la familia de mi tía porque normalmente hay pocas residencias estudiantiles en las universidades y muchos estudiantes viven con sus parientes (*relatives*). La UNAM es la universidad más grande de México y de América Latina. **¿Cuántos estudiantes hay en tu universidad?** En la UNAM, tenemos un equipo de fútbol, los "Pumas". El fútbol es muy popular en mi país: es el pasatiempo nacional. **¿Qué deporte es muy popular en tu país?** Monte Albán está en el estado de Oaxaca, un centro famoso de artesanía. En particular, hay hojalatería (*tin work*), cerámicas de barro negro (*black clay*), cestería (*basket making*), fabricación de textiles y de alebrijes (*painted wooden animals*) y mucho más. **¿Qué tipo de artesanía hay en tu región?**

La biblioteca de la Universidad Nacional Autónoma de México. La fachada tiene un mosaico de la historia de México.

El tianguis de Tepotzlán en Morelia se instala los sábados y domingos con una variedad de artículos como comida y ropa.

ALMANAQUE

Nombre oficial:	Estados Unidos Mexicanos
Gobierno:	República federal
Población:	111.211.789 (2010)
Idiomas:	español (oficial); maya, náhuatl
Moneda:	peso mexicano ($)

¿Sabías que…?

- El origen del chicle (*gum*) es el látex del chicozapote (*sapodilla tree* en inglés), un árbol tropical de la península de Yucatán. Los mayas, tribu antigua y muy importante de Yucatán, usaban (*used*) el látex como chicle.
- La planta "cabeza de negro", del estado mexicano de Veracruz, forma la base del proceso para crear la cortisona y "la píldora", el contraceptivo oral.

Preguntas

1. What is the most popular sport in Mexico?
2. What is a "tianguis"? What do we have in the United States that is similar?
3. What are the origins of cortisone and the birth control pill?
4. What are some of the hand-crafted items from Mexico? What are similar handcrafted items made in your region?
5. What are some differences between the UNAM and your school?

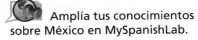

Amplía tus conocimientos sobre México en MySpanishLab.

España

¡Hola! eText 124 03-51 to 03-53

Les presento mi país

Mariela Castañeda Ropero

Mi nombre es Mariela Castañeda Ropero y soy de Madrid, la capital de España. Vivo con mis padres en un piso en el centro. **¿Dónde vives tú? ¿En una casa, en un apartamento o en una residencia estudiantil?** Me gusta la vida en la capital porque hay mucha actividad. A veces, me gusta salir con mis amigos por la tarde para comer tapas y tomar algo. La Plaza Mayor es uno de los lugares típicos para ir de tapas. **¿Cuál es tu lugar favorito para conversar y pasar tiempo con tus amigos?** Frecuentemente, hablamos de los deportes, sobre todo del fútbol y de los equipos españoles. ¡Cada uno tiene su favorito! **¿Cuál es tu deporte preferido? ¿Eres aficionado o jugador?**

Los ganadores de la Copa Mundial 2010

El patio de los leones de La Alhambra muestra la influencia árabe en Granada.

ALMANAQUE

Nombre oficial:	Reino de España
Gobierno:	Monarquía parlamentaria
Población:	46.505.963 (2010)
Idiomas oficiales:	español, catalán, gallego, euskera (vasco)
Moneda:	euro (€)

¿Sabías que...?

- España tiene una diversidad de culturas, regiones y arquitectura. Para un país el doble del estado de Oregon, tiene una gran variedad.
- Los *castells* forman parte de una tradición empezada en Cataluña en el siglo (*century*) XVIII que consiste en competir por hacer la torre (*tower*) humana más alta. ¡Actualmente el récord es un castillo de nueve pisos!

Preguntas

1. ¿Qué es una tapa?
2. ¿Qué evidencia hay de la presencia histórica de los árabes en España?
3. ¿Por qué son impresionantes los *castells*? Nombra una competencia famosa de tu país.
4. ¿Qué tienen en común México y España en cuanto a los deportes?

Amplía tus conocimientos sobre España en MySpanishLab.

¡Hola! eText 126

03-57

Ambiciones siniestras

Lectura y video

¿Cómo andas?

Having completed this section of *Para empezar*, I now can . . .	Feel confident	Need to review
Comunicación - Capítulo 3		
• describe homes (p. 52)	☐	☐
• pronounce the letters **h, j,** and **g** (MSL/SAM)	☐	☐
• express actions (p. 54)	☐	☐
• elaborate on rooms (p. 57)	☐	☐
• share information about household chores (p. 59)	☐	☐
• illustrate objects using colors (p. 60)	☐	☐
• depict states of being using **tener** (p. 61)	☐	☐
• count from 1,000–100,000,000 (p. 63)	☐	☐
• state *There is / There are* (p. 64)	☐	☐
• listen for specific information (p. 65)	☐	☐
• communicate about homes and life at home (p. 66)	☐	☐
• create an ad (p. 66)	☐	☐
Cultura		
• describe general differences in housing in Spain (p. 56)	☐	☐
• discover green initiatives (p. 64)	☐	☐
• exchange information about Mexico and Spain (pp. 67–68)	☐	☐
Ambiciones siniestras		
• scan a passage consisting of an enticing e-mail message received by Alejandra and Manolo (p. 69)	☐	☐
• determine who else receives the mysterious e-mail and their reactions to the message (p. 69)	☐	☐
Comunidades		
• use Spanish in real-life contexts (SAM)	☐	☐

Vocabulary summary *Para empezar*

Capítulo Preliminar A

Los saludos *Greetings*

Bastante bien. *Just fine.*
Bien, gracias. *Fine, thanks.*
Buenos días. *Good morning.*
Buenas noches. *Good evening.; Good night.*
Buenas tardes. *Good afternoon.*
¿Cómo está usted? *How are you?* (formal)
¿Cómo estás? *How are you?* (familiar)
¡Hola! *Hi!; Hello!*
Más o menos. *So-so.*
Muy bien. *Really well.*
¿Qué tal? *How's it going?*
Regular. *Okay.*
¿Y tú? *And you?* (familiar)
¿Y usted? *And you?* (formal)

Las despedidas *Farewells*

Adiós. *Good-bye.*
Chao. *Bye.*
Hasta luego. *See you later.*
Hasta mañana. *See you tomorrow.*
Hasta pronto. *See you soon.*

Las presentaciones *Introductions*

¿Cómo te llamas? *What is your name?* (familiar)
¿Cómo se llama usted? *What is your name?* (formal)
Encantado/a. *Pleased to meet you.*
Igualmente. *Likewise.*
Me llamo... *My name is . . .*
Mucho gusto. *Nice to meet you.*
Quiero presentarte a... *I would like to introduce you to . . .* (familiar)
Quiero presentarle a... *I would like to introduce you to . . .* (formal)
Soy... *I am . . .*

Expresiones útiles para la clase *Useful classroom expressions*

Preguntas y respuestas *Questions and answers*

¿Cómo? *What?; How?*
¿Cómo se dice... en español? *How do you say . . . in Spanish?*
¿Cómo se escribe... en español? *How do you write . . . in Spanish?*
Lo sé. *I know.*
No. *No.*
No comprendo. *I don't understand.*
No lo sé. *I don't know.*
Sí. *Yes.*
¿Qué es esto? *What is this?*
¿Qué significa? *What does it mean?*
¿Quién? *Who?*

Expresiones de cortesía *Polite expressions*

De nada. *You're welcome.*
Gracias. *Thank you.*
Por favor. *Please.*

Mandatos para la clase *Classroom instructions (commands)*

Abra(n) el libro en la página... *Open your book to page . . .*
Cierre(n) el/los libro/s. *Close your book/s.*
Conteste(n). *Answer.*
Escriba(n). *Write.*
Escuche(n). *Listen.*
Lea(n). *Read.*
Repita(n). *Repeat.*
Vaya(n) a la pizarra. *Go to the board.*

Las nacionalidades *Nationalities*

alemán/alemana *German*
canadiense *Canadian*
chino/a *Chinese*
cubano/a *Cuban*
español/a *Spanish*
estadounidense (norteamericano/a) *American*
francés/francesa *French*
inglés/inglesa *English*
japonés/japonesa *Japanese*
mexicano/a *Mexican*
nigeriano/a *Nigerian*
puertorriqueño/a *Puerto Rican*

Los números 0–30 *Numbers 0–30*

cero *0*
uno *1*
dos *2*
tres *3*
cuatro *4*
cinco *5*
seis *6*
siete *7*
ocho *8*
nueve *9*
diez *10*
once *11*
doce *12*
trece *13*
catorce *14*
quince *15*
dieciséis *16*
diecisiete *17*
dieciocho *18*
diecinueve *19*
veinte *20*
veintiuno *21*
veintidós *22*
veintitrés *23*
veinticuatro *24*
veinticinco *25*
veintiséis *26*
veintisiete *27*
veintiocho *28*
veintinueve *29*
treinta *30*

La hora *Telling time*

A la... / A las... *At . . . o'clock.*
¿A qué hora... ? *At what time . . . ?*
... de la mañana *. . . in the morning*
... de la noche *. . . in the evening*
... de la tarde *. . . in the afternoon, early evening*
¿Cuál es la fecha de hoy? *What is today's date?*
Es la... / Son las... *It's . . . o'clock.*
Hoy es... *Today is . . .*
Mañana es... *Tomorrow is . . .*
la medianoche *midnight*
el mediodía *noon*
¿Qué día es hoy? *What day is today?*
¿Qué hora es? *What time is it?*
y cinco *five minutes after the hour*

Los días de la semana *Days of the week*

lunes *Monday*
martes *Tuesday*
miércoles *Wednesday*
jueves *Thursday*
viernes *Friday*
sábado *Saturday*
domingo *Sunday*

Los meses del año *Months of the year*

enero *January*
febrero *February*
marzo *March*
abril *April*
mayo *May*
junio *June*
julio *July*
agosto *August*
septiembre *September*
octubre *October*
noviembre *November*
diciembre *December*

Las estaciones *Seasons*

el invierno *winter*
la primavera *spring*
el otoño *autumn; fall*
el verano *summer*

Expresiones del tiempo *Weather expressions*

Está nublado. *It's cloudy.*
Hace buen tiempo. *The weather is nice.*
Hace calor. *It's hot.*
Hace frío. *It's cold.*
Hace mal tiempo. *The weather is bad.*
Hace sol. *It's sunny.*
Hace viento. *It's windy.*
Llueve. *It's raining.*
la lluvia *rain*
Nieva. *It's snowing.*
la nieve *snow*
la nube *cloud*
¿Qué tiempo hace? *What's the weather like?*
el sol *sun*
la temperatura *temperature*
el viento *wind*

Algunos verbos *Some verbs*

gustar *to like*
ser *to be*

Capítulo 1 ¿Quiénes somos?

La familia *Family*

el/la abuelo/a *grandfather/grandmother*
los abuelos *grandparents*
el/la esposo/a *husband/wife*
el/la hermano/a *brother/sister*
los hermanos *brothers and sisters; siblings*
el/la hijo/a *son/daughter*
los hijos *sons and daughters; children*
la madrastra *stepmother*
la madre / la mamá *mother / mom*
el/la nieto/a *grandson/granddaughter*
el padrastro *stepfather*
el padre / el papá *father / dad*
los padres *parents*
el/la primo/a *cousin*
los primos *cousins*
el/la tío/a *uncle/aunt*
los tíos *aunts and uncles*

La gente *People*

el/la amigo/a *friend*
el/la chico/a *boy/girl*
el hombre *man*
el/la joven *young man/young woman*
el/la muchacho/a *boy/girl*
la mujer *woman*
el/la niño/a *little boy/little girl*
el/la novio/a *boyfriend/girlfriend*
el señor (Sr.) *man; gentleman; Mr.*
la señora (Sra.) *woman; lady; Mrs.*
la señorita (Srta.) *young woman; Miss*

Los adjetivos *Adjectives*

La personalidad y otros rasgos *Personality and other characteristics*

aburrido/a *boring*
antipático/a *unpleasant*
bueno/a *good*
cómico/a *funny; comical*
inteligente *intelligent*
interesante *interesting*
malo/a *bad*
paciente *patient*
perezoso/a *lazy*
pobre *poor*
responsable *responsible*
rico/a *rich*
simpático/a *nice*
tonto/a *silly; dumb*
trabajador/a *hard-working*

Las características físicas *Physical characteristics*

alto/a *tall*
bajo/a *short*
bonito/a *pretty*
débil *weak*
delgado/a *thin*
feo/a *ugly*
fuerte *strong*
gordo/a *fat*
grande *big; large*
guapo/a *handsome/pretty*
joven *young*
mayor *old*
pequeño/a *small*

Los números 31–100 *Numbers 31–100*

treinta y uno *31*
treinta y dos *32*
treinta y tres *33*
treinta y cuatro *34*
treinta y cinco *35*
treinta y seis *36*
treinta y siete *37*
treinta y ocho *38*
treinta y nueve *39*
cuarenta *40*
cuarenta y uno *41*
cincuenta *50*
cincuenta y uno *51*
sesenta *60*
setenta *70*
ochenta *80*
noventa *90*
cien *100*

Un verbo *A verb*

tener *to have*

Otras palabras útiles *Other useful words*

muy *very*
(un) poco *(a) little*

Vocabulario útil *Useful vocabulary*

más *plus*
menos *minus*
son *equals*
por ciento *percent*
por *times; by*
dividido por *divided by*

Las materias y las especialidades *Subjects and majors*

la administración de empresas *business*
la arquitectura *architecture*
el arte *art*
la biología *biology*
las ciencias (*pl.*) *science*
el derecho *law*
los idiomas (*pl.*) *languages*
la informática *computer science*
la literatura *literature*
las matemáticas (*pl.*) *mathematics*
la medicina *medicine*
la música *music*
la pedagogía *education*
el periodismo *journalism*
la psicología *psychology*
el semestre *semester*

En la sala de clase *In the classroom*

los apuntes (*pl.*) *notes*
el bolígrafo *ballpoint pen*
el borrador *eraser*
el/la compañero/a de clase *classmate*
la composición *composition*
el cuaderno *notebook*
el escritorio *desk*
el/la estudiante *student*
el examen *exam*
el lápiz *pencil*
el libro *book*
el mapa *map*
la mesa *table*
la mochila *book bag; knapsack*
el papel *paper*
la pared *wall*
la pizarra *chalkboard*
el/la profesor/a *professor*
la puerta *door*
la sala de clase *classroom*
la silla *chair*
la tarea *homework*
la tiza *chalk*
la ventana *window*

Los verbos *Verbs*

abrir *to open*
aprender *to learn*
comer *to eat*
comprar *to buy*
comprender *to understand*
contestar *to answer*
correr *to run*
creer *to believe*
enseñar *to teach; to show*
escribir *to write*
esperar *to wait for; to hope*
estar *to be*
estudiar *to study*
hablar *to speak*
leer *to read*
llegar *to arrive*
necesitar *to need*
preguntar *to ask (a question)*
preparar *to prepare; to get ready*
recibir *to receive*
regresar *to return*
terminar *to finish; to end*
tomar *to take; to drink*
trabajar *to work*
usar *to use*
vivir *to live*

Las palabras interrogativas *Interrogative words*

¿Adónde? *To where?*
¿Cómo? *How?*
¿Cuál? *Which (one)?*
¿Cuáles? *Which (ones)?*
¿Cuándo? *When?*
¿Cuánto/a? *How much?*
¿Cuántos/as? *How many?*
¿Dónde? *Where?*
¿Por qué? *Why?*
¿Qué? *What?*
¿Quién? *Who?*
¿Quiénes? *Who?*

Los números 100–1.000 *Numbers 100–1,000*

cien *100*
ciento uno *101*
ciento dos *102*
ciento dieciséis *116*
ciento veinte *120*
doscientos *200*
doscientos uno *201*
trescientos *300*
cuatrocientos *400*
quinientos *500*
seiscientos *600*
setecientos *700*
ochocientos *800*
novecientos *900*
mil *1,000*

Los lugares *Places*

el apartamento *apartment*
la biblioteca *library*
la cafetería *cafeteria*
el centro estudiantil *student center; student union*
el cuarto *room*
el edificio *building*
el estadio *stadium*
el gimnasio *gymnasium*
el laboratorio *laboratory*
la librería *bookstore*
la residencia estudiantil *dormitory*
la tienda *store*

La residencia *The dorm*

la calculadora *calculator*
el/la compañero/a de cuarto *roommate*
la computadora *computer*
el despertador *alarm clock*
el dinero *money*
el disco compacto (el CD) *compact disk*
el DVD *DVD*
el horario (de clases) *schedule (of classes)*
el radio/la radio *radio*
el reloj *clock; watch*
el reproductor de CD/DVD *CD/DVD player*
la televisión *television*

Los deportes y los pasatiempos *Sports and pastimes*

bailar *to dance*
caminar *to walk*
el equipo *team*
escuchar música *to listen to music*
hacer ejercicio *to exercise*
ir de compras *to go shopping*
jugar al básquetbol *to play basketball*
jugar al béisbol *to play baseball*
jugar al fútbol *to play soccer*
jugar al fútbol americano *to play football*
jugar al golf *to play golf*
jugar al tenis *to play tennis*
montar en bicicleta *to ride a bike*
nadar *to swim*
patinar *to skate*
la pelota *ball*
tocar un instrumento *to play an instrument*
tomar el sol *to sunbathe*
ver la televisión *to watch television*

Otras palabras útiles *Other useful words*

a menudo *often*
a veces *sometimes; from time to time*
difícil *difficult*
fácil *easy*
hay *there is; there are*
nunca *never*
pero *but*
también *too; also*
y *and*

Emociones y estados *Emotions and states of being*

aburrido/a *bored* (*with* estar)
cansado/a *tired*
contento/a *content; happy*
enfermo/a *ill; sick*
enojado/a *angry*
feliz *happy*
nervioso/a *upset; nervous*
preocupado/a *worried*
triste *sad*

Capítulo 3 Estamos en casa

La casa *The house*

el altillo *attic*
el balcón *balcony*
el baño *bathroom*
la cocina *kitchen*
el comedor *dining room*
el cuarto *room*
el dormitorio *bedroom*
la escalera *staircase*
el garaje *garage*
el jardín *garden*
la oficina *office*
el piso *floor; story*
la planta baja *ground floor*
el primer piso *second floor*
la sala *living room*
el segundo piso *third floor*
el sótano *basement*
el suelo *floor*
el techo *roof*
el tercer piso *fourth floor*

Los verbos *Verbs*

conocer *to be acquainted with*
dar *to give*
decir *to say; to tell*
hacer *to do; to make*
oír *to hear*
poder *to be able to*
poner *to put; to place*
querer *to want; to love*
salir *to leave; to go out*
traer *to bring*
venir *to come*
ver *to see*

Los muebles y otros objetos de la casa *Furniture and other objects in the house*

La sala y el comedor *The living room and dining room*

la alfombra *rug; carpet*
el estante *bookcase*
la lámpara *lamp*
el sillón *armchair*
el sofá *sofa*

La cocina *The kitchen*

la estufa *stove*
el lavaplatos *dishwasher*
el microondas *microwave*
el refrigerador *refrigerator*

El baño *The bathroom*

la bañera *bathtub*
el bidet *bidet*
la ducha *shower*
el inodoro *toilet*
el lavabo *sink*

El dormitorio *The bedroom*

la almohada *pillow*
la cama *bed*
la colcha *bedspread; comforter*
la manta *blanket*
las sábanas *sheets*
el tocador *dresser*

Otras palabras útiles en la casa *Other useful words in the house*

amueblado/a *furnished*
el armario *armoire; closet; cabinet*
la cosa *thing*
el cuadro *picture; painting*
el mueble *piece of furniture*
los muebles *furniture*
el objeto *object*

Los quehaceres de la casa *Household chores*

arreglar *to straighten up; to fix*
ayudar *to help*
cocinar, preparar la comida *to cook*
guardar *to put away; to keep*
hacer la cama *to make the bed*
lavar los platos *to wash dishes*
limpiar *to clean*
pasar la aspiradora *to vacuum*
poner la mesa *to set the table*
sacar la basura *to take out the garbage*
sacudir los muebles *to dust*

Los colores *Colors*

amarillo *yellow*
anaranjado *orange*
azul *blue*
beige *beige*
blanco *white*
gris *gray*
marrón *brown*
morado *purple*
negro *black*
rojo *red*
rosado *pink*
verde *green*

Expresiones con *tener* *Expressions with* tener

tener… años *to be . . . years old*
tener calor *to be hot*
tener cuidado *to be careful*
tener éxito *to be successful*
tener frío *to be cold*
tener ganas de + (*infinitive*) *to feel like + (verb)*
tener hambre *to be hungry*
tener miedo *to be afraid*
tener prisa *to be in a hurry*
tener que + (*infinitive*) *to have to + (verb)*
tener razón *to be right*
tener sed *to be thirsty*
tener sueño *to be sleepy*
tener suerte *to be lucky*
tener vergüenza *to be embarrassed*

Los números 1.000–100.000.000 *Numbers 1,000–100,000,000*

mil *1,000*
mil uno *1,001*
mil diez *1,010*
dos mil *2,000*
treinta mil *30,000*
cien mil *100,000*
cuatrocientos mil *400,000*
un millón *1,000,000*
dos millones *2,000,000*
cien millones *100,000,000*

Otras palabras útiles *Other useful words*

a la derecha (de) *to the right (of)*
a la izquierda (de) *to the left (of)*
al lado (de) *beside*
a menudo *often*
a veces *sometimes*
antiguo/a *old*
la calle *street*
el campo *country*
la ciudad *city*
contemporáneo/a *contemporary*
desordenado/a *messy*
encima (de) *on top (of)*
humilde *humble*
limpio/a *clean*
moderno/a *modern*
nuevo/a *new*
la ropa *clothes; clothing*
siempre *always*
sucio/a *dirty*
tradicional *traditional*
viejo/a *old*

Grammar summary *Para empezar*

Capítulo Preliminar A

El alfabeto

The Spanish alphabet is quite similar to the English alphabet except in the ways the letters are pronounced. Learning the proper pronunciation of the individual letters in Spanish will help you pronounce new words and phrases.

Letter	Letter Name	Examples
a	a	adiós
b	be	buenos
c	ce	clase
d	de	día
e	e	español
f	efe	por favor
g	ge	luego
h	hache	hola
i	i	señorita
j	jota	julio
k	ka	kilómetro
l	ele	luego
m	eme	madre
n	ene	noche
ñ	eñe	mañana
o	o	cómo
p	pe	por favor
q	cu	qué
r	ere	señora
s	ese	saludos
t	te	tarde
u	u	usted
v	uve	nueve
w	doble ve o uve doble	Washington
x	equis	examen
y	ye o i griega	yo
z	zeta	pizarra

Los pronombres personales

The chart below lists the subject pronouns in Spanish and their equivalents in English. As you will note, Spanish has several equivalents for *you.*

yo	*I*	**nosotros/as**	*we*
tú	*you* (fam.)	**vosotros/as**	*you* (pl., Spain)
usted	*you* (form.)	**ustedes**	*you* (pl.)
él	*he*	**ellos**	*they* (masc.)
ella	*she*	**ellas**	*they* (fem.)

Generally speaking, **tú** (you, singular) is used for people with whom you are on a first-name basis, such as family members and friends.

Usted, abbreviated **Ud.,** is used with people you do not know well, or with people with whom you are not on a first-name basis. **Usted** is also used with older people, or with those to whom you want to show respect.

Spanish shows gender more clearly than English. **Nosotros** and **ellos** are used to refer to either all males or to a mixed group of males and females. **Nosotras** and **ellas** refer to an all-female group.

El verbo *ser*

You have already learned the subject pronouns in Spanish. It is time to put them together with a verb. First, consider the verb *to be* in English. The *to* form of a verb, as in *to be* or *to see* is called an *infinitive*. Note that *to be* has different forms for different subjects.

to be			
I	**am**	we	**are**
you	**are**	you (all)	**are**
he, she, it	**is**	they	**are**

Verbs in Spanish also have different forms for different subjects.

ser (*to be*)

Singular			Plural		
yo	**soy**	*I am*	nosotros/as	**somos**	*we are*
tú	**eres**	*you are*	vosotros/as	**sois**	*you are*
Ud.	**es**	*you are*	Uds.	**son**	*you are*
él, ella	**es**	*he/she is*	ellos/as	**son**	*they are*

- In Spanish, subject pronouns are not required, but rather used for clarification or emphasis. Pronouns are indicated by the verb ending. For example:

  Soy means *I am.*

  Es means either *he is, she is,* or *you* (formal) *are.*

- If you are using a subject pronoun, it will appear first, followed by the form of the verb that corresponds to the subject pronoun, and then the rest of the sentence, as in the examples:

Yo **soy** Mark.	**Soy** Mark.
Él **es** inteligente.	**Es** inteligente.

Capítulo 1 ¿Quiénes somos?

El verbo *tener*

In **Capítulo Preliminar A** you learned the present tense of **ser.** Another very common verb in Spanish is **tener** (*to have*). The present tense forms of the verb **tener** follow.

tener (*to have*)

Singular			Plural		
yo	**tengo**	*I have*	nosotros/as	**tenemos**	*we have*
tú	**tienes**	*you have*	vosotros/as	**tenéis**	*you have*
Ud.	**tiene**	*you have*	Uds.	**tienen**	*you all have*
él, ella	**tiene**	*he/she has*	ellos/as	**tienen**	*they have*

Sustantivos singulares y plurales

To pluralize singular nouns and adjectives in Spanish, follow these simple guidelines.

1. If the word ends in a vowel, add **-s.**

hermana	→	hermanas	abuelo	→	abuelos
día	→	días	mi	→	mis

2. If the word ends in a consonant, add **-es.**

mes	→	meses	ciudad	→	ciudades
televisión	→	televisiones	joven	→	jóvenes

3. If the word ends in a **-z**, change the **z** to **c**, and add **-es.**

lápiz	→	lápices	feliz	→	felices

El masculino y el femenino

In Spanish, all nouns (people, places, and things) have a gender; they are either masculine or feminine. Use the following rules to help you determine the gender of nouns. If a noun does not belong to any of the following categories, you must memorize the gender as you learn that noun.

1. Most words ending in **-a** are feminine.

   la hermana, la hija, la mamá, la tía

   *Some exceptions: **el día, el papá,** and words of Greek origin ending in **-ma,** such as **el problema** and **el programa.**

2. Most words ending in **-o** are masculine.

   el abuelo, el hermano, el hijo, el nieto

   *Some exceptions: **la foto** (*photo*), **la mano** (*hand*), **la moto** (*motorcycle*)
   *Note: **la foto** and **la moto** are shortened forms for **la fotografía** and **la motocicleta.**

3. Words ending in **-ción** and **-sión** are feminine.

   la discusión, la recepción, la televisión

   *Note: The suffix **-ción** is equivalent to the English *-tion.*

4. Words ending in **-dad** or **-tad** are feminine.

   la ciudad (*city*)**, la libertad, la universidad**

   *Note: these suffixes are equivalent to the English *-ty.*

As you learned in **Capítulo Preliminar A,** words that look alike and have the same meaning in both English and Spanish, such as **discusión** and **universidad,** are known as *cognates*. Use them to help you decipher meaning and to form words.

Los artículos definidos e indefinidos

Like English, Spanish has two kinds of articles, definite and indefinite. The definite article in English is *the;* the indefinite articles are *a, an,* and *some.*

In Spanish, articles and other adjectives mirror the gender (masculine or feminine) and number (singular or plural) of the nouns to which they refer. For example, an article referring to a singular masculine noun must also be singular and masculine. Note the forms of the articles in the following charts.

Los artículos definidos			
el hermano	*the brother*	**los** hermanos	*the brothers / the brothers and sisters*
la hermana	*the sister*	**las** hermanas	*the sisters*

Los artículos indefinidos			
un hermano	*a / one brother*	**unos** hermanos	*some brothers / some brothers and sisters*
una hermana	*a / one sister*	**unas** hermanas	*some sisters*

1. ***Definite articles*** are used to refer to **the** person, place, or thing.

2. ***Indefinite articles*** are used to refer to **a** or **some** person, place, or thing.

Adriana es **la** hermana de Eduardo y **los** abuelos de él se llaman Carmen y Manuel.	*Adriana is Eduardo's sister, and his grandparents' names are Carmen and Manuel.*
Jorge tiene **una** tía y **unos** tíos.	*Jorge has an aunt and some uncles.*

Los adjetivos posesivos

You have already used the possessive adjective **mi** (*my*). Other forms of possessive adjectives are also useful in conversation.

Look at the following chart to see how to personalize talk about your family (*our* dad, *his* sister, *our* cousins, etc.) using possessive adjectives.

Los adjetivos posesivos

mi, mis	*my*	**nuestro/a/os/as**	*our*
tu, tus	*your*	**vuestro/a/os/as**	*your*
su, sus	*your*	**su, sus**	*your*
su, sus	*his, her, its*	**su, sus**	*their*

Note:

1. Possessive adjectives agree in form with the person, place, or thing possessed, *not with the possessor.*
2. Possessive adjectives agree in number (singular or plural), and in addition, **nuestro** and **vuestro** indicate gender (masculine or feminine).
3. The possessive adjectives **tu/tus** (*your*) refer to someone with whom you are familiar and/or on a first name basis. **Su/sus** (*your*) is used when you are referring to people to whom you refer with *usted* and *ustedes*, that is, more formally and perhaps not on a first-name basis. **Su/sus** (*your* plural or *their*) is used when referring to individuals whom you are addressing with *ustedes* or when expressing possession with *ellos* and *ellas*.

mi hermano	*my brother*	**mis** hermanos	*my brothers / siblings*
tu primo	*your cousin*	**tus** primos	*your cousins*
su tía	*her/his/your/ their aunt*	**sus** tías	*her/his/your/their aunts*
nuestra familia	*our family*	**nuestras** familias	*our families*
vuestra mamá	*your mom*	**vuestras** mamás	*your moms*
su hija	*your/their daughter*	**sus** hijas	*your* (plural)/ *their daughters*

Eduardo tiene una novia.	*Eduardo has a girlfriend.*
Su novia se llama Julia.	*His girlfriend's name is Julia.*
Nuestros padres tienen dos amigos.	*Our parents have two friends.*
Sus amigos son Jorge y Marta.	*Their friends are Jorge and Marta.*

Los adjetivos descriptivos

Descriptive adjectives are words that describe people, places, and things.

1. In English, adjectives usually come before the words they describe (e.g., **the *red* car**), but in Spanish, they usually follow the word (e.g., **el coche *rojo***).
2. Adjectives in Spanish agree with the nouns they modify in number (singular or plural) and in gender (masculine or feminine).

Carlos es un **chico** simpátic**o.**	*Carlos is a nice boy.*
Adela es una **chica** simpátic**a.**	*Adela is a nice girl.*
Carlos y Adela son (unos) **chicos** simpátic**os.**	*Carlos and Adela are (some) nice children.*

3. A descriptive adjective can also follow the verb **ser** directly. When it does, it still agrees with the noun to which it refers, which is the subject in this case.

Carlos es simpátic**o.**	*Carlos is nice.*
Adela es simpátic**a.**	*Adela is nice.*
Carlos y Adela son simpátic**os.**	*Carlos and Adela are nice.*

Las características físicas, la personalidad y otros rasgos

La personalidad	*Personality*
aburrido/a	*boring*
alto/a	*tall*
antipático/a	*unpleasant*
bajo/a	*short*
bueno/a	*good*
cómico/a	*funny; comical*
débil	*weak*
delgado/a	*thin*
fuerte	*strong*
gordo/a	*fat*
guapo/a	*handsome/pretty*
inteligente	*intelligent*
interesante	*interesting*
joven	*young*
malo/a	*bad*
mayor	*old*
paciente	*patient*
perezoso/a	*lazy*
pobre	*poor*
responsable	*responsible*
rico/a	*rich*
simpático/a	*nice*
tonto/a	*silly; dumb*
trabajador/a	*hard-working*

Las características físicas	*Physical characteristics*
bonito/a	*pretty*
feo/a	*ugly*
grande	*big; large*
pequeño/a	*small*

Otras palabras útiles	*Other useful words*
muy	*very*
(un) poco	*(a) little*

Capítulo 2 La vida universitaria

Presente indicativo de verbos regulares

Spanish has three groups of verbs which are categorized by the ending of the infinitive. Remember that an infinitive is expressed in English by the word *to: to have, to be*, and *to speak* are all infinitive forms of English verbs. Spanish infinitives end in **-ar, -er,** or **-ir.**

Verbos que terminan en *-ar*

comprar	*to buy*	**preguntar**	*to ask (a question)*
contestar	*to answer*	**preparar**	*to prepare; to get ready*
enseñar	*to teach; to show*	**regresar**	*to return*
esperar	*to wait for; to hope*	**terminar**	*to finish; to end*
estudiar	*to study*	**tomar**	*to take; to drink*
hablar	*to speak*	**trabajar**	*to work*
llegar	*to arrive*	**usar**	*to use*
necesitar	*to need*		

Verbos que terminan en *-er*

aprender	*to learn*	**correr**	*to run*
comer	*to eat*	**creer**	*to believe*
comprender	*to understand*	**leer**	*to read*

Verbos que terminan en *-ir*

abrir	*to open*	**recibir**	*to receive*
escribir	*to write*	**vivir**	*to live*

To talk about daily or ongoing activities or actions, you need to use the present tense. You can also use the present tense to express future events.

Mario **lee** en la biblioteca. { *Mario reads in the library.* / *Mario is reading in the library.* }

Mario **lee** en la biblioteca mañana. — *Mario will read in the library tomorrow.*

To form the present indicative, drop the **-ar, -er,** or **-ir** ending from the infinitive, and add the appropriate ending. The endings are highlighted in the following chart. Follow this simple pattern with all regular verbs.

	hablar (*to speak*)	comer (*to eat*)	vivir (*to live*)
yo	habl**o**	com**o**	viv**o**
tú	habl**as**	com**es**	viv**es**
Ud.	habl**a**	com**e**	viv**e**
él, ella	habl**a**	com**e**	viv**e**
nosotros/as	habl**amos**	com**emos**	viv**imos**
vosotros/as	habl**áis**	com**éis**	viv**ís**
Uds.	habl**an**	com**en**	viv**en**
ellos/as	habl**an**	com**en**	viv**en**

La formación de preguntas y las palabras interrogativas

Asking yes/no questions

Yes/no questions in Spanish are formed in two different ways:

a. Adding question marks to the statement.

Antonio habla español. → ¿Antonio habla español?
Antonio speaks Spanish. — *Does Antonio speak Spanish?* or *Antonio speaks Spanish?*

As in English, your voice goes up at the end of the sentence. Remember that written Spanish has an upside-down question mark at the beginning of a question.

b. Inverting the order of the subject and the verb.

Antonio habla español. → ¿Habla Antonio español?
SUBJECT + VERB — VERB + SUBJECT
Antonio speaks Spanish. — *Does Antonio speak Spanish?*

Answering yes/no questions

Answering questions is also like English.

¿Habla Antonio español?	*Does Antonio speak Spanish?*
Sí, habla español.	*Yes, he speaks Spanish.*
No, no habla español.	*No, he does not speak Spanish.*

Notice that in the negative response to the question above, both English and Spanish have two negative words.

Information questions

Information questions begin with interrogative words. Study the list of question words below and remember, accents are used on all interrogative words and also on exclamatory words: **¡Qué bueno!** (*That's great!*)

Las palabras interrogativas

¿Qué?	*What?*	**¿Qué** idioma habla Antonio?	*What language does Antonio speak?*
¿Por qué?	*Why?*	**¿Por qué** no trabaja Antonio?	*Why doesn't Antonio work?*
¿Cómo?	*How?*	**¿Cómo** está Antonio?	*How is Antonio?*
¿Cuándo?	*When?*	**¿Cuándo** es la clase?	*When is the class?*
¿Adónde?	*To where?*	**¿Adónde** va Antonio?	*(To) Where is Antonio going?*
¿Dónde?	*Where?*	**¿Dónde** vive Antonio?	*Where does Antonio live?*
¿De dónde?	*From where?*	**¿De dónde** regresa Antonio?	*Where is Antonio coming back from?*
¿Cuánto/a?	*How much?*	**¿Cuánto** estudia Antonio para la clase?	*How much does Antonio study for the class?*
¿Cuántos/as?	*How many?*	**¿Cuántos** idiomas habla Antonio?	*How many languages does he speak?*
¿Cuál?	*Which (one)?*	**¿Cuál** es su clase favorita?	*Which is his favorite class?*
¿Cuáles?	*Which (ones)?*	**¿Cuáles** son sus clases favoritas?	*Which are his favorite classes?*
¿Quién?	*Who?*	**¿Quién** habla cinco idomas?	*Who speaks five languages?*
¿Quiénes?	*Who?* (pl.)	**¿Quiénes** hablan cinco idiomas?	*Who speaks five languages?*

Note that, although it is not always necessary, when the subject is included in the sentence it follows the verb.

El verbo *estar*

Another verb that expresses *to be* in Spanish is **estar.** Like **tener** and **ser, estar** is not a regular verb; that is, you cannot simply drop the infinitive ending and add the usual **-ar** endings.

estar (*to be*)

Singular		Plural	
yo	**estoy**	nosotros/as	**estamos**
tú	**estás**	vosotros/as	**estáis**
Ud.	**está**	Uds.	**están**
él, ella	**está**	ellos/as	**están**

Ser and **estar** are not interchangeable because they are used differently. Two uses of **estar** are:

1. To describe the location of someone or something.

   Manuel **está** en la sala de clase. — *Manuel is in the classroom.*

   Nuestros padres **están** en México. — *Our parents are in Mexico.*

2. To describe how someone is feeling or to express a change from the norm.

   Estoy bien. ¿Y tú? — *I'm fine. And you?*

   Estamos tristes hoy. — *We are sad today. (Normally we are upbeat and happy.)*

Capítulo 3 Estamos en casa

Algunos verbos irregulares

Look at the present tense forms of the following verbs. In the first group, note that they all follow the same patterns that you learned in **Capítulo 2** to form the present tense of regular verbs, *except* in the **yo** form.

Group 1

	conocer (*to be acquainted with*)	**dar (*to give*)**	**hacer (*to do; to make*)**	**poner (*to put; to place*)**
yo	cono**zco**	do**y**	ha**go**	pon**go**
tú	conoces	das	haces	pones
Ud.	conoce	da	hace	pone
él, ella	conoce	da	hace	pone
nosotros/as	conocemos	damos	hacemos	ponemos
vosotros/as	conocéis	dais	hacéis	ponéis
Uds.	conocen	dan	hacen	ponen
ellos/as	conocen	dan	hacen	ponen

	salir (*to leave; to go out*)	traer (*to bring*)	ver (*to see*)
yo	sal**go**	tra**igo**	**veo**
tú	sales	traes	ves
Ud.	sale	trae	ve
él, ella	sale	trae	ve
nosotros/as	salimos	traemos	vemos
vosotros/as	salís	traéis	veis
Uds.	salen	traen	ven
ellos/as	salen	traen	ven

Group 2
In the second group, note that **venir** is formed similarly to **tener.**

venir (*to come*)	
yo	ven**go**
tú	v**ie**nes
Ud.	v**ie**ne
él, ella	v**ie**ne
nosotros/as	venimos
vosotros/as	venís
Uds.	v**ie**nen
ellos/as	v**ie**nen

Group 3
In the third group of verbs, note that all of the verb forms have a spelling change except in the **nosotros** and **vosotros** forms.

	decir (*to say; to tell*)	oír (*to hear*)
yo	**digo**	**oigo**
tú	**d**ices	o**y**es
Ud.	**d**ice	o**y**e
él, ella	**d**ice	o**y**e
nosotros/as	decimos	oímos
vosotros/as	decís	oís
Uds.	**d**icen	o**y**en
ellos/as	**d**icen	o**y**en

	poder (*to be able to*)	querer (*to want; to love*)
yo	p**ue**do	qu**ie**ro
tú	p**ue**des	qu**ie**res
Ud.	p**ue**de	qu**ie**re
él, ella	p**ue**de	qu**ie**re
nosotros/as	podemos	queremos
vosotros/as	podéis	queréis
Uds.	p**ue**den	qu**ie**ren
ellos/as	p**ue**den	qu**ie**ren

Algunas expresiones con *tener*

The verb **tener,** besides meaning *to have,* is used in a variety of expressions.

tener... años	*to be . . . years old*
tener calor	*to be hot*
tener cuidado	*to be careful*
tener éxito	*to be successful*
tener frío	*to be cold*
tener ganas de + (*infinitive*)	*to feel like + (verb)*
tener hambre	*to be hungry*
tener miedo	*to be afraid*
tener prisa	*to be in a hurry*
tener que + (*infinitive*)	*to have to + (verb)*
tener razón	*to be right*
tener sed	*to be thirsty*
tener sueño	*to be sleepy*
tener suerte	*to be lucky*
tener vergüenza	*to be embarrassed*

—Mamá, **tengo hambre.** ¿Cuándo comemos? — *Mom, I'm hungry. When are we eating?*

—**Tienes suerte,** hijo. Salimos para el restaurante Tío Tapas en diez minutos. — *You are lucky, son. We are leaving for Tío Tapas Restaurant in ten minutes.*

Hay

In **Capítulo 2,** you became familiar with **hay** when you described your classroom. To say *there is* or *there are* in Spanish you use **hay.** The irregular form **hay** comes from the verb **haber.**

Hay un baño en mi casa. — *There is one bathroom in my house.*

Hay cuatro dormitorios también. — *There are also four bedrooms.*

—¿**Hay** tres baños en tu casa? — *Are there three bathrooms in your house?*

—No, no **hay** tres baños. — *No, there aren't three bathrooms.*

4 Nuestra comunidad

No importa si vivimos en el campo (*countryside*), en un pueblo, en una ciudad o en otro país, tenemos mucho en común. Todos comemos, trabajamos, compramos, pasamos tiempo con la familia y los amigos y ayudamos a los demás (*others*). Nuestra vida en comunidad es similar.

PREGUNTAS

1. Generalmente, ¿qué haces durante un día normal?
2. ¿Conoces a personas de otros países o culturas? ¿Cuáles son sus actividades típicas?
3. ¿Qué tienes en común con las personas de otros países?

La plaza de Chichicastenango en Guatemala

Comunicación I

1 VOCABULARIO

04-01 to 04-04

Los lugares Identifying places in and around town

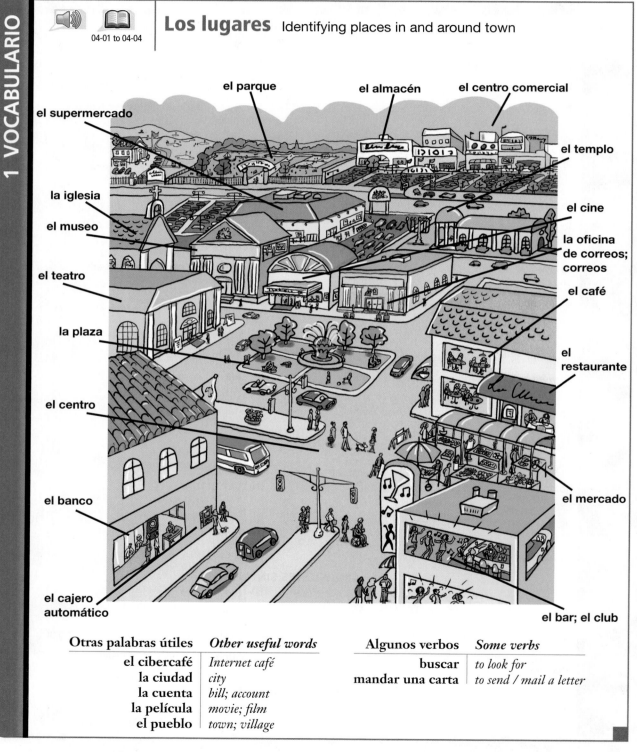

Otras palabras útiles	*Other useful words*
el cibercafé	*Internet café*
la ciudad	*city*
la cuenta	*bill; account*
la película	*movie; film*
el pueblo	*town; village*

Algunos verbos	*Some verbs*
buscar	*to look for*
mandar una carta	*to send / mail a letter*

PRONUNCIACIÓN

¡Hola!

04-05 to 04-06

The letters *c* and *z*

Go to MySpanishLab / Student Activites Manual to learn how to pronounce the letters *c* and *z*.

Capítulo 2. El verbo *estar*, pág. 76 del eText.

4-1 ¿Dónde está?

Tu amigo está muy ocupado. Túrnate con un/a compañero/a para decir dónde está en este momento. ■

MODELO E1: Quiere mandar una carta.
E2: *Está en la oficina de correos.*

1. Quiere ver una película.
2. Necesita dinero para pagar una cuenta.
3. Quiere comer algo (*something*).
4. Quiere ver una exposición de arte.
5. Quiere caminar y hacer ejercicio.
6. Tiene sed y quiere tomar algo.
7. Quiere mandar un email.
8. Tiene que ir a una boda (*wedding*).

Fíjate

Note that you use a form of *querer* + *infinitive* to express "to want to ______." For example:

Quiero mandar... = I want to send ...

Queremos ver... = We want to see ...

Capítulo Preliminar A. El verbo *ser*, pág. 13 del eText; Capítulo 2. El verbo *estar*, pág. 76 del eText.

4-2 El mejor de los mejores

¿Cuáles son, en tu opinión, los mejores lugares en tu comunidad? ■

Estrategia

Remember that you learned vocabulary such as *a la derecha*, *a la izquierda*, and *al lado de* that you can also practice with your new vocabulary.

Vocabulario útil

detrás (de)	*behind*
enfrente (de)	*in front (of)*
estar de acuerdo	*to agree*
el/la mejor	*the best*
el/la peor	*the worst*

Paso 1 Haz (*Make*) una lista de los mejores lugares de tu pueblo o ciudad según las siguientes categorías.

MODELO E1: restaurante
E2: *El mejor restaurante es* The Lantern.

1. almacén
2. banco
3. centro comercial
4. cine
5. café
6. teatro
7. tienda
8. restaurante
9. supermercado

(continued)

Paso 2 Compara tu lista con las listas de los otros estudiantes de la clase. ¿Están de acuerdo?

MODELO E1: *En mi opinión, el mejor restaurante es* The Lantern. *¿Estás de acuerdo?*

E2: *No, no estoy de acuerdo. El mejor restaurante es* The Cricket.

Fíjate

Remember that the preposition *de* combines with the masculine singular definite article *el* to form the contraction *del*. The feminine article *la* does not contract.

Paso 3 Túrnense para explicar dónde están los mejores lugares.

MODELO E1: *Busco el mejor restaurante.*

E2: *El mejor restaurante es* The Lantern.

E1: *¿Dónde está?*

E2: *Está al lado del Banco Nacional.*

4-3 Chiquimula y mi ciudad...

Chiquimula es un pueblo de 24.000 personas que está en el este de Guatemala. ■

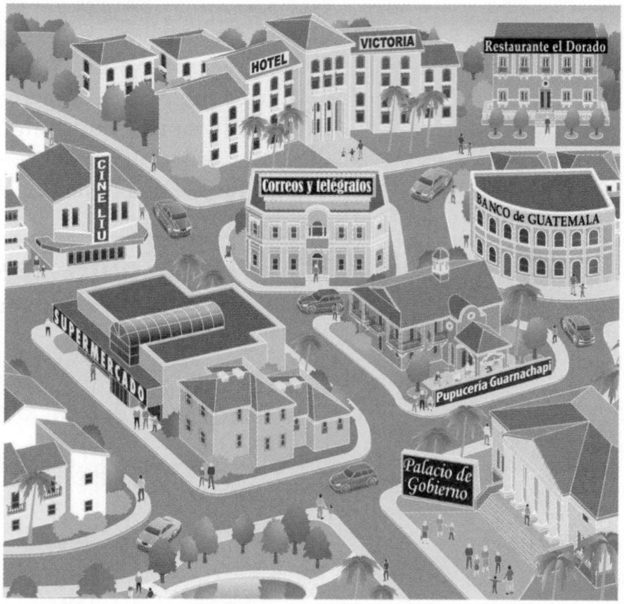

Paso 1 Túrnense para describir el centro del pueblo. Mencionen dónde están los edificios principales.

MODELO *El Hotel Victoria está al lado del Restaurante el Dorado…*

Paso 2 Ahora dibuja (*draw*) un mapa del centro de tu pueblo o ciudad. El dibujo debe incluir los edificios principales. Después, túrnense para describirlo oralmente.

Paso 3 Túrnense para describir sus dibujos mientras tu compañero/a dibuja lo que dices.

NOTA CULTURAL

¡Hola! eText 136 04-07 to 04-08

Actividades cotidianas: Las compras y el paseo

2 GRAMÁTICA

04-09 to 04-12

Saber y conocer Stating whom and what is known

¿Sabes dónde hay un cibercafé?
No, no conozco muy bien la ciudad.

You have learned that **conocer** means *to know*. Another verb, **saber,** also expresses *to know*.

Fíjate

Note that *conocer* and *saber* both have irregular *yo* forms: *conozco* and *sé* respectively.

saber (*to know*)

Singular		Plural	
yo	**sé**	nosotros/as	**sabemos**
tú	**sabes**	vosotros/as	**sabéis**
Ud.	**sabe**	Uds.	**saben**
él, ella	**sabe**	ellos/as	**saben**

The verbs are not interchangeable. Note when to use each.

CONOCER

- Use **conocer** to express ***being familiar or acquainted with people, places, and things.***

Ellos **conocen** los mejores restaurantes de la ciudad. — *They know the best restaurants in the city.*

Yo **conozco** a tu hermano, pero no muy bien. — *I know your brother, but not very well.*

Note:

1. When expressing that *a person* is known, you must use the personal "a." For example: **Conozco *a* tu hermano…**
2. When **a** is followed by **el, a + el = al.** For example: **Conozco *al* señor (a + el señor)…**

SABER

- Use **saber** to express ***knowing facts, pieces of information,*** or ***how to do something.***

¿Qué **sabes** sobre la música de Guatemala? — *What do you know about Guatemalan music?*

Yo **sé** tocar la guitarra. — *I know how to play the guitar.*

Fíjate

A form of *saber* + *infinitive* expresses knowing how to do something. For example:

Sé nadar. = I know how to swim.

Sabemos tocar la guitarra. = We know how to play the guitar.

4-4 ¿Sabes o conoces? Completa las siguientes preguntas usando **sabes** o **conoces.** Después, túrnate con un/a compañero/a para hacer y contestar las preguntas. ■

MODELO E1: *¿Conoces San Salvador?*
E2: *Sí, conozco San Salvador. / No, no conozco San Salvador.*

1. ¿________ usar una computadora?
2. ¿________ al presidente del Banco Central?
3. ¿________ dónde hay un cajero automático?
4. ¿________ Tegucigalpa, Honduras?
5. ¿________ el mejor restaurante mexicano?
6. ¿________ llegar a la oficina de correos?
7. ¿________ las películas de James Cameron?
8. ¿________ cuál es el mejor café de esta ciudad?

4-5 ¿Qué sabemos de Honduras? Completen juntos el diálogo con las formas correctas de **saber** y **conocer.** ■

PROF. DOMÍNGUEZ: ¿Qué (1) ________ ustedes sobre Honduras?

DREW: Yo (2) ________ que la capital de Honduras es Tegucigalpa.

DREW Y TANYA: Nosotros (3) ________ mucho sobre el país.

PROF. DOMÍNGUEZ: ¿Y (4) ________ ustedes cómo se llaman las personas de Honduras?

TANYA: Sí, se llaman *hondureños*. (5) ________ la cultura hondureña bastante bien. Nuestra hermana, Gina, es una estudiante de intercambio allí este año y nos manda muchas fotos y cartas. Ella (6) ________ a mucha gente interesante, incluso al hijo del Presidente.

PROF. DOMÍNGUEZ: ¡No me digan! ¿Estudia allí su hermana? ¿(7) ________ ustedes que hay dos universidades muy buenas en Tegucigalpa?

TANYA: Sí, el novio de Gina estudia allí, pero yo no (8) ________ en qué universidad. Él es salvadoreño y nuestros padres no lo (9) ________ todavía. Gina dice que no quiere volver a los Estados Unidos. Yo (10) ________ que mis padres van a estar muy tristes si ella no vuelve.

PROF. DOMÍNGUEZ: Yo (11) ________ a tu hermana y (12) ________ que es una mujer inteligente. Va a pensarlo bien antes de tomar una decisión.

4-6 **¿Me puedes ayudar?** Sofía acaba de llegar a San Salvador y se siente un poco perdida (*she is feeling a little lost*). Túrnense para hacer y contestar sus preguntas de manera creativa. Luego, creen (*create*) y contesten **dos** preguntas más usando **saber** y **conocer.** ■

MODELO SOFÍA: *¿Sabes dónde hay una iglesia?*
TÚ: *Sí, sé que hay una iglesia en la plaza.*

1. ¿Conoces un buen restaurante típico?
2. ¿Sabes dónde está el restaurante?
3. ¿Sabes qué tipo de comida sirven en el restaurante?
4. ¿Conoces al cocinero (*chef*)?
5. ¿?
6. ¿?

3 VOCABULARIO

04-13 to 04-16

¿Qué tienen que hacer? ¿Qué pasa?

Relating common obligations and activities

Capítulo 1. El verbo *tener*, pág. 34 del eText.

4-7 Tic-tac-toe

Escucha mientras tu instructor/a explica el juego del *tic-tac-toe*. ■

MODELO E1: *¿Tienes "volver"?*

E2: *Sí, tengo "volver". / No, no tengo "volver".*

4-8 ¿Y lo opuesto?

Decidan juntos qué verbo expresa lo opuesto (*opposite*) de cada una de las palabras o expresiones de la siguiente lista. ■

MODELO E1: no comer por la tarde

E1: *almorzar*

repetir	encontrar	volver	entender	pedir
perder	comenzar	querer	cerrar	almorzar

1. salir
2. terminar
3. abrir
4. perder
5. decir una vez
6. dar
7. encontrar
8. no comprender

4-9 Los quehaceres

Túrnense para expresar qué tienen que hacer ustedes generalmente. ■

Estrategia

Make an attempt to work with a different partner in every class. This enables you to help and learn from a variety of your peers, an important and highly effective learning technique.

MODELO Tengo que encontrar…

E1: *Tengo que encontrar mi libro de español.*

E2: *Tengo que encontrar los apuntes para la clase de español.*

1. Tengo que comenzar…
2. Tengo que repetir…
3. Tengo que pedir…
4. Tengo que recordar…
5. Tengo que almorzar…
6. Tengo que dormir…

Fíjate

Remember you learned that *tener* + *que* + *infinitive* means "to have to do something."

Capítulo 2. La sala de clase, pág. 65 del eText; Presente indicativo de verbos regulares, pág. 67 del eText.

4-10 Entrevistas

Entrevista a tres compañeros para averiguar si (*to find out whether*) hacen cosas similares. Después, comparte la información con la clase. ¿Qué tienen ustedes en común? ■

1. ¿Qué tienes que hacer para prepararte bien para las clases?
2. ¿Qué tienes que hacer durante la clase de español para sacar buenas notas?
3. Generalmente, ¿qué tienes que hacer cuando terminas con tus clases?

04-17 to 04-24

Los verbos con cambio de raíz Expressing actions

¡Cierro la ventana, pido una pizza y empiezo a estudiar!

You have learned a variety of common verbs that are irregular. Two of those verbs were **querer** and **poder,** which are irregular due to some changes in their stems. Look at the following verb groups and answer the questions regarding each group.

Change e → ie

cerrar (*to close*)

Singular		Plural	
yo	cierro	nosotros/as	cerramos
tú	cierras	vosotros/as	cerráis
Ud.	cierra	Uds.	cierran
él, ella	cierra	ellos/as	cierran

¡Explícalo tú!

1. Which verb forms look like the infinitive **cerrar**?
2. Which verb forms have a spelling change that differs from the infinitive **cerrar**?

✓ Check your answers to the preceding questions in Appendix 1.

Other verbs like **cerrar** (**e → ie**) are:

comenzar	*to begin*	**mentir**	*to lie*	**preferir**	*to prefer*
empezar	*to begin*	**pensar**	*to think*	**recomendar**	*to recommend*
entender	*to understand*	**perder**	*to lose; to waste*		

Change e → i

pedir (*to ask for*)

Singular		Plural	
yo	pido	nosotros/as	pedimos
tú	pides	vosotros/as	pedís
Ud.	pide	Uds.	piden
él, ella	pide	ellos/as	piden

¡Explícalo tú!

1. Which verb forms look like the infinitive **pedir**?
2. Which verb forms have a spelling change that differs from the infinitive **pedir**?

✓ Check your answers to the preceding questions in Appendix 1.

Other verbs like **pedir** (**e → i**) are:

repetir *to repeat* **seguir*** *to follow; to continue (doing something)* **servir** *to serve*

*Note: The **yo** form of **seguir** is **sigo.**

Change o → ue

encontrar (*to find*)

Singular		Plural	
yo	encuentro	nosotros/as	encontramos
tú	encuentras	vosotros/as	encontráis
Ud.	encuentra	Uds.	encuentran
él, ella	encuentra	ellos/as	encuentran

¡Explícalo tú!

1. Which verb forms look like the infinitive **encontrar**?
2. Which verb forms have a spelling change that differs from the infinitive **encontrar**?

✓ Check your answers to the preceding questions in Appendix 1.

Other verbs like **encontrar** (**o → ue**) are:

almorzar	*to have lunch*	**dormir**	*to sleep*	**mostrar**	*to show*	**volver**	*to return*
costar	*to cost*	**morir**	*to die*	**recordar**	*to remember*		

Change u → ue

jugar (*to play*)

Singular		Plural	
yo	juego	nosotros/as	jugamos
tú	juegas	vosotros/as	jugáis
Ud.	juega	Uds.	juegan
él, ella	juega	ellos/as	juegan

¡Explícalo tú!

1. Which verb forms look like the infinitive **jugar**?
2. Which verb forms have a spelling change that differs from the infinitive **jugar**?
3. Why does **jugar** not belong with the verbs like **encontrar**?

✓ Check your answers to the preceding questions in Appendix 1.

¡Explícalo tú!

To summarize . . .

1. What rule can you make regarding all four groups of stem-changing verbs and their forms?
2. With what group of stem-changing verbs would you put **querer**?
3. With what group of stem-changing verbs would you put each of the following verbs?

demostrar	*to demonstrate*	**encerrar**	*to enclose*
devolver	*to return (an object)*	**perseguir**	*to chase*

✓ Check your answers to the preceding questions in Appendix 1.

4-11 Categorías

Paso 1 With a partner, write the stem-changing verbs that were just presented on individual slips of paper. Next, make a chart with four categories: **e → ie, e → i, o → ue,** and **u → ue.**

Paso 2 Join another pair of students. When your instructor says **¡Empieza!,** place each verb under the correct category (**e → ie, e → i, o → ue,** or **u → ue**). Do several rounds of this activity, playing against different doubles partners.

4-12 Nuestras preferencias

Averigua cuáles son las preferencias de tu compañero/a. Luego, comparte tus respuestas con la clase. ■

MODELO el cine o el teatro

E1: *¿Qué prefieres, el cine o el teatro?*

E2: *Prefiero el cine.*

¿Qué prefieres,...?

1. correr en el parque o en el gimnasio
2. comer en un restaurante o en un café
3. visitar un gran almacén o un centro comercial
4. comprar comida (*food*) en un supermercado o en un mercado al aire libre (*open-air*)
5. trabajar en un banco o en una oficina de correos
6. conversar con amigos en un bar o en una plaza

4-13 ¿Quién hace qué?

Túrnense para decir qué personas que ustedes conocen hacen las siguientes cosas. ■

MODELO E1: siempre perder la tarea

E2: *Mi hermano Tom siempre pierde la tarea.*

1. pensar ser profesor/a
2. almorzar en McDonald's a menudo
3. querer visitar Sudamérica
4. siempre entender al/a la profesor/a de español
5. preferir dormir hasta el mediodía
6. volver tarde a casa a menudo
7. perder dinero
8. pensar que Santa Claus existe
9. nunca mentir
10. comenzar a hacer la tarea de noche

Capítulo Preliminar A. La hora, pág. 18 del eText; Capítulo 2. Las materias y las especialidades, pág. 62 del eText; Los deportes y los pasatiempos, pág. 81 del eText.

4-14 ¿Quién eres? Escribe las respuestas a las siguientes preguntas en forma de párrafos. ■

Primer párrafo

1. ¿Qué clases tienes este semestre?
2. ¿A qué hora empieza tu clase preferida? ¿Cuándo termina?
3. ¿Qué prefieres hacer si (*if*) tienes tiempo entre (*between*) tus clases?
4. ¿A qué hora vuelves a tu dormitorio/apartamento/casa?

Segundo párrafo

1. ¿Qué carro tienes (o quieres tener)? ¿Cuánto cuesta un carro nuevo?
2. ¿Cómo vienes a la universidad? (Por ejemplo, ¿vienes en carro?)
3. ¿Dónde prefieres vivir, en una residencia estudiantil, en un apartamento o en una casa?
4. ¿Dónde quieres vivir después de graduarte?

Tercer párrafo

1. ¿Qué deporte y/o pasatiempo prefieres?
2. Si es un deporte, ¿juegas a ese deporte? ¿Ves ese deporte en la televisión?
3. Normalmente, ¿cuándo y con quién(es) juegas el deporte / disfrutas (*enjoy*) el pasatiempo?
4. ¿Qué otros deportes y pasatiempos te gustan?

¿Cómo andas? I

Having completed **Comunicación I,** I now can . . .	**Feel confident**	**Need to review**
• identify places in and around town (p. 82)	☐	☐
• pronounce the letters *c* and *z* (MSL/SAM)	☐	☐
• describe shopping and other daily activities in Spanish-speaking countries (p. 84)	☐	☐
• state whom and what is known (p. 85)	☐	☐
• relate common obligations and activities (p. 88)	☐	☐
• express actions (p. 90)	☐	☐

Comunicación II

5 GRAMÁTICA

04-25 to 04-27

El verbo *ir* Sharing where you and others are going

Voy al almacén.
¿Adónde vas tú?

Another important verb in Spanish is **ir**. Note its irregular present tense forms.

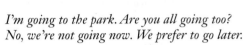

ir (*to go*)

Singular		Plural	
yo	**voy**	nosotros/as	**vamos**
tú	**vas**	vosotros/as	**vais**
Ud.	**va**	Uds.	**van**
él, ella	**va**	ellos/as	**van**

Voy al parque. ¿**Van** ustedes también? — *I'm going to the park. Are you all going too?*

No, no **vamos** ahora. Preferimos **ir** más tarde. — *No, we're not going now. We prefer to go later.*

4-15 ¿Adónde vas?

Túrnense para completar la conversación que tienen Memo y Esteban al salir de la clase de música. Usen las formas correctas del verbo **ir**. ■

Fíjate

Remember you learned two words for the question word "Where?" Use *¿Adónde?* with *ir*.

Fíjate

Remember that *a + el = al.*

MEMO: Hola, Esteban. ¿Adónde (1) ________ ahora?

ESTEBAN: ¿Qué hay? Pues, (2) ________ a la clase de física.

MEMO: Ah sí. Bueno, mi compañero de cuarto y yo (3) ________ al gimnasio. Tenemos un torneo *(tournament)* de tenis.

ESTEBAN: Buena suerte. Oye, ¿tú (4) ________ a la fiesta de Isabel esta noche?

MEMO: No sé. ¿Quiénes (5) ________? Creo que (yo) (6) ________ al cine para ver la película nueva de Steven Spielberg.

ESTEBAN: ¿Por qué no (7) ________ primero a la fiesta y después al cine?

MEMO: Buena idea. ¿(8) ________ (tú y yo) juntos?

ESTEBAN: Muy bien. Mi amigo Roberto (9) ________ también. Hablamos después del torneo.

MEMO: Bueno, hasta luego.

4-16 Los "¿por qué?"

Esperanza tiene una sobrina que está en la etapa de los "¿por qué?" Tiene muchas preguntas. Túrnense para darle las respuestas de Esperanza a Rosita. ■

MODELO ROSITA: ¿Por qué va mi papá al gimnasio?

ESPERANZA: *Tu papá va al gimnasio porque quiere hacer ejercicio.*

1. ¿Por qué va mi mamá al mercado?
2. ¿Por qué va mi hermana a la oficina de correos?
3. ¿Por qué van mis hermanos al parque?
4. ¿Por qué vas a la universidad?
5. ¿Por qué no vamos al cine ahora?

Capítulo Preliminar A. La hora, pág. 18 del eText.

4-17 ¿Adónde van?

Miren los horarios de las siguientes personas. Túrnense para decir adónde van, a qué hora y qué hacen en cada (*each*) lugar. ■

MODELO *A las diez mis padres van a la librería para comprar unos libros. Luego…*

6 GRAMÁTICA

04-28 to 04-30

Ir + a + infinitivo Conveying what will happen in the future

¿Vamos a almorzar pronto? ¡Tengo hambre!
Sí. Voy a pedir comida guatemalteca.

Study the following sentences and then answer the questions that follow.

—**Voy a mandar** esta carta. ¿Quieres ir?	*I'm going to mail this letter. Do you want to go?*
—Sí. Luego, **¿vas a almorzar?**	*Yes. Then, are you going to have lunch?*
—Sí, **vamos a comer** comida guatemalteca.	*Yes, we are going to eat Guatemalan food.*
—¡Perfecto! **Voy a pedir** unos tamales.	*Perfect! I am going to order some tamales.*
—Pero, primero, **¡vamos a ir** al banco.	*But first we are going to the bank!*

¡Explícalo tú!

1. When do the actions in the previous sentences take place: in the *past*, *present*, or *future*?
2. What is the first bold type verb you see in each sentence?
3. In what form is the second bolded verb?
4. What word comes between the two verbs? Does this word have an equivalent in English?
5. What is your rule, then, for expressing future actions or statements?

✓ Check your answers to the preceding questions in Appendix 1.

4-18 ¿Y en el futuro?

Túrnense para contestar las siguientes preguntas sobre el futuro. ■

1. ¿Vas a dedicar más tiempo a tus estudios?
2. Después de terminar con tus estudios, ¿vas a vivir en una ciudad, un pueblo pequeño o en el campo?
3. ¿Vas a vivir en una casa grande?
4. ¿Tus amigos y tú van a visitar Honduras u otro país en Centroamérica?
5. ¿Vamos a encontrar la cura para el cáncer?
6. ¿Vamos a poder acabar con (*end*) el terrorismo?

Capítulo Preliminar A. Los días de la semana, los meses y las estaciones, pág. 20 del eText.

4-19 Mi agenda

¿Qué planes tienes para la semana que viene? Termina las siguientes frases sin (*without*) repetir los quehaceres. ■

MODELO E1: El lunes…
E2: *El lunes voy a pasar la aspiradora.*

1. El lunes…
2. El martes…
3. El miércoles…
4. El jueves…
5. El viernes…
6. El sábado…
7. El domingo…
8. El fin de semana…

4-20 Qué será, será…

¿Qué tiene el futuro para ti, tus amigos y tu familia? Escribe **cinco** predicciones de lo que va a ocurrir en el futuro. ■

MODELO *Mi primo va a ir a la Universidad Autónoma el año que viene. Mis padres van a limpiar el armario y el altillo este fin de semana. Yo voy a estudiar en Sudamérica…*

7 VOCABULARIO

Servicios a la comunidad

Imparting information about service opportunities

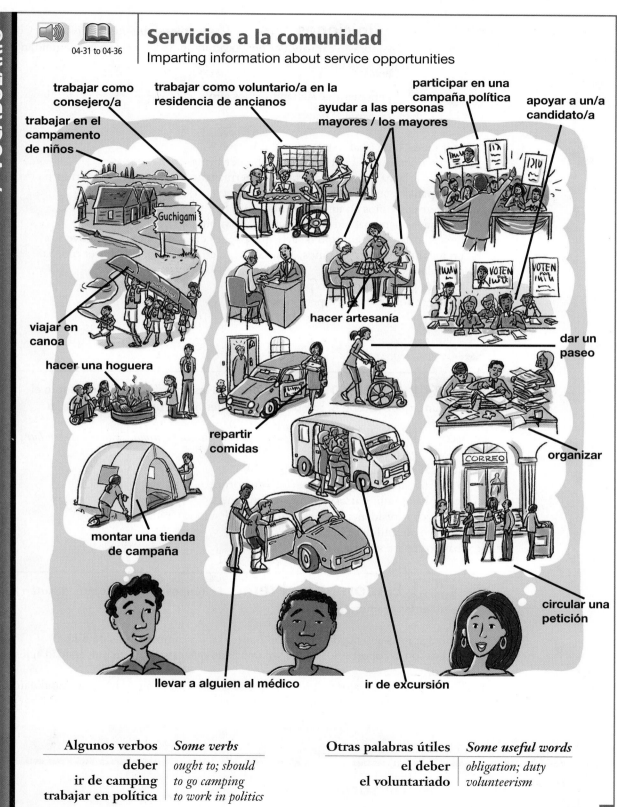

04-31 to 04-36

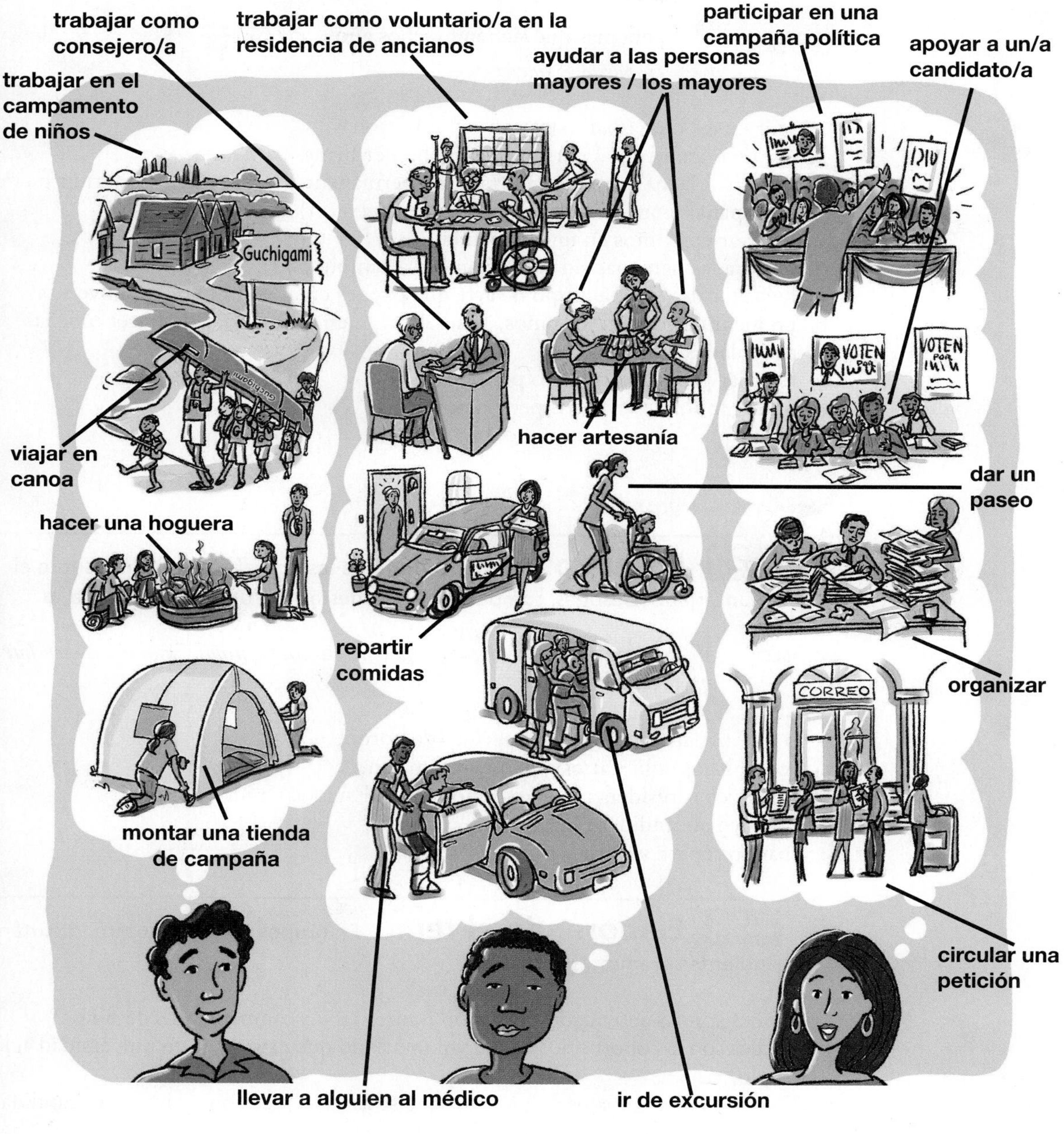

Algunos verbos	*Some verbs*
deber	*ought to; should*
ir de camping	*to go camping*
trabajar en política	*to work in politics*

Otras palabras útiles	*Some useful words*
el deber	*obligation; duty*
el voluntariado	*volunteerism*

4-21 Definiciones

Túrnense para leer las siguientes definiciones y decir cuál de las palabras o expresiones del vocabulario de **Servicios a la comunidad** corresponde a cada una. ■

MODELO E1: personas que tienen muchos años
E2: *las personas mayores*

1. salir en un bote (*boat*) para una o dos personas
2. dar un documento a personas para obtener firmas (*signatures*)
3. "construir" una estructura portátil (no permanente) que se usa para dormir fuera de casa
4. acompañar a una persona a una cita (*appointment*) con el médico
5. trabajar con niños en un campamento
6. servir a las personas sin recibir dinero a cambio (*in exchange*)
7. disfrutar de (*enjoy*) un tipo de arte que puedes crear con materiales diversos
8. un lugar donde van los niños, generalmente en el verano, para hacer muchas actividades diferentes
9. trabajar para un candidato político
10. un lugar donde viven las personas mayores

Capítulo 2. El verbo *gustar*, p. 80 del eText.

4-22 En tu opinión…

Termina las siguientes oraciones sobre el voluntariado. Después, comparte tus respuestas con un/a compañero/a. ■

MODELO *Yo soy una consejera perfecta porque me gustan los niños. También sé escuchar muy bien…*

1. Yo (no) soy un/a consejero/a perfecto/a porque…
2. Dos trabajos voluntarios que me gustan son…
3. Hay muchas residencias de ancianos en los Estados Unidos porque…
4. Yo apoyo al candidato ________ porque…
5. Cuando repartes comidas, puedes…

4-23 Elaborando el tema

En grupos de tres o cuatro, discutan las siguientes preguntas. ■

1. ¿Cuáles son las actividades más interesantes en los campamentos de niños?
2. ¿Cuáles son las oportunidades de voluntariado que existen en tu universidad/iglesia/templo?
3. ¿Cuáles son los trabajos voluntarios que se asocian más con apoyar a un candidato?
4. ¿Crees que servir a la comunidad es un deber?

NOTA CULTURAL

¡Hola! eText 151 04-37

La conciencia social

8 GRAMÁTICA

04-38 to 04-40 English Tutorial

Las expresiones afirmativas y negativas

Articulating concepts and ideas both affirmatively and negatively

Siempre me gusta hacer artesanía con los niños, ¡pero jamás voy a ir en una canoa con ellos!

In the previous chapters, you have seen and used a number of the affirmative and negative expressions listed on the following page. Study the list, and learn the ones that are new to you.

Expresiones afirmativas		Expresiones negativas	
a veces	*sometimes*	**jamás**	*never; not ever* (emphatic)
algo	*something; anything*	**nada**	*nothing*
alguien	*someone*	**nadie**	*no one; nobody*
algún	*some; any*	**ningún**	*none*
alguno/a/os/as	*some; any*	**ninguno/a/os/as**	*none*
siempre	*always*	**nunca**	*never*
o… o	*either . . . or*	**ni… ni**	*neither . . . nor*

Look at the following sentences, paying special attention to the position of the negative words, and answer the questions that follow.

—¿Quién llama? — *Who is calling?*
—**Nadie** llama. (**No** llama **nadie.**) — *No one is calling.*
—¿Vas al gimnasio todos los días? — *Do you go to the gym every day?*
—No, **nunca** voy. (No, **no** voy **nunca.**) — *No, I never go.*

Fíjate

Unlike English, Spanish can have two or more negatives in the same sentence. A double negative is actually quite common. For example, *No tengo nada que hacer* means *I don't have anything to do.*

¡Explícalo tú!

1. When you use a negative word (**nadie, nunca,** etc.) in a sentence, does it come before or after the verb?
2. When you use the word **no** and then a negative word in the same sentence, does **no** come before or after the verb? Where does the negative word come in these sentences?
3. Does the meaning change depending on where you put the negative word (e.g., **Nadie llama** *versus* **No llama nadie**)?

✔ Check your answers to the preceding questions in Appendix 1.

(continued)

Algún and *ningún*

1. Forms of **algún** and **ningún** need to agree in gender and number with the nouns they modify.
2. **Alguno** and **ninguno** are shortened to **algún** and **ningún** when they are followed by *masculine, singular nouns.*
3. When no noun follows, use **alguno** or **ninguno** when referring to masculine, singular nouns.
4. The plural form **ningunos** is rarely used.

Study the following sentences.

MARÍA: ¿Tienes **alguna** clase fácil este semestre?
JUAN: No, no tengo **ninguna.** ¡Y **ningún** profesor es simpático!
MARÍA: Vaya, ¿y puedes hacer **algún** cambio?
JUAN: No, no puedo hacer **ninguno.** (No, no puedo tomar **ningún** otro curso.)

Workbooklet

4-24 ¿Con qué frecuencia?

Indica con qué frecuencia tus compañeros/as de clase hacen las siguientes actividades. Escribe el nombre de cada compañero/a debajo de la columna apropiada y comparte los resultados con la clase. ■

MODELO ir de excursión con niños
A veces Josefina va de excursión con niños.

	SIEMPRE	A VECES	NUNCA
1. ir de excursión con niños		Josefina	
2. participar en una campaña política			
3. hacer una hoguera			
4. circular una petición			
5. firmar una petición			
6. repartir comidas a los mayores			
7. visitar una residencia de ancianos			
8. trabajar en un campamento para niños			
9. trabajar como voluntario en un hospital o una clínica			
10. dormir en una tienda de campaña			

Capítulo 2. La sala de clase, pág. 65 del eText; En la universidad, pág. 74 del eText.

4-25 El/La profesor/a ideal

Túrnense para decir si las siguientes características son ciertas (*true*) o no en un/a profesor/a ideal. ■

MODELO
E1: a veces duerme en su trabajo
E2: *No. Un profesor ideal nunca duerme en su trabajo.*
E1: jamás va a clase sin sus apuntes
E2: *Sí, un profesor ideal jamás va a clase sin sus apuntes.*

Un/a profesor/a ideal…

1. siempre está contento/a en su trabajo.
2. a veces llega a clase cinco minutos tarde.
3. prepara algo interesante para cada clase.
4. piensa que sabe más que nadie.
5. falta (*misses*) a algunas clases.
6. nunca pone a los estudiantes en grupos.
7. jamás asigna tarea para la clase.
8. siempre prefiere leer sus apuntes.
9. no pierde nada (la tarea, los exámenes, etc.).
10. no habla con nadie después de la clase.

4-26 ¿Sí o no?

Túrnense para contestar las siguientes preguntas. ■

MODELO
E1: *¿Siempre almuerzas a las cuatro de la tarde?*
E2: *No, nunca almuerzo a las cuatro de la tarde. / No, no almuerzo nunca/jamás a las cuatro de la tarde.*

1. ¿Pierdes algo cuando vas de vacaciones?
2. ¿Siempre encuentras las cosas que pierdes?
3. ¿Siempre montas una tienda de campaña cuando vas de camping?
4. ¿A veces vas de excursión con tus amigos?
5. ¿Siempre almuerzas en restaurantes elegantes?
6. ¿Conoces a alguien de El Salvador?
7. ¿Siempre piensas en el amor (*love*)?
8. ¿Hay algo más importante que el dinero?

4-27 No tienes razón

Tu amigo/a es muy idealista. Túrnense para decirle (*tell him/her*) que debe ser más realista, usando expresiones negativas. ■

MODELO

1. Tengo que buscar una profesión sin estrés.
2. Quiero el carro perfecto, un Lexus.
3. Voy a tener hijos perfectos.
4. Pienso que no voy a estudiar la semana que viene.
5. Voy a encontrar unos muebles muy baratos (*cheap*) y elegantes.

9 GRAMÁTICA

04-41 to 04-45

Un repaso de *ser y estar*

Describing states of being, characteristics, and location

Son las ocho.
¿Dónde está Beto?

You have learned two Spanish verbs that mean ***to be*** in English. These verbs, **ser** and **estar**, are contrasted here.

SER

Ser is used:

- **To describe physical or personality characteristics that remain relatively constant**

Gregorio **es** inteligente.	*Gregorio is intelligent.*
Yanina **es** guapa.	*Yanina is pretty.*
Su tienda de campaña **es** amarilla.	*Their tent is yellow.*
Las casas **son** grandes.	*The houses are large.*

- **To explain what or who someone or something is**

El Dr. Suárez **es** profesor de literatura.	*Dr. Suárez is a literature professor.*
Marisol **es** mi hermana.	*Marisol is my sister.*

- **To tell time, or to tell when or where an event takes place**

¿Qué hora **es**?	*What time is it?*
Son las ocho.	*It's eight o'clock.*
Mi clase de español **es** a las ocho y **es** en Peabody Hall.	*My Spanish class is at eight o'clock and is in Peabody Hall.*

- **To tell where someone is from and to express nationality**

Somos de Honduras.	*We are from Honduras.*
Somos hondureños.	*We are Honduran.*
Ellos **son** de Guatemala.	*They are from Guatemala.*
Son guatemaltecos.	*They are Guatemalan.*

ESTAR

Estar is used:

- **To describe physical or personality characteristics that can change, or to indicate a change in condition**

María **está** enferma hoy.	*María is sick today.*
Jorge y Julia **están** tristes.	*Jorge and Julia are sad.*
La cocina **está** sucia.	*The kitchen is dirty.*

- **To describe the locations of people, places, and things**

El museo **está** en la calle Quiroga.	*The museum is on Quiroga Street.*
Estamos en el centro comercial.	*We're at the mall.*
¿Dónde **estás** tú?	*Where are you?*

¡Explícalo tú!

Compare the following sentences and answer the questions that follow.

Su hermano **es** simpático.
Su hermano **está** enfermo.

1. Why do you use a form of **ser** in the first sentence?
2. Why do you use a form of **estar** in the second sentence?

✓ Check your answers to the preceding questions in Appendix 1.

Estrategia

Review the forms of *ser* (p. 13 del eText) and *estar* (p. 76 del eText).

You will learn several more uses for **ser** and **estar** by the end of ***¡Anda! Curso elemental.***

4-28 ¿Y Margarita?

Estér y Margarita son estudiantes de la Universidad Francisco Marroquín en la ciudad de Guatemala. Ellas tienen clase ahora pero Margarita no llega. Completen juntos el siguiente párrafo con las formas correctas de **ser** o **estar** para conocerla mejor. ■

Paso 1

(1) __________ las siete y media de la mañana. Nuestra clase de física (2) __________ a las ocho y siempra vamos juntas. Bueno, ¿dónde (3) __________ Margarita? Es raro porque ella (4) __________ muy puntual y no le gusta llegar tarde. Yo (5) __________ su mejor amiga y sé que (6) __________ preocupada por sus abuelos. Ellos (7) __________ mayores y a veces (8) __________ enfermos. Margarita (9) __________ muy responsable y ayuda mucho a sus abuelos. Toda su familia (10) __________ de la ciudad de Antigua y siempre piensa en ellos. Aqui viene Margarita, ¡menos mal!

Paso 2 Expliquen por qué usaron (*you used*) **ser** o **estar** en **Paso 1.**

MODELO 1. (*Son*) telling time

4-29 Nuestro conocimiento

¿Qué sabes de Guatemala, Honduras y El Salvador? Túrnense para hacerse y contestar las siguientes preguntas. ■

1. ¿Dónde están estos países: en Norteamérica, Centroamérica o Sudamérica?
2. ¿Cuál está más cerca de México? ¿Cuál está más cerca de Panamá?
3. ¿Son países grandes o pequeños?
4. ¿Cuáles son sus capitales?

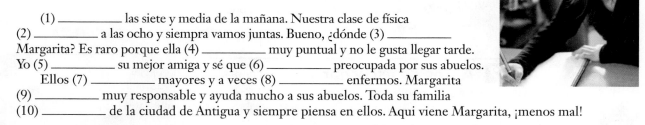

4-30 ¡A jugar!

Vamos a practicar **ser** y **estar.** ■

Paso 1 Draw two columns on a piece of paper labeling one **ser** and the other **estar.** Write as many sentences as you can in the three minutes you are given.

Paso 2 Form groups of four to check your sentences and uses of the verbs.

4-31 Somos iguales

Paso 1 Draw **three** circles, as per the model below, and ask each other questions to find out what things you have in common and what sets you apart. In the center circle write sentences using **ser** and **estar** about things you have in common, and in the side circles write sentences about things that set you apart.

MODELO
E1: *¿Cuál es tu color favorito?*
E2: *Mi color favorito es el negro.*
E1: *Mi color favorito es el negro también.*
E2: *Hoy estoy nerviosa. ¿Cómo estás tú?*
E1: *Yo estoy cansado.*

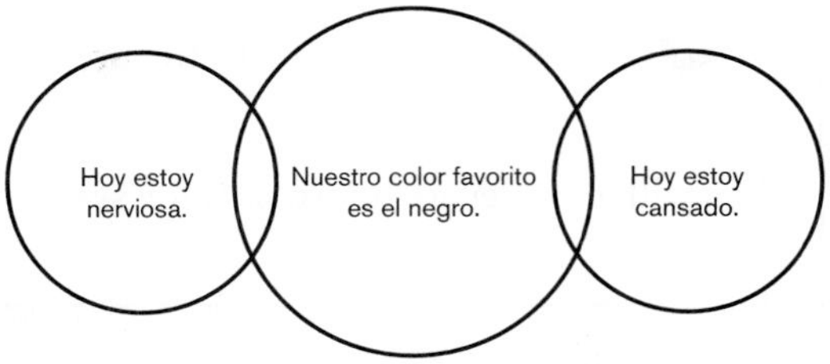
Hoy estoy nerviosa.
Nuestro color favorito es el negro.
Hoy estoy cansado.

Paso 2 Share your diagrams with the class. What are some of the things that all of your classmates have in common?

ESCUCHA

El voluntariado

04-46

Estrategia

Paraphrasing what you hear

When you know the context and listen carefully, you can repeat or paraphrase what you hear. Start by saying one or two words about what you hear and work up to complete sentences.

4-32 Antes de escuchar

Do you volunteer? What service opportunities exist in your city/town? You are going to hear a conversation between Marisol and Lupe, in which Marisol shares her experiences with volunteering. Think of three Spanish words dealing with volunteering that you might hear. ■

Marisol y Lupe conversan sobre el trabajo voluntario.

4-33 A escuchar

After listening to the conversation for the first time, note three main points, words, or topics. After listening a second time, paraphrase their conversation with at least **three** complete sentences. You may use the following questions to guide your listening. ■

1. ¿Quién hace trabajo voluntario?
2. ¿Qué trabajo hace ella en la escuela? ¿Qué más quiere hacer?
3. ¿Adónde va a ir mañana? ¿Con quién?

4-34 Después de escuchar

Form **three** sentences about your volunteering experiences, and tell them to your classmate. Your classmate will paraphrase what you have said. ■

¡CONVERSEMOS!

04-47

4-35 **Mi comunidad** You and a partner are on the planning commission(s) of your town(s). Take turns sharing your ideas with the other commissioners, stating at least **five** positive aspects of your town and **five** areas that could be improved. You should also respond to your partner's ideas, agreeing or disagreeing. Use vocabulary words from *Los lugares,* on page 82, and verbs from page 88, *¿Qué tienen que hacer? ¿Qué pasa?* ■

4-36 **Servicio a nuestra comunidad** Your college has a community service component, and you are a coordinator for these services. With a partner, take turns describing the opportunities available to fellow students in your town(s) or school community. Create at least **ten** sentences using the vocabulary from *Servicios a la comunidad* on page 97. ■

ESCRIBE

04-48

Una tarjeta postal (*A postcard*)

Estrategia

Proofreading

It is important to always carefully read over what you have written to check for meaning and accuracy. You want to minimally:

- verify spelling.
- check all verb forms.
- confirm that subjects and verbs, as well as nouns and adjectives, agree in number and gender.
- review for appropriate meaning.

4-37 Antes de escribir Escribe una lista de los lugares importantes o interesantes de tu pueblo o ciudad. Luego escribe por qué son importantes o interesantes. Usa el vocabulario de este capítulo y de **También se dice...** en el Apéndice (*Appendix*) 3. ■

4-38 A escribir Organiza tus ideas usando las siguientes preguntas como guía. Escribe por lo menos **cinco** oraciones completas. Puedes consultar el modelo. ■

1. ¿Qué lugares hay en tu pueblo o ciudad?
2. ¿Por qué son importantes o interesantes?
3. Normalmente, ¿qué haces allí?
4. ¿Adónde vas los fines de semana?
5. ¿Qué te gusta de tu pueblo?

Querido/a__________:

Tienes que conocer mi pueblo, Roxborough. Hay __________. Me gusta(n) __________. Es interesante porque ________. Los fines de semana ______________.

Con cariño,
__(Tu nombre)__

4-39 Después de escribir Tu profesor/a va a recoger las tarjetas y "mandárselas" (*mail them*) a otros miembros de la clase para leerlas. Luego, la clase tiene que escoger los lugares que desean visitar. ■

¿Cómo andas? II

Having completed **Comunicación II,** I now can . . .	Feel confident	Need to review
• share where I and others are going (p. 94)	☐	☐
• convey what will happen in the future (p. 95)	☐	☐
• impart information about service opportunities (p. 97)	☐	☐
• discuss the concept of social consciousness (p. 98)	☐	☐
• articulate concepts and ideas both affirmatively and negatively (p. 99)	☐	☐
• describe states of being, characteristics, and location (p. 102)	☐	☐
• paraphrase what I hear (p. 104)	☐	☐
• communicate about ways to serve the community (p. 105)	☐	☐
• write a postcard and proofread it for accuracy (p. 106)	☐	☐

Honduras

04-49, 04-52

Les presento mi país

César Alfonso Ávalos

Mi nombre es César Alfonso Ávalos y soy de La Ceiba, Honduras, una ciudad en el Mar Caribe que está cerca de unas islas hondureñas bellas (*beautiful*) y muy interesantes. Mi lugar favorito para visitar es Utila, bien conocido en el mundo por el buceo (*scuba diving*). **¿Te gusta bucear?** Mi país tiene un pasado cultural muy rico, ya que los mayas viven aquí desde la época precolombina. Las ruinas más importantes que tenemos están en Copán. **¿Hay ruinas importantes cerca de tu pueblo?**

La playa de Utila, Islas de la Bahía

Un charancaco (*basilisk*) de la isla Roatán

Las ruinas de Copán

ALMANAQUE

Nombre oficial:	República de Honduras
Gobierno:	República democrática constitucional
Población:	7.989.415 (2010)
Idiomas:	español (oficial); miskito, garífuna, otros dialectos amerindios
Moneda:	Lempira (L)

¿Sabías que...?

- El nombre original de esta región es *Higüeras*, que es el nombre de una planta nativa. Al llegar a la costa norteña, Cristóbal Colón renombra la región *Honduras* a causa de la profundidad del agua en la bahía.

Preguntas

1. ¿Qué significa *Honduras*? ¿De dónde viene el nombre?
2. ¿Quiénes son los habitantes originales de Copán?
3. ¿Qué semejanzas hay entre Honduras y México?

Amplía tus conocimientos sobre Honduras en MySpanishLab.

Guatemala

04-50, 04-53

Les presento mi país

Luis Pedro Aguirre Maldonado

Mi nombre es Luis Pedro Aguirre Maldonado y soy de Antigua, Guatemala. Muchas personas vienen a mi ciudad para estudiar en nuestras excelentes escuelas de lengua española. **¿Visitan muchas personas tu ciudad o pueblo?** Mi país es montañoso (*mountainous*) con muchos volcanes, como el gran Tajumulco, y algunos de ellos son muy activos. También hay ruinas mayas muy antiguas, como las de Tikal y algunas de nuestras pirámides son las más altas de las Américas. **¿En qué otros lugares encuentras pirámides?**

Un templo muy alto de Tikal es El Gran Jaguar.

Tajumulco es el volcán más alto de Centroamérica y la montaña más alta de Guatemala.

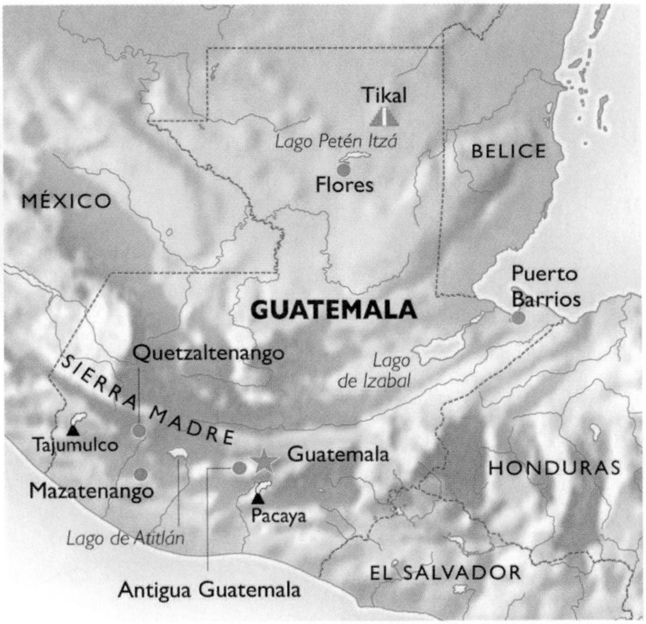

Antigua, la primera capital de Guatemala

ALMANAQUE

Nombre oficial:	República de Guatemala
Gobierno:	República democrática constitucional
Población:	13.550.440 (2010)
Idiomas:	español (oficial); idiomas amerindios (23 reconocidos oficialmente)
Moneda:	Quetzal (Q)

¿Sabías que...?

- Los mayas tienen un calendario civil, *El Haab*. Consiste en 18 "meses" de 20 días cada uno. Los últimos cinco días del año, conocidos como *el Wayeb*, se consideran de muy mala suerte.

Preguntas

1. Nombra dos cosas que sabes de la geografía guatemalteca.
2. ¿Cuántos idiomas se hablan en Guatemala?
3. ¿Qué otros países tienen herencia maya?

Amplía tus conocimientos sobre Guatemala en MySpanishLab.

El Salvador

04-51, 04-54

Claudia Figueroa Barrios

Les presento mi país

Mi nombre es Claudia Figueroa Barrios. Soy de La Libertad, al sur de nuestra capital San Salvador. Mi ciudad está en la costa del Pacífico cerca de la playa El Sunzal, donde mucha gente practica los deportes acuáticos. **¿Te gustan los deportes acuáticos?** El Salvador es el único país de Centroamérica que no tiene costa caribeña. En mi casa viven tres generaciones de mi familia y nos gusta mucho la comida salvadoreña, como las pupusas. **¿Cuál es tu comida favorita?**

Las pupusas son la comida nacional de El Salvador.

La playa El Sunzal es un lugar excelente para el surfing, el snorkeling y el buceo.

En la antigüedad, los mayas usaron (*used*) granos de cacao como dinero.

ALMANAQUE

Nombre oficial:	República de El Salvador
Gobierno:	República democrática constitucional
Población:	6.052.064 (2010)
Idioma:	español (oficial)
Moneda:	Dólar estadounidense

¿Sabías que...?

- Algunos salvadoreños, sobre todo los que viven en las partes rurales del país, van a los curanderos (*folk healers*) para buscar ayuda médica.

Preguntas

1. ¿Qué importancia tiene el cacao en la historia maya?
2. ¿Qué deportes practican en El Salvador?
3. ¿Qué cosas de El Salvador son únicas o diferentes a las de otros países hispanos?

Amplía tus conocimientos sobre El Salvador en MySpanishLab.

Ambiciones siniestras

¡Hola! eText 164 · 04-59

Lectura y video

Y por fin, ¿cómo andas?

Having completed this chapter, I now can . . .	Feel confident	Need to review
Comunicación I		
• identify places in and around town (p. 82)	☐	☐
• pronounce the letters *c* and *z* (MSL/SAM)	☐	☐
• state whom and what is known (p. 85)	☐	☐
• relate common obligations and activities (p. 88)	☐	☐
• express actions (p. 90)	☐	☐
Comunicación II		
• share where I and others are going (p. 94)	☐	☐
• convey what will happen in the future (p. 95)	☐	☐
• impart information about service opportunities (p. 97)	☐	☐
• articulate concepts and ideas both affirmatively and negatively (p. 99)	☐	☐
• describe states of being, characteristics, and location (p. 102)	☐	☐
• paraphrase what I hear (p. 104)	☐	☐
• communicate about ways to serve the community (p. 105)	☐	☐
• write a postcard and proofread it for accuracy (p. 106)	☐	☐
Cultura		
• describe shopping and other daily activities (p. 84)	☐	☐
• discuss the concept of social consciousness (p. 98)	☐	☐
• list interesting facts about Honduras, Guatemala, and El Salvador (pp. 108–110)	☐	☐
Ambiciones siniestras		
• practice the reading strategies of skimming and scanning, and learn more about Lupe and Marisol (p. 111)	☐	☐
• discover that Cisco may not be who Eduardo and the others think he is (p. 111)	☐	☐
Comunidades		
• use Spanish in real-life contexts (SAM)	☐	☐

VOCABULARIO ACTIVO

Los lugares	*Places*
el almacén	*department store*
el banco	*bank*
el bar; el club	*bar; club*
el café	*café*
el cajero automático	*ATM machine*
el centro	*downtown*
el centro comercial	*mall; business/shopping district*
el cibercafé	*Internet café*
el cine	*movie theater*
la iglesia	*church*
el mercado	*market*
el museo	*museum*
la oficina de correos; correos	*post office*
el parque	*park*
la plaza	*town square*
el restaurante	*restaurant*
el supermercado	*supermarket*
el teatro	*theater*
el templo	*temple*

Algunos verbos	*Some verbs*
buscar	*to look for*
estar de acuerdo	*to agree*
mandar una carta	*to send/mail a letter*

Otras palabras útiles	*Other useful words*
la ciudad	*city*
la cuenta	*bill; account*
detrás (de)	*behind*
enfrente (de)	*in front (of)*
el/la mejor	*the best*
la película	*movie; film*
el/la peor	*the worst*
el pueblo	*town; village*

Servicios a la comunidad	*Community service*
apoyar a un/a candidato/a	*to support a candidate*
ayudar a las personas mayores/los mayores	*to help elderly people*
circular una petición	*to circulate a petition*
dar un paseo	*to go for a walk*
deber	*ought to; should*
hacer artesanía	*to make arts and crafts*
hacer una hoguera	*to light a campfire*
ir de camping	*to go camping*
ir de excursión	*to take a short trip*
llevar a alguien al médico	*to take someone to the doctor*
montar una tienda de campaña	*to put up a tent*
organizar	*to organize*
participar en una campaña política	*to participate in a political campaign*
repartir comidas	*to hand out/deliver food*
trabajar como consejero/a	*to work as a counselor*
trabajar en el campamento de niños	*to work in a summer camp*
trabajar como voluntario/a en la residencia de ancianos	*to volunteer at a nursing home*
trabajar en política	*to work in politics*
viajar en canoa	*to canoe*

Otras palabras útiles	Other useful words
el deber	*obligation; duty*
el voluntariado	*volunteerism*

¿Qué tienen que hacer?	What do they have to do?
(Verbos con cambio de raíz)	*(Stem-changing verbs)*
almorzar (ue)	*to have lunch*
cerrar (ie)	*to close*
comenzar (ie)	*to begin*
costar (ue)	*to cost*
demostrar (ue)	*to demonstrate*
devolver (ue)	*to return (an object)*
dormir (ue)	*to sleep*
empezar (ie)	*to begin*
encerrar (ie)	*to enclose*
encontrar (ue)	*to find*
entender (ie)	*to understand*
jugar (ue)	*to play*
mentir (ie)	*to lie*
morir (ue)	*to die*
mostrar (ue)	*to show*
pedir (i)	*to ask for*
pensar (ie)	*to think*
perder (ie)	*to lose; to waste*
perseguir (i)	*to chase*
preferir (ie)	*to prefer*
recomendar (ie)	*to recommend*
recordar (ue)	*to remember*
repetir (i)	*to repeat*
seguir (i)	*to follow; to continue (doing something)*
servir (i)	*to serve*
volver (ue)	*to return*

Otros verbos	Other verbs
ir	*to go*
saber	*to know*

Expresiones afirmativas y negativas	Affirmative and negative expressions
a veces	*sometimes*
algo	*something; anything*
alguien	*someone*
algún	*some; any*
alguno/a/os/as	*some; any*
jamás	*never; not ever* (emphatic)
nada	*nothing*
nadie	*no one; nobody*
ni... ni	*neither . . . nor*
ningún	*none*
ninguno/a/os/as	*none*
nunca	*never*
o... o	*either . . . or*
siempre	*always*

5

¡A divertirse! La música y el cine

En el mundo hispanohablante la gente trabaja pero también sabe divertirse (*enjoy themselves*). La música, el baile y el cine son formas de expresión y de distracción comunes. Estos pasatiempos, además de otros como los deportes o leer un buen libro, nos hacen la vida muy agradable. Sobre todo (*Above all*), es importante buscar maneras de relajarse y aliviar el estrés.

PREGUNTAS

1. ¿Qué haces cuando no estudias?
2. ¿Qué hacen tus amigos y tú para relajarse y aliviar el estrés?
3. Hay una expresión en español que dice: "Algunas personas viven para trabajar y otras trabajan para vivir". ¿Cuál es tu filosofía de la vida?

OBJETIVOS	CONTENIDOS	
COMUNICACIÓN I		
To discuss music	**1** The world of music	116
To practice pronouncing diphthongs and linking words	**Pronunciación:** Diphthongs and linking	MSL/SAM
To identify people and things (Part I)	**2** Demonstrative adjectives (*this, that, these, those*)	119
To identify people and things (Part II)	**3** Demonstrative pronouns (*this one, that one, these, those*)	121
To explain how something is done	**4** Adverbs	122
To describe what is happening at the moment	**5** Present progressive	124
To engage in additional communication practice	**Heritage Language**	SAM
COMUNICACIÓN II		
To share information about movies and television programs	**6** The world of cinema and television	127
To rank people and things	**7** Ordinal numbers	129
To state what needs to be accomplished	**8** **Hay que**	131
To express ***what*** or ***whom***	**9** Direct object pronouns and the personal *a*	132
To anticipate content when listening	**ESCUCHA:** Concert plans **Estrategia:** Anticipating content	135
To communicate about music and film	**¡Conversemos!**	136
To write a movie review and practice peer editing	**ESCRIBE:** A review **Estrategia:** Peer review/editing	137
To engage in additional communication practice	**Heritage Language**	SAM
CULTURA		
To discuss Hispanic music in the United States	**NOTA CULTURAL** La música latina en los Estados Unidos	122
To describe Hispanic influences in North American film	**NOTA CULTURAL** La influencia hispana en el cine norteamericano	129
To list interesting facts about Nicaragua, Costa Rica, and Panama	**CULTURA** Nicaragua, Costa Rica y Panamá	138–140
To explore further the chapter's cultural themes	**MÁS CULTURA**	SAM
AMBICIONES SINIESTRAS		
To anticipate content when reading and discover what Cisco does in his search for Eduardo	**EPISODIO 5** **Lectura:** *La búsqueda de Eduardo* **Estrategia:** Anticipating content	141
To find out who the second student is to disappear	**Video:** *Se conocen*	141
COMUNIDADES		
To use Spanish in real-life contexts	**Experiential Learning:** El cine y la música **Service Learning:** Un festival de cine	SAM SAM

Comunicación I

1 VOCABULARIO

05-01 to 05-07

El mundo de la música Discussing music

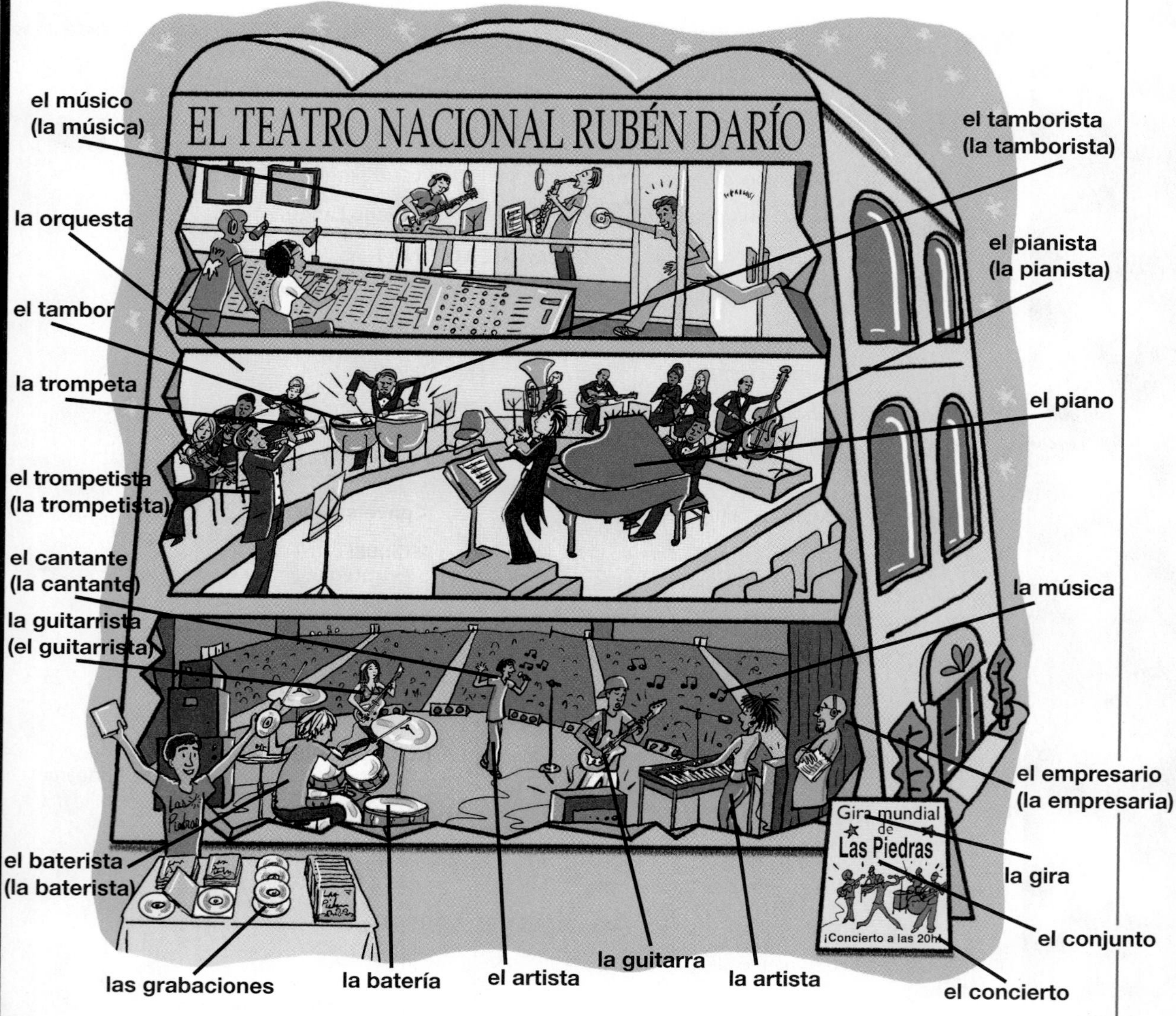

Algunos géneros musicales	*Some musical genres*
el jazz	*jazz*
la música clásica	*classical music*
la música folklórica	*folk music*
la música popular	*pop music*
la música rap	*rap music*
la ópera	*opera*
el rock	*rock*
la salsa	*salsa*

Algunos adjetivos	*Some adjectives*
apasionado/a	*passionate*
cuidadoso/a	*careful*
fino/a	*fine; delicate*
lento/a	*slow*
suave	*smooth*

Algunos verbos	*Some verbs*
dar un concierto	*to give/perform a concert*
ensayar	*to practice/rehearse*
grabar	*to record*
hacer una gira	*to tour*
sacar un CD	*to release a CD*
tocar	*to play (a musical instrument)*

Otras palabras útiles	*Some useful words*
el/la aficionado/a	*fan*
la fama	*fame*
el género	*genre*
la habilidad	*ability; skill*
la letra	*lyrics*
el ritmo	*rhythm*
la voz	*voice*

PRONUNCIACIÓN

¡Hola! 05-08 to 05-12

Diphthongs and linking

Go to MySpanishLab/Student Activities Manual to learn about diphthongs and linking.

5-1 Dibujemos Escuchen mientras su profesor/a les da (*gives you*) las instrucciones de esta actividad. ■

5-2 Listas Túrnate con un/a compañero/a para decir y escribir todas las palabras del vocabulario nuevo que recuerden (*you both remember*) de las tres categorías en el modelo. ¿Cuántas palabras pueden recordar? ■

MODELO

Tipos de música	Instrumentos	Otras palabras
el jazz	*la trompeta*	*el conjunto*

5-3 Para conocerte mejor

Hazle las siguientes preguntas a un/a compañero/a. Toma apuntes y luego comparte las respuestas con otros dos compañeros. ■

Estrategia

When reporting your information, make complete sentences, and remember to use the *él* or *ella* form of the verb. Also, simply refer to your notes; do not read from them. This technique will help you to speak more fluidly and will help you speak in paragraphs, an important skill to perfect when learning a language.

1. ¿Con qué frecuencia vas a conciertos?
2. ¿Qué género de música prefieres?
3. ¿Cuál es tu grupo favorito?
4. ¿Cuál es tu cantante favorito/a? ¿Cómo es su voz?
5. ¿Qué instrumento te gusta?
6. ¿Cuál es tu canción favorita?
7. ¿Sabes tocar un instrumento? ¿Cuál?
8. ¿Sabes cantar bien? ¿Te gusta cantar? ¿Cuándo y dónde cantas?
9. ¿En qué tienes mucha habilidad o talento?
10. ¿Conoces algún conjunto o cantante hispano? ¿Cuál?

Capítulo 2. La formación de preguntas y las palabras interrogativas, pág. 70 del eText.

5-4 Los famosos

Completa los siguientes pasos. ■

Fíjate

Remember that if you are interviewing people whom you don't know, use the *usted/ustedes* form.

Paso 1 Como reportero/a de la revista *Rolling Stone* tienes la oportunidad de entrevistar a los hermanos Mejía, dos músicos populares de Nicaragua. Escribe por lo menos **cinco** preguntas que vas a hacerles.

Paso 2 Haz una investigación en el Internet para ver si puedes descubrir las respuestas a tus preguntas y para escuchar la música de Luis y Ramón Mejía. Después, comparte tus resultados y tu opinión con la clase; diles (*tell them*) qué canción te gusta más y por qué.

2 GRAMÁTICA

05-13 to 05-15

¡Hola! Spanish/English Tutorials

Los adjetivos demostrativos

Identifying people and things (Part I)

Esta mujer toca muy bien. Ese hombre toca bien y aquel hombre toca muy mal.

When you want to point out a specific person, place, thing, or idea, you use a ***demonstrative adjective***. In Spanish, they are:

DEMONSTRATIVE ADJECTIVES	MEANING	FROM THE PERSPECTIVE OF THE SPEAKER, IT REFERS TO . . .
este, esta, estos, estas	*this, these*	something nearby
ese, esa, esos, esas	*that, those over there*	something farther away
aquel, aquella, aquellos, aquellas	*that, those (way) over there*	something even farther away in distance and/or time . . . perhaps not even visible

Since forms of **este, ese,** and **aquel** are adjectives, they must agree in gender and number with the nouns they modify. Note the following examples.

Este conjunto es fantástico. — *This group is fantastic.*
Esta cantante es fenomenal. — *This singer is phenomenal.*
Estos conjuntos son fantásticos. — *These groups are fantastic.*
Estas cantantes son fenomenales. — *These singers are phenomenal.*

Ese conjunto es fantástico. — *That group is fantastic.*
Esa cantante es fenomenal. — *That singer is phenomenal.*
Esos conjuntos son fantásticos. — *Those groups are fantastic.*
Esas cantantes son fenomenales. — *Those singers are phenomenal.*

Aquel conjunto es fantástico. — *That group (over there) is fantastic.*
Aquella cantante es fenomenal. — *That singer (over there) is phenomenal.*
Aquellos conjuntos son fantásticos. — *Those groups (over there) are fantastic.*
Aquellas cantantes son fenomenales. — *Those singers (over there) are phenomenal.*

¡Explícalo tú!

In summary:

1. When do you use **este, ese,** and **aquel**?
2. When do you use **esta, esa,** and **aquella**?
3. When do you use **estos, esos,** and **aquellos**?
4. When do you use **estas, esas,** and **aquellas**?

✓ Check your answers to the preceding questions in Appendix 1.

5-5 Amiga, tienes razón

Tu amigo/a te da su opinión y tú respondes con una opinión similar. Cambia la forma de **este/a** a (*to*) **ese/a** y añade (*add*) la palabra **también.** ■

MODELO TU AMIGO/A: Esta música es muy suave.
TÚ: *Sí, y esa música es suave también.*

1. Este grupo es fenomenal.
2. Estos cantantes son muy jóvenes.
3. Esta gira empieza en enero.
4. Este CD sale ahora.
5. Estas canciones son muy apasionadas.
6. Estos pianistas tocan muy bien.

5-6 En el centro estudiantil

Completen el diálogo de Lola y Tina con las formas correctas de **este, ese** y **aquel.** ■

LOLA: Tina, mira (1) _______ (*this*) grupo de estudiantes que acaba de entrar.

TINA: Sí, creo que conozco a (2) _______ (*this*) hombre alto. Es guitarrista del trío de jazz *Ritmos*.

LOLA: Tienes razón. Y (3) _______ (*this*) mujer rubia es pianista en la orquesta de la universidad.

TINA: ¿Quiénes son (4) _______ (*those*) dos mujeres morenas?

LOLA: Están en nuestra clase de química. ¿No las conoces? Y (5) _______ (*those over there*) dos hombres de las camisas rojas ¡son muy guapos!

Capítulo 2. El verbo *gustar*, pág. 80 del eText; Capítulo 4. Los verbos con cambios de raíz, pág. 142 del eText; Capítulo 3. La casa, pág. 98 del eText; Los colores, pág. 111 del eText.

5-7 ¿Qué opinas?

Miren el dibujo y expresen sus opiniones sobre las casas. Usen las formas apropiadas de **este, ese** y **aquel.** ■

MODELO *Me gusta esta casa blanca, pero prefiero esa casa beige. Pienso que aquella casa roja es fea. También creo que este jardín de la casa blanca es bonito.*

3 GRAMÁTICA

05-16 to 05-17 ¡Hola! Spanish/English Tutorials

Los pronombres demostrativos
Identifying people and things (Part II)

Demonstrative pronouns take the place of nouns. They are identical in form and meaning to demonstrative adjectives.

Masculino	**Femenino**	***Meaning***
este	**esta**	*this one*
estos	**estas**	*these*
ese	**esa**	*that one*
esos	**esas**	*those*
aquel	**aquella**	*that one (way over there/not visible)*
aquellos	**aquellas**	*those (way over there/not visible)*

A demonstrative pronoun must agree in gender and number with the noun it replaces. Observe how demonstrative adjectives and demonstrative pronouns are used in the following sentences.

Yo quiero comprar **este CD,** pero mi hermana quiere comprar **ese.** — *I want to buy this CD, but my sister wants to buy that one.*

—¿Te gusta **esa guitarra**? — *Do you like that guitar?*
—No, a mí me gusta **esta.** — *No, I like this one.*

Estos instrumentos son interesantes, pero prefiero tocar **esos.** — *These instruments are interesting, but I prefer to play those.*

En **esta** calle hay varios cines. ¿Quieres ir a **aquel**? — *There are several movie theaters on this street. Do you want to go to that one over there?*

5-8 Comparando cosas

Tu compañero/a te propone (*proposes*) una cosa pero tú siempre prefieres otra (*another one*). Responde a sus comentarios usando las formas correctas de **este, ese** y **aquel.** ■

MODELO E1: ¿Quieres ir a este concierto?
E2: *No, quiero ir a ese/aquel.*

1. ¿Quieres escuchar a estos músicos?
2. ¿Vamos a ir a ese teatro?
3. ¿Entiendes la letra de esta canción?
4. ¿Tus amigos tocan en aquel conjunto?
5. ¿Vas a comprar aquellas camisetas (*T-shirts*)?
6. ¿Piensas arreglar este cuarto para la fiesta?

5-9 ¡Vamos a un concierto!

¡Qué suerte! Tienes dos entradas gratis (*free tickets*) para ir a un concierto. ■

Paso 1 Haz una investigación en el Internet para escuchar la música de El Gran Combo, Marc Anthony, Juan Luis Guerra y Los Tigres del Norte.

Paso 2 Tu compañero/a y tú tienen que decidir a qué concierto quieren ir. Túrnense para describir a quién prefieren escuchar y por qué. Usen **este, ese** y **aquel** en sus descripciones.

MODELO *Prefiero ir al concierto de Marc Anthony. ¡Él canta muy bien! Pero es difícil decidir porque los músicos de Los Tigres del Norte son muy buenos también. Estos saben tocar y cantar muy bien. Y aquellos…*

NOTA CULTURAL

¡Hola! eText p. 178 05-18 to 05-19

La música latina en los Estados Unidos

4 GRAMÁTICA

05-20 to 05-23 ¡Hola! Spanish/English Tutorials

Los adverbios

Explaining how something is done

Este baterista toca horriblemente.

An **adverb** usually describes a verb and **answers the question "how."** Many Spanish adverbs end in **-mente,** which is equivalent to the English *-ly.* These Spanish adverbs are formed as follows:

1. Add **-mente** to the ***feminine singular*** form of an ***adjective.***

ADJETIVOS Masculino		Femenino		ADVERBIOS
rápido	→	*rápida* + -mente	→	**rápidamente**
lento	→	*lenta* + -mente	→	**lentamente**
tranquilo	→	*tranquila* + -mente	→	**tranquilamente**

2. If an ***adjective*** ends in a ***consonant*** or in **-e,** simply add **-mente.**

ADJETIVOS				ADVERBIOS
fácil	→	*fácil* + -mente	→	**fácilmente**
suave	→	*suave* + -mente	→	**suavemente**

NOTE: If an adjective has a written accent, it is retained when **-mente** is added.

Capítulo 1. Los adjetivos descriptivos, pág. 43 del eText.

5-10 Lógicamente

Túrnense para transformar en adverbios los siguientes adjetivos. ■

MODELO E1: normal
E2: *normalmente*

Estrategia

Remember to first determine the *feminine singular* form of the adjective and then add *-mente.*

1. interesante
2. perezosos
3. feliz
4. nervioso
5. fuertes
6. claro
7. seguro
8. apasionadas
9. difícil
10. débil
11. rápida
12. pacientes

Capítulo 2. Presente indicativo de verbos regulares, pág. 67 del eText; Capítulo 4. Los verbos con cambio de raíz, pág. 142 del eText.

5-11 Para conocerte

Túrnense para hacerse y contestar las siguientes preguntas. Pueden usar los adjetivos de la lista. ■

alegre	constante	paciente	difícil	divino
fácil	horrible	perfecto	rápido	tranquilo

MODELO E1: ¿Cómo bailas? (divino)
E2: *Bailo divinamente.*

1. ¿Cómo cantas?
2. ¿Cómo duermes?
3. ¿Cómo hablas español?
4. ¿Cómo juegas al béisbol?
5. ¿Cómo tocas el piano?
6. ¿Cómo cocinas?
7. ¿Cómo lavas los platos?
8. ¿Cómo manejas (*drive*)?

5-12 Di la verdad

Hazle (*Ask*) a tu compañero/a las siguientes preguntas. Después, cambien de papel. ■

Estrategia

Answer in complete sentences when working with your partner. Even though it may seem mechanical at times, it leads to increased comfort speaking Spanish.

MODELO E1: ¿Qué haces diariamente (todos los días)?
E2: *Limpio mi dormitorio, voy a clase, estudio, como, hago ejercicio y duermo.*

1. ¿Qué haces perfectamente?
2. ¿Qué haces horriblemente?
3. ¿Qué haces fácilmente?
4. ¿Qué debes hacer rápidamente?
5. ¿Qué debes hacer lentamente?

5 GRAMÁTICA

05-24 to 05-27

¡Hola! Spanish/English Tutorials

El presente progresivo

Describing what is happening at the moment

So far you have been learning and using the present tense to communicate ideas. If you want to emphasize that an action is **occurring at the moment and is in progress,** you can use the ***present progressive*** tense.

The English present progressive is made up of a form of the verb ***to be* + *present participle* (-*ing*)**. Look at the following sentences and formulate a rule for creating the present progressive in Spanish. Use the following questions to guide you.

¿Qué estamos haciendo aquí afuera?
Estoy esperando al trompetista de la orquesta. Están grabando un CD.

—¿Qué *estás* **haciendo**?	*What are you doing?*
—*Estoy* **ensayando.**	*I'm rehearsing.*
—¿*Está* **escuchando** música tu hermano?	*Is your brother listening to music?*
—No, *está* **tocando** la guitarra.	*No, he is playing the guitar.*
—¿*Están* **viendo** ustedes la televisión?	*Are you watching television?*
—No, les *estamos* **escribiendo** una carta a nuestros padres.	*No, we are writing a letter to our parents.*

Fíjate

The present progressive is *not* used to express the future.

Present progressive: *Estoy ensayando.* I am rehearsing (right now).

Future: *Voy a ensayar mañana.* I am going to rehearse tomorrow.

¡Explícalo tú!

1. What is the infinitive of the first verb in each sentence that is in *italics*?
2. What are the infinitives of **haciendo, ensayando, escuchando, tocando, viendo,** and **escribiendo**?
3. How do you form the verb forms in **boldface**?
4. In this new tense, the *present progressive*, do any words come between the two parts of the verb?
5. Therefore, your formula for forming the *present progressive* is:
   a form of the verb _______ **+ a verb ending in** _______ **or** _______.

✔ Check your answers to the preceding questions in Appendix 1.

NOTE: The following are some verbs that have irregular forms in this tense.

Fíjate

When the stem of an -*er* or -*ir* verb ends in a vowel, e.g. *creer* and *leer*, the present participle ends in -*yendo* (the *i* changes to *y*).

decir → diciendo
mentir → mintiendo
pedir → pidiendo
preferir → prefiriendo
perseguir → persiguiendo
repetir → repitiendo
seguir → siguiendo
servir → sirviendo

dormir → durmiendo
morir → muriendo

creer → creyendo
leer → leyendo

Fíjate

For the -*ir* stem-changing verbs only, these vowel changes occur in the stem: *e* → *i* (*diciendo*) and *o* → *u* (*durmiendo*).

5-13 Progresando

Escuchen mientras su instructor/a les da (*gives you*) las instrucciones de esta actividad. ¡Diviértanse! (*Enjoy!*) ■

MODELO E1: *hablar, yo*
E2: *estoy hablando*
E2: *comer, nosotros*
E3: *estamos comiendo*

5-14 ¿Tienes telepatía?

Es sábado. Túrnense para decir qué está haciendo su profesor/a en varios momentos del día. ■

Capítulo 2. El verbo *gustar,* pág. 80 del eText.

MODELO E1: Le gusta tomar café por la mañana.
E2: *Está tomando café en su terraza.*

1. Le gusta hacer ejercicio para comenzar su día.
2. Le gusta la música latina y está en una tienda.
3. Está cansado/a y tiene mucho sueño.
4. Trabaja en la computadora y tiene muchos mensajes de sus estudiantes.
5. Le gusta comer algo ligero (*light*) antes de ir a la fiesta.
6. Está con sus amigos en la fiesta y les gusta mucho la música que están tocando.

5-15 ¿Qué está ocurriendo?

Túrnense para decir qué están haciendo estas personas. ■

MODELO E1: Felipe
E2: *Felipe está preparando su comida y está comiendo también.*

1. Manuel
2. Sofía
3. Raúl y Mari Carmen
4. José
5. Mercedes y Guillermo

5-16 No, ¡ahora mismo! Contesten las siguientes preguntas para indicar que las personas están haciendo las acciones en este momento. ■

MODELO E1: ¿Ellos van a ver la nueva película de Javier Bardem mañana?
E2: *No, están viendo la película ahora mismo.*

1. ¿Tú vas a comprar el nuevo CD de Calle 13 la semana que viene?
2. ¿Maxwell va a hacer una gira mundial el próximo verano?
3. ¿Nosotros vamos a escuchar música rap esta noche?
4. ¿El conjunto va a vender muchas grabaciones el año que viene?
5. Este festival de música es impresionante. ¿Van a tocar Bebo y Chucho Valdés esta tarde?

5-17 ¡Qué creativo! Juntos escriban la letra de una canción popular usando **el presente progresivo** un mínimo de **seis** veces (*times*). Deben usar verbos de la siguiente lista. ■

decir	dormir	repetir	creer	morir
mentir	leer	ir	seguir	servir

¿Cómo andas? I

Having completed **Comunicación I,** I now can . . .	Feel confident	Need to review
• discuss music (p. 116)	☐	☐
• practice pronouncing diphthongs and linking words (MSL/SAM)	☐	☐
• identify people and things (Part I) (p. 119)	☐	☐
• identify people and things (Part II) (p. 121)	☐	☐
• discuss Hispanic music in the United States (p. 122)	☐	☐
• explain how something is done (p. 122)	☐	☐
• describe what is happening at the moment (p. 124)	☐	☐

Comunicación II

6 VOCABULARIO

05-28 to 05-31

El mundo del cine

Sharing information about movies and television programs

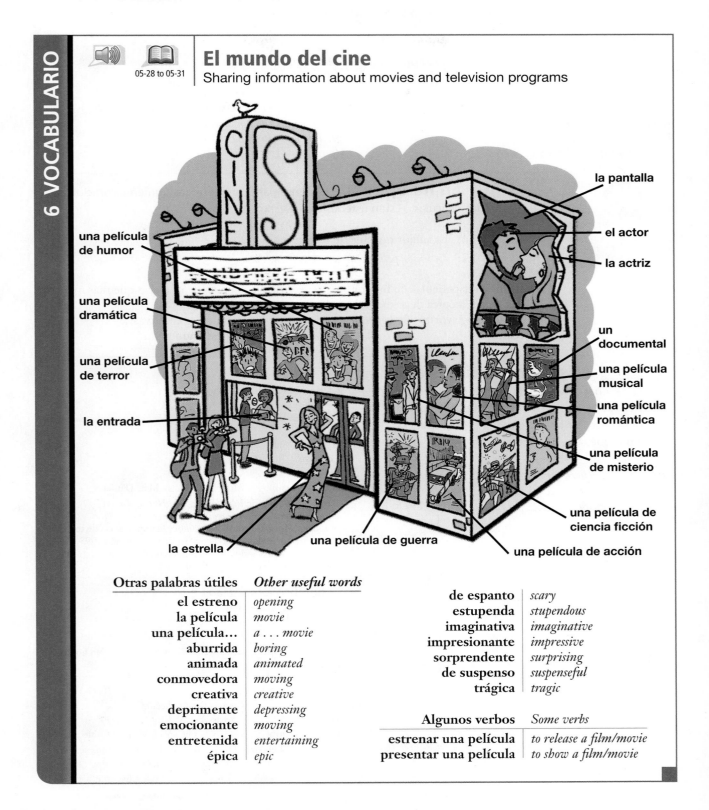

Otras palabras útiles	*Other useful words*
el estreno	*opening*
la película	*movie*
una película…	*a . . . movie*
aburrida	*boring*
animada	*animated*
conmovedora	*moving*
creativa	*creative*
deprimente	*depressing*
emocionante	*moving*
entretenida	*entertaining*
épica	*epic*
de espanto	*scary*
estupenda	*stupendous*
imaginativa	*imaginative*
impresionante	*impressive*
sorprendente	*surprising*
de suspenso	*suspenseful*
trágica	*tragic*

Algunos verbos	*Some verbs*
estrenar una película	*to release a film/movie*
presentar una película	*to show a film/movie*

5-18 ¿Cuál es el género? Clasifiquen las siguientes películas según su género y usen el mayor (*the largest*) número de palabras posibles para describirlas. ■

MODELO E1: Avatar

E2: Avatar *es una película dramática, de acción. Es emocionante, impresionante y entretenida…*

1. *The Social Network (La red social)*
2. *Inception (Origen)*
3. *Black Swan (El cisne negro)*
4. *Tangled (Enredados)*
5. *Ironman II (El hombre de hierro II)*
6. *The Hurt Locker (Zona de miedo)*
7. *The Blind Side (Un sueño posible)*
8. *Sanctum (El santuario)*
9. *Precious (Preciosa)*
10. ¿?

Capítulo Preliminar A. El verbo *ser*, pág. 13 del eText.

5-19 En mi opinión Túrnense para completar las siguientes oraciones sobre las películas. ¿Están ustedes de acuerdo? ■

MODELO E1: La mejor película de terror…

E2: *La mejor película de terror es* Saw VI.

1. Las mejores películas de humor…
2. Una película épica deprimente…
3. Mis actores favoritos de las películas de acción…
4. La película de misterio que más me gusta…
5. Unas películas creativas…
6. El mejor documental…

5-20 Mis preferencias Lee las reseñas (*reviews*) de las tres películas. Después, túrnate con un/a compañero/a para describir la película que prefieres ver y por qué. ■

MODELO *Prefiero ver* ____________. *Es una película* ________ *y* ________. *Me gusta* ________ *porque* ________…

En el cine

Invictus (2010, EE.UU.)

Género: Drama
Director: Clint Eastwood
Interpretación: Morgan Freeman, Matt Damon

Basada en el libro de John Carlin, *The Human Factor: Nelson Mandela and the Game That Changed the World.* Mandela (Morgan Freeman) reconoce la importancia de tener la Copa del Mundo de Rugby en Sudáfrica en el año 1995, después de ser excluidos durante muchos años de las competiciones debido al apartheid.

El hombre lobo (2010, EE.UU.)

Género: Terror
Director: Joe Johnston
Interpretación: Benicio del Toro, Anthony Hopkins

Nueva versión del clásico del cine de terror en el que un hombre recibe la maldición del hombre lobo.

Origen (2010, EE.UU.)

Género: Ciencia ficción, Acción
Director: Christopher Nolan
Interpretación: Leonardo DiCaprio, Michael Caine

Dom Cobb (Leonardo DiCaprio) es un ladrón que roba secretos del subconsciente durante el estado de sueño en un tipo de espionaje corporativo, pero esto lo hace un fugitivo internacional.

5-21 En nuestra opinión…

Paso 1 Habla de algunas películas que conoces con un/a compañero/a, usando las siguientes preguntas como guía (*guide*).

1. ¿Cuáles son las películas que más te gustan? ¿Por qué?
2. ¿Quiénes son tus actores y actrices favoritos?
3. ¿Qué películas que van a estrenar pronto quieres ver?

Paso 2 Ahora hablen sobre programas de televisión.

NOTA CULTURAL

eText p. 186 05-32 to 05-33

La influencia hispana en el cine norteamericano

7 GRAMÁTICA

05-34 to 05-37 Spanish/English Tutorials

Los números ordinales Ranking people and things

An ordinal number indicates position in a series or order. The first ten ordinal numbers in Spanish are listed below. Ordinal numbers above *décimo* are rarely used.

¿Te gusta la primera sinfonía de Beethoven?
Sí, pero prefiero la novena.
Beethoven

primer, primero/a	*first*	**sexto/a**	*sixth*
segundo/a	*second*	**séptimo/a**	*seventh*
tercer, tercero/a	*third*	**octavo/a**	*eighth*
cuarto/a	*fourth*	**noveno/a**	*ninth*
quinto/a	*fifth*	**décimo/a**	*tenth*

1. Ordinal numbers are adjectives and agree in number and gender with the nouns they modify. They usually *precede* nouns.

   el **cuarto** año — *the fourth year*
   la **octava** sinfonía — *the eighth symphony*

2. Before masculine, singular nouns, **primero** and **tercero** are shortened to **primer** and **tercer.**

   el **primer** concierto — *the first concert*
   el **tercer** curso de español — *the third Spanish course*

3. After *décimo*, a cardinal number is used and *follows* the noun.

   el piso **catorce**
   el siglo (*century*) **veintiuno**

5-22 Orden de preferencia

Asigna un orden de preferencia a las actividades de la lista: desde la más importante (primero) hasta la menos importante (octavo). Después, comparte tu lista con un/a compañero/a usando oraciones completas. ■

MODELO *Primero, me gusta ver una película con mi actor favorito, Colin Firth. Segundo, quiero visitar a mis hermanos. Tercero, prefiero…*

1. ir a un concierto de tu conjunto favorito ________
2. visitar a tus amigos ________
3. ver una película con tu actor/actriz favorito/a ________
4. leer una novela buena ________
5. ir a un partido de fútbol americano ________
6. estudiar para un examen ________
7. visitar Costa Rica ________
8. conocer al presidente de los Estados Unidos ________

Capítulo Preliminar A. Los días, los meses y las estaciones, pág. 20 del eText.

5-23 Preguntas de trivia

Túrnense para hacerse y contestar las siguientes preguntas. ■

Estrategia

Remember that when asked a question with *tu/tus*, you need to answer *mi/mis.*

1. ¿En qué piso está tu clase de español?
2. ¿A qué hora es tu primera clase los lunes? ¿Y la segunda?
3. ¿Cuál es el tercer mes del año? ¿Y el sexto?
4. ¿Cuál es el séptimo día de la semana?
5. ¿Cómo se llama el primer presidente de los Estados Unidos?
6. ¿Cómo se llama la cuarta persona de la tercera fila (*row*) en la clase de español?

Workbooklet

5-24 La lista de los mejores

¿Cuáles son las mejores películas para los estudiantes de tu clase? ■

Paso 1 Entrevista a cinco estudiantes y pregúntales cuáles son sus opiniones sobre las tres películas mejores. Usa las palabras **primera, segunda** y **tercera.**

Paso 2 Con el/la profesor/a, haz una lista de las **diez** películas más populares de la clase.

Paso 3 Organiza por orden de preferencia la lista de las películas más populares de la clase. Escribe el número ordinal apropiado para cada película.

PELÍCULAS FAVORITAS	ESTUDIANTE 1	ESTUDIANTE 2	ESTUDIANTE 3	ESTUDIANTE 4	ESTUDIANTE 5
Primera					
Segunda					
Tercera					

8 GRAMÁTICA

05-38 to 05-40

Hay que + infinitivo

Stating what needs to be accomplished

Hay que trabajar. ¡No hay que ser perezoso!

So far when you have wanted to talk about what someone should do, needs to do, or has to do, you have used the expressions **debe, necesita,** or **tiene que.** The expression **hay que** + ***infinitive*** is another way to communicate responsibility, obligation, or the importance of something. **Hay que** + ***infinitive*** means:

It is necessary to . . .

You must . . .

One must/should . . .

Para ser un músico bueno **hay que** ensayar mucho. — *To be a good musician it is necessary to rehearse a lot.*

Hay que terminar nuestro trabajo antes de ir al cine. — *We must finish our work before we go to the movies.*

Hay que ver la nueva película de Almodóvar. — *You must see the new Almodóvar film.*

5-25 Para generalizar

Túrnense para sustituir **tener que** por **hay que** en las siguientes oraciones. Sigan el modelo. ■

MODELO E1: Tenemos que consultar al empresario.
E2: *Hay que consultar al empresario.*

1. Ustedes tienen que sacar un CD con estas canciones nuevas.
2. Marisol, tú tienes que ser más paciente si quieres conseguir buenas entradas para ese concierto.
3. Mamá, ¡tienes que conocer la música de este conjunto nuevo!
4. Jorge y Catrina, ustedes tienen que hacer una gira con su grupo de jazz.
5. Rafael, tienes que visitar a tu hermana porque ella quiere ensayar contigo.
6. Enrique, tú tienes que leer los mensajes que escriben tus aficionados.

5-26 ¿Obligaciones?

¿Qué hay que hacer para llegar a tener las siguientes características? Túrnense para completar las frases dando por lo menos **dos** ideas. ■

MODELO E1: Para ser un pintor excelente…
E2: Para ser un pintor excelente *hay que pintar mucho y hay que ser muy creativo.*

Para ser…

1. un músico impresionante…
2. un político honesto…
3. un cantante estupendo…
4. un director de cine sorprendente…
5. una actriz conmovedora…
6. una novelista entretenida…

5-27 Y todos necesitamos… ¿Qué debemos hacer para tener un futuro mejor? Compartan sus ideas y comuniquen sus resultados a la clase usando **tres** oraciones completas. ■

MODELO E1: Hay que…

E2: *Hay que respetar* (respect) *y ayudar a las personas mayores.*

9 GRAMÁTICA

05-41 to 05-43

¡Hola! Spanish/English Tutorials

Los pronombres de complemento directo y la "a" personal Expressing *what* or *whom*

Direct objects receive the action of the verb and answer the questions ***What?*** or ***Whom?*** Note the following examples.

¿Mi trompeta y mi guitarra? Sí, las tengo.

A: I need to do *what?*
B: You need to buy *the concert tickets* by Monday.
A: Yes, I do need to buy *them.*

A: I have to call *whom?*
B: You have to call *your agent.*
A: Yes, I do have to call *him.*

Note the following examples of *direct objects* in Spanish.

María toca **dos instrumentos** muy bien.	*María plays two instruments very well.*
Sacamos **un CD** el primero de septiembre.	*We are releasing a CD the first of September.*
¿Tienes **las entradas**?	*Do you have the tickets?*
No conozco a **Benicio del Toro.**	*I do not know Benicio del Toro.*
Siempre veo a **Selena Gómez** en la televisión.	*I always see Selena Gómez on television.*

NOTE: In **Capítulo 4,** you learned that to express knowing a person, you put **"a"** after the verb (*conocer* + *a* + person). Now that you have learned about direct objects, a more global way of stating the rule is: When direct objects refer to *people,* you must use the personal **"a."** Review the following examples.

People	Things
¡Veo **a** *Cameron Díaz*!	¡Veo *el coche* de Cameron Díaz!
Hay que ver **a** *mis padres.*	Hay que ver *la película.*
¿**A** qué *actores* conoces?	¿Qué *ciudades* conoces?

(continued)

As in English, we can replace direct objects nouns with ***direct object pronouns.*** Note the following examples.

María **los** toca muy bien.	*María plays them very well.*
Lo sacamos el primero de septiembre.	*We are releasing it the first of September.*
¿**Las** tienes?	*Do you have them?*
No **lo** conozco.	*I do not know him.*
Siempre **la** veo en la televisión.	*I always see her on television.*

In Spanish, direct object pronouns ***agree in gender and number with the nouns they replace.*** The following chart lists the direct object pronouns.

Singular		Plural	
me	*me*	**nos**	*us*
te	*you*	**os**	*you all*
lo, la	*you*	**los, las**	*you all*
lo, la	*him, her, it*	**los, las**	*them*

Placement of direct object pronouns

Direct object pronouns are:

1. Placed before the verb.
2. Attached to *infinitives* or to the *present participle* (**-ando, -iendo**).

¿Tienes los discos compactos?	→	Sí, **los** tengo.
Tengo que traer los instrumentos.	→	**Los** tengo que traer. / Tengo que traer**los.**
Tiene que llevar su guitarra.	→	**La** tiene que llevar. / Tiene que llevar**la.**

—¿Por qué estás escribiendo una canción para tu madre?

—**La** estoy escribiendo porque es su cumpleaños. / Estoy escribiéndo**la** porque es su cumpleaños.

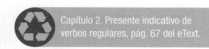

Capítulo 2. Presente indicativo de verbos regulares, pág. 67 del eText.

5-28 ¿Estás listo? ¿Estás preparado/a para el concierto de Perrozompopo? Túrnate con un/a compañero/a para revisar la lista, esta vez usando **lo, la, los** o **las.** ■

MODELO E1: confirmar *la hora* del concierto
E2: *La confirmo hoy.*

1. comprar *las entradas*
2. invitar *a mis amigos*
3. leer *el artículo* de *The New York Times* sobre Perrozompopo
4. compartir (*share*) *el artículo y los CD de Perrozompopo* con mis amigos
5. preparar *comida* para un pícnic
6. traer *la cámara*

Capítulo 3. Los quehaceres de la casa, pág. 109 del eText.

5-29 ¿Hay deberes? El concierto de Perrozompopo fue increíble, pero hay que volver al mundo real. Siempre hay trabajo, sobre todo en la casa. Túrnate con un/a compañero/a para hacer y contestar las siguientes preguntas. ■

MODELO E1: ¿Lavas los pisos?
E2: *Sí, los lavo. / No, no/nunca los lavo.*

1. ¿Limpias la cocina?
2. ¿Arreglas tu cuarto?
3. ¿Lavas los platos?
4. ¿Guardas tus cosas?
5. ¿Sacudes los muebles?
6. ¿Haces las camas?
7. ¿Preparas la comida?
8. ¿Pones la mesa?
9. ¿Nos ayudas a arreglar el jardín?
10. ¿Me invitas a un concierto?

5-30 Una hora antes Carlos Santana, como muchos músicos, es una persona muy organizada. Antes de cada concierto repasa con su ayudante (*assistant*) personal todos los preparativos (*preparations*). Aquí tienes las preguntas del ayudante. Contesta como si fueras (*as if you were*) Santana, usando **lo, la, los** o **las.** ■

MODELO E1: ¿Tienes tu anillo (*ring*) de la buena suerte?
E2: *Sí, lo tengo.*

1. Juan está enfermo. ¿Conoces al trompetista que toca esta noche con el conjunto?
2. ¿Traes tu guitarra nueva?
3. ¿Los cantantes saben la letra de la canción nueva?
4. ¿Traemos todos los trajes (*suits, outfits*)?
5. ¿Quieres unas botellas de agua (*water*)?
6. ¿Oyes al público aplaudir?
7. ¿Me van a necesitar después del concierto?
8. ¿El empresario te va a anunciar?

Carlos Santana

5-31 Mis preferencias Túrnense para hacerse y contestar las siguientes preguntas usando **el pronombre de complemento directo** correcto. ■

MODELO E1: ¿Lees los poemas de Rubén Darío? ¿Por qué?
E2: *No, no los leo. No los leo porque no los conozco.*

1. ¿Escuchas música clásica? ¿Por qué?
2. ¿Tu amigo y tú tienen ganas de ver una película de acción de Matt Damon? ¿Por qué?
3. ¿Tus amigos ven todas las películas de Penélope Cruz? ¿Por qué?
4. ¿Escuchas música jazz en tu iPod? ¿Por qué?
5. ¿Tocas un instrumento? ¿Por qué?

ESCUCHA

Planes para un concierto

05-44 to 05-46

Estrategia

Anticipating content

Use all clues available to you to anticipate what you are about to hear. That includes photos, captions, and body language if you are looking at the individual(s) speaking. If there are written synopses, it is important to read them in advance. Finally, if you are doing listening activities such as these, look ahead at the comprehension questions to give you an idea of the topic and important points.

5-32 Antes de escuchar Mira la foto y contesta las siguientes preguntas. ■

1. ¿Quiénes están en la foto?
2. ¿De qué hablan Eduardo y Cisco?

Eduardo y Cisco

5-33 A escuchar Escucha la conversación entre Eduardo y Cisco y averigua cuál es el tema (*topic*; *gist*). Después, escucha una vez más para contestar las siguientes preguntas. ■

1. ¿Quién va al concierto de los Black Eyed Peas?
2. ¿Qué música prefiere Cisco?
3. Deciden no estudiar. ¿Adónde van a ir?

5-34 Después de escuchar Describe una canción que te guste en **tres** oraciones y dibuja un cuadro (*picture*) que la represente. Preséntaselo a un/a compañero/a para ver si puede adivinar la canción. ■

¡CONVERSEMOS!

05-47

5-35 En mi opinión Hay un programa en el canal *E!* donde las personas expresan sus gustos y opiniones sobre la música y el cine ¡y tu compañero/a y tú van a participar esta semana! Entrevista a tu compañero/a sobre sus opiniones de: los mejores grupos, las mejores películas, los mejores actores y actrices. Luego, cambien de papel. ■

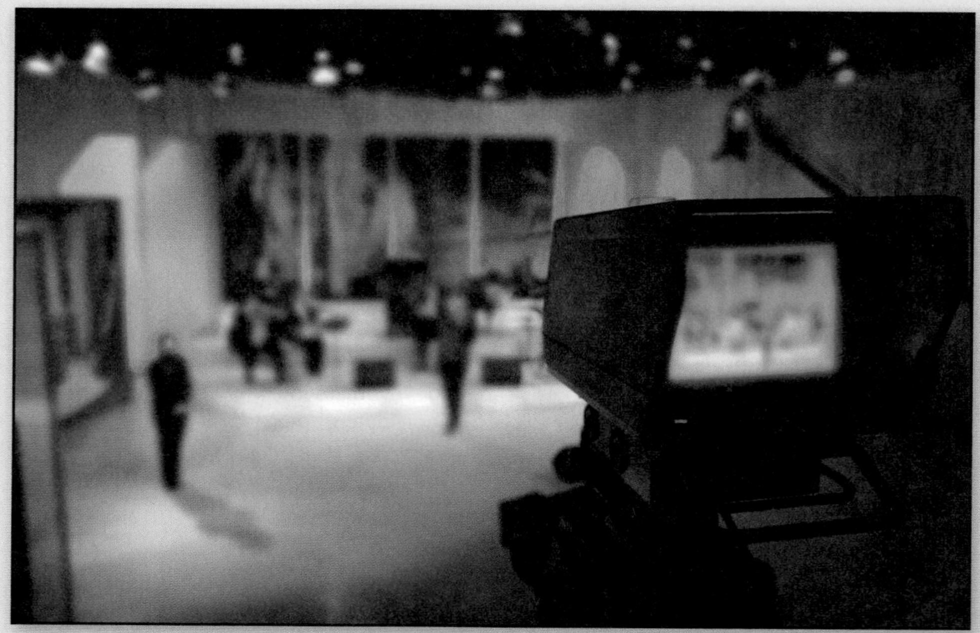

5-36 Comparaciones Con un/a compañero/a, compara los Estados Unidos, México, España, Honduras, Guatemala y El Salvador incluyendo la música y el cine, cuando sea posible. Usa información de los capítulos anteriores (*previous chapters*) e información de otras fuentes (*sources*). ■

MODELO *Los países son similares y diferentes. Por ejemplo, hablan español en todos los países. España tiene influencia árabe en ciudades como* (like) *Granada. México no tiene influencia árabe pero sí tiene influencia de los aztecas. La música popular es similar, pero la música folklórica…*

ESCRIBE

05-48

Una reseña (*A review*)

Estrategia	
Peer review/editing	Reviewing the writing of a classmate teaches you valuable editing skills that can improve your classmate's paper as well as serve to build your confidence in your own writing by enhancing the content and syntax of your work, as well as boost your critical thinking skills.

5-37 Antes de escribir Piensa en una película que te gusta mucho. Anota algunas ideas sobre los aspectos que te gustan más de esa película. ■

- ¿Qué tipo de película es?
- ¿Para qué grupo(s) es apropiada?
- ¿Cuál es el tema?
- ¿Tiene una lección para el público?

5-38 A escribir Organiza tus ideas y escribe una reseña (*review*), como una de las de **5-20**, de **cuatro** a **seis** oraciones. Puedes usar las siguientes preguntas para organizar tu reseña. ■

1. ¿Cómo se llama la película?
2. ¿De qué género es?
3. ¿Cómo la describes?
4. ¿A quiénes les va a gustar? ¿Por qué?
5. ¿La recomiendas? ¿Por qué?

5-39 Después de escribir En grupos de tres compartan sus reseñas. Revisen las ideas tanto de la gramática como del vocabulario. Hagan los cambios necesarios. Después, tu profesor/a va a leer las reseñas. La clase tiene que adivinar cuáles son las películas. ■

¿Cómo andas? II

Having completed **Comunicación II,** I now can . . .	Feel confident	Need to review
• share information about movies and television programs (p. 127)	☐	☐
• describe Hispanic influences in North American film (p. 129)	☐	☐
• rank people and things (p. 129)	☐	☐
• state what needs to be accomplished (p. 131)	☐	☐
• express *what* or *whom* (p. 132)	☐	☐
• anticipate content when listening (p. 135)	☐	☐
• communicate about music and film (p. 136)	☐	☐
• write a movie review and practice peer editing (p. 137)	☐	☐

Nicaragua

05-49

Les presento mi país

Mauricio Morales Prado

Mi nombre es Mauricio Morales Prado y soy de Managua, Nicaragua. Mi país es conocido como la tierra de volcanes y lagos (*lakes*). Hay dos lagos principales y muchos volcanes. Siete están activos todavía y de ellos, San Cristóbal es el más alto y Masaya es el más activo. **¡Localiza estos volcanes en el mapa!** Mi familia y yo somos muy aficionados a la música. Vamos frecuentemente a los conciertos en La Concha Acústica en el Lago Managua. **¿Asistes a conciertos con tu familia o amigos?**

Teatro Nacional Rubén Darío, Managua

El volcán San Cristóbal

La Concha Acústica, Managua

ALMANAQUE

Nombre oficial:	República de Nicaragua
Gobierno:	República
Población:	5.995.928 (2010)
Idiomas:	español (oficial); miskito, otros idiomas indígenas
Moneda:	Córdoba (NIO)

¿Sabías que...?

- El Lago de Nicaragua es el único lago de agua dulce (*fresh water*) del mundo donde se encuentran tiburones (*sharks*) y atunes.
- El 23 de diciembre del año 1972, un terremoto (*earthquake*) desastroso de 6,5 en la escala Richter destruyó (*destroyed*) la ciudad de Managua.

Preguntas

1. ¿Por qué se llama Nicaragua la tierra de lagos y volcanes?
2. ¿Qué tiene el Lago de Nicaragua de especial?
3. ¿Cuáles son dos lugares en Managua adonde va la gente para eventos culturales? ¿Puedes nombrar algunos posibles eventos culturales para esos dos lugares?

Amplía tus conocimientos sobre Nicaragua en MySpanishLab.

Costa Rica

05-50

Laura Centeno Soto

Les presento mi país

Mi nombre es Laura Centeno Soto y soy *tica*. *Ticos* es el apodo (*nickname*) que tenemos todos los costarricenses. Soy de Guaitil, un pueblo muy pequeño entre varios parques nacionales y famoso por su cerámica. Uno de los pueblos más famosos por su artesanía, sobre todo por la carreta, un símbolo nacional de Costa Rica, es Sarchí. **¿Cuáles son algunas artesanías producidas donde tú vives?** Si piensas visitar Costa Rica, te recomiendo una visita a nuestros parques nacionales. Son bonitos y tienen flora y fauna únicas en el mundo. **¿Cuál es tu parque favorito?** ¡Costa Rica es pura vida!

El café es un producto principal de exportación.

Una carreta pintada de Sarchí

El ecoturismo es muy importante para la economía de Costa Rica.

ALMANAQUE

Nombre oficial:	República de Costa Rica
Gobierno:	República democrática
Población:	4.516.220 (2010)
Idiomas:	español (oficial); inglés
Moneda:	Colón (CRC)

¿Sabías que...?

- El ejército (*army*) se abolió en Costa Rica en el año 1948. Los recursos monetarios desde aquel entonces apoyan (*support*) el sistema educativo. A causa de su dedicación a la paz (*peace*), la llaman "La Suiza de Centroamérica".

Preguntas

1. ¿Qué artesanía es un símbolo nacional costarricense?
2. ¿Cuál es uno de los productos de exportación importantes de Costa Rica? ¿Qué otros países exportan productos similares?
3. ¿Qué otra industria es importante para la economía de Costa Rica?

Amplía tus conocimientos sobre Costa Rica en MySpanishLab.

Panamá

05-51

Magdalena Quintero de Gracia

Les presento mi país

Mi nombre es Magdalena Quintero de Gracia y soy de Colón, una ciudad y puerto en la costa caribeña de Panamá. Mi país es famoso por el canal y mi ciudad está muy cerca de su entrada (*entrance*) atlántica. **¿Qué sabes tú de la historia del canal?** La economía de Panamá se basa principalmente en el sector de los servicios, la banca, el comercio y el turismo. Los turistas van al canal y también a las Islas San Blas. Allí pueden apreciar la artesanía de las mujeres indígenas. Los kunas son un grupo de indígenas que viven en este lugar y las mujeres hacen *molas* como parte de su ropa tradicional.

El Canal de Panamá

Una mujer kuna vende molas, artesanía tradicional.

Las ruinas del Panamá Viejo

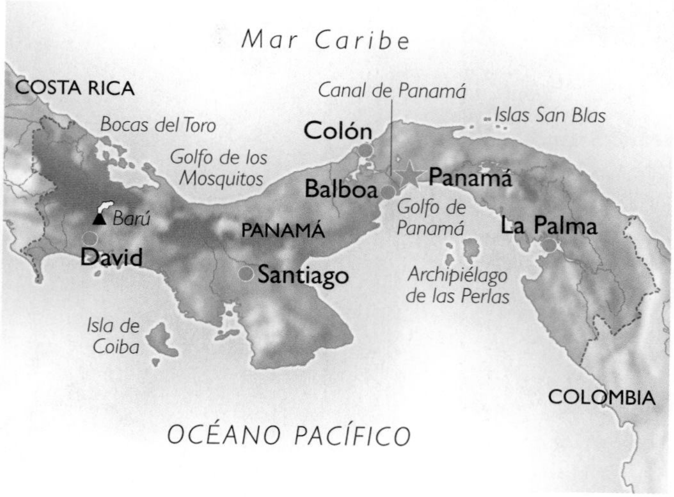

ALMANAQUE

Nombre oficial:	República de Panamá
Gobierno:	Democracia constitucional
Población:	3.410.676 (2010)
Idiomas:	español (oficial), inglés, otros idiomas indígenas
Moneda:	Balboa (PAB)

¿Sabías que...?

- Richard Halliburton nadó el canal en el año 1928 y la tarifa fue (*was*) 36 centavos. La tarifa más alta fue $141.344,91 para el crucero (*cruise ship*) Crown Princess.
- Hay un palíndromo famoso en inglés asociado con el canal: *A man, a plan, a canal: ¡Panamá!*

Preguntas

1. ¿Por qué es importante el canal?
2. Compara Panamá con Costa Rica y Nicaragua. ¿En qué son similares? ¿En qué son diferentes?
3. Compara Panamá, Costa Rica y Nicaragua con México. ¿En qué son similares? ¿En qué son diferentes?

Amplía tus conocimientos sobre Panamá en MySpanishLab.

¡Hola! eText p. 198 05-54

Ambiciones siniestras

Lectura y video

Y por fin, ¿cómo andas?

Having completed this chapter, I now can . . .	Feel confident	Need to review
Comunicación I		
• discuss music (p. 116)	☐	☐
• practice pronouncing diphthongs and linking words (MSL/SAM)	☐	☐
• identify people and things (Part I) (p. 119)	☐	☐
• identify people and things (Part II) (p. 121)	☐	☐
• explain how something is done (p. 122)	☐	☐
• describe what is happening at the moment (p. 124)	☐	☐
Comunicación II		
• share information about movies and television programs (p. 127)	☐	☐
• rank people and things (p. 129)	☐	☐
• state what needs to be accomplished (p. 131)	☐	☐
• express *what* or *whom* (p. 132)	☐	☐
• anticipate content when listening (p. 135)	☐	☐
• communicate about music and film (p. 136)	☐	☐
• write a movie review and practice peer editing (p. 137)	☐	☐
Cultura		
• discuss Hispanic music in the United States (p. 122)	☐	☐
• describe Hispanic influences in North American film (p. 129)	☐	☐
• list interesting facts about Nicaragua, Costa Rica, and Panama (pp. 138–140)	☐	☐
Ambiciones siniestras		
• anticipate content when reading and discover what Cisco does in his search for Eduardo (p. 141)	☐	☐
• find out who is the second student to disappear (p. 141)	☐	☐
Comunidades		
• use Spanish in real-life contexts (SAM)	☐	☐

VOCABULARIO ACTIVO

El mundo de la música	The world of music
el/la artista	*artist*
la batería	*drums*
el/la baterista	*drummer*
el/la cantante	*singer*
el concierto	*concert*
el conjunto	*group; band*
el/la empresario/a	*agent; manager*
la gira	*tour*
las grabaciones	*recordings*
la guitarra	*guitar*
el/la guitarrista	*guitarist*
el/la músico/a	*musician*
la música	*music*
la orquesta	*orchestra*
el/la pianista	*pianist*
el piano	*piano*
el tambor	*drum*
el/la tamborista	*drummer*
la trompeta	*trumpet*
el/la trompetista	*trumpet player*

Algunos verbos	Some verbs
dar un concierto	*to give/perform a concert*
ensayar	*to practice/rehearse*
grabar	*to record*
hacer una gira	*to tour*
sacar un CD	*to release a CD*
tocar	*to play (a musical instrument)*

Algunos géneros musicales	Some musical genres
el jazz	*jazz*
la música clásica	*classical music*
la música folklórica	*folk music*
la música popular	*pop music*
la música rap	*rap music*
la ópera	*opera*
el rock	*rock*
la salsa	*salsa*

Algunos adjetivos	Some adjectives
apasionado/a	*passionate*
cuidadoso/a	*careful*
fino/a	*fine; delicate*
lento/a	*slow*
suave	*smooth*

Otras palabras útiles	Other useful words
el/la aficionado/a	*fan*
la fama	*fame*
el género	*genre*
la habilidad	*ability; skill*
la letra	*lyrics*
el ritmo	*rhythm*
la voz	*voice*

El mundo del cine	*The world of cinema*
el actor	*actor*
la actriz	*actress*
la entrada	*ticket*
la estrella	*star*
la pantalla	*screen*
una película…	*a . . . film; movie*
de acción	*action*
de ciencia ficción	*science fiction*
documental	*documentary*
dramática	*drama*
de guerra	*war*
de humor	*funny; comedy*
de misterio	*mystery*
musical	*musical*
romántica	*romantic*
de terror	*horror*

Los números ordinales	*Ordinal numbers*
primer, primero/a	*first*
segundo/a	*second*
tercer, tercero/a	*third*
cuarto/a	*fourth*
quinto/a	*fifth*
sexto/a	*sixth*
séptimo/a	*seventh*
octavo/a	*eighth*
noveno/a	*ninth*
décimo/a	*tenth*

Otras palabras útiles	*Other Useful Words*
el estreno	*opening*
la película	*film; movie*
una película…	*a . . . movie*
aburrida	*boring*
animada	*animated*
conmovedora	*moving*
creativa	*creative*
deprimente	*depressing*
emocionante	*moving*
entretenida	*entertaining*
épica	*epic*
de espanto	*scary*
estupenda	*stupendous*
imaginativa	*imaginative*
impresionante	*impressive*
sorprendente	*surprising*
de suspenso	*suspenseful*
trágica	*tragic*

Algunos verbos	*Some verbs*
estrenar una película	*to release a film/movie*
presentar una película	*to show a film/movie*

6 ¡Sí, lo sé!

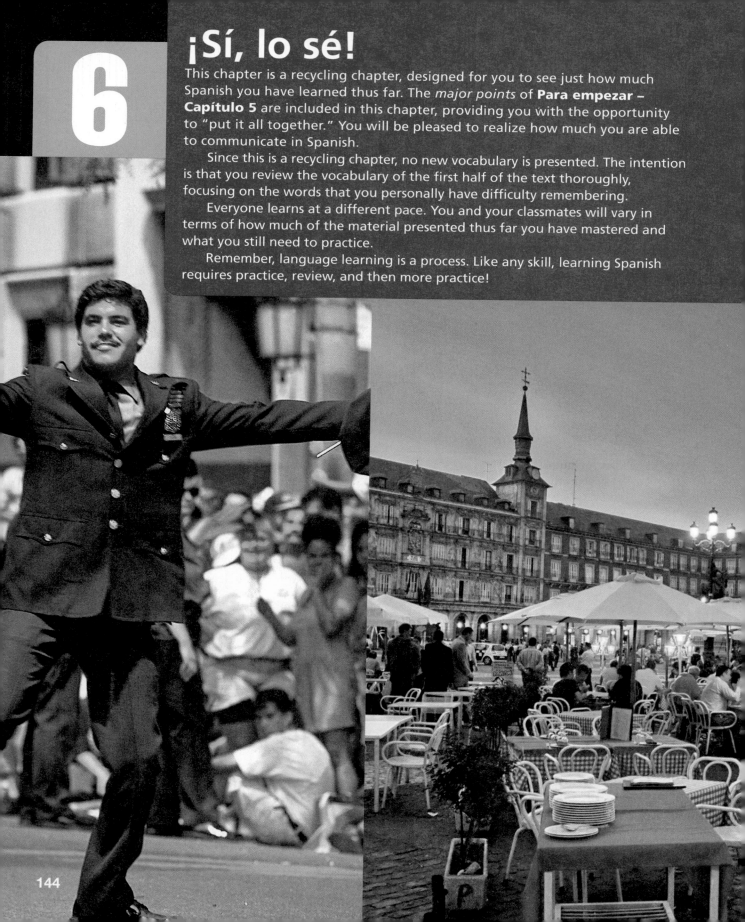

This chapter is a recycling chapter, designed for you to see just how much Spanish you have learned thus far. The *major points* of **Para empezar – Capítulo 5** are included in this chapter, providing you with the opportunity to "put it all together." You will be pleased to realize how much you are able to communicate in Spanish.

Since this is a recycling chapter, no new vocabulary is presented. The intention is that you review the vocabulary of the first half of the text thoroughly, focusing on the words that you personally have difficulty remembering.

Everyone learns at a different pace. You and your classmates will vary in terms of how much of the material presented thus far you have mastered and what you still need to practice.

Remember, language learning is a process. Like any skill, learning Spanish requires practice, review, and then more practice!

OBJETIVOS

COMUNICACIÓN

- To describe your family and other families
- To relate information about your school and campus
- To impart information about homes that you and your friends like and dislike
- To offer opinions on what will take place in the future
- To reveal what you and others like to do and what you need to do
- To report on service opportunities in your community
- To discuss music, movies, and television
- To engage in additional communication practice (SAM)

CULTURA

- To share information about Hispanic cultures in the United States, Mexico, Spain, Honduras, Guatemala, El Salvador, Nicaragua, Costa Rica, and Panama
- To compare and contrast the countries you learned about in **Para empezar – Capítulo 5**
- To explore further cultural themes (SAM)

AMBICIONES SINIESTRAS

- To review and create with **Ambiciones siniestras**

COMUNIDADES

- To use Spanish in real-life contexts (SAM)

Organizing Your Review

There are processes used by successful language learners for reviewing a world language. The following tips can help you organize your review. There is no one correct way, but these are some suggestions that will best utilize your time and energy.

1 Reviewing Strategies

1. Make a list of the *major* topics you have studied and need to review, dividing them into three categories: *vocabulary, grammar,* and *culture*. These are the topics on which you need to focus the majority of your time and energy.
   Note: The two-page chapter openers can help you determine the *major* topics.
2. Allocate a minimum of an hour each day over a period of time to review. Budget the majority of your time for the major topics. After beginning with the most important grammar and vocabulary topics, review the secondary/supporting grammar topics and the culture. Cramming the night before a test is *not* an effective way to review and retain information.
3. Many educational researchers suggest that you start your review with the most recent chapter, or in this case, **Capítulo 5.** The most recent chapter is the freshest in your mind, so you tend to remember the concepts better, and you will experience quick success in your review.
4. Spend the most amount of time on concepts in which you determine *you* need to improve. Revisit the self-assessment tools **Y por fin, ¿cómo andas?** in each chapter to see how you rated yourself. Those tools are designed to help you become good at self-assessing what you need to work on the most.

2 Reviewing Grammar

1. When reviewing grammar, begin with the *major* points, that is, begin with the *present tense* of regular, irregular, and stem-changing verbs. After feeling confident with using the major grammar points correctly, proceed to the additional grammar points and review them.
2. Good ways to review include redoing activities in your textbook, redoing activities in your Student Activities Manual, and (re)doing activities on MySpanishLab.

3 Reviewing Vocabulary

1. When studying vocabulary, it is usually most helpful to look at the English word and then say or write the word in Spanish. Make a special list of words that are difficult for you to remember, writing them in a small notebook or in an electronic file. Pull out your list every time you have a few minutes (in between classes, waiting in line at the grocery store, etc.) to review the words. The **Vocabulario activo** pages at the end of each chapter will help you organize the most important words of each chapter.
2. Saying vocabulary (which includes verbs) out loud helps you retain the words better.

4 Overall Review Technique

1. Get together with someone with whom you can practice speaking Spanish. If you need something to spark the conversation, take the drawings from each vocabulary presentation in ***¡Anda! Curso elemental*** and say as many things as you can about each picture. Have a friendly challenge to see who can make more complete sentences or create the longest story about the pictures. This will help you build your confidence and practice stringing sentences together to speak in paragraphs.
2. Yes, it is important for you to know "mechanical" pieces of information such as verb endings, or how to take a sentence and replace the direct object with a pronoun, *but* it is *much more important* that you are able to take those mechanical pieces of information and put them all together, creating meaningful and creative samples of your speaking and writing on the themes of the first half of the textbook.
3. You are well on the road to success if you can demonstrate that you can speak and write in paragraphs, using a wide variety of verbs and vocabulary words correctly. Keep up the good work!

06-21 to 06-34

Un poco de todo

6-15 ¡Ganaste la lotería! Ganaste (*You won*) un millón de dólares en la lotería y te invitan a un programa de televisión para explicar qué vas a hacer con el dinero. Dile al/a la entrevistador/a (tu compañero/a) qué vas a hacer con el dinero en por lo menos **diez** oraciones. Después cambien de papel (*Take turns playing each role*). ■

6-16 Busco ayuda... Con el dinero que ganaste en la lotería, decides buscar un ayudante personal (*personal assistant*) para ayudarte con los quehaceres de la casa y con algunos asuntos (*matters*) de tu trabajo. Entrevista a un/a compañero/a que hace el papel de ayudante. Después cambien de papel. ■

MODELO E1: *Debe mandar mis cartas y escribir unos emails.*
E2: *Bueno, pero no limpio las ventanas.*
E1: *¿Cómo? ¿No las limpia? ¿Pasa la aspiradora?*
E2: ...

6-17 Mi horario para la semana Crea un horario para una semana ideal durante el verano. Usa por lo menos **diez** verbos diferentes para explicar lo que tienes que hacer. Comparte tu horario con un/a compañero/a. ■

junio

L	M	M	J	V	S	D
	1	2	3	4	5	6
7	8	9	10	11	12	13
14	15	16	17	18	19	20
21	22	23	24	25	26	27
28	29	30				

julio

L	M	M	J	V	S	D
			1	2	3	4
5	6	7	8	9	10	11
12	13	14	15	16	17	18
19	20	21	22	23	24	25
26	27	28	29	30	31	

agosto

L	M	M	J	V	S	D
						1
2	3	4	5	6	7	8
9	10	11	12	13	14	15
16	17	18	19	20	21	22
23	24	25	26	27	28	29
30	31					

6-18 **Mis planes para el verano** Escribe un email a un/a compañero/a de **ocho** a **diez** oraciones sobre lo que vas a hacer este verano: **cuándo, dónde** y **con quién.** ■

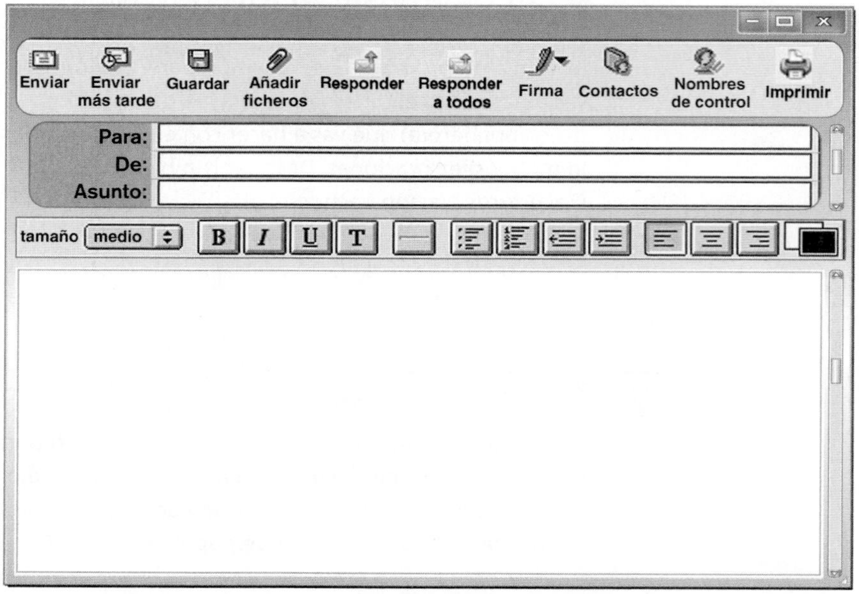

6-19 **Para la comunidad** Escribe un poema en verso libre o una canción sobre el voluntariado y sus beneficios para los que dan y para los que reciben ayuda. ■

6-20 **Mi comunidad** Túrnense para describir detalladamente su comunidad o la de la foto. Incluyan en su descripción oral detalles de su pueblo o ciudad (edificios, lugares de diversión, etc.), su casa y también las oportunidades que existen para hacer trabajo voluntario. Finalmente, hagan sus presentaciones para un grupo cívico como los Rotarios (*Rotary Club*). ■

México D.F.

6-21 El juego de la narración

Túrnense para crear una narración oral sobre **Ambiciones siniestras.** ¡Incluyan muchos detalles! ■

MODELO E1: Ambiciones siniestras *es un misterio muy imaginativo.*
E2: *Hay seis estudiantes que se llaman…*
E1: …

Cisco

Eduardo

Manolo

Alejandra

Lupe

Marisol

Estrategia

The ability to retell information is an important language-learning strategy. Practice summarizing or retelling in your own words in Spanish the events from *Ambiciones siniestras,* chapter by chapter. Set a goal for yourself of saying or writing at least 5 important events in each episode that move the story along. Another technique is to recap as if you were retelling the story to another student who was absent.

6-22 ¿Me quiere?

Cisco, de **Ambiciones siniestras,** le escribe un correo electrónico a la chica que conoció (*he met*) en el concierto. En el email habla de sus planes para el fin de semana y la invita a acompañarlo (*accompany him*). Escribe ese mensaje en **diez** oraciones como si fueras (*as if you were*) Cisco. ■

MODELO

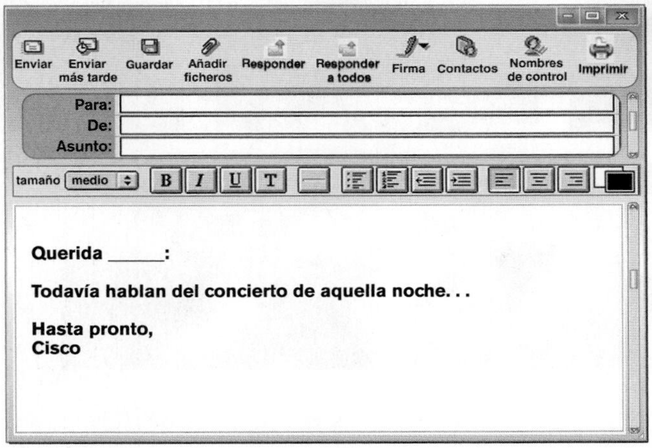

6-23 **Su versión** En **6-21,** narraron (*you narrated*) una versión del cuento **Ambiciones siniestras**. Ahora es su turno como escritores. Sean muy creativos y creen su propia (*own*) versión creativa. Su instructor les va a explicar cómo hacerlo. Empiecen con la oración del modelo. ¡Diviértanse! ■

MODELO *Hay seis estudiantes de tres universidades.*

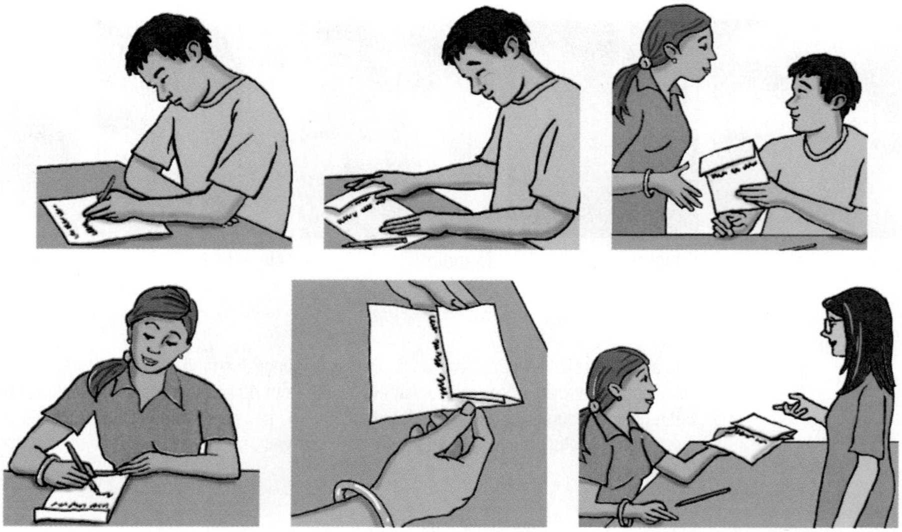

6-24 **Tu propia película** Eres cinematógrafo y puedes crear tu propia versión de **Ambiciones siniestras.** Primero, pon las fotos en el orden correcto y luego escribe el diálogo para la película. Luego, puedes filmar tu versión. ■

Fíjate

For more information about the influence of Hispanics in the United States, refer to page 52 of the eText.

6-25 Los hispanos en los Estados Unidos

Escribe **cinco** influencias hispanas en los Estados Unidos. ■

MODELO 1. *St. Augustine fue fundada por los españoles en el año 1565.*

Workbooklet

Estrategia

You have read numerous cultural notes throughout the first half of the textbook. To help you organize the material, make a chart of the most important information, or dedicate a separate page in your notebook for each country, recording the unique cultural items of that particular country.

6-26 Aspectos interesantes

Escribe por lo menos **tres** cosas interesantes sobre cada uno de los siguientes países. ■

MÉXICO	ESPAÑA	HONDURAS	GUATEMALA

EL SALVADOR	NICARAGUA	COSTA RICA	PANAMÁ

6-27 Un agente de viajes

Durante el verano tienes la oportunidad de trabajar en una agencia de viajes (*travel agency*). Tienes unos clientes que quieren visitar un país hispanohablante. Escoge uno de los países que estudiamos y recomienda el país en por lo menos **seis** oraciones. ■

6-28 Mi país favorito

Describe tu país favorito entre los que hemos estudiado (*we have studied*). En por lo menos **ocho** oraciones explica por qué te gusta y lo que encuentras interesante e impresionante de ese país. ■

6-29 Compáralos

Escoge dos países que estudiamos y escribe las diferencias y semejanzas (*similarities*) entre los dos. ■

MODELO *México es un país grande en Norteamérica y Nicaragua es más pequeño que México y está en Centroamérica.*

6-30 **¡A jugar!** En grupos de tres o cuatro, preparen las respuestas para las siguientes categorías de ***¿Lo sabes?,*** un juego como *Jeopardy!,* y después las preguntas correspondientes. Pueden usar valores de dólares, pesos, euros, etc. ¡Buena suerte! ■

CATEGORÍAS

VOCABULARIO	VERBOS	CULTURA
la vida estudiantil	verbos regulares	Estados Unidos
las materias y las especialidades	verbos irregulares	México
los deportes y los pasatiempos	**saber** y **conocer**	España
la casa y los muebles	**ser** y **estar**	Honduras
los quehaceres de la casa	**ir**	Guatemala
el cine	**ir** + **a** + infinitivo	El Salvador
la música	**estar** + **-ando, -iendo**	Nicaragua
el voluntariado		Costa Rica
		Panamá

MODELOS

CATEGORÍA: LA VIDA ESTUDIANTIL
Respuesta: en la residencia estudiantil
Pregunta: *¿Dónde viven los estudiantes?*

CATEGORÍA: LOS DEPORTES Y LOS PASATIEMPOS
Respuesta: Albert Pujols
Pregunta: *¿Quién juega al béisbol muy bien?*

¿LO SABES? DOBLE

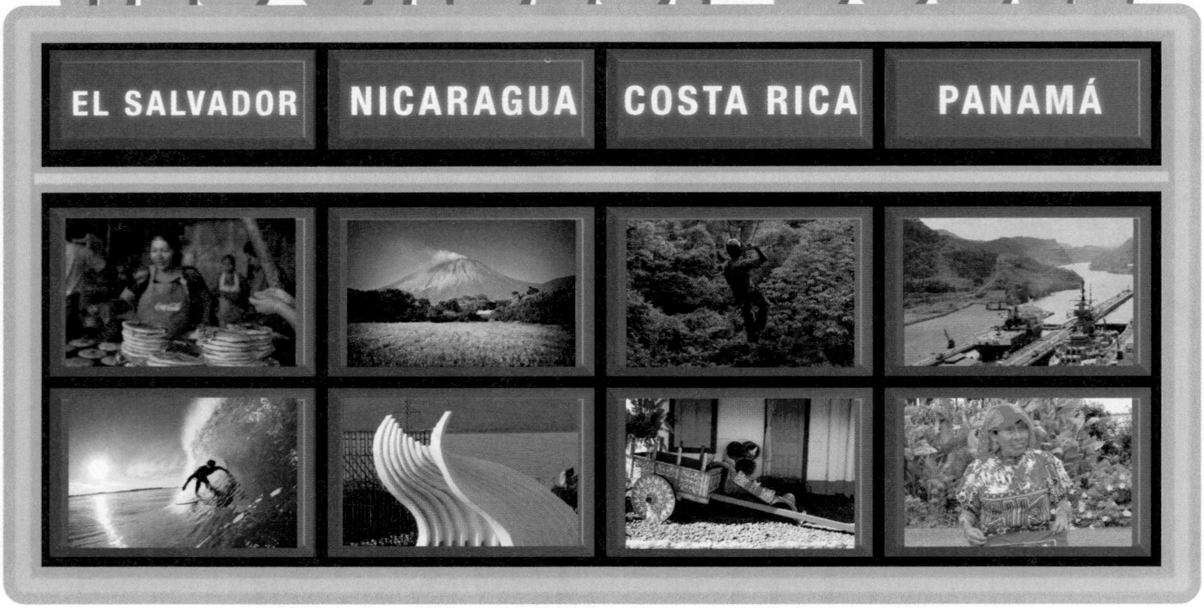

Y por fin, ¿cómo andas?

Having completed this chapter, I now can . . .	Feel confident	Need to review
Comunicación		
• describe my family and other families	☐	☐
• relate information about my school and campus	☐	☐
• impart information about homes that my friends and I like and dislike	☐	☐
• offer opinions on what will take place in the future	☐	☐
• reveal what I and others like to do and what we need to do	☐	☐
• report on service opportunities in my community	☐	☐
• discuss music, movies, and television	☐	☐
• engage in additional communication practice (SAM)	☐	☐
Cultura		
• share information about the Spanish-speaking world in the United States, Mexico, Spain, Honduras, Guatemala, El Salvador, Nicaragua, Costa Rica, and Panama	☐	☐
• compare and contrast the countries I learned about in **Para empezar – Capítulo 5**	☐	☐
• explore further cultural themes (SAM)	☐	☐
Ambiciones siniestras		
• review and create with **Ambiciones siniestras**	☐	☐
Comunidades		
• use Spanish in real-life contexts (SAM)	☐	☐

7

¡A comer!

Comer bien es un gran placer (*pleasure*). Dentro del mundo hispanohablante hay una tremenda variedad de comidas (*foods*) y la comida tiene una función social muy importante.

PREGUNTAS

1. ¿Cuáles son tus platos (*dishes*) favoritos?
2. ¿Hay alguna comida típica de la región donde vives tú? ¿Cuáles son algunas comidas típicas de los Estados Unidos?
3. ¿Qué platos de otras culturas te gustan? ¿Qué platos hispanos te gustan?

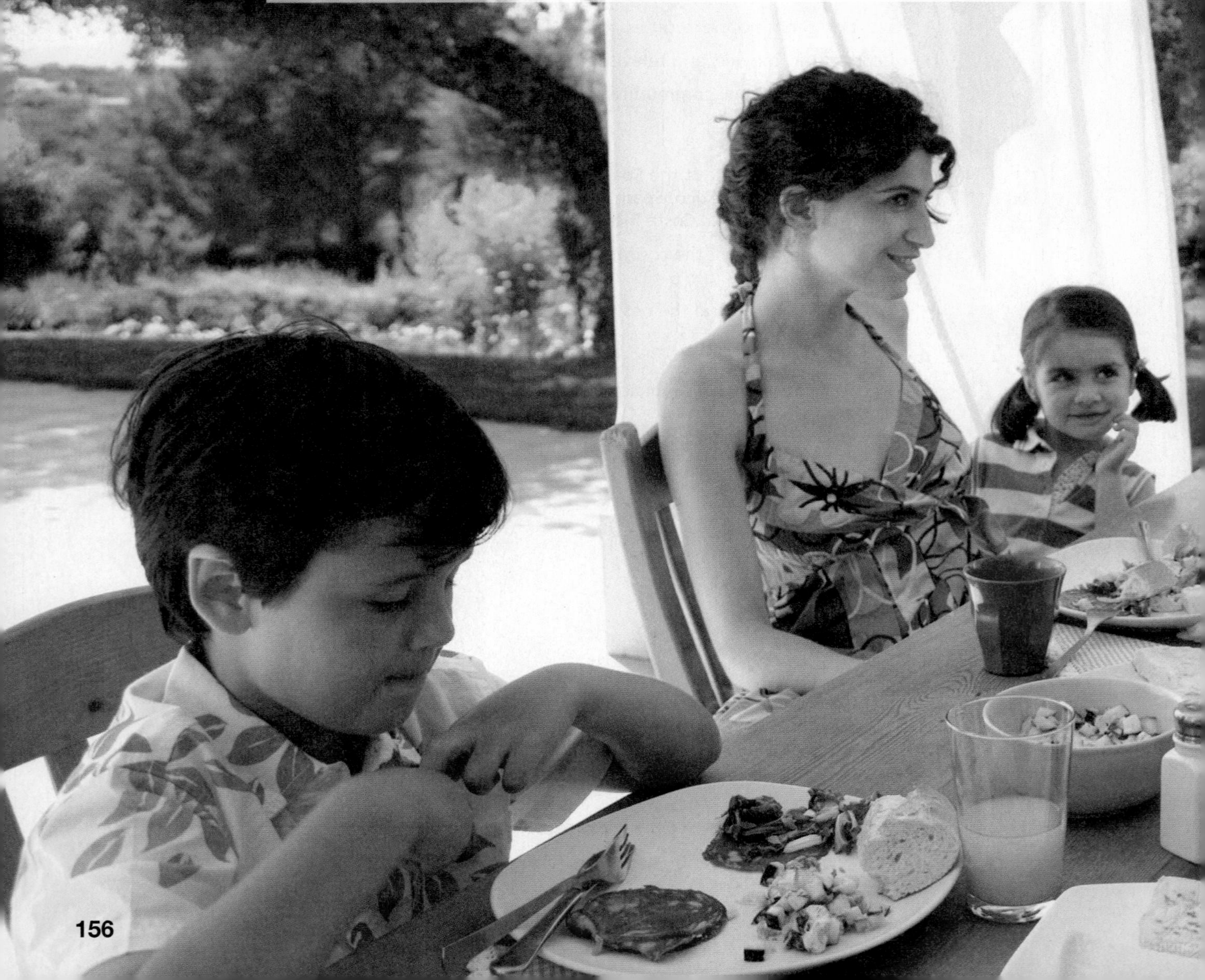

OBJETIVOS	CONTENIDOS	
COMUNICACIÓN I		
To discuss food	1 Food	158
To pronounce the different sounds of **r** and **rr**	**Pronunciación:** The different pronunciations of **r** and **rr**	MSL/SAM
To communicate with less repetition	2 Review of the direct object	163
To describe things that happened in the past (Part I)	3 The preterit tense (Part I)	164
To describe things that happened in the past (Part II)	4 The preterit tense (Part II)	166
To engage in additional communication practice	**Heritage Language**	SAM
COMUNICACIÓN II		
To explain food preparation	5 Food preparation	171
To express things that happened in the past	6 Irregular verbs in the preterit tense	173
To explain restaurant activity	7 In the restaurant	178
To combine listening strategies	**Escucha:** Food shopping **Estrategia:** Combining strategies	182
To communicate about food shopping and party planning	**¡Conversemos!**	183
To relate a memory	**Escribe:** A description **Estrategia:** Topic sentence and conclusion	184
To engage in additional communication practice	**Heritage Language**	SAM
CULTURA		
To compare and contrast eating habits	**NOTA CULTURAL** Las comidas en el mundo hispano	162
To survey foods from different parts of the Hispanic world	**NOTA CULTURAL** La comida hispana	173
To list interesting facts about this chapter's featured countries: Chile and Paraguay	**CULTURA** Chile y Paraguay	185–186
To explore further the chapter's cultural themes	**MÁS CULTURA**	SAM
AMBICIONES SINIESTRAS		
To predict what will happen in a reading, and discover the voice-mail message that frightens Cisco	**EPISODIO 7** **Lectura:** El rompecabezas **Estrategia:** Predicting	187
To determine who has received the riddle, and what they have figured out so far	**Video:** ¡Qué rico está el pisco!	187
COMUNIDADES		
To use Spanish in real-life contexts	**Experiential Learning:** La comida en varios países	SAM
	Service Learning: Tu comunidad	SAM

Comunicación I

1 VOCABULARIO

07-01 to 07-07

La comida Discussing food

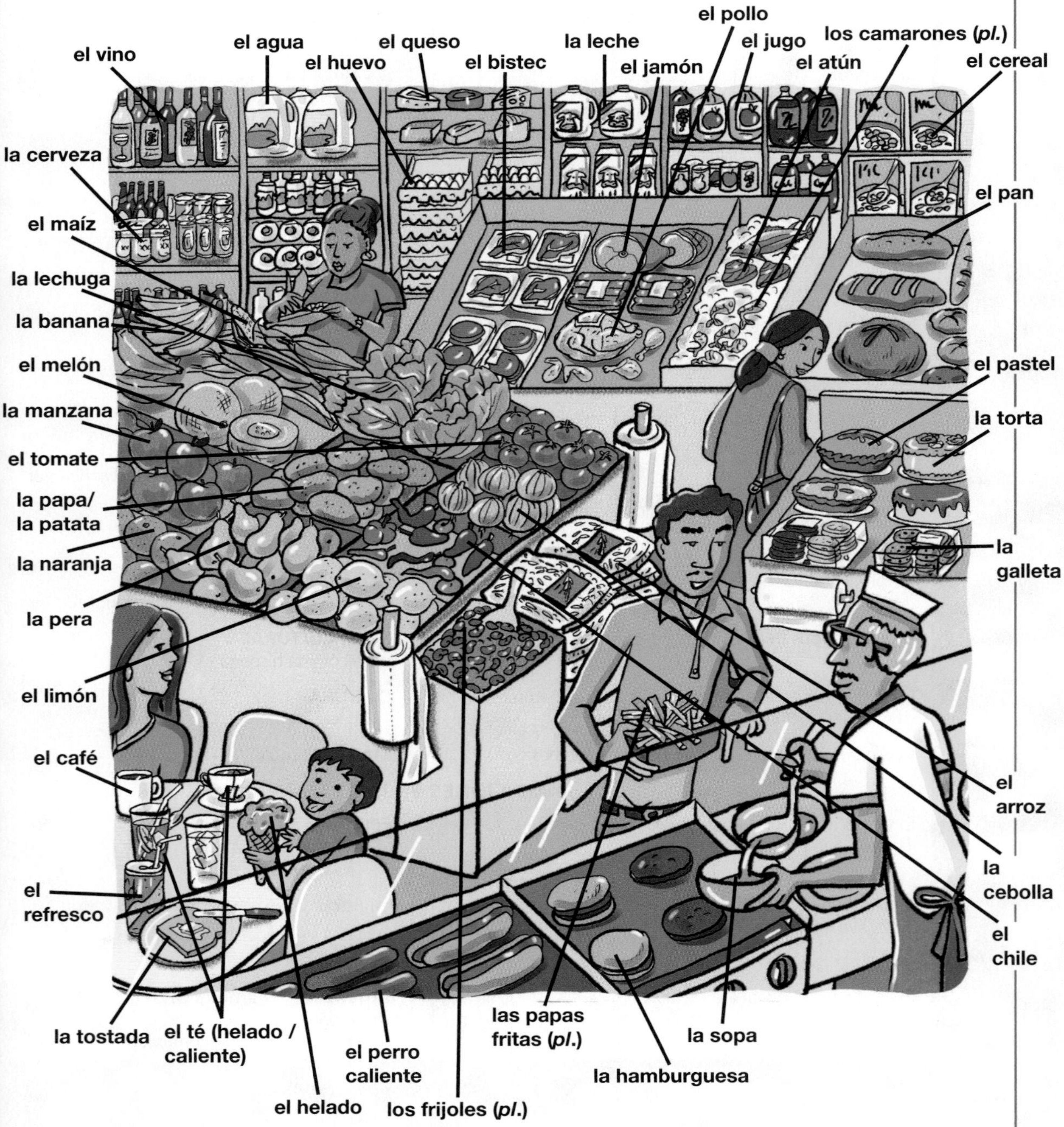

Otras palabras útiles	*Other useful words*
el desayuno	*breakfast*
el almuerzo	*lunch*
la merienda	*snack*
los dulces	*sweets*
la cena	*dinner*

Algunos verbos	*Some verbs*
almorzar (ue)	*to have lunch*
beber	*to drink*
cenar	*to have dinner*
desayunar	*to have breakfast*
merendar (ie)	*to have a snack*

PRONUNCIACIÓN

¡Hola! 07-08 to 07-11

The different pronunciations of *r* and *rr*

Go to MySpanishLab / Student Activities Manual to learn about the letters *r* and *rr*.

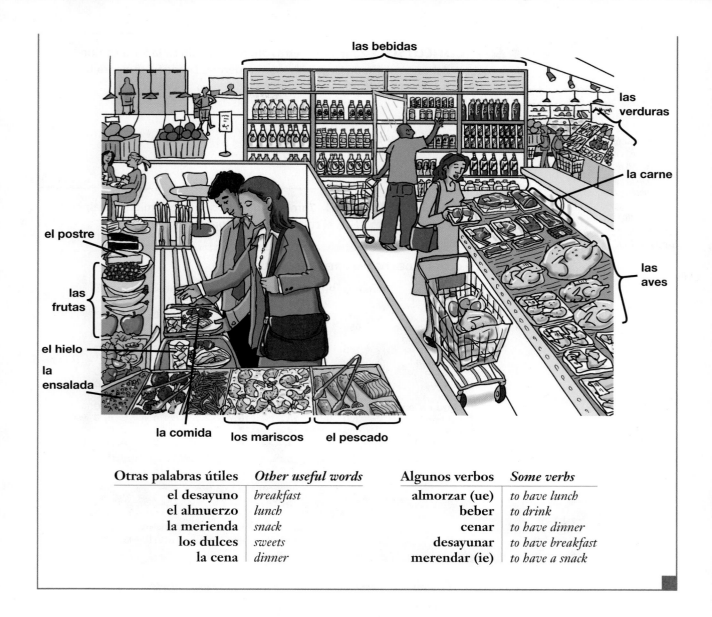

Fíjate

Although *agua* and *ave* are feminine nouns, the masculine singular article *el* is used with them (*el agua, el ave*), as a way to separate and differentiate the similar stressed vowel sounds in each word (*la* and *a*). *Las* is used with the plurals of these words (*las aguas, las aves*). All adjectives describing these words are feminine (*el agua fría / las aguas frías*).

7-1 Concurso

Escoge **cinco** letras diferentes. Bajo cada letra escribe todas las palabras del vocabulario de **La comida** que recuerdes. Después, compara tu lista con la de un/a compañero/a. ■

MODELO

a	d	p
arroz	desayuno	papas fritas
agua	dulce	

7-2 ¡Ay, las calorías!

Túrnense para decir a qué comida corresponden las siguentes descripciones. Usen el cuadro de los valores nutritivos. ■

CUADRO DE LOS VALORES NUTRITIVOS

Comida	Calorías	Proteínas (gramos)	Grasas (gramos)	Carbohidratos (gramos)	Vitaminas
bistec	455	27	36	0	A, B
hamburguesa con queso	950	50	60	54	B
jugo de naranja	100	1	0	16	A, B, C
naranja	50	1	0	16	A, B, C
pan	150	6	2	38	B
papa	100	3	0	23	B, C
perro caliente	200	5	14	1	B, C
salmón	200	24	10	0	A, B
torta	455	4	13	76	A, B, C
lechuga	10	1	0	2	A, B, C

Capítulo Preliminar A. Los números 0–30, pág. 16 del eText; Capítulo 1. Los números 31–100, pág. 47 del eText; Capítulo 2. Los números 100–1.000, pág. 72 del eText.

Estrategia

¡Anda! Curso elemental has provided you with recycling references to help guide your continuous review of previously learned material. Make sure to consult the indicated pages if you need to refresh your memory about numbers.

MODELO E1: *Esta comida tiene mucha agua, es verde y tiene diez calorías.*
E2: *Es la lechuga.*

Esta comida tiene…

1. 60 gramos (*grams*) de grasas, 50 gramos de proteínas y 950 calorías.
2. muchas proteínas, es un pescado y tiene 200 calorías.
3. vitamina C, es una verdura y tiene 100 calorías.
4. muchos carbohidratos y 150 calorías.
5. 27 gramos de proteínas, es una carne y tiene 455 calorías.
6. 50 calorías y es una fruta.
7. 16 gramos de carbohidratos y es una bebida.
8. las vitaminas B y C, sólo un gramo de carbohidratos y 14 gramos de grasa.

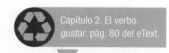

Capítulo 2. El verbo *gustar*, pág. 80 del eText.

Workbooklet

7-3 ¿Cuáles son tus preferencias? ¿Qué comidas te gustan? ■

Paso 1 Completa el cuadro según tus preferencias.

Estrategia

You may want to talk about foods that are not included here. Refer to the *También se dice…* section in Appendix 3 for additional vocabulary.

1. Las carnes, las aves, el pescado y los mariscos que…	
a. más me gustan son…	b. menos me gustan son…
1.	1.
2.	2.
2. Las frutas y verduras que…	
a. más me gustan son…	b. menos me gustan son…
1.	1.
2.	2.

Paso 2 Ahora, compara tus preferencias con las de los compañeros de la clase: ¿Cuáles son sus comidas favoritas? ¿Qué comidas les gustan menos?

MODELO E1: *¿Cuál es tu carne favorita?*

E2: *No me gusta la carne, pero me gusta mucho el pollo. ¿Y a ti?*

Capítulo Preliminar A. La hora, pág. 18 del eText; Capítulo Preliminar A. Los días, los meses y las estaciones, pág. 20 del eText.

Workbooklet

7-4 La dieta de Nico

Nico es un estudiante universitario de Santiago de Chile. Mira lo que (*what*) come normalmente y cuándo lo come. Después completa los siguientes pasos. ■

Fíjate

The word *galleta* means both *cookie* and *cracker*.

Fíjate

While *patata* is used in Spain, *papa* is widely used in Latin America.

LA DIETA DE NICO

	DESAYUNO	ALMUERZO	MERIENDA	CENA
	8:30	12:00	5:30	8:00
DÍA 1:	té con galletas	ensalada, arroz con pollo y uvas	manzana	atún con una ensalada de lechuga con tomate y fruta
DÍA 2:	té y pan con mantequilla	sopa, tortilla de papas y flan	galletas	pan con mermelada

Paso 1 Ahora completa el cuadro con tu información.

TU DIETA

	DESAYUNO	ALMUERZO	MERIENDA	CENA
DÍA 1:				
DÍA 2:				

Paso 2 Con un/a compañero/a, comparen su información con la de Nico.

MODELO E1: *Yo nunca tomo té en el desayuno. Generalmente desayuno más temprano que Nico. ¿Y tú?*

E2: *Yo desayuno a las siete y media y generalmente como huevos y tostadas.*

Vocabulario útil

más temprano que	*earlier than*
más tarde que	*later than*

Paso 3 Miren la pirámide de alimentación para determinar si todos los grupos están representados en sus dietas.

MODELO E1: *Comemos pan en el desayuno y a veces en la cena.*

E2: *Comemos papas y ensaladas de lechuga y tomate, pero no comemos muchas otras verduras.*

E1: *Tienes razón, pero comemos mucha fruta…*

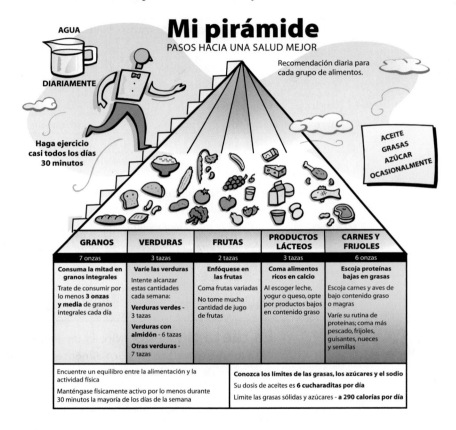

GRANOS	VERDURAS	FRUTAS	PRODUCTOS LÁCTEOS	CARNES Y FRIJOLES
7 onzas	3 tazas	2 tazas	3 tazas	6 onzas
Consuma la mitad en granos integrales Trate de consumir por lo menos **3 onzas y media** de granos integrales cada día	**Varíe las verduras** Intente alcanzar estas cantidades cada semana: **Verduras verdes** - 3 tazas **Verduras con almidón** - 6 tazas **Otras verduras** - 7 tazas	**Enfóquese en las frutas** Coma frutas variadas No tome mucha cantidad de jugo de frutas	**Coma alimentos ricos en calcio** Al escoger leche, yogur o queso, opte por productos bajos en contenido graso	**Escoja proteínas bajas en grasas** Escoja carnes y aves de bajo contenido graso o magras Varíe su rutina de proteínas; coma más pescado, frijoles, guisantes, nueces y semillas

Encuentre un equilibrio entre la alimentación y la actividad física Manténgase físicamente activo por lo menos durante 30 minutos la mayoría de los días de la semana	**Conozca los límites de las grasas, los azúcares y el sodio** Su dosis de aceites es **6 cucharaditas por día** Limite las grasas sólidas y azúcares - **a 290 calorías por día**

7-5 ¿Qué comes tú?

Entrevista a un/a compañero/a usando las siguientes preguntas. ■

1. ¿Comes bien o mal? Explica.
2. ¿Qué tipo de comida prefieres?
3. ¿Qué te gusta merendar?
4. ¿Qué comidas tienen vitamina C y calcio?
5. ¿Qué comidas tienen mucha proteína?
6. ¿Qué comidas no te gustan?

NOTA CULTURAL

¡Hola! eText p. 261   07-12

Las comidas en el mundo hispano

2 GRAMÁTICA

07-13 to 07-17

¡Hola! Spanish/English Tutorials

Repaso del complemento directo

Communicating with less repetition

In **Capítulo 5** you learned to use **direct object pronouns** in Spanish. Return to pages 132–133 for a quick review, then answer the following questions:

¿Postre? Tenemos...
¡Los quiero todos!

¡Explícalo tú!

1. What are **direct objects**? What are **direct object pronouns**?
2. What are the pronouns (forms)? With what must they agree?
3. Where are direct object pronouns placed in a sentence?

✓ Check your answers to the preceding questions in Appendix 1.

7-6 Las dietas ¿Piensas mucho en lo que comes?

Paso 1 Subraya (*Underline*) los complementos directos en las siguientes preguntas. Compara tus respuestas con las de un/a compañero/a.

MODELO *¿Conoces la dieta Weight Watchers?*

1. ¿Sigues la dieta Nutrisystem?
2. ¿Prefieres los postres de chocolate?
3. ¿Sabes preparar bien el arroz?
4. ¿Comes muchas frutas diferentes?
5. ¿Preparas los huevos con queso?
6. ¿Lavas la lechuga bien antes de comerla?

Paso 2 Ahora contesten juntos las preguntas de Paso 1, usando los pronombres de complemento directo en sus respuestas.

MODELO E1: ¿Conoces la dieta Weight Watchers?

E2: *Sí, la conozco. / No, no la conozco.*

7-7 Las buenas decisiones Túrnense para expresar cómo les gusta tomar las siguientes comidas y bebidas y con qué frecuencia las toman. ■

nunca	algunas veces	generalmente	constantemente	siempre

MODELO E1: *la torta*

E2: *La como con helado. La como algunas veces. / No la como nunca.*

1. 
2. 
3. 
4. 
5. 
6. 

3 GRAMÁTICA

07-18 to 07-22 ¡Hola! Spanish/English Tutorials

El pretérito (Parte I)

Describing things that happened in the past

Up to this point, you have been expressing ideas or actions that take place in the present and future. To talk about something you did or something that occurred in the past, you can use the **pretérito** (*preterit*). Below are the endings for regular verbs in the **pretérito.**

¿Dónde compraste el helado?
Lo compré en Big Scoop.

Los verbos regulares

Note the endings for regular verbs in the **pretérito** below and answer the questions that follow.

	-ar: comprar	-er: comer	-ir: vivir
yo	compré	comí	viví
tú	compraste	comiste	viviste
Ud.	compró	comió	vivió
él/ella	compró	comió	vivió
nosotros/as	compramos	comimos	vivimos
vosotros/as	comprasteis	comisteis	vivisteis
Uds.	compraron	comieron	vivieron
ellos/as	compraron	comieron	vivieron

¡Explícalo tú!

1. What do you notice about the endings for **-er** and **-ir** verbs?
2. Where are accent marks needed?

✓ Check your answers to the preceding questions in Appendix 1.

Estrategia

Remember that there are two types of grammar presentations in *¡Anda!*:

1. You are given the grammar rule.
2. You are given guiding questions to help *you* construct the grammar rule, and state the rule in your own words.

—¿Dónde está el vino que **compré** ayer? *Where is the wine that I bought yesterday?*
—Mis primos **bebieron** la botella entera anoche. *My cousins drank the whole bottle last night.*
—¿Ah, sí? ¿**Comieron** ustedes en casa? *Really? Did you all eat at home?*
—No, **comimos** en un restaurante chino. ¡Ellos **terminaron** el vino antes de salir a cenar! *No, we ate at a Chinese restaurant. They finished the wine before we went out to dinner!*

7-8 De la teoría a la práctica

Write six different infinitives on six small pieces of paper. Next, on six different small pieces of paper, write six different subject pronouns. Take turns selecting a paper from each pile and give the correct **pretérito** form of the verb. After several rounds, write another six verbs. ■

7-9 *Tic-tac-toe*

Make a grid, like one for tic-tac-toe. With a partner, select one **-ar** verb. Write a different preterit form of the verb in each blank space on your grid. Each of you should write each preterit form with a different pronoun. Do not show your partner what you have written. Take turns randomly selecting pronouns and say the corresponding verb forms. When you say a form of the verb that your partner has, your partner marks an X over the word. The first person to get three X's either vertically, horizontally, or diagonally wins the round. After doing a round with **-ar** verbs, repeat with **-er** and **-ir** verbs. ■

MODELO E1: *tú comiste*
E2: (marks X over *tu comiste*)

~~tú comiste~~	ellos comieron	ellas comieron
yo comí	Uds. comieron	nosotros comimos
él comió	Ud. comió	ella comió

7-10 Cocinero/a Tu compañero/a y tú van a preparar una cena especial para sus amigos. Para saber si todo está listo, túrnense para contestar las siguientes preguntas usando el pretérito y un pronombre de complemento directo (**lo, la, los, las**). ■

MODELO E1: ¿Compraste la carne?
E2: *Sí, la compré.*

1. ¿Compraste los refrescos?
2. ¿Cocinaste tus platos (*dishes*) favoritos?
3. ¿Preparaste una mesa bonita?
4. ¿Limpiaste el comedor?
5. ¿Mandaste las invitaciones?

7-11 Una comida Escribe un párrafo sobre una comida que preparaste para un amigo. Usa por lo menos **cinco** verbos en el pretérito. Lee tu párrafo a un/a compañero/a de clase y comparen sus experiencias. ■

4 GRAMÁTICA

07-23 to 07-26 ¡Hola! Spanish/English Tutorials

El pretérito (Parte II)

Describing things that happened in the past

Los verbos que terminan en *-car, -zar* y *-gar* y el verbo *leer*

Several verbs have small spelling changes in the preterit. Look at the following charts.

Hoy corrí cinco millas, jugué al tenis, toqué el piano por dos horas, leí una novela, empecé la tarea para la clase de español. . .

Fíjate

The *-ar* and *-er* stem-changing verbs in the present tense do not have stem changes in the preterit. There may be spelling changes, however, as with *empezar* and *jugar*.

tocar (c → qu)

yo	toqué
tú	tocaste
Ud.	tocó
él/ella	tocó
nosotros/as	tocamos
vosotros/as	tocasteis
Uds.	tocaron
ellos/ellas	tocaron

* (**sacar** and **buscar** have the same spelling change)

empezar (z → c)

yo	empecé
tú	empezaste
Ud.	empezó
él/ella	empezó
nosotros/as	empezamos
vosotros/as	empezasteis
Uds.	empezaron
ellos/ellas	empezaron

* (**comenzar** and **organizar** have the same spelling change)

jugar (g → gu)

yo	jugué
tú	jugaste
Ud.	jugó
él/ella	jugó
nosotros/as	jugamos
vosotros/as	jugasteis
Uds.	jugaron
ellos/as	jugaron

* (**llegar** has the same spelling change)

leer (i → y)

yo	leí
tú	leíste
Ud.	leyó
él/ella	leyó
nosotros/as	leímos
vosotros/as	leísteis
Uds.	leyeron
ellos/as	leyeron

* (**creer** and **oír** have the same spelling change)

—**Toqué** la guitarra con el conjunto de mariachi en un restaurante mexicano anoche. — *I played the guitar with a mariachi band at a Mexican restaurant last night.*
—¿A qué hora **empezaste**? — *At what time did you begin?*
—**Empecé** a las nueve. — *I began at nine.*

—¿**Jugaron** tus hermanos al béisbol hoy? — *Did your brothers play baseball today?*
—No, **leyeron** un libro de recetas porque van a preparar una cena especial para nuestros padres. — *No, they read a recipe book because they are going to prepare a special dinner for our parents.*

Some things to remember:

1. With verbs that end in **-car,** the **c** changes to **qu** in the **yo** form to preserve the sound of the hard **c** of the infinitive.
2. With verbs that end in **-zar,** the **z** changes to **c** before **e.**
3. With verbs that end in **-gar,** the **g** changes to **gu** to preserve the sound of the hard **g** (**g** before **e** or **i** sounds like the **j** sound in Spanish).
4. For **leer, creer,** and **oír,** change the **i** to **y** in the third-person singular and plural.

7-12 ¡Apúrate!

One person makes a ball out of a piece of paper, says a subject pronoun and a verb in its infinitive form, and tosses the ball to someone in the group. That person catches it, gives the corresponding form of the verb in the preterit, then says another pronoun and tosses the ball to someone else. ■

MODELO E1: *yo; comprar*
E2: *compré; ellas escribir*
E3: *escribieron; usted comer*
E4: *comió;…*

7-13 Creaciones

Paso 1 Combinen elementos de las tres columnas para escribir **ocho** oraciones que describan lo que hicieron las siguientes personas.

MODELO Yolanda comprar mucho helado
Yolanda compró mucho helado.

Yolanda	beber	la televisión durante la cena
usted	limpiar	cuatro botellas de agua
los estudiantes	preparar	mucho helado
yo	buscar	dos hamburguesas con queso
mi mejor amigo y yo	leer	la cocina después del almuerzo
tú	ver	una cena deliciosa
mis primos	comprar	el restaurante La Frontera
el/la profesor/a	comer	sobre el gran cocinero Emeril Lagasse

Paso 2 Túrnense para preguntarse cuándo ocurrió cada actividad mencionada en **Paso 1.**

E1: *¿Cuándo compró Yolanda mucho helado?*
E2: *Compró mucho helado ayer. / Lo compró ayer.*

Fíjate

In the list of *Vocabulario útil*, note that for the words "last weekend" (*el fin de semana pasado*), the adjective *pasado* agrees with the masculine noun *el fin* and not *semana*. In contrast, for "last week" (*la semana pasada*), the word "last" agrees with the feminine noun *semana*.

Vocabulario útil

anoche	*last night*
anteayer	*the day before yesterday*
ayer	*yesterday*
el año pasado	*last year*
el fin de semana pasado	*last weekend*
el martes / viernes / domingo, etc., pasado	*last Tuesday / Friday / Sunday, etc.*
la semana pasada	*last week*

Capítulo 3. La casa, pág. 98 del eText; Capítulo 3. Los quehaceres de la casa, pág. 109 del eText.

7-14 Los quehaceres de Inés

Paso 1 Escribe una oración sobre cada quehacer que terminó Inés.

MODELO *Inés barrió el suelo.*

1. la ropa
2. la aspiradora
3. el baño
4. los muebles
5. la basura
6. el armario

Paso 2 Comparte tus oraciones con un/a compañero/a.

MODELO E1: el suelo
E2: *Inés barrió el suelo.*
E1: *Inés…*

Paso 3 Túrnense para decir qué hizo Inés en el centro después de terminar sus quehaceres. Sigan el modelo.

MODELO E1: el correo
E2: *Compró sellos.*

1. la librería
2. el cine
3. el banco
4. el cibercafé
5. la biblioteca
6. el café
7. el supermercado
8. la tienda

7-15 ¿Y cuándo…? Entrevista a un/a compañero/a para saber cuándo ocurrieron las siguientes cosas. ■

MODELO ¿Cuándo… (tú) comprar la lechuga?
E1: *¿Cuándo compraste la lechuga?*
E2: *La compré el sábado pasado.*

¿Cuándo…?

1. (tú) tocar el piano
2. (tus amigos) visitar a sus padres
3. (tú) comprar un CD nuevo
4. (tus amigos y tú) comer un plato increíble en un restaurante
5. (tú) empezar tus estudios universitarios
6. (tu profesor/a) leer una novela de John Grisham
7. (tus amigos y tú) bailar el tango
8. (ustedes) invitar a un amigo a una fiesta

Capítulo 2. La formación de preguntas, pág. 70 del eText; Capítulo 5. Los pronombres de complemento directo, pág. 189 del eText.

Workbooklet

7-16 **¿Te puedo hacer una pregunta?** Entrevista a cinco estudiantes diferentes y anota sus respuestas (**sí** o **no**). Después, compara tus respuestas con las de los otros estudiantes de la clase. ¿Cuáles son las tendencias? ■

MODELO arreglar el cuarto hoy

TÚ: *¿Arreglaste tu cuarto hoy?*

E1: *Sí, lo arreglé.*

E2: *No, no lo arreglé.*

E3: *Sí, arreglé mi cuarto.*

E4: *No, no arreglé mi cuarto.*

E5: *No, yo no lo arreglé, pero mi compañero lo arregló.*

	E1	E2	E3	E4	E5
1. arreglar el cuarto hoy					
2. comer en un restaurante el sábado pasado					
3. estudiar anoche					
4. lavar los platos ayer					
5. hablar por teléfono con los padres anteayer					
6. jugar al golf el verano pasado					
7. escribir un ensayo para la clase de inglés la semana pasada					
8. terminar la tarea para la clase de español anoche					

¿Cómo andas? I

Having completed **Comunicación I**, I now can . . .	Feel confident	Need to review
• discuss food (p. 158)	☐	☐
• pronounce the different sounds of **r** and **rr** (MSL/SAM)	☐	☐
• discuss eating habits (p. 162)	☐	☐
• communicate with less repetition using direct object pronouns (p. 163)	☐	☐
• describe things that happened in the past (Part I) (p. 164)	☐	☐
• describe things that happened in the past (Part II) (p. 166)	☐	☐

Comunicación II

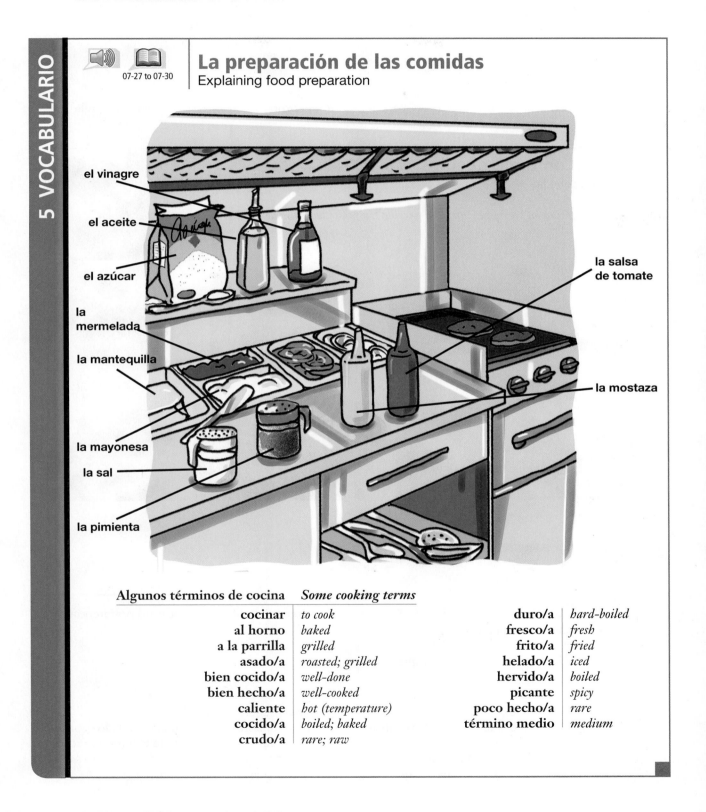

5 VOCABULARIO

07-27 to 07-30

La preparación de las comidas

Explaining food preparation

Algunos términos de cocina	*Some cooking terms*
cocinar	*to cook*
al horno	*baked*
a la parrilla	*grilled*
asado/a	*roasted; grilled*
bien cocido/a	*well-done*
bien hecho/a	*well-cooked*
caliente	*hot (temperature)*
cocido/a	*boiled; baked*
crudo/a	*rare; raw*
duro/a	*hard-boiled*
fresco/a	*fresh*
frito/a	*fried*
helado/a	*iced*
hervido/a	*boiled*
picante	*spicy*
poco hecho/a	*rare*
término medio	*medium*

7-17 La asociación

Digan una palabra o expresión que asocian con cada condimento, especia o término de la siguiente lista. ■

MODELO E1: picante
E2: *salsa*

1. frito/a
2. la salsa de tomate
3. crudo/a
4. la mayonesa
5. el azúcar
6. a la parrilla
7. fresco/a
8. al horno
9. la mostaza
10. la mantequilla

7-18 ¡Cómo me gustan!

Digan cómo les gusta preparar las siguientes comidas. ■

MODELO *Me gustan los perros calientes a la parrilla con mostaza y salsa de tomate.*

1.

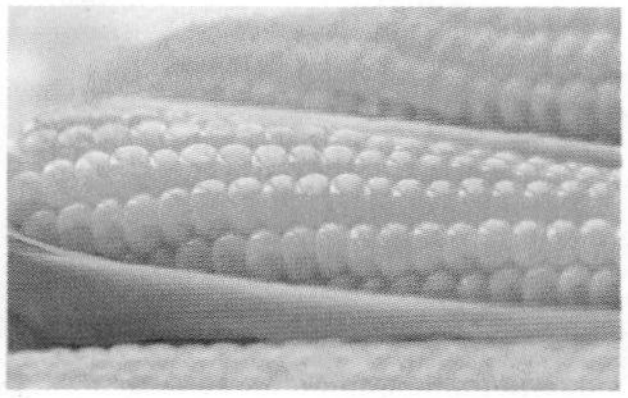

2.

3.

4.

5.

6.

7.

8.

Capítulo 4. Los verbos con cambio de raíz, pág. 142 del eText, Capítulo 5. Los pronombres de complemento directo, pág. 189 del eText.

7-19 ¿Cómo lo prefieres?

Entrevista a un/a compañero/a para conocer sus preferencias. Después cambien de papel. ■

MODELO E1: ¿Cómo prefieres tu hamburguesa?
E2: *La quiero término medio.*

1. ¿Cómo prefieres tu bistec?
2. ¿Qué condimentos usaste la última vez que comiste el bistec?
3. ¿Cómo pides tu refresco, con o sin hielo?
4. ¿Cómo preparaste los huevos la última vez que los comiste?
5. ¿Cómo prefieres la pizza?
6. ¿Cómo tomaste el té la última vez que lo bebiste, helado o caliente? ¿Lo tomaste con o sin azúcar?
7. ¿Cómo prefieres la sopa, con mucha o poca sal?
8. ¿Cómo tomaste el café esta mañana?

NOTA CULTURAL

¡Hola! eText p. 271 07-31

La comida hispana

6 GRAMÁTICA

07-32 to 07-37 ¡Hola! Spanish/English Tutorials

Algunos verbos irregulares en el pretérito

Describing things that happened in the past

In **Comunicación I** you learned about verbs that are regular in the **pretérito** and others that have spelling changes. The following verbs are ***irregular*** in the **pretérito;** they follow patterns of their own. Study the verb charts to determine the similarities and differences among the forms.

Ayer anduvimos diez millas.

	andar (*to walk*)	**estar**	**tener**
yo	anduve	estuve	tuve
tú	anduviste	estuviste	tuviste
Ud.	anduvo	estuvo	tuvo
él/ella	anduvo	estuvo	tuvo
nosotros/as	anduvimos	estuvimos	tuvimos
vosotros/as	anduvisteis	estuvisteis	tuvisteis
Uds.	anduvieron	estuvieron	tuvieron
ellos/ellas	anduvieron	estuvieron	tuvieron

—El lunes pasado llegamos a Santiago y **anduvimos** mucho por la ciudad. — *Last Monday we arrived in Santiago and walked a lot throughout the city.*

—¿**Estuvieron** en un restaurante o bar interesante? — *Were you all in an interesting restaurant or bar?*

—Sí, **tuvimos** mucha suerte y comimos en el mejor restaurante de la ciudad. — *Yes, we were very lucky and we ate at the best restaurant in the city.*

	conducir (*to drive*)	**traer**	**decir**
yo	conduje	traje	dije
tú	condujiste	trajiste	dijiste
Ud.	condujo	trajo	dijo
él/ella	condujo	trajo	dijo
nosotros/as	condujimos	trajimos	dijimos
vosotros/as	condujisteis	trajisteis	dijisteis
Uds.	condujeron	trajeron	dijeron
ellos/as	condujeron	trajeron	dijeron

Fíjate

Note that the third-person plural ending of *conducir, decir,* and *traer* is *-eron.*

(continued)

—¿**Condujiste** de Santiago a Valparaiso? *Did you drive from Santiago to Valparaiso?*
—No pude conducir porque no **traje** mi licencia. *I couldn't drive because I didn't bring my driver's license.*
—¿Qué te **dijeron** en la agencia Avis? *What did they tell you at the Avis (car rental) agency?*

	ir	ser
yo	fui	fui
tú	fuiste	fuiste
Ud.	fue	fue
él/ella	fue	fue
nosotros/as	fuimos	fuimos
vosotros/as	fuisteis	fuisteis
Uds.	fueron	fueron
ellos/as	fueron	fueron

Fíjate

Note that *ser* and *ir* have the same forms in the preterit. You must rely on the context of the sentence or conversation to determine the meaning.

—¿Cómo **fue** el viaje a Chile? *How was the trip to Chile?*
—¡**Fue** increíble! Después de Valparaiso **fuimos** a Patagonia. *It was incredible! After Valparaiso, we went to Patagonia.*

	dar	ver	venir
yo	di	vi	vine
tú	diste	viste	viniste
Ud.	dio	vio	vino
él/ella	dio	vio	vino
nosotros/as	dimos	vimos	vinimos
vosotros/as	disteis	visteis	vinisteis
Uds.	dieron	vieron	vinieron
ellos/as	dieron	vieron	vinieron

	hacer	querer
yo	hice	quise
tú	hiciste	quisiste
Ud.	hizo	quiso
él/ella	hizo	quiso
nosotros/as	hicimos	quisimos
vosotros/as	hicisteis	quisisteis
Uds.	hicieron	quisieron
ellos/as	hicieron	quisieron

Fíjate

The third-person singular form of *hacer* has a spelling change (*c* to *z*): *hizo.*

	poder	poner	saber
yo	pude	puse	supe
tú	pudiste	pusiste	supiste
Ud.	pudo	puso	supo
él/ella	pudo	puso	supo
nosotros/as	pudimos	pusimos	supimos
vosotros/as	pudisteis	pusisteis	supisteis
Uds.	pudieron	pusieron	supieron
ellos/as	pudieron	pusieron	supieron

— En Santiago **vimos** a mucha gente de la familia de Carlos. *In Santiago we saw a lot of people in Carlos's family.*
— Sí, ¿y les **diste** los regalos que tu familia mandó? *Yes, and did you give them the gifts your family sent?*
— Mi madre **vino** con nosotros y ella misma **pudo** darles los regalos. *My mother came with us and she was able to give them the gifts herself.*
—¿Qué **hiciste** después de visitar a la familia de Carlos? *What did you do after visiting Carlos's family?*

Verbos con cambio de raíz

The next group of verbs also follows its own pattern. In these stem-changing verbs, the first letters next to the infinitives, listed in parentheses, represent the present-tense spelling changes; the last letter indicates the spelling change in the **él/ella** and **ellos/ellas** forms of the **pretérito.**

	dormir (o → ue → u)	**pedir (e → i → i)**	**preferir (e → ie → i)**
yo	dormí	pedí	preferí
tú	dormiste	pediste	preferiste
Ud.	durmió	pidió	prefirió
él/ella	durmió	pidió	prefirió
nosotros/as	dormimos	pedimos	preferimos
vosotros/as	dormisteis	pedisteis	preferisteis
Uds.	durmieron	pidieron	prefirieron
ellos/as	durmieron	pidieron	prefirieron

Fíjate

The *-ir* stem-changing verbs are irregular in the third-person singular and plural forms only.

—Cuando fuiste al restaurante en Valparaíso, ¿qué **pediste**?
What did you order when you went to the restaurant in Valparaíso?

—**Pedí** carne de res, pero mi madre **prefirió** pescado. Y después de comer mi madre **durmió** la siesta.
I ordered beef, but my mother preferred fish. And after eating, my mother took a nap.

7-20 Más práctica Repite el juego de verbos de la actividad **7-8,** esta vez usando los verbos irregulares. ■

7-21 ¿Qué dijo? Form groups of at least six students and sit in a circle. **Estudiante 1** starts by saying his/her name and something that he/she did yesterday, last week, or last year. **Estudiante 2** gives his/her name, says something he/she did, and then tells what the preceding person (**Estudiante 1**) did. **Estudiante 3** tells his/her name, says what he/she did, and then tells what **Estudiante 2** and **Estudiante 1** did (in that order). Follow the model. ■

MODELO E1: *Soy Fran y ayer fui a un restaurante mexicano.*
E2: *Soy Tom y ayer jugué al tenis. Fran fue a un restaurante mexicano.*
E3: *Soy Chris y ayer tuve que preparar la cena. Tom jugó al tenis y Fran fue a un restaurante mexicano.*

7-22 El mercado

El año pasado, Amanda fue estudiante de intercambio y vivió con una familia en Asunción. Completa el siguiente párrafo sobre su primera visita al mercado y después compártelo con un/a compañero/a. ■

andar	traer	decidir	ir
pedir	poder	poner	tener

Ayer mis nuevas "hermanas", Patricia y Gloria, y yo (1) ____________ al mercado por primera vez. Como perdimos el autobús, (2) ____________ que ir caminando. (3) ¡Nosotras ____________ por más de media hora! Por fin llegamos y (4) ____________ tomar un café antes de entrar en el mercado. Yo pedí un café doble con leche y ellas (5) ____________ café con leche y tostada. Cuando el señor nos (6) ____________ los cafés, Patricia (7) ____________ seis cucharadas (*spoonfuls*) de azúcar en el suyo (*hers*). (Yo) No lo (8) ____________ creer: ¡demasiado dulce para mí!

comprar	decir	estar	poner
ser	tomar	ver	volver

Al entrar en el mercado, yo (9) ____________ un montón (*a pile*) de verduras y frutas de muchos colores brillantes. (10) ____________ impresionante. Después yo les (11) ____________ varias fotos a las chicas. Primero compramos una lechuga, dos cebollas, ajo, medio kilo de zanahorias y un pimiento verde. Hablamos unos cinco minutos con la vendedora sobre su sobrina. Ella (12) ____________ seis meses en los Estados Unidos como estudiante de intercambio. Después miramos las frutas y por fin escogimos dos melones y medio kilo de peras. Las chicas (13) ____________ las verduras en el bolso grande y la fruta en el bolso más pequeño. Entonces pasamos a la parte del pescado donde nosotras (14) ____________ atún. La señora lo envolvió (*wrapped*) en papel antes de ponerlo en una bolsa de plástico. Hicimos las compras en menos de media hora. A las nueve y cuarto les (15) ____________ adiós a todos y (16) ____________ a casa… esta vez en autobús.

Fíjate

Amanda refers to a *medio kilo de zanahorias*. Remember that in most parts of the world the metric system is the preferred system of measurement.

7-23 ¿Hay rutina en tu semana?

¿Cuántas veces hiciste cada una de estas cosas la semana pasada? ■

Paso 1 Di las respuestas a las siguientes preguntas, según el modelo.

MODELO ver una película en la televisión

E1: La semana pasada, ¿cuántas veces viste una película en la televisión?

E2: *Vi una película en la televisión una vez (dos veces, tres veces, etc.).*

Estrategia

Remember that *una vez* means *once* and *veces* means *times: Yo fui al restaurante una vez pero tú fuiste tres veces. = I went to the restaurant once but you went three times.*

La semana pasada, ¿cuántas veces… ?

1. hacer la tarea
2. dar la respuesta correcta en clase
3. venir a la clase de español
4. conducir a la universidad
5. dormir ocho horas
6. andar por el centro
7. ir al cine
8. jugar un deporte
9. ver un partido en la televisión
10. comer comida rápida

Paso 2 Pídele a tu compañero/a que adivine (*guess*) cuántas veces hiciste las actividades del **Paso 1.** Sigue el modelo.

MODELO
E1: *La semana pasada, ¿cuántas veces piensas que (yo) hice la tarea?*
E2: *Pienso que la hiciste tres veces.*
E1: *Sí, tienes razón. ¡La hice tres veces!*
E1: *¿Cuántas veces piensas que fui al cine?*
E2: *Pienso que no fuiste.*
E1: *No, no tienes razón. Fui una vez.*

Capítulo 2. Los deportes y los pasatiempos, pág. 81 del eText.

7-24 ¿Adónde fui?

Hazle a tu compañero/a las siguientes preguntas para averiguar adónde fue de vacaciones. Después, cambien de papel. (**¡OJO!** *Before asking the last question, try to guess where he or she went.*) ■

MODELO
E1: ¿Fuiste en verano?
E2: *No, fui en otoño. / Sí, fui en verano.*

1. ¿Fuiste a la playa?
2. ¿Visitaste un museo?
3. ¿Viste un partido de béisbol?
4. ¿Montaste en bicicleta?
5. ¿Qué compraste?
6. ¿Comiste mariscos?
7. ¿Tomaste el sol?
8. ¿Jugaste al golf?
9. ¿Nadaste?
10. ¿Dormiste en un hotel?
11. ¿Jugaste al tenis?
12. ¿Fuiste a un parque?
13. ¿Qué más hiciste?
14. ¿Adónde fuiste?

Workbooklet

7-25 Chismes (*Gossip*)

Imagina que eres el/la editor/a de la columna de chismes de un periódico. Escribe en el cuadro tus respuestas a las siguientes preguntas. Después, entrevista a tres compañeros/as y anota sus respuestas. ¿Están de acuerdo? ■

1. ¿Qué película tuvo mucho éxito el año pasado?
2. ¿Qué actor salió en una película que **no** tuvo éxito?
3. ¿Qué miembro del gobierno (*member of the government*) dijo algo tonto?
4. ¿Quién hizo un CD recientemente?
5. ¿Cuál de tus amigos estuvo en la playa recientemente?
6. ¿Quién vino tarde a la clase una vez?
7. ¿Quién no trajo sus libros a clase?
8. ¿Quién les dio un examen muy difícil la semana pasada?

YO	ESTUDIANTE 1	ESTUDIANTE 2	ESTUDIANTE 3
1.			
2.			
3.			
4.			
5.			
6.			
7.			
8.			

7 VOCABULARIO

07-38 to 07-42

En el restaurante Explaining restaurant activity

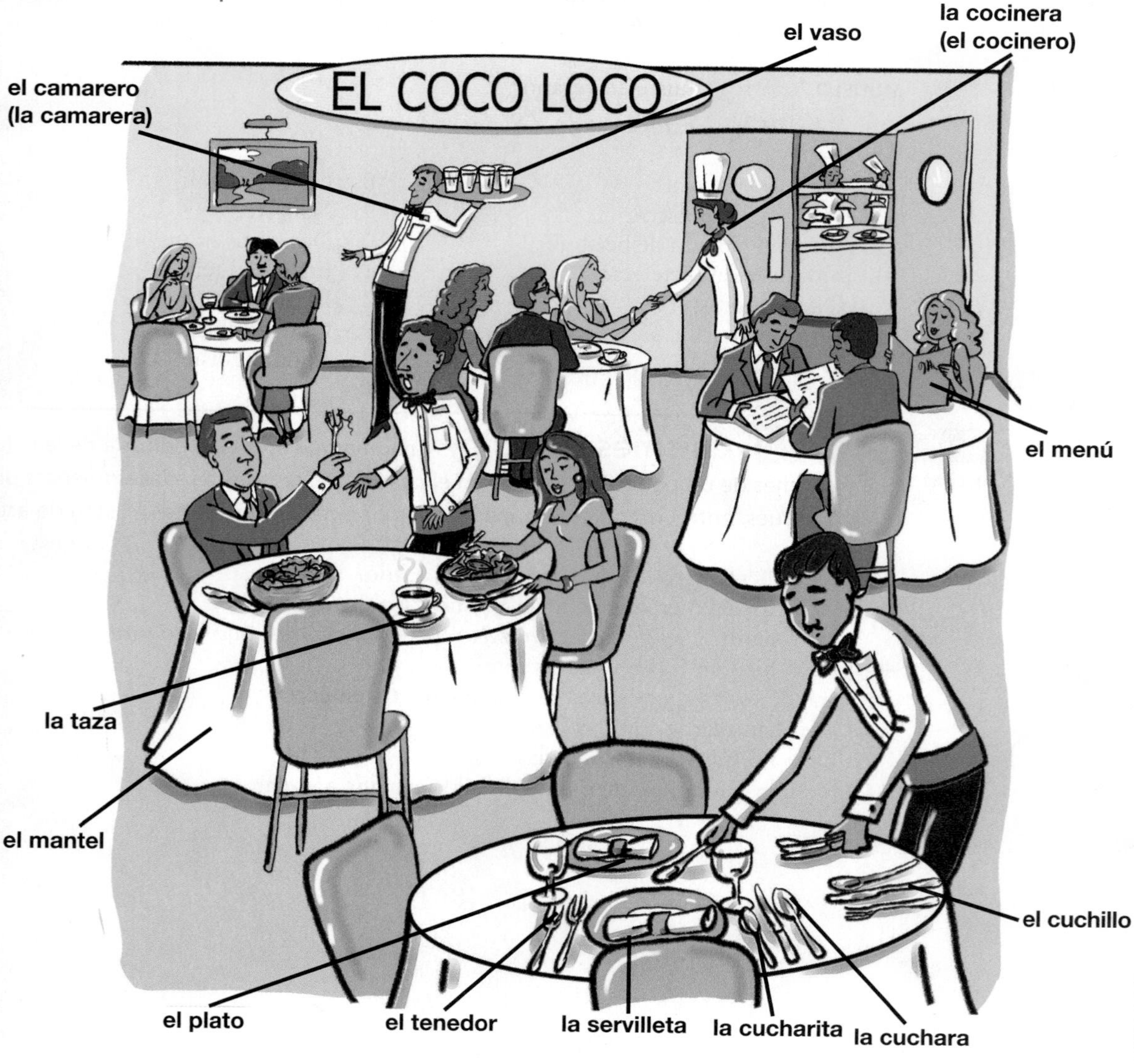

Otras palabras y expresiones útiles	*Other words and useful expressions*
barato/a	*cheap*
¡Buen provecho!	*Enjoy your meal!*
caro/a	*expensive*
el/la cliente/a	*customer; client*
la especialidad de la casa	*specialty of the house*
La cuenta, por favor.	*The check, please.*
la propina	*tip*
la tarjeta de crédito	*credit card*
la tarjeta de débito	*debit card*

Algunos verbos	*Some verbs*
pagar	*to pay*
pedir	*to order*
reservar una mesa	*to reserve a table*

Workbooklet

7-26 La organización es clave

Juntos escriban las siguientes categorías: **cosas en la mesa, pedir y pagar** y **personas en el restaurante.** Después, organicen el vocabulario de **En el restaurante** bajo esas categorías. ■

MODELO

COSAS EN LA MESA	PEDIR Y PAGAR	PERSONAS EN EL RESTAURANTE
el cuchillo	la propina	el camarero

7-27 ¿Cómo se dice?

Túrnense para decir qué palabra o frase corresponde a las siguientes descripciones. ■

MODELO E1: el "Gran Especial"
E2: *la especialidad de la casa*

1. persona que sirve la comida
2. dinero que das por buen servicio
3. lista de comidas y bebidas
4. es necesario para limpiar las manos
5. persona que prepara la comida en un restaurante
6. es necesario para comer *Frosted Flakes*
7. es necesario para beber café
8. persona que come en el restaurante

Estrategia

As you acquire more Spanish in each chapter, try to write definitions in Spanish of your new vocabulary words as in the model. Learning new vocabulary will become easier the more you practice. Also, it will help you use your new vocabulary in sentences.

Capítulo 2. El verbo *estar*, pág. 76 del eText;
Capítulo 3. *Hay*, pág. 119 del eText.

7-28 Una mesa bien puesta Dibuja la mesa de tu familia o de la familia de un/a buen/a amigo/a para una cena especial con todo bien puesto (*well set*). Ahora, sin mostrar tu dibujo, descríbeselo a un/a compañero/a mientras él/ella lo dibuja. ¿Lo dibujó bien? Luego cambien de papeles. ■

Vocabulario útil

al lado (de)	*beside; next to*
a la izquierda (de)	*to the left (of)*
a la derecha (de)	*to the right (of)*
cerca (de)	*near*
debajo (de)	*under; underneath*
encima (de)	*on top of; above*

7-29 ¿Qué pasó? Miren el dibujo en la página 178 y digan por lo menos **cinco** oraciones acerca de lo que pasó anoche en el restaurante El Coco Loco. ■

7-30 ¿Me puede servir...?
Vas con dos amigos/as al restaurante más popular de Asunción para cenar. ■

Paso 1 Miren el menú y determinen qué van a pedir sabiendo que tienen 60.000 guaraníes para pagar.

EL RESTAURANTE BUEN PROVECHO

SOPAS Y CREMAS	
Sopa de cebolla gratinada	15.500 PYG
Sopa de pescado	32.000
Sopa de pollo y verduras	27.000
Consomé de pollo	17.000

ENSALADAS	
Mixta de verduras	19.500
Ensalada de jamón, pollo o atún	45.000
Ensalada de frutas	35.000

SÁNDWICHES CALIENTES	
Sándwich de queso	36.000
Sándwich de pollo, jamón y queso	48.000
Sándwich de jamón	38.000

SÁNDWICHES FRÍOS	
Sándwich de pollo, tomate y lechuga	43.000
Sándwich de ensalada de pollo	45.000
Sándwich de jamón y queso	46.000

HELADOS Y POSTRES	
Tres Marías	14.500
Helado de chocolate	12.000
Helado especial	12.000
Flan de la casa	14.500

BEBIDAS Y REFRESCOS	
Café	5.500
Vaso de leche	6.600
Chocolate en taza	7.200
Té caliente	5.500
Té frío	5.500
Refrescos fríos	7.000
Cervezas	12.500
Copa de vino	14.000

Paso 2 Ahora, utilizando esa información, realicen (*act out*) una escena en un restaurante para la clase. Una persona debe ser el/la camarero/a y las otras personas deben ser los clientes.

Capítulo 2. Presente indicativo de verbos regulares, pág. 67 del eText.

7-31 De compras en el mercado
Algunos estudiantes van a hacer el papel de vendedores y otros de clientes. Tu profesor/a te va a dar una lista de los productos que tienes para vender o de los que necesitas comprar. Los vendedores deben ganar cincuenta mil guaraníes y los clientes sólo pueden gastar cincuenta mil guaraníes. Va a haber competencia entre los vendedores y sí, ¡puedes regatear (*bargain; negotiate the price*)! ■

ESCUCHA

07-43

Las compras en el mercado

Estrategia

Combining strategies

To begin the new term it is useful to review and combine all the listening strategies you have practiced thus far. Remember to use all clues available to you to anticipate what you are about to hear, including photos, captions, and pre-listening synopses or questions. If you are performing a listening activity like the one to follow, also look ahead at the comprehension questions. Once you have an idea of the context, consider what you already know about it. Taking time to think about and practice these specific strategies will enhance your ability to listen effectively.

7-32 Antes de escuchar Contesta las siguientes preguntas. ■

1. Mira la foto. ¿Dónde está la mujer? ¿Qué hace?
2. ¿Haces las compras (*Do you shop*) en un mercado como este, donde hay muchos vendedores en un solo lugar, o en un supermercado?
3. ¿Qué tipo de vocabulario necesitas saber para poder hacer las compras en un mercado?

7-33 A escuchar Escucha la conversación entre la madre de Alejandra y un vendedor para averiguar el propósito (*purpose*) de la conversación. Después, escucha una vez más para contestar las siguientes preguntas. ■

1. ¿Qué compra? Marca (✓) delante de los ingredientes o condimentos que ella compra.

   _____ mantequilla _____ vinagre
   _____ azúcar _____ huevos
   _____ queso _____ pan
   _____ mayonesa _____ leche

2. Determina si las siguientes oraciones son ciertas (**C**) o falsas (**F**).
   a. La madre necesita ingredientes para preparar un plato nuevo.
   b. El Sr. Gómez tiene huevos blancos y marrones.
   c. La madre compra seis huevos.
   d. El Sr. Gómez también vende verduras.
   e. El Sr. Gómez tiene todo lo que la madre necesita comprar.

7-34 Después de escuchar Realiza (*Act out*) con un/a compañero/a la escena entre la madre y el Sr. Gómez. ■

¡CONVERSEMOS!

07-44

7-35 De compras Descríbele a un/a compañero/a lo que compraste la última vez que fuiste al supermercado. Di por lo menos **diez** oraciones e incluye detalles como los siguientes: ■

- Lo que (no) tuviste que comprar (*tener que + infinitivo*)
- Los precios de la comida y de las bebidas
- Quien preparó la comida y cómo la preparó

Tu compañero/a va a comparar lo que él/ella compró con tus compras.

7-36 ¡Qué fiesta! Colin Cowie, un famoso organizador de fiestas para las grandes estrellas de Hollywood, te contrató para ayudarle a planear una fiesta para tu músico o actor favorito. Descríbele a un/a compañero/a (Colin Cowie) en por lo menos **diez** oraciones todo lo que tuviste que hacer. Incluye la comida que compraste, lo que preparaste para comer, cómo pusiste la mesa, quiénes vinieron a la fiesta, etc. Tu compañero/a (Colin Cowie) va a decirte si le gustó lo que hiciste. ■

ESCRIBE

07-45 to 07-46

Una descripción

Estrategia

Topic sentence and conclusion

In writing for any audience, it is important to both capture the interest of the reader with a strong topic sentence, preparing him/her for what he/she is about to read, and end with a strong conclusion, restating or summarizing the main points for the reader.

7-37 Antes de escribir Piensa en el mejor día festivo que pasaste. Haz una lista de los siguientes detalles: ■

- las personas con quienes celebraste o las que fueron a la fiesta
- lo que comieron y bebieron
- las cosas que hicieron
- los regalos que dieron y recibieron

7-38 A escribir Ahora, usando los detalles de la lista, escribe un párrafo bien desarrollado (*well developed*) sobre ese día, con introducción y conclusión. ■

7-39 Después de escribir En grupos de cuatro o cinco estudiantes, lean los párrafos de la actividad **7-38.** Ofrezcan (*Offer*) ideas a sus compañeros para mejorar su trabajo. Después, escriban la versión final para entregársela (*turn it in*) a su profesor/a. ■

¿Cómo andas? II

Having completed **Comunicación II,** I now can . . .	Feel confident	Need to review
• explain food preparation (p. 171)	☐	☐
• survey foods from different parts of the Hispanic world (p. 173)	☐	☐
• express things that happened in the past using irregular forms (p. 173)	☐	☐
• explain restaurant activity (p. 178)	☐	☐
• combine listening strategies (p. 182)	☐	☐
• communicate about food shopping and party planning (p. 183)	☐	☐
• relate a memory (p. 184)	☐	☐

Chile

07-47 to 07-48

Les presento mi país

Gino Breschi Arteaga

Mi nombre es Gino Breschi Arteaga y soy de Viña del Mar, Chile. Viña del Mar es una ciudad turística en la costa y tiene una playa hermosa. El país es muy largo y estrecho, con un promedio (*average*) de 180 kilómetros de ancho (*wide*) y aproximadamente 4.300 kilómetros de largo. Al oeste, tenemos el océano Pacífico y al este, la cordillera majestuosa de los Andes, donde hay unas minas impresionantes de carbón, oro, cobre y otros minerales importantes. **¿Prefieres vivir cerca del océano o de las montañas?** Al norte, está el desierto de Atacama, el más árido del mundo. Al sur, hay una serie de glaciares en parques nacionales. Estudié geografía y ahora trabajo para el Ministerio del Medio Ambiente, específicamente con la división que supervisa el manejo (*management*) de las áreas protegidas, como el glaciar San Rafael. **¿Cuáles áreas están protegidas en tu país?**

La playa en Viña del Mar

El pastel de choclo es un plato favorito de los chilenos

El glaciar San Rafael, Patagonia

ALMANAQUE

Nombre oficial:	República de Chile
Gobierno:	República
Población:	16.746.491 (2010)
Idioma:	español
Moneda:	Peso chileno ($)

¿Sabías que...?

- Además del (*In addition to*) desayuno, el almuerzo y la cena, los chilenos toman una merienda llamada "las onces", que comen entre las 4:00 y las 7:00 de la tarde.
- El baile nacional de Chile es la cueca. Este baile se inspira en el rito de cortejo (*courting*) del gallo (*rooster*) y la gallina (*hen*).

Preguntas

1. ¿Qué extremos geográficos y climatológicos se mencionan? ¿Hay algo parecido en los Estados Unidos?
2. ¿Qué tipos de minas hay en Chile? ¿Hay minas parecidas en los Estados Unidos?
3. Un plato popular en Chile es el pastel de choclo. ¿Cuáles son unos platos populares donde tú vives?

Amplía tus conocimientos sobre Chile en MySpanishLab.

Paraguay

07-49 to 07-50

Les presento mi país

Sandra Manrique Esquivel

Mi nombre es Sandra Manrique Esquivel y vivo en Villa Rica, Paraguay. Como un gran porcentaje de los paraguayos, soy bilingüe: hablo español y guaraní. **¿En qué otros países hay una población bilingüe?** El guaraní es el idioma hablado por los indígenas originales del país: los guaraníes. Hoy día, el noventa por ciento de los paraguayos somos **mestizos,** una mezcla (*mixture*) de los indígenas y los conquistadores españoles. Los indígenas cultivaron la mandioca (*yucca*), la batata (*yam*), el maíz y la yerba mate entre otras cosechas (*crops*). Villa Rica es importante por la producción de tabaco y yerba mate. Durante el día, se ve a los paraguayos tomando su **tereré,** una infusión fría de yerba mate. **¿Qué refresco te gusta tomar?**

La Represa Hidroeléctrica de Itaipú, en la frontera entre Paraguay y Brasil

El ñandú es una especie de ave nativa y amenazada (*endangered*) de El Chaco

El tereré, una infusión fría de yerba mate, es la bebida preferida en Paraguay

ALMANAQUE

Nombre oficial:	República del Paraguay
Gobierno:	República constitucional
Población:	6.375.830 (2010)
Idiomas:	español (oficial); guaraní (oficial)
Moneda:	Guaraní (G)

¿Sabías que…?

- Muchos paraguayos son aficionados a los remedios caseros (*home-made remedies*), por ejemplo los usos de la planta guaraná, un arbusto (*bush; shrub*) indígena, para calmar los nervios y ayudar con la digestión.
- El Chaco cubre el 60% de la superficie de Paraguay pero contiene solamente un 2% de la población del país.

Preguntas

1. ¿Qué comidas se comen en Paraguay?
2. ¿Por qué son bilingües muchos paraguayos?
3. ¿En qué aspectos son Chile y Paraguay diferentes y similares? ¿Cómo se comparan con los otros países que hemos estudiado?

Amplía tus conocimientos sobre Paraguay en MySpanishLab.

¡Hola!

eText p. 286 07-53 to 07-54

Ambiciones siniestras

Lectura y video

Y por fin, ¿cómo andas?

Having completed this chapter, I now can . . .	Feel confident	Need to review
Comunicación I		
• discuss food (p. 158)	☐	☐
• pronounce **r** and **rr** correctly (MSL/SAM)	☐	☐
• communicate with less repetition using direct object pronouns (p. 163)	☐	☐
• express things that happened in the past (Part I) (p. 164)	☐	☐
• describe things that happened in the past (Part II) (p. 166)	☐	☐
Comunicación II		
• explain food preparation (p. 171)	☐	☐
• express things that happened in the past using irregular forms (p. 173)	☐	☐
• explain restaurant activity (p. 178)	☐	☐
• combine listening strategies (p. 182)	☐	☐
• communicate about food shopping and party planning (p. 183)	☐	☐
• relate a memory (p. 184)	☐	☐
Cultura		
• compare and contrast eating habits (p. 162)	☐	☐
• survey foods from different parts of the Hispanic world (p. 173)	☐	☐
• list interesting facts about this chapter's featured countries: Chile and Paraguay (pp. 185–186)	☐	☐
Ambiciones siniestras		
• predict what will happen in a reading and discover the voice-mail message that frightens Cisco (p. 187)	☐	☐
• determine who has received the riddle, and what they have figured out so far (p. 187)	☐	☐
Comunidades		
• use Spanish in real-life contexts (SAM)	☐	☐

VOCABULARIO ACTIVO

Las carnes y las aves	*Meat and poultry*
las aves	*poultry*
el bistec	*steak*
la carne	*meat*
la hamburguesa	*hamburger*
el jamón	*ham*
el perro caliente	*hot dog*
el pollo	*chicken*

El pescado y los mariscos	*Fish and seafood*
el atún	*tuna*
los camarones (*pl.*)	*shrimp*
el pescado	*fish*

Las frutas	*Fruit*
la banana	*banana*
el limón	*lemon*
la manzana	*apple*
el melón	*melon*
la naranja	*orange*
la pera	*pear*
el tomate	*tomato*

Las verduras	*Vegetables*
la cebolla	*onion*
el chile	*chili pepper*
la ensalada	*salad*
los frijoles (*pl.*)	*beans*
la lechuga	*lettuce*
el maíz	*corn*
la papa/la patata	*potato*
las papas fritas (*pl.*)	*french fries; potato chips*
la verdura	*vegetable*

Los postres	*Desserts*
los dulces	*candy; sweets*
las galletas	*cookies; crackers*
el helado	*ice cream*
el pastel	*pastry; pie*
el postre	*dessert*
la torta	*cake*

Las bebidas	*Beverages*
el agua (con hielo)	*water (with ice)*
el café	*coffee*
la cerveza	*beer*
el jugo	*juice*
la leche	*milk*
el refresco	*soft drink*
el té (helado / caliente)	*tea (iced / hot)*
el vino	*wine*

Más comidas	*More foods*
el arroz	*rice*
el cereal	*cereal*
el huevo	*egg*
el pan	*bread*
el queso	*cheese*
la sopa	*soup*
la tostada	*toast*

Las comidas	*Meals*
el almuerzo	*lunch*
la cena	*dinner*
la comida	*food; meal*
el desayuno	*breakfast*
la merienda	*snack*

Verbos	Verbs
almorzar (ue)	*to have lunch*
andar	*to walk*
beber	*to drink*
cocinar	*to cook*
conducir	*to drive*
cenar	*to have dinner*
desayunar	*to have breakfast*
merendar	*to have a snack*

Los condimentos y las especias	Condiments and spices
el aceite	*oil*
el azúcar	*sugar*
la mantequilla	*butter*
la mayonesa	*mayonnaise*
la mermelada	*jam; marmalade*
la mostaza	*mustard*
la pimienta	*pepper*
la sal	*salt*
la salsa de tomate	*ketchup*
el vinagre	*vinegar*

Algunos términos de cocina	Cooking terms
a la parrilla	*grilled*
al horno	*baked*
asado/a	*roasted; grilled*
bien cocido/a	*well done*
bien hecho/a	*well cooked*
caliente	*hot (temperature)*
cocido/a	*boiled; baked*
crudo/a	*rare; raw*
duro/a	*hard-boiled*
fresco/a	*fresh*
frito/a	*fried*
helado/a	*iced*
hervido/a	*boiled*
picante	*spicy*
poco hecho/a	*rare*
término medio	*medium*

En el restaurante	In the restaurant
el/la camarero/a	*waiter/waitress*
el/la cliente/a	*customer; client*
el/la cocinero/a	*cook*
la cuchara	*soup spoon; tablespoon*
la cucharita	*teaspoon*
el cuchillo	*knife*
la especialidad de la casa	*specialty of the house*
el mantel	*tablecloth*
el menú	*menu*
el plato	*plate; dish*
la propina	*tip*
la servilleta	*napkin*
la tarjeta de crédito	*credit card*
la tarjeta de débito	*debit card*
la taza	*cup*
el tenedor	*fork*
el vaso	*glass*

Verbos	Verbs
pagar	*to pay*
pedir	*to order*
reservar una mesa	*to reserve a table*

Otras palabras útiles	Other useful words
anoche	*last night*
anteayer	*the day before yesterday*
el año pasado	*last year*
ayer	*yesterday*
barato/a	*cheap*
¡Buen provecho!	*Enjoy your meal!*
caro/a	*expensive*
cerca (de)	*near*
debajo (de)	*under; underneath*
encima (de)	*on top (of); above*
el fin de semana pasado	*last weekend*
el… (jueves) pasado	*last . . . (Thursday)*
La cuenta, por favor.	*The check, please.*
la semana pasada	*last week*
más tarde que	*later than*
más temprano que	*earlier than*

8 ¿Qué te pones?

En los países hispanohablantes la gente lleva (*wear*) ropa (*clothing*) muy similar a la que llevan por todo el mundo pero también se usa ropa más tradicional. Por ejemplo, en México se encuentran sarapes, ponchos y huaraches y en Colombia usan ruanas (ponchos) y alpargatas (*espadrilles*).

PREGUNTAS

1. ¿Qué tipo de ropa te gusta? ¿Prefieres la ropa formal o la ropa informal? ¿Qué ropa llevas normalmente?
2. ¿Te interesa la moda (*fashion*)? ¿Te gusta experimentar con diferentes estilos de ropa? Explica.
3. ¿Cómo influye el lugar donde vive una persona en la ropa que lleva?

OBJETIVOS	CONTENIDOS	
COMUNICACIÓN I		
To describe clothing	**1** Clothing	192
To pronounce the letters *ll* and *ñ*	**Pronunciación:** The letters **ll** and **ñ**	MSL / SAM
To state to whom and for whom things are done	**2** Indirect object pronouns	196
To express likes, dislikes, needs, etc.	**3** **Gustar** and similar verbs	200
To convey information about people and things	**4** Direct and indirect object pronouns used together	203
To engage in additional communication practice	**Heritage Language**	SAM
COMUNICACIÓN II		
To provide details about clothing	**5** Fabrics and materials	207
To relate daily routines	**6** Reflexive verbs	210
To share about situations in the past and how things used to be	**7** The imperfect tense	214
To guess the meanings of unfamiliar words, when listening, from the context	**ESCUCHA:** Clothes shopping **Estrategia:** Guessing meaning from context	218
To communicate about clothing and fashion	**¡Conversemos!**	219
To write an e-mail, practicing circumlocution	**ESCRIBE:** An e-mail **Estrategia:** Circumlocution	220
To engage in additional communication practice	**Heritage Language**	SAM
CULTURA		
To recount information about a Spanish clothing company	**NOTA CULTURAL** Zara: la moda internacional	196
To consider shopping practices in the Spanish-speaking countries	**NOTA CULTURAL** Los centros comerciales en Latinoamérica	213
To share important facts about this chapter's featured countries: Argentina and Uruguay	**CULTURA** *Argentina y Uruguay*	221–222
To explore further the chapter's cultural themes	**MÁS CULTURA**	SAM
AMBICIONES SINIESTRAS		
To deduce the meanings of unfamiliar words and explain the significance of the latest e-mail from Sr. Verdugo	**EPISODIO 8** **Lectura:** *¿Quién fue?* **Estrategia:** Guessing meaning from context	223
To reveal secrets regarding Lupe	**Video:** *El misterio crece*	223
COMUNIDADES		
To use Spanish in real-life contexts	**Experiential Leaning:** ¿Qué me pongo? **Service Learning**: Ayuda para los que ayudan	SAM SAM

Comunicación I

1 VOCABULARIO

08-01 to 08-07

La ropa Describing clothing

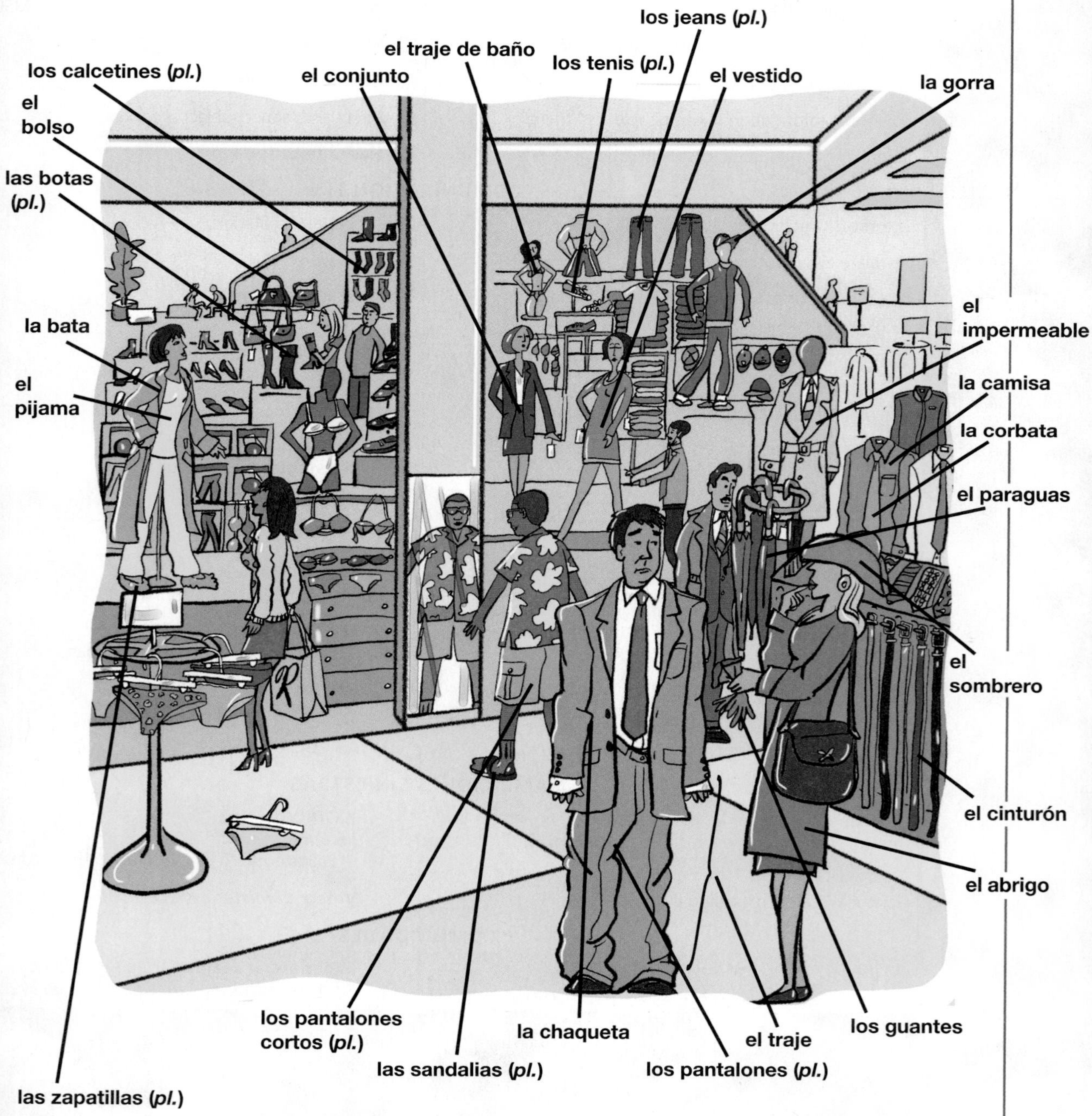

Un verbo	*A verb*
llevar	*to wear; to take; to carry*

Otras palabras útiles	*Other useful words*
la moda	*fashion; style*
las prendas	*articles of clothing*

Fíjate

In your vocabulary list you see the letters (*pl.*) beside words such as *las medias* or *los jeans* to indicate that they are plural in Spanish. You will also notice (*pl.*) beside *los calcetines*. Each sock is a *calcetín*.

PRONUNCIACIÓN

¡Hola! 08-08 to 08-10

The letters *ll* and *ñ*

Go to MySpanishLab / Student Activities Manual to learn about the letters ***ll*** and ***ñ***.

8-1 Categorías Escribe todas las palabras nuevas del vocabulario que corresponden a las siguientes categorías. Luego, compara tu lista con la de un/a compañero/a. ■

¿Qué ropa usas para… ?

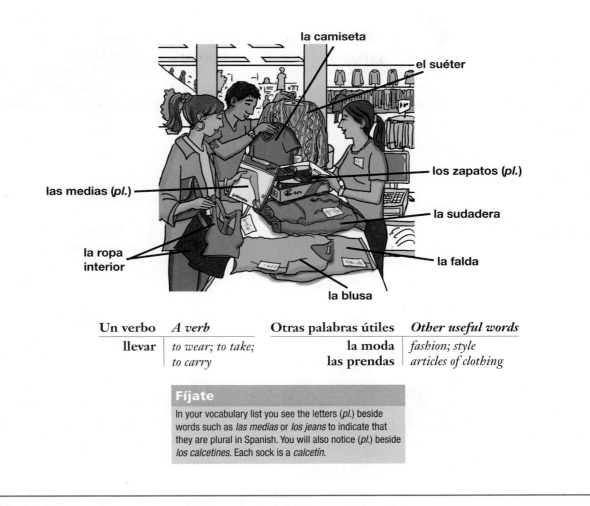

1. hacer ejercicio y jugar a los deportes
2. ir a la cama
3. cubrir (*to cover*) los pies (*feet*)
4. ir a clase
5. trabajar en una oficina

8-2 ¡Señoras y señores!

Dibujen un diagrama de Venn según el modelo. En el círculo izquierdo, hagan una lista de la ropa que generalmente llevan las mujeres. En el círculo derecho, hagan una lista de la ropa que generalmente llevan los hombres. En el centro donde se juntan los círculos (*where the circles overlap*), hagan una lista de la ropa que los hombres y las mujeres llevan. ¿Que lista es más larga? ■

MODELO

> **Fíjate**
>
> You have noticed that *¡Anda! Curso elemental* makes extensive use of pair and group work in the classroom to provide you with many opportunities during the class period to practice Spanish. When working in pairs or groups, it's imperative that you make every effort to speak only Spanish.

Capítulo 3. Los colores, pág. 111 del eText.

8-3 ¿Cómo se visten?

Túrnense para describir qué ropa llevan las personas en las fotos. ■

MODELO *El hombre y los chicos llevan sombreros…*

> **Estrategia**
>
> Remember that adjectives describe nouns and agree in number (singular / plural) and gender (masculine / feminine) with the nouns they are describing.

8-4 El juego del viaje (*travel*)

¿Te gusta viajar? Formen un círculo de cinco estudiantes o más. Primero, decidan dónde quieren ir de viaje. Después, túrnense para decir sus nombres y un artículo de ropa que quieren llevar. Cada estudiante tiene que repetir lo que dijeron los estudiantes anteriores. **¡OJO!** Si no recuerdan (*If you don't remember*), tienen que preguntar: **¿Qué dijiste, por favor?** o **¿Puedes repetir, por favor?** ■

MODELO Vamos a Cancún.

E1: *Soy Beverly y voy a llevar un traje de baño.*

E2: *Soy Tim y voy a llevar una camiseta blanca. Beverly va a llevar un traje de baño.*

E3: *Soy Kelly y voy a llevar una chaqueta. Tim va a llevar una camiseta blanca. Beverly va a llevar un traje de baño.*

E4: ...

Estrategia

It is important to be supportive of your fellow classmates during these activities, which includes making suggestions and helpful comments and corrections. Because you will be learning from each other, it is good to know the following expressions to help you interact with each other:

(No) Estoy de acuerdo.	*I agree. / I don't agree.*
Yo pienso que es...	*I think it's . . .*
¿No debería ser...?	*Shouldn't it be . . . ?*

Capítulo Preliminar A. Los días, los meses y las estaciones, pág. 20 del eText.

8-5 Señora, ¿qué debo llevar?

Trabajas para una agencia de viajes y, para ayudar a tus clientes, tienes que preparar una lista de la ropa que deben llevar a cada destino (*destination*). Compara tu lista con la de un/a compañero/a. ■

MODELO La República Dominicana en agosto
los trajes de baño, los pantalones cortos, las camisetas, los jeans, los tenis y el paraguas

1. Argentina en julio
2. Costa Rica en junio
3. México en septiembre
4. Cuba en diciembre
5. Uruguay en marzo
6. España en febrero

Fíjate

Remember that the seasons south of the equator are the opposite of those in the northern hemisphere, so that when it is summer in the northern hemisphere it is winter in the southern hemisphere.

Capítulo 3. Los colores, pág. 111 del eText; Capítulo 4. *Ir + a + infinitivo*, pág. 147 del eText; Capítulo 5. Los pronombres de complemento directo, pág. 189 del eText; Capítulo 7. El pretérito, pág. 263 del eText.

Workbooklet

8-6 ¿Tienes un presupuesto (*budget*)?

Completa el siguiente cuadro con las prendas que acabas de comprar (*have just bought*) y con las que necesitas comprar. Luego, comparte tus respuestas con un/a compañero/a. ■

Fíjate

The expression *acabar de + infinitive* means *to have just done something*. Use this expression in the present tense when you want to refer to the very recent past. As in the *modelo*, this expression is useful for establishing a context for the use of the preterit.

MODELO *Acabo de comprar una blusa blanca muy elegante. La compré en Macy's la semana pasada. Pagué cuarenta y cinco dólares. Necesito comprar una falda negra.*

ACABO DE COMPRAR...	LO(S)/LA(S) COMPRÉ...	PAGUÉ...	VOY A / NECESITO COMPRAR...
1. una blusa blanca	en Macy's	$45	una falda negra
2.			
3.			

NOTA CULTURAL

¡Hola! eText p. 298 08-11 to 08-12

Zara: la moda internacional

2 GRAMÁTICA

08-13 to 08-17 ¡Hola! Spanish/English Tutorials

Los pronombres de complemento indirecto

Stating to whom and for whom things are done

The indirect object indicates *to whom* or *for whom* an action is done. Note these examples:

A: My mom bought this dress *for whom*?

B: She bought this dress *for you*.

A: Yes, she bought *me* this dress.

¿Éste es el vestido que mi madre me compró?

Review the chart of the indirect object pronouns and their English equivalents:

Los pronombres de complemento indirecto

me	*to / for me*
te	*to / for you*
le	*to / for you* (Ud.)
le	*to / for him, her*
nos	*to / for us*
os	*to / for you all* (vosotros)
les	*to / for you all* (Uds.)
les	*to / for them*

¡Explícalo tú!

Now study the sentences and answer the questions that follow.

Mi madre	**me**	compra mucha ropa.
Mi madre	**te**	compra mucha ropa.
Mi madre	**le**	compra mucha ropa a usted.
Mi madre	**le**	compra mucha ropa a mi hermano.
Mi madre	**nos**	compra mucha ropa.
Mi madre	**os**	compra mucha ropa.
Mi madre	**les**	compra mucha ropa a ustedes.
Mi madre	**les**	compra mucha ropa a mis hermanos.

In each of the above sentences:

1. Who is *buying* the clothing?
2. Who is *receiving* the clothing?

✔ Check your answers to the preceding questions in Appendix 1.

Now, look at the following examples. Identify the **direct objects** and the **indirect object pronouns**.

¿Me traes la falda gris?	*Will you bring me the gray skirt?*
Su novio le regaló la chaqueta más formal.	*Her boyfriend gave her the more formal jacket.*
Mi hermana me compró la blusa elegante.	*My sister bought me the elegant blouse.*
Nuestra compañera de cuarto nos lavó la ropa.	*Our roommate washed our clothes for us.*

Some things to remember:

1. Like direct object pronouns, indirect object pronouns *precede* verb forms and can also be *attached to infinitives and present participles* (**-ando, -iendo**).

¿**Me** quieres dar la chaqueta? ¿Quieres dar**me** la chaqueta?	} *Do you want to give me the jacket ?*
¿**Me** vas a dar la chaqueta? ¿Vas a dar**me** la chaqueta?	} *Are you going to give me the jacket?*
¿**Me** estás dando la chaqueta? ¿Estás dándo**me** la chaqueta?	} *Are you giving me the jacket?*
Manolo **te** puede comprar la gorra en la tienda. Manolo puede comprar**te** la gorra en la tienda.	} *Manolo can buy you the cap at the store.*
Su hermano **le** va a regalar una camiseta. Su hermano va a regalar**le** una camiseta.	} *Her brother is going to give her a T-shirt.*

2. To clarify or emphasize the indirect object, a prepositional phrase (**a** + *prepositional pronoun*) can be added, as in the following sentences. Clarification of **le** and **les** is especially important since they can refer to different people (*him*, *her*, *you*, *them*, *you all*).

Le presto el abrigo **a él** pero no **le** presto nada **a ella.**	*I'm loaning him my coat, but I'm not loaning her anything.* (clarification)
¿**Me** preguntas **a mí**?	*Are you asking me?* (emphasis)

3. It is common for Spanish speakers to include both an indirect object noun and pronoun in the same sentence, especially when the third person form is used. This is most often done to clarify or emphasize something.

Fíjate

Remember that indirect object pronouns indicate to whom (*a quién*) and for whom (*para quién*) something is done.

8-7 Amigos perfectos

Cuando sus mejores amigos celebran sus cumpleaños, tu compañero/a y tú siempre organizan las fiestas. Juntos escriban oraciones sobre las cosas que hacen, usando **me, te, nos, le** y **les.** ■

MODELO E1: yo / preparar / las fiestas de cumpleaños / para mis amigos

E2: *Yo preparo las fiestas de cumpleaños para mis amigos. / Les preparo las fiestas.*

1. yo / preparar / una fiesta sorpresa (*surprise*) / para él
2. yo / mandar / invitaciones / a todos nuestros amigos
3. mis amigos y yo / comprar / unos regalos cómicos / para ella
4. yo / hacer / una torta / para nosotros
5. mis amigos / dar / unas flores bonitas / a mi madre
6. nosotros / cantar / a nuestro amigo / una canción especial

8-8 ¿Qué me recomienda?

Una persona hace el papel de consejero/a y la otra de estudiante de primer año (*freshman*). Deben hacer y contestar las siguientes preguntas según el modelo. Luego, cambien de papel. ■

MODELO E1: ¿Me recomienda usted la clase de Conversación 101?

E2: *No, no le recomiendo esa clase. Le recomiendo la clase de civilización española.*

1. ¿Me está pidiendo usted información sobre mi familia?
2. ¿Me recomienda usted algunas clases fáciles?
3. ¿Me ayuda usted con mis estudios?
4. ¿Me recomienda usted jugar algún deporte?
5. ¿Me recomienda usted hablar con mis profesores fuera de clase?
6. ¿Me recomienda usted la cafetería?

Capítulo 3. Los quehaceres de la casa, pág. 109 del eText; Capítulo 7. El pretérito, pág. 263 del eText.

8-9 **¡Qué suerte!** Haz una lista de por lo menos **cuatro** cosas que tú hiciste por tu compañero/a de cuarto o tu familia la semana pasada. Después, haz otra lista de tres o cuatro cosas que esa persona hizo por ti. Compara tu lista con la de un/a compañero/a. ■

MODELO E1: *A mi compañero de cuarto le arreglé la sala, le contesté el teléfono…*

E2: *Mi compañera de cuarto me buscó unos libros en la biblioteca. También me preparó la comida…*

Capítulo 7. El pretérito, pág. 263 del eText.

8-10 **Los regalos** ¿Te regalaron muchas cosas este año? ¿Regalaste muchas cosas tú? Escribe una lista de **cuatro** regalos que te dieron y de **cuatro** cosas que tú les regalaste. Luego, comparte tu lista con un/a compañero/a según el modelo. ¡Hay que ser creativos! ■

Fíjate

As in English, there are word "families." *El regalo* (noun) means "gift" and *regalar* (verb) means "to give a gift."

MODELO E1: *Le di una corbata a mi padre.*

E2: *¿Ah sí? ¿De qué color? ¿Le gustó a tu padre?*

E1: *Sí, le gustó mucho la corbata azul. Y mis padres me regalaron una bicicleta.*

E2: *¡Qué suerte! ¿Te gusta montar en bicicleta?*

3 GRAMÁTICA

08-18 to 08-21 ¡Hola! Spanish Tutorial

Gustar y verbos como *gustar*

Expressing likes, dislikes, needs, etc.

As you already know, the verb **gustar** is used to express likes and dislikes. **Gustar** functions differently from other verbs you have studied so far.

- The person, thing, or idea that is liked is the *subject* (S) of the sentence.
- The person who likes the other person, thing, or idea is the *indirect object* (IO).

Consider the chart below:

(A mí)	**me**	gusta el traje.	*I like the suit.*
(A ti)	**te**	gusta el traje.	*You like the suit.*
(A Ud.)	**le**	gusta el traje.	*You like the suit.*
(A él)	**le**	gusta el traje.	*He likes the suit.*
(A ella)	**le**	gusta el traje.	*She likes the suit.*
(A nosotros/as)	**nos**	gusta el traje.	*We like the suit.*
(A vosotros/as)	**os**	gusta el traje.	*You (all) like the suit.*
(A Uds.)	**les**	gusta el traje.	*You (all) like the suit.*
(A ellos/as)	**les**	gusta el traje.	*They like the suit.*

Note the following:

1. The construction **a** + *pronoun* (**a mí, a ti, a él,** etc.) or **a** + *noun* is optional most of the time. It is used for clarification or emphasis. Clarification of **le gusta** and **les gusta** is especially important since the indirect object pronouns **le** and **les** can refer to different people (*him, her, you, them, you all*).

   A él le gusta llevar ropa cómoda. (clarification) — *He likes to wear comfortable clothes.*
   A Ana le gusta llevar pantalones cortos. (clarification) — *Ana likes to wear shorts.*
   Me gustan esos pantalones largos. — *I like those long pants.*
   A mí me gustan más esos cortos. (emphasis) — *I like those short ones even more.*

2. Use the plural form **gustan** when what is liked (the subject of the sentence) is plural.

   Me gusta **el traje.** *I like the suit.* → Me gusta**n los trajes.** *I like the suits.*

3. To express the idea that one likes *to do* something, **gustar** is followed by an infinitive. In that case you always use the singular **gusta,** even when you use more than one infinitive in the sentence:

   Me gusta ir de compras por la mañana. — *I like to go shopping in the morning.*
   A Pepe **le gusta leer** revistas de moda y **llevar** ropa atrevida. — *Pepe likes to read fashion magazines and wear daring clothing.*
   Nos gusta llevar zapatos cómodos cuando hacemos ejercicio. — *We like to wear comfortable shoes when we exercise.*

The verbs listed below function like **gustar:**

encantar	*to love; to like very much*
fascinar	*to fascinate*
hacer falta	*to need; to be lacking*
importar	*to matter; to be important*
molestar	*to bother*

Me encanta ir de compras. — *I love to go shopping. (I like shopping very much.)*

A Doug y a David **les fascina** la tienda de ropa Rugby. — *The Rugby clothing store fascinates (is fascinating to) Doug and David.*

¿**Te hace falta** dinero para comprar el vestido? — *Do you need (are you lacking) money to buy the dress?*

A Juan **le importa** el precio de la ropa, no la moda. — *The price of the clothing, not the style, matters (is important) to Juan.*

Nos molestan las personas que llevan sandalias en invierno. — *People who wear sandals in the winter bother us.*

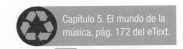

Capítulo 5. El mundo de la música, pág. 172 del eText.

8-11 Hablando de la música...

A Jaime y a Celia les gusta mucho la música. Completa las siguientes oraciones para descubrir sus preferencias. Después, comparte tu párrafo con un/a compañero/a. ■

MODELO A nosotros *nos fascina* (fascinar) la música rap.

A nosotros (1) _____ _________ (encantar) la música rock. A mí (2) _____ _________ (gustar) los grupos como AC/DC y Metallica. Mi cantante favorito es Dave Matthews y (3) _____ _________ (gustar) su grupo también. A Celia (4) _____ _________ (fascinar) el grupo Nickleback. Celia tiene casi todos los CD pero, (5) _____ _________ (hacer falta) uno que se llama *Running with Dark Horse*. A nuestros compañeros (6) _____ _________ (molestar) tener que escuchar nuestra música favorita. Ellos prefieren la música jazz. A Celia y a mí no (7) _____ _________ (importar) su opinión, ¡somos amigos pero no nos tienen que gustar las mismas cosas siempre!

Workbooklet

8-12 ¿Qué opinas? Da tu opinión sobre esta ropa poniendo una equis (**X**) en la columna apropiada de cada hilera (*row*). Luego, comparte tu opinión con un/a compañero/a. ■

MODELO E1: *¿Te fascinan los vestidos de Carolina Herrera?*
E2: *Sí, me fascinan. / No, no me importan mucho. / No sé, no los conozco.*

	(NO) ME FASCINA(N)	(NO) ME ENCANTA(N)	NO ME IMPORTA(N) MUCHO	NO LO(S)/LA(S) CONOZCO
1.  los vestidos de Carolina Herrera				
2.  un traje de Armani				
3.  una camisa y corbata de Zara				
4.  una sudadera				
5.  un conjunto				

Capítulo 2. Las materias y las especialidades, pág. 62 del eText; En la universidad, pág. 74 del eText; Los deportes y los pasatiempos, pág. 81 del eText.

Workbooklet

8-13 En mi opinión... ¿Qué te gusta y no te gusta de tu universidad?

Paso 1 Completa el siguiente cuadro según tu opinión.

ME MOLESTA(N)...	ME ENCANTA(N)...	NOS HACE(N) FALTA...
1.	1.	1.
2.	2.	2.
3.	3.	3.

Paso 2 Ahora, circula por la clase para pedirles a tres compañeros sus opiniones.

MODELO E1 (Tú): *¿Qué te molesta?*

E2: *Me molesta la comida de la cafetería.*

A _____ LE MOLESTA(N)...	A _____ LE ENCANTA(N)...	NOS HACE(N) FALTA...
1.	1.	1.
2.	2.	2.
3.	3.	3.

4 GRAMÁTICA

08-22 to 08-26 ¡Hola! Spanish Tutorial

Los pronombres de complemento directo e indirecto usados juntos Conveying information about people and things

You have worked with two types of object pronouns, direct and indirect. Now, note how they are used together in the same sentence.

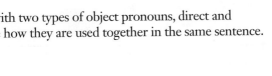

Paula **nos** está devolviendo **las botas.** → Paula **nos las** está devolviendo.
Paula is giving us back the boots. *Paula is giving them back to us.*

Ella nunca **nos** presta **sus zapatos.** → Ella nunca **nos los** presta.
She never loans us her shoes. *She never loans them to us.*

Paula **me** pide **el bolso** ahora. → Paula **me lo** pide ahora.
Paula is asking me for my purse now. *Paula is asking me for it now.*

Mi novio **me** compró **una blusa blanca.** → Mi novio **me la** compró.
My boyfriend bought me a white blouse. *My boyfriend bought it for me.*

(continued)

¡Explícalo tú!

1. You know that direct and indirect objects come after verbs. Where do you find the direct and indirect object pronouns?
2. Reading from left to right, which pronoun comes first (direct or indirect)? Which pronoun comes second?

✔ Check your answers for the preceding questions in Appendix 1.

¡OJO! A change occurs when you use **le** or **les** along with a direct object pronoun that begins with **l:** (**lo, la, los, las**): **le** or **les** changes to **se.**

le → se

Paula **le** pide **el bolso a mi hermana.** → Paula **se lo** pide.
Su novio no **le** compró **una chaqueta.** → Su novio no **se la** compró.
Su novio **le** va a comprar **un traje.** → Su novio **se lo** va a comprar.

les → se

Paula **les** devuelve **las botas.** → Paula **se las** devuelve.
Yo **le** presto **mis zapatos.** → Yo **se los** presto.
Paula nunca **les** presta **sus cosas.** → Paula nunca **se las** presta.

Direct and indirect object pronouns may also be attached to infinitives and present participles. Note that when attached, an accent is placed over the final vowel of the infinitive and the next-to-last vowel of the participle.

¿Aquel abrigo? Mi madre **me lo** va a comprar.
¿Aquel abrigo? Mi madre va a comprár**melo.**
} *That coat over there? My mother is going to buy it for me.*

Me lo está comprando ahora.
Está comprándo**melo** ahora.
} *She is buying it for me now.*

8-14 Combinaciones

Capítulo 7. El pretérito, pág. 263 del eText; Algunos verbos irregulares en el pretérito, pág. 272 del eText.

Escribe oraciones completas sobre lo que dijo Pablo sobre su hermano Antonio. Sigue el modelo, primero usando el complemento indirecto y después los pronombres de complemento indirecto y directos juntos. Comparte tus oraciones con un/a compañero/a. ■

MODELO Mi hermano Antonio / prestar / (a mí) / sus zapatos favoritos / ayer
*Mi hermano Antonio **me** prestó **sus zapatos favoritos** ayer.*
*Mi hermano Antonio **me los** prestó ayer.*

1. Yo / dar / (a Antonio) / unos jeans / la semana pasada
2. Mis padres / regalar / (a Antonio) / un traje formal / el año pasado
3. Yo / lavar / la ropa / (a Antonio) / anteayer
4. Antonio / pedir / dinero para comprar una gorra / (a mí) / anoche
5. Antonio y yo / decir / la verdad sobre el accidente / (a nuestros padres) / ayer

8-15 Antonio, ¿me prestas...?

Ahora Pablo va a una fiesta y quiere usar la ropa de su hermano Antonio. Túrnense para hacer los papeles de Pablo y Antonio usando los pronombres de complemento directo e indirecto. ■

MODELO prestar / un abrigo

E1 (Pablo): *¿Me prestas el abrigo?*

E2 (Antonio): *Sí, te lo presto. / No, no te lo presto.*

1. prestar / los zapatos negros
2. prestar / la corbata azul
3. prestar / una camiseta blanca y una camisa azul de manga larga (*long sleeved*)
4. prestar / el cinturón negro
5. prestar / tu abrigo nuevo

Workbooklet

8-16 Mis recomendaciones

¿Qué recomiendas? Lee la lista y pon una equis (**X**) en la columna apropiada. Después, comparte tus opiniones con un/a compañero/a según el modelo. ■

MODELO los libros de Tom Clancy (a tus primas)

E1: *¿Les recomiendas los libros de Tom Clancy a tus primas?*

E2: *No, no se los recomiendo.*

	SÍ	NO
1. las novelas de Stephen King (a tus tíos)		
2. la música de Eminem (a tu compañero/a de cuarto)		
3. el restaurante Taco Bell (a nosotros)		
4. la tienda Macy's (a tu amiga que no tiene mucho dinero)		
5. la película *Drácula* (a tus primos de cinco años)		
6. Disney World (a tu hermano)		
7. el Museo de Arte Moderno (a tu profesor/a)		
8. la clase de español (a tu mejor amigo/a)		

8-17 ¿En qué puedo servirle?

Acabas de empezar una pasantía (*internship*). En vez de (*Instead of*) tareas asociadas con la profesión que te interesa seguir, te dan el trabajo de ayudante de una de las vicepresidentas. Túrnense para contestar sus preguntas. ■

MODELO E1: ¿Me puede comprar un periódico?
E2: *Sí, se lo puedo comprar. / Sí, puedo comprárselo.*

Estrategia

Remember that when addressing an employer, you would use *usted*, not *tú*. Also, be sure to practice both ways of structuring the sentence with two object pronouns, as in the *modelo*.

1. ¿Me puede traer un café?
2. ¿Me puede comprar los boletos (*tickets*) para un viaje a Nueva York?
3. ¿Me puede arreglar los apuntes y los papeles para la reunión de esta tarde?
4. ¿Me puede buscar un artículo en el periódico?
5. ¿Me puede reservar una mesa en un restaurante elegante para esta noche?
6. ¿Me puede comprar unas rosas para la recepcionista? Es su cumpleaños hoy.

¿Cómo andas? I

Having completed **Comunicación I,** I now can . . .	Feel confident	Need to review
• describe clothing (p. 192)	☐	☐
• pronounce the letters ***ll*** and ***ñ*** (MSL / SAM)	☐	☐
• recount information about a Spanish clothing company (p. 196)	☐	☐
• state to whom and for whom things are done (p. 196)	☐	☐
• express likes, dislikes, needs, etc., (p. 200)	☐	☐
• convey information about people and things (p. 203)	☐	☐

Comunicación II

5 VOCABULARIO

08-27 to 08-29

Las telas y los materiales Providing details about clothing

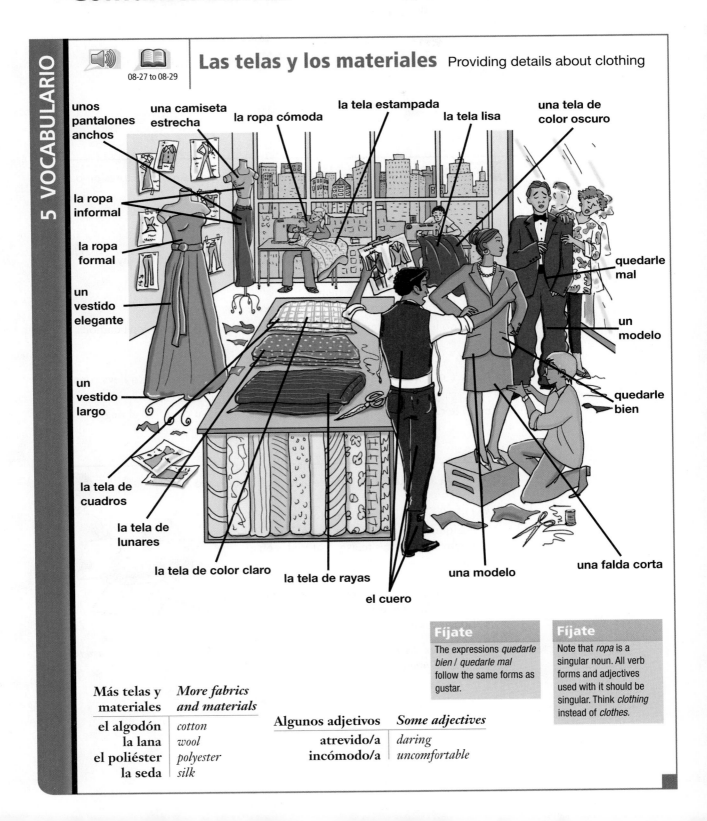

Fíjate

The expressions *quedarle bien / quedarle mal* follow the same forms as *gustar*.

Fíjate

Note that *ropa* is a singular noun. All verb forms and adjectives used with it should be singular. Think *clothing* instead of *clothes*.

Más telas y materiales	*More fabrics and materials*
el algodón	*cotton*
la lana	*wool*
el poliéster	*polyester*
la seda	*silk*

Algunos adjetivos	*Some adjectives*
atrevido/a	*daring*
incómodo/a	*uncomfortable*

8-18 Los opuestos

Túrnense para decir el opuesto de cada una de las siguientes palabras. ■

1. ancho
2. formal
3. quedarle bien
4. claro
5. corto
6. liso

8-19 Definiciones

Túrnense para elegir una palabra o expresión para completar cada oración. ■

1. Cuando hace mucho frío, prefiero llevar un abrigo de…
   a. rayas b. poliéster c. lana
2. El padre de Ana está furioso porque ella salió de casa con un vestido muy…
   a. elegante b. atrevido c. ancho
3. La tela de _______ viene de una planta.
   a. algodón b. cuero c. poliéster
4. A mi madre no le importa mucho _______. Siempre prefiere llevar ropa cómoda y barata.
   a. el modelo b. la moda c. la seda
5. Mi padre dice que quiere proteger (*protect*) los animales. Por eso nunca lleva ropa…
   a. lisa b. estampada c. de cuero
6. A mi amigo le encanta la ropa _______ porque dice que "su color" es el negro.
   a. lisa b. clara c. oscura

8-20 ¡A dibujar!

Completa los siguientes pasos. ■

Paso 1 Dibuja a un hombre o una mujer con cualquier (*whatever*) ropa que quieras. Incluye diferentes telas y materiales en el dibujo.

Paso 2 Descríbele tu dibujo a un/a compañero/a, quien tiene que dibujar lo que tú le dices. Luego cambien de papel.

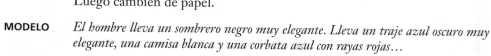

MODELO *El hombre lleva un sombrero negro muy elegante. Lleva un traje azul oscuro muy elegante, una camisa blanca y una corbata azul con rayas rojas…*

8-21 ¿Cuál es tu conjunto favorito? Usa las siguientes preguntas para entrevistar a un/a compañero/a sobre su conjunto favorito. ■

1. ¿Cuál es tu conjunto favorito?
2. ¿De qué color es?
3. ¿De qué tela es?
4. ¿De qué estilo es?
5. ¿Lo compraste tú? Si no, ¿quién te lo compró?
6. ¿Cuándo lo compraste o cuándo te lo compraron?
7. ¿Dónde lo compraste o dónde te lo compraron?
8. ¿Cuándo lo llevas?
9. ¿Por qué te gusta tanto?

8-22 ¿Qué está de moda? Trae a la clase tres o cuatro fotos de modelos (pueden ser de una revista [*magazine*], un catálogo o del Internet). Túrnate con un/a compañero/a para describir en por lo menos **tres** oraciones la ropa que llevan los modelos. Digan qué ropa les gusta más y qué ropa no les gusta. ¿Están de acuerdo? ■

MODELO *La primera modelo de Carolina Herrera lleva un vestido corto. Es negro y muy elegante. Su bolso es beige y es pequeño…*

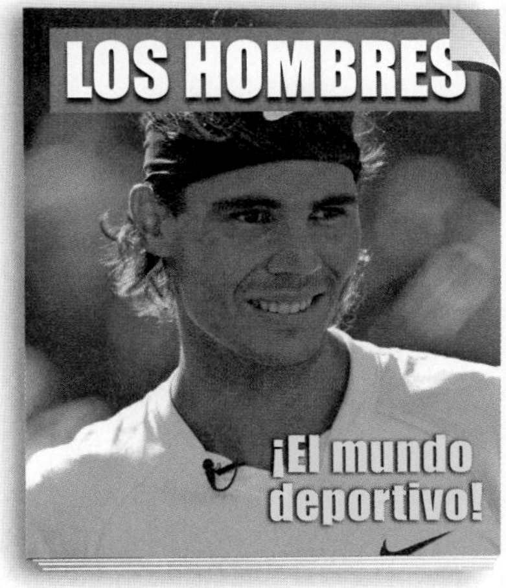

Capítulo 3. Los colores, pág. 111 del eText.

8-23 ¿Quién puede ser? Escoge a una persona de tu clase y piensa en la ropa que lleva incluyendo el estilo (*style*), el color y la tela. Describe **cuatro** de sus prendas a tu compañero/a, quien tiene que adivinar a quién describes. Túrnense para describir a **tres** compañeros de clase. ■

MODELO E1: *Esta persona lleva unos pantalones largos de rayas blancas, una camiseta oscura, una chaqueta informal y unos tenis blancos.*

E2: *Es Mayra.*

6 GRAMÁTICA

08-30 to 08-35

¡Hola! Spanish/English Tutorials

Las construcciones reflexivas Relating daily routines

Study the captions for the following drawings.

In each drawing:

- Who is performing / doing the action?
- Who or what is receiving the action?

When the subject both performs and receives the action of the verb, a reflexive verb and pronoun are used.

- Which of the drawings and captions demonstrate reflexive verbs?

Look at the following chart: the reflexive pronouns are highlighted.

La fiesta **los** despierta.

Alberto **la** acuesta.

Beatriz **lo** lava.

Raúl y Gloria **se** despiertan.

Alberto **se** acuesta.

Beatriz **se** lava.

Reflexive pronouns

Yo	me	divierto	en las fiestas.
Tú	te	diviertes	en las fiestas.
Usted	se	divierte	en las fiestas.
Él / Ella	se	divierte	en las fiestas.
Nosotros	nos	divertimos	en las fiestas.
Vosotros	os	divertís	en las fiestas.
Ustedes	se	divierten	en las fiestas.
Ellos / Ellas	se	divierten	en las fiestas.

Reflexive pronouns follow the same rules for position as other object pronouns. Reflexive pronouns:

1. precede conjugated verbs.
2. can be attached to *infinitives* and *present participles* (**-ando, -iendo**).

Te vas a dormir.
Vas a dormir**te**.
} *You are falling asleep.*

¿**Se** van a dormir esta noche?
¿Van a dormir**se** esta noche?
} *Are they going to fall asleep tonight?*

¿**Se** están durmiendo?
¿Están durmiéndo**se**?
} *Are you all falling asleep?*

Algunos verbos reflexivos

acordarse de (o → ue)	*to remember*	**ponerse (nervioso/a)**	*to get (nervous)*
arreglarse	*to get ready*	**probarse (o → ue) la ropa**	*to try on clothing*
callarse	*to get / keep quiet*	**quedarse**	*to stay; to remain*
divertirse (e → ie → i)	*to enjoy oneself; to have fun*	**quitarse (la ropa)**	*to take off (one's clothes)*
irse	*to go away; to leave*	**reunirse**	*to get together; to meet*
lavarse	*to wash oneself*	**sentarse (e → ie)**	*to sit down*
levantarse	*to get up; to stand up*	**sentirse (e → ie → i)**	*to feel*
llamarse	*to be called*		
ponerse (la ropa)	*to put on (one's clothes)*		

Note: To identify all of the previous verbs as *reflexive*, the infinitives end in **-se.**

Estrategia

When a new infinitive is presented, if it is a stem-changing verb, the irregularities will be given in parentheses. For example, if you see *divertirse* (*e → ie → i*) you know that this infinitive is an *-ir* stem-changing verb, that the first "e" in the infinitive changes to "ie" in the present indicative, and that the "e" changes to "i" in the third-person singular and plural of the preterit.

Fíjate

Some verbs change their meanings slightly between non-reflexive and reflexive verbs, for example: *dormir* (to sleep) and *dormirse* (to fall asleep); *ir* (to go) and *irse* (to leave).

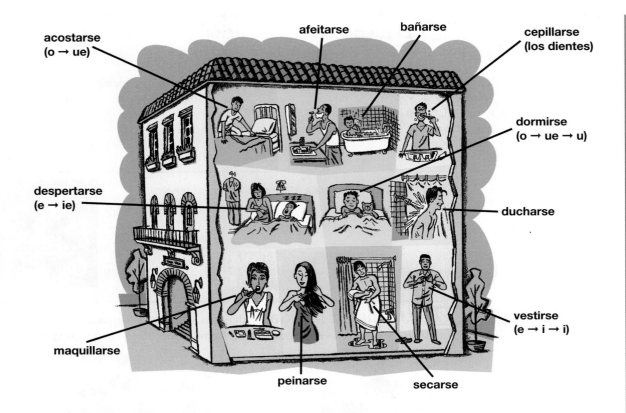

8-24 El juego de la asociación

Juntos decidan qué verbos reflexivos asocian con las siguientes palabras y expresiones. ■

1. no decir nada
2. una silla
3. recordar algo
4. tener sueño
5. no recordar algo
6. triste o alegre, por ejemplo
7. un sombrero
8. estar sucio
9. no ir a ningún lugar

8-25 ¡Batalla!

Va a jugar con un/a compañero/a a *tic-tac-toe*. Escuchen mientras el/la profesor/a les explica el juego. ■

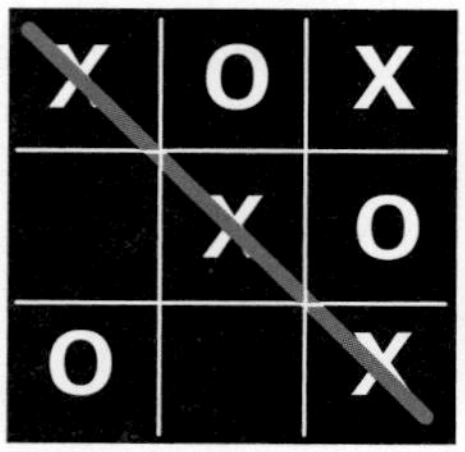

Capítulo 7. El pretérito, pág. 263 del eText; Algunos verbos irregulares en el pretérito, pág. 272 del eText.

8-26 Un día en la vida

Ordena las actividades diarias de María y Tomás, estudiantes universitarios en Argentina, de forma cronológica. Luego, compara tu lista con la de un/a compañero/a. ■

El día de María

1. Antes de irse a la universidad, se acordó de la tarea que no hizo para su clase de historia.
2. Se duchó.
3. Se maquilló.
4. Llegó a la clase de historia y se quitó el abrigo.
5. Se vistió.
6. Se secó.
7. Se levantó.

El día de Tomás

1. Se acostó tarde.
2. Se levantó rápidamente a las ocho.
3. Se despertó tarde.
4. No se durmió inmediatamente.
5. Se divirtió con sus amigos.
6. Después de las clases se fue con los amigos para pasar el fin de semana en la playa.
7. Se fue para la clase de química.

Capítulo Preliminar A. La hora, pág. 18 del eText.

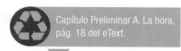

8-27 Un día normal

Escribe por lo menos **cinco** actividades que haces normalmente y a qué hora las haces. Usa verbos reflexivos. Después, comparte tu lista con un/a compañero/a. ■

8-28 Para conocerte mejor Túrnense para hacerse esta entrevista y conocer mejor sus hábitos. ■

MODELO E1: ¿Qué te pones para ir al cine?
E2: *Me pongo los jeans con una camiseta. ¿Y tú? ¿Qué te pones?*
E1: *Generalmente me pongo pantalones con una blusa o un suéter.*
E2: ¿Qué…?

1. ¿Qué te pones cuando sales con esa "persona especial"?
2. Cuando estás durmiéndote, ¿te acuerdas de las cosas que no hiciste durante el día?
3. ¿Cómo te diviertes?
4. Si tienes tiempo, ¿con quién(es) te reúnes?
5. ¿Cuándo te pones nervioso/a?
6. ¿Cuándo te sientes feliz?

8-29 Mímica Hagan mímica (*charades*) en grupos de cuatro. Túrnense para escoger un verbo reflexivo para representar al grupo. El grupo tiene que adivinar qué verbo es. Sigan jugando hasta que cada estudiante represente **cuatro** verbos diferentes. ■

8-30 ¿Conoces bien a tus compañeros? Trabaja en grupos de cuatro para hacer esta actividad. ■

Paso 1 Un/a compañero/a debe salir de la sala de clase por un momento. Los otros estudiantes escriben **cinco** preguntas sobre la vida diaria del/de la compañero/a, usando los verbos reflexivos.

MODELO *¿A qué hora te despiertas?*
¿Te duchas todos los días?

Paso 2 Antes de entrar el/la compañero/a, el grupo de estudiantes debe adivinar cuáles van a ser las respuestas a esas preguntas.

MODELO *Se despierta a las siete.*
Sí, se ducha todos los días.

Paso 3 Entra el/la compañero/a y los otros le hacen las preguntas.

Paso 4 Comparen las respuestas del grupo con las del/de la compañero/a. ¿Tenían razón? Pueden repetir la actividad con los otros miembros del grupo.

NOTA CULTURAL

¡Hola! eText p. 316 | 08-36

Los centros comerciales en Latinoamérica

7 GRAMÁTICA

08-37 to 08-41 ¡Hola! Spanish/English Tutorials

El imperfecto Sharing about situations in the past and how things used to be

Cuando Pepe vivía en la playa, nadaba en el mar todas las mañanas.

In **Capítulo 7** you learned how to express certain ideas and notions that happened in the past with the preterit. Spanish has another past tense, **el imperfecto,** that *expresses habitual or ongoing past actions, provides descriptions,* or *describes conditions.*

	-ar: hablar	-er: comer	-ir: vivir
yo	habl**aba**	com**ía**	viv**ía**
tú	habl**abas**	com**ías**	viv**ías**
Ud.	habl**aba**	com**ía**	viv**ían**
él, ella	habl**aba**	com**ía**	viv**ía**
nosotros/as	habl**ábamos**	com**íamos**	viv**íamos**
vosotros/as	habl**abais**	com**íais**	viv**íais**
Uds.	habl**ablan**	com**ían**	viv**ían**
ellos/as	habl**aban**	com**ían**	viv**ían**

Estrategia

Focus on the forms and when to use the *imperfecto.* Note that the *-er* and *-ir* forms are exactly the same, and that they have accents in every form. Also note that in the *-ar* verbs the *nosotros/nosotras* form has an accent.

There are only *three irregular verbs* in the imperfect: **ir, ser,** and **ver.**

	ir	ser	ver
yo	iba	era	veía
tú	ibas	eras	veías
Ud.	iba	era	veía
él, ella	iba	era	veía
nosotros/as	íbamos	éramos	veíamos
vosotros/as	ibais	erais	veíais
Uds.	iban	eran	veían
ellos/as	iban	eran	veían

The imperfect is used to:

1. provide background information, set the stage, or express a condition that existed

Llovía mucho. — *It was raining a lot.*
Era una noche oscura y nublada. — *It was a dark and cloudy night.*
Estábamos en el segundo año de la universidad. — *We were in our second year of college.*
Adriana **estaba** enferma y no **quería** levantarse. — *Adriana was ill and didn't want to get up / get out of bed.*

Fíjate

Repeated actions are usually expressed in English with *used to...* or *would...*

2. describe habitual or often repeated actions

Íbamos al centro comercial todos los viernes. Nos **divertíamos** mucho. — *We went (used to go) to the mall / shopping district every Friday. We had a lot of fun.*
Cuando **era** pequeño, Lebron **jugaba** al básquetbol por lo menos dos horas al día. — *When he was little, Lebron played (used to play) basketball for at least two hours a day.*
Mis padres siempre **se vestían muy bien** los domingos para ir a la iglesia. — *My parents always dressed very well on Sundays to go to church.*

Some words or expressions for describing habitual and repeated actions are:

a menudo	*often*	**muchas veces**	*many times*
casi siempre	*almost always*	**mucho**	*a lot*
frecuentemente	*frequently*	**normalmente**	*normally*
generalmente	*generally*	**siempre**	*always*
mientras	*while*	**todos los días**	*every day*

3. express *was* or *were* + *-ing*

¿**Dormías**?	*Were you sleeping?*
Me duchaba cuando Juan llamó.	*I was showering when Juan called.*
Alberto **leía** mientras Alicia **escuchaba** música.	*Alberto was reading while Alicia was listening to music.*

4. tell time in the past

Era la una y yo todavía **estudiaba.**	*It was 1:00 and I was still studying.*
Eran las diez y los niños **dormían.**	*It was 10:00 and the children were sleeping.*

8-31 La práctica Repitan el juego de la actividad **7-8** en la página 165, esta vez para practicar el imperfecto. ■

8-32 Cuando era joven Completa el párrafo sobre Eva Perón para saber cómo pudo ser su vida cuando era joven. Después, compara tus respuestas con las de un/a compañero/a. ■

ayudar	encantar	gustar	poder	querer
preferir	sentirse	ser	tener	trabajar

María Eva Duarte, como primero se llamaba, nació en una provincia de Buenos Aires en el año 1919. Cuando (1) _________ seis o siete años su padre murió. Eva y sus cuatro hermanos (2) _________ muy tristes y la vida (3) _________ muy difícil para ellos porque les faltaban dinero y comida. La madre (4) _________ como costurera (*seamstress*) y los niños la (5) _________ en la casa. Nos imaginamos que a Eva le (6) _________ el verano cuando (7) _________ estar en casa con sus hermanos. No le (8) _________ las muñecas y (9) _________ inventar juegos o imaginar situaciones diferentes. Parece que desde el principio (*from the start*) Eva (10) _________ ser actriz.

Workbooklet

Fíjate

In **8-33,** you see the word *el colegio*. Remember that *colegio* is a false cognate in Spanish; it can mean *school* or *high school*.

8-33 En el colegio...

¿Qué hacías cuando estabas en el colegio? ¿Con qué frecuencia? Escribe una equis (**X**) en la columna apropiada de cada hilera (*row*). Luego, compara tus respuestas con las de un/a compañero/a. ■

MODELO E1: *¿Escuchabas música de Cristina Aguilera?*

E2: *No, nunca escuchaba música de Cristina Aguilera. / Sí, a veces escuchaba música de Cristina Aguilera.*

	TODOS LOS DÍAS	MUCHAS VECES	A VECES	NUNCA
1. escuchar música de Cristina Aguilera				
2. nadar en la playa				
3. leer obras de Shakespeare				
4. bañarse por la noche				
5. acostarse temprano				
6. dormirse en las clases				
7. ponerse nervioso/a antes de un examen				
8. reunirse con los amigos				
9. vestirse como querías				
10. querer ir a la escuela				
11. levantarse muy tarde				
12. no hacer nada por la noche				

Capítulo 3. La casa, pág. 98 del eText; Los colores, pág. 111 del eText.

8-34 Mi primera casa

¿Cómo era tu primera casa o la casa de tu amigo/a? Descríbesela a un/a compañero/a dándole por lo menos **cinco** detalles. Luego, cambien de papel. ■

MODELO *Mi primera casa estaba en una ciudad pequeña. Tenía dos dormitorios. La cocina era amarilla. El comedor blanco y la sala azul eran pequeños. Tenía solamente* (only) *un baño.*

8-35 ¡Cómo cambia la vida!

Miren el dibujo y escriban **siete** oraciones que contesten la pregunta "¿cómo era la vida en los años setenta?". Usen verbos como **tener, estar, ser, haber, ayudar, limpiar** y **jugar.** ¡Sean creativos! ■

Workbooklet

8-36 Preguntas personales

Cuando tenían dieciséis años, ¿qué hacían tus compañeros/as de clase? Circula por la clase para preguntárselo. ■

MODELO E1: ¿Jugabas al fútbol con los amigos?
E2: *Sí, jugaba todos los días después de salir del colegio.*
E3: *Sí, jugaba con el equipo del colegio.*
E4: *No, nunca jugaba al fútbol. No me gustaba.*

	ESTUDIANTE 1:	ESTUDIANTE 2:	ESTUDIANTE 3:
1. ¿Te quedabas en casa los fines de semana?			
2. ¿Qué hacías los fines de semana?			
3. ¿Manejabas (*Did you drive*)?			
4. ¿Tenías coche (*car*)?			
5. ¿Trabajabas?			
6. ¿Qué hacías cuando hacía mal tiempo?			
7. ¿Qué hacías cuando hacía buen tiempo?			
8. ¿Qué hacías cuando tenías dinero?			
9. ¿Qué hacías cuando no tenías dinero?			
10. ¿Qué hacías para divertirte?			

ESCUCHA

08-42 to 08-43

En el centro comercial

Estrategia

Guessing meaning from context

You do not need to know every word to understand a listening passage or to get the gist of a conversation. Think about the overall message, then use the surrounding words or sentences to guess at meaning.

8-37 Antes de escuchar Beatriz, la prima de Marisol, es estudiante de intercambio en Buenos Aires. Va de compras con su "hermana" argentina, Luz. Están en la tienda Zara, comprando ropa. ■

1. ¿Cómo es la tienda Zara?
2. ¿Piensas que ir de compras a Zara en Buenos Aires es igual que ir de compras a Zara en Nueva York (o en cualquier otra ciudad)?

Beatriz y Luz van de compras.

8-38 A escuchar Completa las siguientes actividades. ■

1. Escucha la conversación entre Beatriz y Luz y después selecciona la opción que mejor conteste la pregunta.

   ¿De qué se trata (*What is the gist of*) la conversación?

   _____ a. A Beatriz no le gustan las blusas de la tienda y tampoco la tienda. Jamás va de compras allí.
   _____ b. A Beatriz le encanta el dependiente. Vive cerca de Luz.
   _____ c. A Luz le gustan los perros negros. Alguien tiene un perro que se llama Toro o posiblemente Goro.
2. Escucha una vez más y termina las siguientes oraciones.
   a. Marisol y Beatriz visitaron una de las tiendas Zara... (dónde y cuándo)
   b. Marisol y Beatriz no compraron nada porque...
   c. Luz no quiere comprar la blusa de seda o la falda de lana porque...
   d. Beatriz reconoce (*recognizes*) al dependiente porque...
3. ¿Qué significa "dependiente"?

8-39 Después de escuchar En grupos de tres, realicen (*act out*) la escena entre Beatriz, Luz y el dependiente. ■

¡CONVERSEMOS!

08-44

8-40 Los modelos Crea un desfile de moda (*fashion show*) con un/a compañero/a. Describe la ropa que lleva tu compañero/a. Si quieres, trae fotos de ropa de unas revistas y descríbela como si fueras un comentarista de moda para *Style.com*. Incluye **por lo menos diez** oraciones. ■

8-41 ¿Qué llevaban? Piensa en la ropa que tus amigos, tu familia y tú llevaban cuando eran más jóvenes. ¿Cómo se compara el estilo de antes con el estilo de ahora? Describe con detalles la ropa que se llevaba en **por lo menos diez** oraciones. ■

ESCRIBE

Un email

08-45

Estrategia

Circumlocution

It is common when learning a language not to know or remember the exact word(s) you need to communicate an idea. Thinking of another way to express something is called *circumlocution*—essentially using several words to describe something simple.

For example, if you don't know or remember the word for "tía," you could say "la hermana de mi padre." If you can't remember the word for "cine," you could get your point across by writing "todos los sábados íbamos al centro para ver una película."

8-42 Antes de escribir ¿Qué te gustaba hacer de niño/a? ¿Te levantabas temprano para jugar con tus amigos? ¿Tus padres te dejaban comer caramelos y otros dulces a menudo? Haz una lista de las **ocho** cosas que más te gustaba hacer cuando eras niño/a, usando "circumlocution" cuando sea necesario. ■

8-43 A escribir Organiza tus ideas y escribe un email a tu hermano/a (o a tu mejor amigo/a), recordando las cosas que hacías en tu niñez. ■

8-44 Después de escribir Tu profesor/a va a leer los emails a la clase para ver si ustedes pueden adivinar quiénes los escribieron. ■

¿Cómo andas? II

Having completed **Comunicación II,** I now can . . .	Feel confident	Need to review
• provide details about clothing (p. 207)	☐	☐
• relate daily routines (p. 210)	☐	☐
• consider shopping practices in the Spanish-speaking countries (p. 213)	☐	☐
• share about situations in the past and how things used to be (p. 214)	☐	☐
• guess the meanings of unfamiliar words, when listening, from the context (p. 218)	☐	☐
• communicate about clothing and fashion (p. 219)	☐	☐
• write an e-mail, practicing circumlocution (p. 220)	☐	☐

Cultura

Argentina

08-46 to 08-48

Les presento mi país

María Graciela Martelli Paz

Mi nombre es María Graciela Martelli Paz y vivo en Rosario, una ciudad cerca de Buenos Aires. Realmente soy porteña (*una persona de Buenos Aires*) porque nací allí. Mi primer apellido es italiano porque mis abuelos paternos eran de Nápoles. Muchos argentinos tienen apellidos italianos a causa de la gran inmigración europea a fines del siglo diecinueve. **¿De qué herencia sos vos, che?** Mi país es grande y la geografía es muy variada: desde la montaña más alta del hemisferio occidental, el Cerro Aconcagua, hasta la ciudad más sureña (*del sur*) del mundo, Ushuaia. También tenemos lugares naturales como los glaciares, las pampas, la región de la Patagonia, las cataratas del Iguazú y unas playas hermosas, como la de Mar del Plata. **¿Qué regiones y riquezas naturales hay en tu país?**

las cataratas del Iguazú en la frontera con Brasil y Argentina

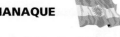

el tango en San Telmo, un antiguo barrio en la capital

galerías Pacífico en la calle Florida

ALMANAQUE

Nombre oficial:	República de Argentina
Gobierno:	República
Población:	41.343.203 (2010)
Idioma:	español
Moneda:	Peso argentino ($)

¿Sabías que…?

- El **lunfardo** es un dialecto o jerga que tuvo su origen en los barrios de Buenos Aires a finales del siglo XIX. Es la lengua del tango y también la jerga de las prisiones a principios del siglo XX. Se forman palabras diciendo las sílabas al revés (*reversing the syllables*): "tango" en lunfardo es *gotán*.

Preguntas

1. ¿Cuáles son tres de las distintas regiones geográficas del país? Cuando es verano en Argentina, ¿en qué estación estamos aquí? ¿Por qué?
2. ¿Dónde puedes ir de compras en Buenos Aires?
3. ¿Qué tiene Argentina en común con otros países de Sudamérica?

Amplía tus conocimientos sobre Argentina en MySpanishLab.

Uruguay

08-46 to 08-47, 08-49

Les presento mi país

Francisco Tomás Bacigalupe Bustamante

Mi nombre es Francisco Tomás Bacigalupe Bustamante, aunque de pequeño me llamaban Paquito. Soy de Montevideo, la capital de Uruguay. Mi país es pequeño, pero también es tranquilo y bonito. La mayoría de la población, el ochenta por ciento, vive en los centros urbanos. El clima es templado (no hace mucho calor ni mucho frío) y es perfecto para nuestras playas increíbles. Cuando era niño las playas eran nuestro destino favorito para ir de vacaciones. **¿Dónde ibas tú de vacaciones?** Tenemos mucho en común con nuestros vecinos los argentinos: el tango, la yerba mate, los gauchos y una dieta que contiene mucha carne. También comemos mucha pizza y pasta, debido a nuestra herencia italiana. **¿Qué comida de otros países te gusta comer?**

Punta del Este es un balneario (*resort*) muy turístico.

El chivito es un plato típico uruguayo.

el puerto de Montevideo

ALMANAQUE

Nombre oficial:	República Oriental del Uruguay
Gobierno:	República democrática
Población:	3.510.386 (2010)
Idiomas:	español (oficial); portuñol/brasilero
Moneda:	Peso uruguayo ($U)

¿Sabías que...?

- Debido al índice de alfabetización (*literacy*), el clima agradable y templado, la belleza del paisaje y la hospitalidad de la gente, a Uruguay se le conoce como "la Suiza de América".

Preguntas

1. ¿Dónde vive la mayoría de los uruguayos?
2. Muchos uruguayos son de herencia italiana. ¿En qué se ve esta herencia?
3. ¿Qué tiene en común Uruguay con su país vecino Argentina?

Amplía tus conocimientos sobre Uruguay en MySpanishLab.

¡Hola! eText p. 326 08-52 to 08-53

Ambiciones siniestras

Lectura y video

Y por fin, ¿cómo andas?

Having completed this chapter, I now can . . .	Feel confident	Need to review
Comunicación I		
• describe clothing (p. 192)	☐	☐
• pronounce *ll* and *ñ* correctly (MSL / SAM)	☐	☐
• state to whom and for whom things are done (p. 196)	☐	☐
• express likes, dislikes, needs, etc. (p. 200)	☐	☐
• convey information about people and things (p. 203)	☐	☐
Comunicación II		
• provide details about clothing (p. 207)	☐	☐
• relate daily routines (p. 210)	☐	☐
• share about situations in the past, and how things used to be (p. 214)	☐	☐
• guess the meanings of unfamiliar words, when listening, from the context (p. 218)	☐	☐
• communicate about clothing and fashion (p. 219)	☐	☐
• write an e-mail, practicing circumlocution (p. 220)	☐	☐
Cultura		
• recount information about a Spanish clothing company (p. 196)	☐	☐
• consider shopping practices in Spanish-speaking countries (p. 213)	☐	☐
• share important facts about this chapter's featured countries: Argentina and Uruguay (pp. 221–222)	☐	☐
Ambiciones siniestras		
• deduce the meanings of unfamiliar words in a reading passage and explain the significance of the latest e-mail from Sr. Verdugo (p. 223)	☐	☐
• reveal secrets regarding Lupe (p. 223)	☐	☐
Comunidades		
• use Spanish in real-life contexts (SAM)	☐	☐

VOCABULARIO ACTIVO

La ropa	*Clothing*
el abrigo	*overcoat*
la bata	*robe*
la blusa	*blouse*
el bolso	*purse*
las botas (*pl.*)	*boots*
los calcetines (*pl.*)	*socks*
la camisa	*shirt*
la camiseta	*T-shirt*
la chaqueta	*jacket*
el cinturón	*belt*
el conjunto	*outfit*
la corbata	*tie*
la falda	*skirt*
la gorra	*cap*
los guantes	*gloves*
el impermeable	*raincoat*
los jeans (*pl.*)	*jeans*
las medias (*pl.*)	*stockings; hose*
la moda	*fashion*
los pantalones (*pl.*)	*pants*
los pantalones cortos (*pl.*)	*shorts*
el paraguas	*umbrella*
el pijama	*pajamas*
las prendas	*articles of clothing*
la ropa interior	*underwear*
las sandalias (*pl.*)	*sandals*
el sombrero	*hat*
la sudadera	*sweatshirt*
el suéter	*sweater*
los tenis (*pl.*)	*tennis shoes*
el traje	*suit*
el traje de baño	*swimsuit; bathing suit*
el vestido	*dress*
las zapatillas (*pl.*)	*slippers*
los zapatos (*pl.*)	*shoes*

Algunos verbos	*Some verbs*
llevar	*to wear; to take; to carry*
prestar	*to loan; to lend*

Algunos verbos como *gustar*	*Verbs similar to* gustar
encantar	*to love; to like very much*
fascinar	*to fascinate*
hacer falta	*to need; to be lacking*
importar	*to matter; to be important*
molestar	*to bother*

Las telas y los materiales	*Fabrics and materials*
el algodón	*cotton*
el cuero	*leather*
la lana	*wool*
el poliéster	*polyester*
la seda	*silk*
la tela	*fabric*

Algunos adjetivos	Some adjectives
ancho/a	wide
atrevido/a	daring
claro/a	light (colored)
cómodo/a	comfortable
corto/a	short
de cuadros	checked
de lunares	polka-dotted
de rayas	striped
elegante	elegant
estampado/a	print; with a design or pattern
estrecho/a	narrow; tight
formal	formal
incómodo/a	uncomfortable
informal	casual
largo/a	long
liso/a	solid-colored
oscuro/a	dark

Otra palabra útiles	Another useful word
el/la modelo	model

Un verbo	A verb
quedarle bien / mal	to fit well / poorly

Algunos verbos reflexivos	Some reflexive verbs
acordarse de (o → ue)	to remember
acostarse (o → ue)	to go to bed
afeitarse	to shave
arreglarse	to get ready
bañarse	to bathe
callarse	to get / keep quiet
cepillarse (el pelo, los dientes)	to brush (one's hair, teeth)
despertarse (e → ie)	to wake up; to awaken
divertirse (e → ie → i)	to enjoy oneself; to have fun
dormirse (o → ue → u)	to fall asleep
ducharse	to shower
irse	to go away; to leave
lavarse	to wash oneself
levantarse	to get up; to stand up
llamarse	to be called
maquillarse	to put on make up
peinarse	to comb one's hair
ponerse (la ropa)	to put on (one's clothes)
ponerse (nervioso/a)	to get (nervous)
probarse (o → ue) la ropa	to try on clothing
quedarse	to stay; to remain
quitarse (la ropa)	to take off (one's clothes)
reunirse	to get together; to meet
secarse	to dry off
sentarse (e → ie)	to sit down
sentirse (e → ie → i)	to feel
vestirse (e → i → i)	to get dressed

9 Estamos en forma

Todos queremos tener una buena calidad de vida y prolongarla lo más posible. No podemos cambiar nuestra herencia genética transmitida de padres a hijos, pero sí tenemos control sobre decisiones que pueden afectar nuestro estilo de vida: el ejercicio, la dieta, la prevención de accidentes y el uso de sustancias adictivas como el tabaco.

PREGUNTAS

1. ¿Vives una vida sana (*healthy*)? ¿Qué haces (o no haces) para tener una vida más sana?
2. ¿Qué tipo de ejercicio te gusta hacer?
3. ¿Cuáles son algunas de las decisiones específicas que tomamos que pueden afectar nuestra salud (*health*)?

OBJETIVOS	CONTENIDOS	
COMUNICACIÓN I		
To describe the human body	**1** The human body	228
To pronounce the letters **d** and **t**	**Pronunciación:** The letters **d** and **t**	MSL / SAM
To share about people, actions, and things	**2** Review of direct and indirect object pronouns and reflexive pronouns	231
To explain ailments and treatments	**3** Some illnesses and medical treatments	235
To make emphatic and exclamatory statements	**4** The exclamations **¡qué!** and **¡cuánto!**	240
To engage in additional communication practice	**Heritage Language**	SAM
COMUNICACIÓN II		
To narrate in the past	**5** The preterit and imperfect	242
To explain how long something has been going on and how long ago something occurred	**6** Expressions with **hacer** (**hace** + time, etc.)	249
To ask yourself questions when listening to organize and summarize what you hear	**ESCUCHA:** Discussing health **Estrategia:** Asking yourself questions	253
To communicate about ailments and healthy living	**¡Conversemos!**	254
To write a summary, sequencing past events	**ESCRIBE:** Writing a summary **Estrategia:** Sequencing events	255
To engage in additional communication practice	**Heritage Language**	SAM
CULTURA		
To relate the importance of water in maintaining good health	**NOTA CULTURAL** El agua y la buena salud	239
To consider pharmacies in Spanish-speaking countries and how they differ from those in the United States	**NOTA CULTURAL** Las farmacias en el mundo hispanohablante	249
To list important information about this chapter's featured countries: Peru, Bolivia, and Ecuador	**CULTURA** Perú, Bolivia y Ecuador	256–258
To explore further the chapter's cultural themes	**MÁS CULTURA**	SAM
AMBICIONES SINIESTRAS		
To create check questions to facilitate comprehension when reading, and give details about the new e-mail message	**EPISODIO 9** **Lectura:** *¡Qué mentira!* **Estrategia:** Asking yourself questions	259
To discover the progress the characters are making in deciphering the new riddle	**Video:** *No llores por mí*	259
COMUNIDADES		
To use Spanish in real-life contexts	**Experiential Learning:** ¿Cómo eran los indígenas?	SAM
	Service Learning: El cuerpo	SAM

Comunicación I

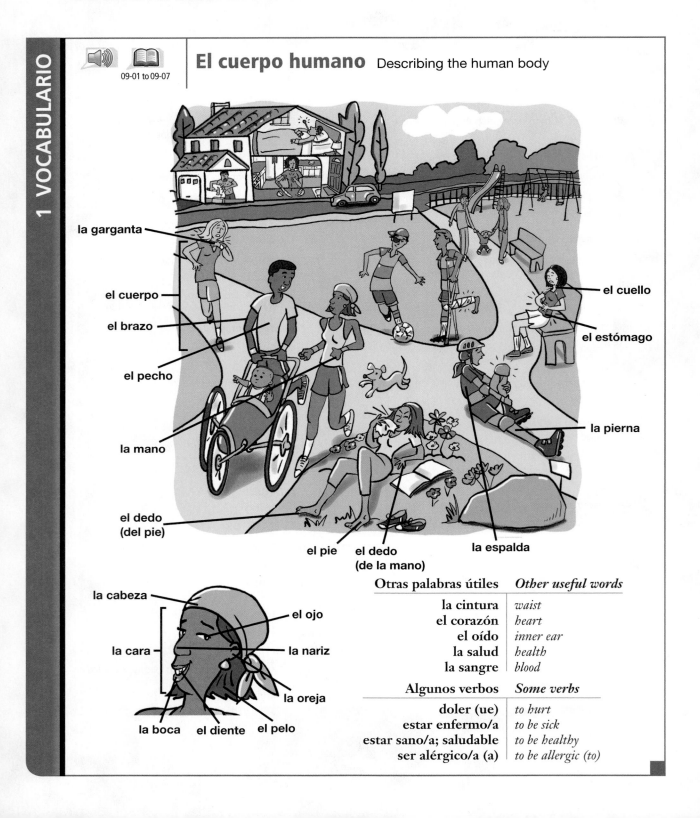

1 VOCABULARIO

09-01 to 09-07

El cuerpo humano Describing the human body

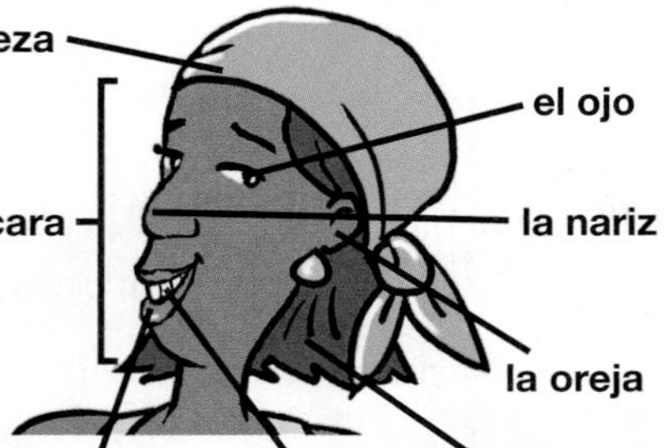

Otras palabras útiles	*Other useful words*
la cintura	*waist*
el corazón	*heart*
el oído	*inner ear*
la salud	*health*
la sangre	*blood*

Algunos verbos	*Some verbs*
doler (ue)	*to hurt*
estar enfermo/a	*to be sick*
estar sano/a; saludable	*to be healthy*
ser alérgico/a (a)	*to be allergic (to)*

PRONUNCIACIÓN

¡Hola! 09-08 to 09-11

The letters *d* and *t*

Go to MySpanishLab / Student Activities Manual to learn about the letters *d* and *t*.

9-1 Simón dice Escuchen mientras su instructor/a les da las instrucciones de esta actividad. ■

Capítulo 8. La ropa, pág. 294 del eText.

9-2 ¿Cómo nos vestimos? Túrnense para decir qué partes del cuerpo asocian con la ropa indicada. ■

MODELO E1: los zapatos
E2: *los pies*

1. las botas
2. los guantes
3. los pantalones
4. la gorra
5. la corbata
6. la camiseta
7. los tenis
8. la chaqueta

9-3 Categorías Juntos escriban todas las palabras del vocabulario nuevo que corresponden a las siguientes partes del cuerpo. ■

MODELO E1: la cabeza
E2: *la cara*, *el pelo*, etc.

1. la cabeza
2. de la cintura para arriba (*from the waist up*)
3. de la cintura para abajo (*from the waist down*)
4. la cara

9-4 ¿Cómo se escribe? Escribe la primera y la última letra de una de las palabras del vocabulario. Un/a compañero/a tiene que terminarla. Túrnense para practicar la ortografía de por lo menos **ocho** palabras. ■

MODELO E1: e _ _ _ _ _ a
E2: e s p a l d a

9-5 ¿Qué te duele?

Con un/a compañero/a, creen preguntas y respuestas para ver lo que les duele a las siguientes personas. ■

Fíjate

The verb *doler* functions like *gustar*:
Me duelen los brazos.
My arms hurt (me).

MODELO a Ricardo / los brazos
E1: *¿Qué le duele a Ricardo?*
E2: *Le duelen los brazos.*

1. A Julia / la cabeza
2. A Marco y a Miguel / las piernas
3. A ti / el estómago
4. A tu primo / la garganta
5. A ustedes / los ojos

9-6 Una obra de arte

Miren el cuadro y descríbanlo usando las siguientes preguntas como guía. ■

Capítulo 3. *Hay*, pág. 119 del eText.

Fíjate

Note that *la mano* is irregular; it ends in *o* but the word is feminine.

1. ¿Cuántas personas hay en el cuadro?
2. ¿Cuántas caras hay?
3. ¿Cuántas manos pueden ver?
4. ¿Cuántos ojos pueden ver?
5. ¿Cuántas narices hay?
6. ¿Qué otras cosas ven en el cuadro?
7. Estas personas son…
8. El cuadro representa…

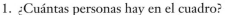

9-7 ¿Es un monstruo o una obra de arte?

Su instructor/a va a dibujar un monstruo. Descríbele a un/a compañero/a cómo es el monstruo y él/ella tiene que dibujarlo. Al terminar, cambien de papel para describir un monstruo nuevo. ■

Estrategia

Being an "active listener" is an important skill in any language; it means that you have heard and understood what someone is saying. Being able to demonstrate that you have understood correctly, as in reproducing this drawing of the monster, helps you practice and perfect the skill of active listening.

El monstruo tiene…

a la derecha	a la izquierda	encima de	debajo de

2 GRAMÁTICA

09-12 to 09-17

¡Hola! Spanish/English Tutorials

Un resumen de los pronombres de complemento directo e indirecto y reflexivos

Sharing about people, actions, and things

¡Mamá!
¡La muñeca!
¡Me la robó!

You have already learned the forms, functions, and positioning of the *direct* and *indirect object pronouns*, as well as the *reflexive pronouns*. The following is a review:

LOS PRONOMBRES DE COMPLEMENTO **DIRECTO**

Direct object pronouns tell *what* or *who* receives the action of the verb. They replace direct object nouns and are used to avoid repetition.

me	*me*
te	*you*
lo, la	*you*
lo, la	*him/her/it*
nos	*us*
os	*you (all)*
los, las	*you (all)*
los, las	*them/you*

Compré la medicina ayer. **La** compré en la Farmacia Fénix. Tengo que dársel**a** a mi hijo.

I bought the medicine yesterday. I bought it it at Fénix Pharmacy. I have to give it to my son.

LOS PRONOMBRES DE COMPLEMENTO **INDIRECTO**

Indirect object pronouns tell *to whom* or *for whom* something is done or given.

me	*to/for me*
te	*to/for you*
le (se)	*to/for you*
le (se)	*to/for him/her*
nos	*to/for us*
os	*to/for you (all)*
les (se)	*to/for you (all)*
les (se)	*to/for them/you*

Le compré la medicina ayer. **Le** voy a dar la medicina esta noche.

I bought him the medicine yesterday. I am going to give him the medicine tonight.

LOS PRONOMBRES **REFLEXIVOS**

Reflexive pronouns indicate that the *subject* of a sentence or clause *receives the action of the verb.*

me	*myself*
te	*yourself*
se	*yourself*
se	*himself/herself*
nos	*ourselves*
os	*yourselves*
se	*yourselves*
se	*themselves/yourselves*

Me cepillo los dientes tres veces al día.

I brush my teeth three times a day.

Remember the following guidelines on position and sequence:

Position

- Object pronouns and reflexive pronouns come **before** the verb.

  El doctor Sánchez **le** dio una inyección a David. — *Dr. Sánchez gave David a shot.*

  Después **se** sintió aliviado. — *Then he felt relieved.*

(continued)

- Object pronouns and reflexive pronouns can also be placed before or be attached to the end of:

  a. **infinitives**

  La enfermera **me** va a llamar.
  La enfermera va a llamar**me.** } *The nurse is going to call me.*

  Después **se** va a ir a su casa.
  Después va a ir**se** a su casa. } *Then she is going to go home.*

  b. **present participles (-*ando*, -*endo*, and -*iendo*)**

  La está tomando ahora.
  Está tomándo**la** ahora. } *He is taking it now.*

  Se está poniendo nervioso.
  Está poniéndo**se** nervioso. } *He is getting nervous.*

Sequence

- When a direct (DO) and indirect object (IO) pronoun are used together, ***the indirect object precedes the direct object.***
- If both the direct and the indirect object pronouns begin with the letter "*l*" the indirect object pronoun changes from **le** or **les** to **se,** as in the following example.

Quiero mandar la carta al director ahora. — *I want to send the letter to the director now.*

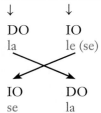

↓ DO la ↓ IO le (se) — ↓ DO ↓ IO

IO se — DO la

Se la quiero mandar ahora mismo.
Quiero mandár**sela** ahora mismo. } *I want to send it to him right now.*

Capítulo 1. Los adjetivos descriptivos, pág. 43 del eText.

9-8 Un animal muy extraño

Juntos respondan a las siguientes oraciones exclamativas con el pronombre de complemento directo apropiado y un adjetivo. ■

MODELO E1: ¡Mira la nariz!
E2: *Sí, la tiene muy grande (pequeña/fea/bonita…).*

1. ¡Mira la boca!
2. ¡Mira las orejas!
3. ¡Mira los dientes!
4. ¡Mira las patas!
5. ¡Mira la cabeza!
6. ¡Mira el estómago!
7. ¡Mira la cara!
8. ¡Mira el cuello!

Fíjate

In Spanish, an animal's legs are referred to as *patas. Pierna(s)* is only used for people.

Capítulo 8. *Gustar* y verbos como *gustar*, pág. 302 del eText.

9-9 Las preferencias

Escribe oraciones completas usando los pronombres de complemento indirecto. Después compara tus oraciones con las de un/a compañero/a. ■

MODELO A Betty / gustar despertarse temprano
A Betty le gusta despertarse temprano.

1. A mis padres / importar el dinero
2. A mí / molestar las personas irresponsables
3. A Manolo / encantar las novelas de Mario Vargas Llosa
4. A nosotros / hacer falta estudiar mucho más
5. A nuestro/a profesor/a / fascinar el cine japonés

9-10 En el restaurante

¿Qué les pasó ayer a Paco y a Pati en el Restaurante Boca Grande? ■

Paso 1 Completa las siguientes oraciones con los pronombres de complemento directo, indirecto o reflexivo apropiados. Después, compara tus respuestas con las de un/a compañero/a.

Paco y Pati se conocieron en el gimnasio hace varias semanas. Anoche decidieron salir juntos. Llegaron al restaurante con mucha hambre. (1) ____________ sentaron en una mesa grande al lado de las ventanas. Primero pidieron el menú. El camarero (2) ____________ (3) ____________ trajo en seguida (inmediatamente). Después, (4) ____________ recomendó unos platos muy ricos. Paco pidió un bistec para él y a Pati (5) ____________ pidió pollo asado con ajo. ¡Pati no (6) ____________ podía creer! ¡Paco ni (7) ____________ preguntó qué quería! Ella (8) ____________ sentía muy incómoda —ningún hombre, excepto su padre, (9) ____________ había tratado (*had treated*) así antes. Pati (10) ____________ calló mientras Paco hablaba de su día, su trabajo y su familia. Cuando por fin el camarero (11) ____________ sirvió la comida, Pati miró su plato y (12) ____________ levantó gritando. ¡Su plato era del "Menú para niños"!

Paso 2 Digan qué tipo de pronombre usaron en cada oración.

Capítulo 4. *Ir* + *a* + infinitivo, pág. 147 del eText;
Capítulo 5. El presente progresivo, pág. 180 del eText.

9-11 ¿Quién...? Jacobo está enfermo y no puede levantarse de la cama. Es un poco exigente (*demanding*) y quiere saber quiénes lo van a atender (*wait on him*). Contesta sus preguntas y después comparte tus respuestas con un/a compañero/a. ■

MODELO ¿Quién va a traerme la tarea? (hermano)
Tu hermano te la va a traer. / Tu hermano va a traértela.

1. ¿Quién va a traerme los libros que pedí? (Patricia)
2. ¿Quién está comprándome la medicina que necesito? (Marcelo)
3. ¿Quién me va a limpiar el cuarto? (Guadalupe y Lina)
4. ¿Quién me está lavando la ropa? (tu madre)
5. ¿Quién está preparándome la comida? (Tina y Luisa)
6. ¿Quién me va a hacer la tarea? (nadie)

9-12 Hay que ayudar a Pepito Pepito tiene tres años y necesita ayuda para hacerlo todo. Túrnense para formar los pedidos (*requests*) del niño y las respuestas. ■

MODELO los dedos / limpiar
E1: *¿Me los limpias?*
E2: *Sí, te los limpio.*

1. el pelo / secar
2. las manos / lavar
3. las orejas / limpiar
4. los dientes / cepillar
5. los ojos / mirar

3 VOCABULARIO

09-18 to 09-23

Alguna enfermedades y tratamientos médicos

Explaining ailments and treatments

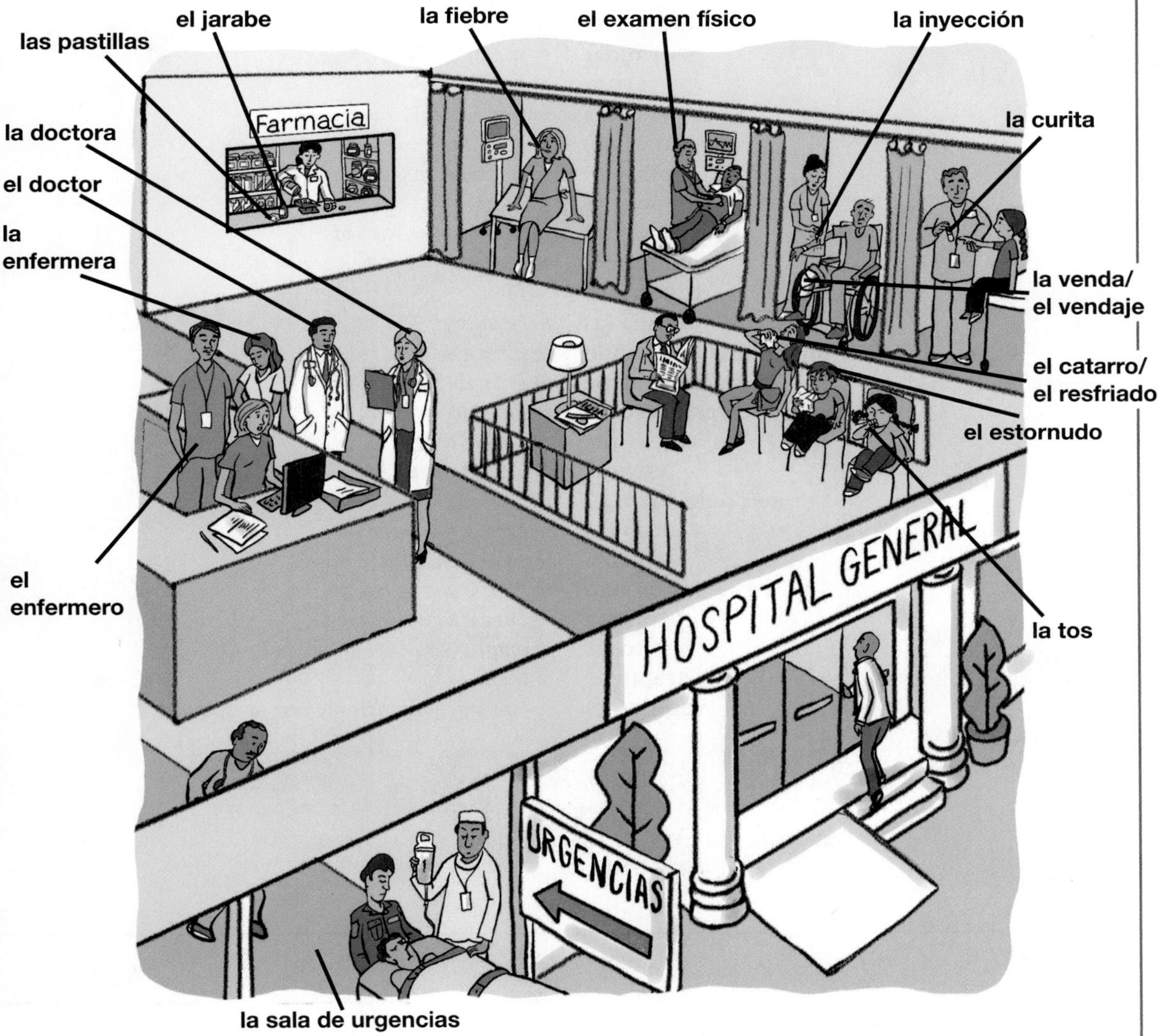

Otras palabras útiles	*Other useful words*
el médico	*male doctor*
la médica	*female doctor*

Los tratamientos	*Treatments*
el antiácido	*antacid*
el antibiótico	*antibiotic*
la aspirina	*aspirin*
la receta	*prescription*

Los síntomas y las enfermedades	*Symptoms and illnesses*
el dolor	*pain*
la gripe	*flu*
la herida	*wound; injury*
la náusea	*nausea*

(continued)

Algunos verbos	*Some verbs*
acabar de + infinitivo	*to have just finished + (something)*
caer(se)	*to fall down*
cortar(se)	*to cut (oneself)*
curar(se)	*to cure; to be cured*
enfermar(se)	*to get sick*
estornudar	*to sneeze*
evitar	*to avoid*
guardar cama	*to stay in bed*
lastimar(se)	*to get hurt*
mejorar(se)	*to improve; to get better*
ocurrir	*to occur*
quemar(se)	*to burn; to get burned*
romper(se)	*to break*
tener...	
alergia (a)	*to be allergic (to)*
(un) catarro, resfriado	*to have a cold*
(la/una) gripe	*to have the flu*
una infección	*to have an infection*
tos	*to have a cough*
un virus	*to have a virus*
tener dolor de...	
cabeza	*to have a headache*
espalda	*to have a backache*
estómago	*to have a stomachache*
garganta	*to have a sore throat*
toser	*to cough*
tratar de	*to try to*
vendar(se)	*to bandage (oneself); to dress (a wound)*

Fíjate

A verb with ***se*** in parentheses indicates that it can be also used as a reflexive verb.

quemar(se): Ayer me quemé. (reflexive) — *Yesterday I burned myself.*
Ayer quemé los papeles viejos. — *Yesterday I burned the old papers.*

9-13 No corresponde ¿Qué palabra o expresión no pertenece (*doesn't belong*) a cada uno de los siguientes grupos de palabras? Túrnense para leer la lista y contestar. ■

MODELO E1: el estómago, la cara, el ojo, la nariz
E2: *el estómago*

1. el hospital, el doctor, el enfermero, el oído
2. toser, estornudar, la receta, tener catarro
3. el jarabe, la farmacia, las pastillas, quemarse
4. lastimarse, la sala de urgencias, la tos, romperse la pierna
5. la venda, la herida, cortarse, el resfriado

Workbooklet

9-14 Algunos tratamientos

¿Adónde tienes que ir para poder curarte o buscar tratamiento para las siguientes condiciones? Pon una equis (**X**) en la columna apropiada. Después, túrnate con un/a compañero/a para decir adónde van. ■

MODELO un brazo roto (*broken*)

E1: *Si tengo un brazo roto, voy a la sala de urgencias.*

CONDICIÓN	A LA CAMA	A LA FARMACIA	AL CONSULTORIO DEL MÉDICO	AL HOSPITAL	A LA SALA DE URGENCIAS
1. tos					
2. náusea					
3. (la) gripe					
4. (un) dolor de garganta					
5. una infección de la sangre					
6. una herida en la pierna					
7. (un) catarro					
8. fiebre					

Fíjate

Body parts are usually referred to with an article, not a possessive adjective.

Me duele ***la*** mano.
My hand hurts.

9-15 ¿Por qué?

Túrnense para describir lo que les pasa a estas personas y ofrecer una causa posible de su(s) problema(s). ■

MODELO

Selena

Selena tiene una herida porque se cortó con un cuchillo.

1.

Antonio

2.
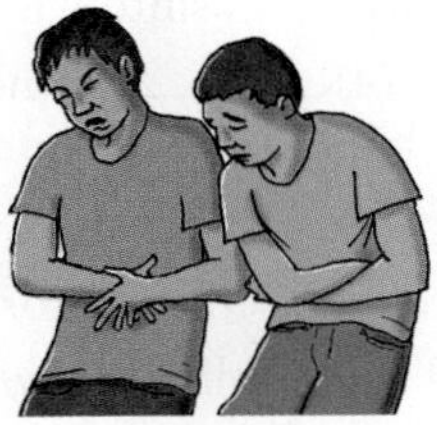
Umberto y Ricardo

3.

Juliana y Memo

4.

María Jesús

5.

Rafael

9-16 El soroche El verano pasado Nina fue a Bolivia como voluntaria para ayudar a construir una escuela en el altiplano (*high plateau*). ■

El altiplano en los Andes de Bolivia

Paso 1 Juntos terminen la conversación entre Nina y su padre con las palabras de la lista.

corazón	enfermedad	evitar	me duele
mejorar	náusea	pastillas	estómago

NINA: Hola, papá.

PAPÁ: ¡Ay, Nina! ¿Cómo estás, hija? ¿Llegaste bien?

NINA: Sí. Ayer llegamos bien pero hoy me siento enferma. (1) ________ la cabeza. No me duele mucho el (2) ________ pero tengo (3) ________ cuando pienso en la comida —me entran ganas (*I get the urge*) de vomitar.

PAPÁ: Pobrecita. ¿Qué te pasa? ¿Comiste ayer?

NINA: Sí, un poco. Pero desde que (*since*) llegamos no tengo mucha hambre.

PAPÁ: ¿Tienes otros síntomas?

NINA: Sí. El (4) ________ me late (*is beating*) rápidamente y no puedo respirar (*breathe*) muy bien. ¿Crees que tengo alguna (5) ________?

PAPÁ: Nina, me parece que tienes soroche.

NINA: ¿Soroche? ¿Qué es eso?

PAPÁ: Es el mal de altura (*altitude sickness*). Debes empezar a sentirte mejor (*better*) en un par de días. Mientras tanto, necesitas intentar relajarte, tomar mucha agua y (6) ________ el alcohol y el tabaco. También puedes tomar unas (7) ________ de ibuprofeno y beber un té medicinal hecho de (*made from*) hojas de coca (*coca leaves*).

NINA: Gracias, papá. Ya que entiendo qué me ocurre, creo que me voy a (8) ________ pronto.

Paso 2 Ahora, contesten las siguientes preguntas.

1. ¿Qué es el soroche?
2. ¿Cuáles son los síntomas?
3. ¿Qué tratamiento le recomienda su papá?

9-17 ¿Qué debemos hacer?

En grupos de cuatro o cinco, cada estudiante escribe dos enfermedades u otros problemas médicos que tuvo, acaba de tener o que podría (*could*) tener. Después túrnense para compartir la información mientras los compañeros dicen lo que debe hacer. ■

MODELO E1: *Tengo una pierna rota.*
E2: *Debes ir a la sala de urgencias.*
E3: *Debes guardar cama.*
E4: *Debes tomar medicina para el dolor.*

Workbooklet

9-18 Para evitar lo inevitable

¿Cómo tratan de evitar tus compañeros las siguientes enfermedades y condiciones? Circula por la clase para hacerles las siguientes preguntas. Necesitas **tres** respuestas para cada pregunta. ■

MODELO TÚ: ¿Cómo tratas de evitar el dolor de garganta?
E1: *Bebo mucho jugo de naranja.*
E2: *Llevo una bufanda* (scarf) *en el cuello.*
E3: *Tomo mucha vitamina C.*

1. ¿Cómo tratas de evitar el dolor de cabeza? E1: ____________ E2: ____________ E3: ____________	4. ¿Cómo evitas enfermarte? E1: ____________ E2: ____________ E3: ____________
2. ¿Cómo tratas de evitar el dolor de estómago? E1: ____________ E2: ____________ E3: ____________	5. ¿Cómo evitas cortarte? E1: ____________ E2: ____________ E3: ____________
3. ¿Cómo tratas de evitar el dolor de espalda? E1: ____________ E2: ____________ E3: ____________	6. ¿Cómo evitas caerte? E1: ____________ E2: ____________ E3: ____________

NOTA CULTURAL

¡Hola! eText 346 09-24 to 09-25

El agua y la buena salud

4 GRAMÁTICA

09-26 to 09-29

¡Qué! y ¡cuánto! Making emphatic and exclamatory statements

¡Qué catarro! ¿Cuándo te refriaste?
Me levanté así (*like this*) esta mañana.

So far you have used **qué** and **cuánto** as interrogative words, but these words can also be used in exclamatory sentences.

—Felipe, ¡**qué** fiebre tienes! *Felipe, what a fever you have!*
—María, ¡**cuánto** estornudas! *María, you are sneezing so much!*

—Mi cabeza, ¡**qué** dolor! *My head—what pain!*
—**Cuánto** lo siento. *I'm so sorry. (How sorry I am.)*

—¡**Qué** susto! ¡Se cortó el dedo! *What a scare! He cut his finger!*
—Se ve muy mal. ¡**Qué** feo! *It looks really bad. How awful! (It looks awful/ugly.)*

—¡**Qué** doctor! Le salvó la vida. *What a doctor! He saved his life.*
—**Cuánto** se lo agradezco. *I'm so thankful. (How grateful I am.)*

Note that in the examples above, **cuánto** accompanies *verbs* and is masculine and singular. When **cuánto** accompanies *nouns* it must agree with them in gender and number:

—¡**Cuántas** recetas y todavía estoy tosiendo! *So many prescriptions and I am still coughing!*
—Sí, y ¡**cuántos** estudiantes con la misma infección! *Yes, and so many students with the same infection!*

9-19 ¿Cómo respondes? Elige la respuesta apropiada para cada comentario. Después, comparte tus respuestas con un/a compañero/a. ■

1. _____ ¡Ay, el estómago!
2. _____ Su novia se graduó con honores.
3. _____ Pepe me compró veinticuatro rosas rojas.
4. _____ Esta comida es deliciosa.
5. _____ Este doctor es el novio de aquella enfermera.
6. _____ Mi madre preparó tapas para cincuenta personas.
7. _____ Tiene la cara de un monstruo.
8. _____ Tengo que leer dos libros para mi clase de historia y preparar un informe.

a. ¡Qué feo!
b. ¡Cuánto trabajo!
c. ¡Qué inteligente!
d. ¡Cuánto me duele!
e. ¡Cuánto me gusta!
f. ¡Qué interesante!
g. ¡Cuánta comida!
h. ¡Qué romántico!

9-20 ¡El amor es increíble!

Juntos respondan a estas situaciones. Pueden utilizar las siguientes expresiones o pueden responder con sus propias expresiones. ■

¡Qué (mala) suerte!	¡Qué cruel!	¡Qué dolor!
¡Qué horrible!	¡Qué romántico!	¡Cuánto tiempo!
¡Qué triste!	¡Qué interesante!	

1. Mis padres celebran este mes su aniversario de boda —¡25 años ya!
2. Félix, no te quiero desilusionar (*disappoint*) después de tantos meses juntos, pero quiero salir con otros hombres.
3. Silvia es la mujer más increíble del mundo. Quiero ser más que su novio. Quiero pasar mi vida con ella.
4. Nadie quiere salir conmigo (*with me*). Nadie me mira. Me gusta ir al cine, comer en buenos restaurantes, ir a partidos de básquetbol, bailar —pero no me gusta hacer estas cosas solo (*alone*).
5. Soy muy joven para tener novia. Me divertí contigo (*with you*) anoche en la fiesta pero me divierto con muchas mujeres…
6. Adriano es el hombre perfecto para mí. Es muy respetuoso y me trata bien siempre.

9-21 ¿Qué tiene?

¿Cómo responden ustedes a las siguientes situaciones? ■

MODELO E1: Tito está muy mal porque tiene un dolor terrible de estómago.
E2: *¡Cuánto le duele!*
E1: Yo no puedo hablar porque estoy tosiendo mucho.
E2: *¡Qué tos tienes!*

1. No puedo respirar, me duele la garganta, estornudo todo el tiempo y no tengo hambre.
2. A mi hermano siempre le ocurre algo malo: se cae, se rompe algo…
3. ¡Ay! Necesito un antiácido ahora mismo, por favor.
4. Mi abuelo acaba de salir del hospital después de pasar mucho tiempo allí. No tiene seguro médico (*health insurance*).
5. Tú tienes mucha fiebre y te duele el cuerpo.

¿Cómo andas? I

Having completed **Comunicación I,** I now can . . .	Feel confident	Need to review
• describe the human body (p. 228)	☐	☐
• pronounce the letters **d** and **t** (MSL / SAM)	☐	☐
• share about people, actions, and things (p. 231)	☐	☐
• explain ailments and treatments (p. 235)	☐	☐
• relate the importance of water in maintaining good health (p. 239)	☐	☐
• make emphatic and exclamatory statements (p. 240)	☐	☐

Comunicación II

5 GRAMÁTICA

09-30 to 09-35 ¡Hola! Spanish/English Tutorials

El pretérito y el imperfecto Narrating in the past

Fuimos a Cuzco y subimos a Machu Picchu. Hacía buen tiempo.

In **Capítulos 7** and **8** you learned about two aspects of the past tense in Spanish, **el pretérito** and **el imperfecto,** which are not interchangeable. Their uses are contrasted below.

THE **PRETERIT** IS USED:	THE **IMPERFECT** IS USED:
1. To relate an event or occurrence that refers to *one specific time in the past* • **Fuimos** a Cuzco el año pasado. *We went to Cuzco last year.* • **Comimos** en el restaurante El Sol y **nos gustó** mucho. *We ate at El Sol restaurant and liked it a lot.*	**1.** To express *habitual* or often *repeated actions* • **Íbamos** a Cuzco todos los veranos. *We used to go to Cuzco every summer.* • **Comíamos** en el restaurante El Sol todos los lunes. *We used to eat at El Sol Restaurant every Monday.*
2. To relate an act *begun or completed in the past* • **Empezó** a llover. *It started to rain.* • **Comenzaron** los juegos. *The games began.* • La gira **terminó.** *The tour ended.*	**2.** To express *was/were + -ing* • **Llovía** sin parar. *It rained without stopping.* • **Comenzaban** los juegos cuando llegamos. *The games were beginning when we arrived.* • La gira **transcurría** sin ningún problema. *The tour continued without any problems.*
3. To relate a *sequence of events or actions,* each completed and moving the narrative along toward its conclusion • **Llegamos** en avión, **recogimos** las maletas y **fuimos** al hotel. *We arrived by plane, picked up our luggage, and went to the hotel.* • Al día siguiente **decidimos** ir a Machu Picchu. *The next day we decided to go to Machu Picchu.* • **Vimos** muchos ejemplos de la magnífica arquitectura incaica. Después **anduvimos** un poco por el camino de los incas. **Nos divertimos** mucho. *We saw many examples of the magnificent Incan architecture. Afterward we walked a bit on the Incan road. We had a great time.*	**3.** To provide *background* information, set the stage, or express a pre-existing condition • **Era** un día oscuro. **Llovía** de vez en cuando. *It was a dark day and it rained once in a while.* • Los turistas **llevaban** pantalones cortos y lentes de sol. *The tourists were wearing shorts and sunglasses.* • El camino **era** estrecho y **había** muchos turistas. *The path was narrow and there were many tourists.*

THE **PRETERIT** IS USED:	THE **IMPERFECT** IS USED:
4. To relate an action that took place within a specified or *specific amount* (segment*) of time* **Caminé** (por) dos horas. *I walked for two hours.* **Hablamos** (por) cinco minutos. *We talked for five minutes.* **Contemplaron** el templo un rato. *They contemplated the temple for a while.* **Viví** en Ecuador (por) seis años. *I lived in Ecuador for six years.*	**4.** To *tell time* in the past **Era** la una. *It was 1:00.* **Eran** las tres y media. *It was 3:30.* **Era** muy tarde. *It was very late.* **Era** la medianoche. *It was midnight.*
	5. To describe physical and emotional states or characteristics Después del viaje **queríamos** descansar. Yo **tenía** dolor de cabeza y no **me sentía** muy bien. *After the trip we wanted to rest. I had a headache and did not feel well.*

Fíjate

The use of *por* is optional in these cases.

WORDS AND EXPRESSIONS THAT COMMONLY SIGNAL:

PRETERIT	IMPERFECT
anoche	a menudo
anteayer	cada semana/mes/año
ayer	con frecuencia
de repente (*suddenly*)	de vez en cuando (*once in a while*)
el fin de semana pasado	frecuentemente
el mes pasado	mientras
el lunes pasado/el martes pasado, etc.	muchas veces
esta mañana	siempre
una vez, dos veces, etc.	todos los lunes/martes, etc.
	todas las semanas
	todos los días/meses/años

NOTE: The **pretérito** and the **imperfecto** can be used in the same sentence.

Veían la televisión cuando **sonó** el teléfono. — *They were watching television when the phone rang.*

In the preceding sentence, an action was going on **(veían)** when it was interrupted by another action (**sonó el teléfono**).

9-22 Una (muy) breve historia de los incas

¿Qué sabes sobre los incas? Completa los siguientes pasos. ■

Machu Picchu, la ciudad perdida de los incas

El imperio de los incas

Paso 1 Lee el siguiente fragmento.

El imperio de los incas fue uno de los imperios más importantes de las civilizaciones precolombinas. Se encontraba (*It was located*) en lo que es hoy Perú, Bolivia, el norte de Chile y parte de Ecuador. El imperio se dividía en tres partes iguales: una tercera parte pertenecía (*pertained/belonged to*) a los indígenas y pasaba de padre a hijo; otra tercera parte era del Inca, o sea, del Gobierno; la otra tercera parte pertenecía a la Iglesia.

Los incas adoraban al hijo del Sol. Según la leyenda (*legend*), el hijo cayó en algún lugar cerca del lago Titicaca. Con él llegó su hermana y según la leyenda, ellos eran los padres de todos los incas. Esta civilización practicaba sacrificios de animales y algunas veces sacrificios humanos. También le ofrecían objetos preciosos y joyas (*jewels*) al Sol. El último cacique (o jefe político) famoso de los incas fue Atahualpa.

Paso 2 Subrayen los verbos.

Paso 3 Digan cuáles son **pretéritos** y cuáles son **imperfectos** y expliquen por qué se usaron cada uno de estos tiempos verbales.

9-23 Un cuento de hadas

En grupos de tres o cuatro personas, pongan las siguientes oraciones en orden cronológico para terminar el cuento de Ricitos de Oro (*Goldilocks*). Después, analicen los usos **del pretérito** y **el imperfecto** dentro del cuento y expliquen por qué usaron cada uno de estos tiempos verbales. ■

Había una vez una niña muy curiosa. Un día, mientras caminaba por el bosque, encontró una casa muy bonita. En la casa vivían tres osos. Mientras los osos no estaban…

_____ Los osos la asustaron (*scared her*).
_____ Entró en el dormitorio de los osos.
_____ Mientras ella dormía entraron los osos.
_____ La niña se levantó y salió corriendo de la casa.
_____ Tenía sueño.
_____ Buscó una cama.
_____ La niña entró en la casa.
_____ Vio que una cama era muy grande, otra era muy pequeña y la otra tenía el tamaño perfecto.
_____ Encontraron a la niña dormida en la cama.
_____ Se acostó.

Capítulo 8. Las construcciones reflexivas, pág. 312 del eText.

9-24 En el consultorio

Completa el siguiente pasaje con la forma correcta **del pretérito** o **el imperfecto** de cada verbo entre paréntesis. Después, comparte las respuestas con un/a compañero/a y explícale por qué usaste el pretérito o el imperfecto. ■

Ayer en el consultorio del Dr. Fuentes (1. haber) _________ mucha actividad. Muchos pacientes (2. esperar) _________ al médico y yo no (3. encontrar) _________ dónde sentarme. Dos horas (4. pasar) _________ lentamente. (5. Ser) _________ las once cuando por fin la recepcionista me (6. llamar) _________ y la enfermera (7. salir) _________ para buscarme. Juntas (8. entrar) _________ al cuarto donde (9. estar) _________ el médico. El Dr. Fuentes (10. levantarse) _________ y me (11. mirar) _________ con mucha curiosidad. (12. Empezar) _________ a examinarme y a hacerme preguntas.

Yo (13. ponerse) _________ nerviosa y (14. callarse) _________. Sólo (15. esperar) _________ un examen anual típico pero las preguntas (16. ser) _________ demasiado específicas. Por ejemplo, me (17. preguntar) _________ si (18. sentirse) _________ mareada (*faint*) por la mañana y si (19. comer) _________ bien cuando (20. tener) _________ hambre.

Por fin (21. darse cuenta [*to realize*]: yo) _________ de lo que (22. ocurrir) _________. ¡El Dr. Fuentes (23. pensar) _________ que yo (24. estar) _________ embarazada (*pregnant*)! Por lo visto la enfermera (25. equivocarse [*to be mistaken*]) _________ y ¡le (26. dar) _________ al médico la información de otra paciente!

9-25 En el pasado

Termina las siguientes oraciones. Después, compártelas con un/a compañero/a. ■

MODELO Cuando era niño/a…

E1: *Cuando era niño, hacía ejercicio todos los días. Y tú, ¿qué hacías?*

E2: *Cuando era niña, siempre jugaba en el parque con mi hermana.*

1. Cuando era niño/a…
2. Cuando tenía dieciséis años, frecuentemente…
3. Una vez el verano pasado…
4. Ayer tenía ganas de __________ pero…
5. Anoche…
6. Cuando vivía con mis padres, todas las semanas…

9-26 Nuestro cuento

En grupos de tres, van a contar una historia (en el pasado) basada en los dibujos. Al terminar van a compartir sus historias con los otros miembros de la clase. ■

Estrategia

In this variation of "Cinderella," remember to use the *imperfect* for *description* and *background* information. Use the *preterit* for *sequences of actions.*

La Cenicienta

Workbooklet

9-27 Y en el hospital

Imagina que trabajas como enfermero/a en la sala de urgencias de un hospital. Un día entra un joven de unos veinte años con unos síntomas raros. ■

Paso 1 Llena el siguiente formulario médico para el joven enfermo como si fueras un/a enfermero/a.

FORMULARIO MÉDICO

Por favor complete este formulario con la mayor precisión posible. Toda la infomación en este formulario es confidencial y será utilizada en caso de emergencia. Por favor escriba legiblemente.

HISTORIA MÉDICA

Nombre ______________________
Dirección ______________________
Ciudad y estado ______________________
Código postal ______________________
Número de teléfono ______________________
Edad ______________________
Fecha de nacimiento ______________________
Sexo _______ Peso _______ Altura _________
Grupo sanguíneo ______________________

1. ¿Está bajo tratamiento por alguna enfermedad? Explique.______________________
2. ¿Toma algún tipo de medicamento? ______________________
3. ¿Tiene algún tipo de alergia?______________________
4. ¿Ha tenido cirugía alguna vez?______________________

CONDICIONES MÉDICAS

Por favor marque cualquier enfermedad que haya tenido en el pasado y la fecha en que comenzó.

______artritis	______asma	_____dolor de espalda
______mareos	______tos crónica	_____dolor de pecho
______diabetes	______epilepsia	_____fracturas
______dolor de cabeza	______hernia	_____presión alta

¿Ha tenido otra condición que no hemos mencionado?______________________

Paso 2 Crea **seis** preguntas para determinar cuál es su problema, según el modelo.

MODELO E1: ¿Dar / todos sus datos / en recepción?
E2: *¿Dio todos sus datos en recepción?*

1. ¿Cuándo / llegar / la sala de urgencias?
2. ¿Cuándo / empezar / a dolerle?
3. ¿Qué / hacer / cuando / empezar / a dolerle?
4. ¿Quién / estar / con Ud.?
5. ¿Cómo / sentirse / cuando / acostarse / anoche?
6. ¿Qué / causar / el dolor?

Paso 3 Crea un diálogo con un/a compañero/a entre el joven y el/la enfermero/a usando las preguntas que escribiste.

9-28 La última vez que nos enfermamos

Túrnense para describir la última vez que ustedes, un amigo, o un pariente se enfermaron. ■

- ¿Cuándo fue?
- ¿Cómo se sentían?
- ¿Cuáles fueron los síntomas?
- Si fueron al médico, ¿qué les hizo? ¿Qué les dijo?
- ¿Les recetó (recetar = *to prescribe*) algo? ¿Cuánto pagaron por la visita? Si no fueron al médico, ¿qué hicieron para curarse?
- ¿Cuánto tiempo duró (durar = *to last*) la enfermedad?

Fíjate

Use the term *médico* when referring to the profession of a doctor. Use *doctor* for the title of the person.

El doctor Ramírez es un médico excelente.

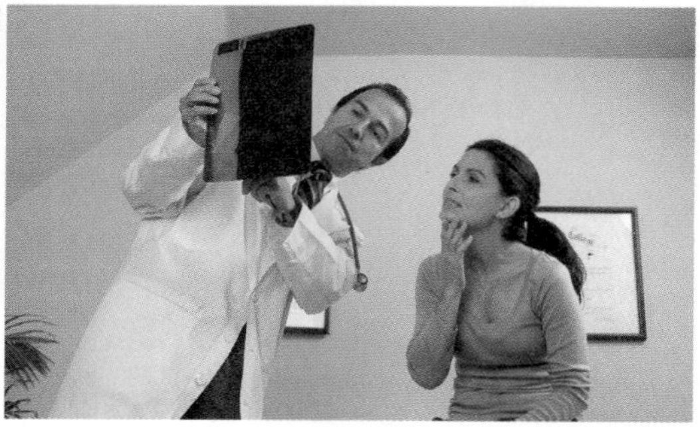

9-29 ¿Y ayer?

Descríbele a un/a compañero/a tu día de ayer en por lo menos **cinco** oraciones. ■

MODELO *Ayer hacía mal tiempo cuando me desperté. No quería levantarme, pero por fin salí de la cama y fui a mi clase de español. El profesor nos dio mucha tarea. Luego fui a la biblioteca. Estudiaba cuando llegó mi mejor amigo Jeff.*

Fíjate

When the preterit and imperfect are used together in narratives in which events are retold, you will notice that the *imperfect* provides the background information such as the time, weather, and location. The *preterit* relates the specific events that occurred.

9-30 Luces, cámara, acción

Capítulo 5. El mundo del cine, pág. 184 del eText.

¿Te gustan las películas? ¿Vas al cine a menudo? Cuéntale (*Narrate*) a un/a compañero/a una película que hayas visto (*you have seen*) últimamente. Usa por lo menos **siete** oraciones. ¡Recuerda! Generalmente **el imperfecto** se usa para la descripción y **el pretérito** para la acción. ■

NOTA CULTURAL

¡Hola! eText 356 09-36

Las farmacias en el mundo hispanohablante

6 GRAMÁTICA

09-37 to 09-40 ¡Hola! Spanish Tutorial

Expresiones con *hacer* Explaining how long something has been going on and how long ago something occurred

Hace seis
meses que no
te veo.

The verb **hacer** means *to do* or *to make*. You have also used **hacer** in idiomatic expressions dealing with weather. There are some additional special constructions with **hacer** that deal with time. **Hace** is used:

1. to discuss an action that began in the past but is still going on in the present.

hace + *period of time* + **que** + *verb in the present tense*

Hace cuatro días **que** tengo la gripe. — *I've had the flu for four days (and still have it).*
Hace dos años **que** soy enfermera. — *I've been a nurse for two years.*

(continued)

2. to ask how long something has been going on.

cuánto (tiempo) + **hace** + **que** + *verb in present tense*

¿Cuántos años **hace que** estudias medicina?	*How many years have you been studying medicine?*
¿Cuánto tiempo **hace que** estudias medicina?	*How long have you been studying medicine?*
¿Cuántos meses **hace que** tu abuela guarda cama?	*How many months has your grandmother been staying in bed?*
¿Cuánto tiempo **hace que** tu abuela guarda cama?	*How long has your grandmother been staying in bed?*

3. in the preterit to tell how long ago something happened.

hace + *period of time* + **que** + *verb in the preterit*

Hace cuatro años **que** empecé a estudiar medicina.	*I began to study medicine four years ago.*
Hace seis años **que** me mudé aquí para estudiar.	*I moved here six years ago to study.*

or

verb in the preterit + **hace** + *period of time*

Empecé a estudiar medicina **hace** cuatro años.	*I began to study medicine four years ago.*
Me mudé aquí **hace** seis años.	*I moved here six years ago.*

Note that in this construction **hace** can either precede or follow the rest of the sentence. When it follows, **que** is not used.

4. to ask how long ago something happened.

cuánto (tiempo) + **hace** + **que** + *verb in preterit*

¿Cuánto tiempo **hace que** empezaste a estudiar medicina?	*How long ago did you begin to study medicine?*
¿Cuánto tiempo **hace que** te enfermaste?	*How long ago did you get sick?*

9-31 ¿Qué pasa?

Juntos completen el diálogo entre Julián, Mari Carmen y su mamá con las palabras apropiadas. ■

Julián, ¡ese sofá es horrible!

MAMÁ: Julián (1) ¿ _______ tiempo hace (2) _______ vives en esta casa?

JULIÁN: Bueno, creo que (3) _______ unos dos años que vivo aquí.

MAMÁ: Y (4) ¿ _______ _______ _______ que tienes ese sofá? Está muy sucio.

JULIÁN: No sé, mamá. Fue un regalo de un amigo. Lo tenía en su apartamento.

MAMÁ: Creo que (5) _______ por lo menos diez años (6) _______ tiene esas manchas (*stains*) negras. ¡Es horrible!

JULIÁN: Mamá, (7) _______ media hora (8) _______ criticas mi casa y…

MARI CARMEN: ¡Mamá! (9) ¡ _______ cinco minutos (10) _______ te estoy llamando! ¡Tráeme agua!

Workbooklet

9-32 Firma aquí

Circula por la clase hasta encontrar a un estudiante que pueda contestar afirmativamente tus preguntas. ■

Fíjate

Note that *cuánto* agrees with the amount of time: *cuánto tiempo; cuántas semanas/horas; cuántos años/días.*

MODELO empezar a estudiar español hace menos de (*less than*) un año

E1: *¿Empezaste a estudiar español hace menos de un año?*

E2: *No, empecé a estudiar español hace dos años.*

E1: (a otro estudiante) *¿Empezaste a estudiar español hace menos de un año?*

E3: *Sí, empecé a estudiar español hace seis meses.*

E1: *Muy bien. Firma* (Sign) *aquí por favor.*

Janet

1. empezar a estudiar español hace menos de un año	_______________
2. graduarse de la escuela secundaria (*high school*) hace dos años	_______________
3. conocer a su mejor amigo/a hace muchos años	_______________
4. ver una película de terror hace dos o tres semanas	_______________
5. ir a un concierto hace uno o dos meses	_______________
6. tomar café hace una hora	_______________
7. comer en un restaurante elegante hace unos días	_______________
8. hacer ejercicio hace unas horas	_______________
9. hablar con alguien de su familia hace una semana	_______________
10. enfermarse hace una semana	_______________

9-33 Conversando Habla con varios compañeros de clase utilizando las siguientes preguntas para guiar la conversación. ■

1. ¿Cuánto tiempo hace que vives en este estado (*state*)? ¿Dónde vivías antes?
2. ¿Cuánto tiempo hace que estudias en esta universidad? ¿En qué año te gradúas?
3. ¿Cuánto tiempo hace que conoces a tu mejor amigo/a? ¿Dónde lo/la conociste?
4. ¿Cuánto tiempo hace que viste a tus padres? ¿Volviste a casa o te visitaron?
5. ¿Cuánto tiempo hace que fuiste al médico? ¿Qué te recomendó?

ESCUCHA

09-41 to 09-43

Síntomas y tratamientos

Estrategia

Asking yourself questions

A useful tool for boosting comprehension is asking yourself check questions to help you organize information and summarize what you have heard. You will practice this strategy in the **A escuchar** section.

9-34 Antes de escuchar

Marisol no se siente bien y llama a su madre para pedirle consejo. Cuando tú no te sientes bien, ¿qué haces generalmente: llamas al médico, hablas con un/a amigo/a, llamas a tu madre u otro pariente o te cuidas solo/a (*take care of yourself*)? ■

Marisol llama a su madre.

9-35 A escuchar

Completen las siguientes actividades. ■

1. La conversación entre Marisol y su madre se divide en tres partes. Escucha la primera parte y después escoge la pregunta que mejor resuma (*summarizes*) lo que escuchaste. Repite el proceso con cada parte.

   PRIMERA PARTE
   a. ¿Por qué llama Marisol a su madre?
   b. ¿Cuáles son los síntomas de Marisol?
   c. ¿Qué hizo Marisol cuando se levantó?

   SEGUNDA PARTE
   a. ¿Con quiénes salió Marisol anoche?
   b. ¿A Marisol le gustan las galletas?
   c. ¿Qué comió Marisol anoche?

   TERCERA PARTE
   a. ¿Debe ir a clase?
   b. ¿Debe comer mucho hoy?
   c. ¿Qué puede hacer Marisol para sentirse mejor?
2. Escucha una vez más para averiguar si escogiste las preguntas apropiadas. Compáralas con las de un/a compañero/a. Expliquen por qué son las mejores preguntas.
3. Ahora escucha la conversación por última vez para contestar las siguientes preguntas.
   a. ¿Por qué llama Marisol a su madre?
   b. ¿Cuáles son sus síntomas?
   c. ¿Qué comió Marisol anoche?
   d. ¿Cuál es el consejo de su mamá?

9-36 Después de escuchar

Realicen la escena entre Marisol y su madre. ■

¡CONVERSEMOS!

09-44

9-37 Los pacientes

Tienes un trabajo como voluntario/a en un hospital. Describe a tres pacientes (ficticios) con quienes estuviste ayer. Tu compañero/a te hace las siguientes preguntas para guiar tu descripción: ■

1. ¿Cómo son?
2. ¿Cuáles son las enfermedades o condiciones de los pacientes?
3. ¿Qué tratamientos recibieron?

Incluye por lo menos **diez** oraciones en tu descripción.

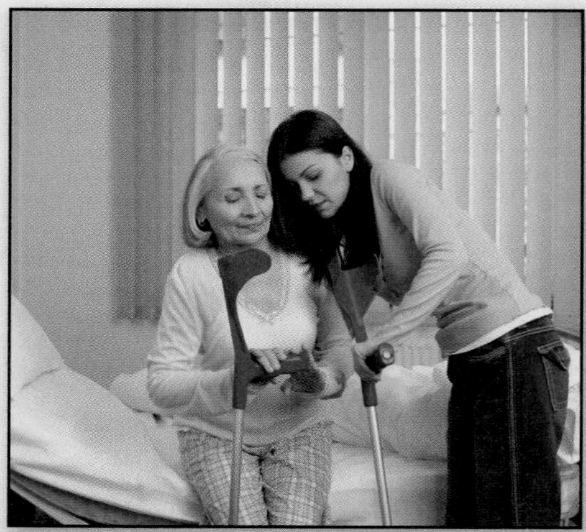

9-38 ¿Qué hicieron?

Piensa en alguien que conoces que antes no vivía una vida sana, pero que recientemente cambió su vida. Descríbele a tu compañero/a de clase qué hacía antes y qué hizo para cambiar. Piensa bien si debes usar **el pretérito** o **el imperfecto** para explicar su situación. Tu compañero/a te va a hacer preguntas para clarificar y recibir más información. ■

ESCRIBE

Un resumen

09-45

Estrategia

Sequencing events

When writing a summary in Spanish about things that occurred in the past, you must choose appropriately between the preterit and the imperfect. For example, if you are relating a chain or sequence of events—actions that occurred one after the other—you will most likely need to use the preterit. If you are describing situations, what used to happen, or what was going on when something else happened, you will most likely use the imperfect. At this stage of your learning, it is a good idea to bookmark the list of words and expressions that commonly signal the preterit and the imperfect on page 352 to also help guide you.

9-39 Antes de escribir Piensa en el Episodio 8 de **Ambiciones siniestras.** Haz una lista de los **ocho** acontecimientos (*events*) más importantes de *¿Quién fue?* y *El misterio crece.* ■

9-40 A escribir Escribe un resumen del Episodio 8 de **Ambiciones siniestras,** utilizando tu lista e incorporando un poco de descripción sobre los personajes y la escena: dónde estaban, qué hacían, cómo se sentían, etc. ■

9-41 Después de escribir Comparte tu resumen con un/a compañero/a. ¿Tienen el mismo contenido? Enfóquense en los verbos. ¿Usaron de manera correcta el pretérito y el imperfecto? ■

¿Cómo andas? II

Having completed **Comunicación II,** I now can . . .	**Feel confident**	**Need to review**
• narrate in the past (p. 242)	☐	☐
• consider pharmacies in Spanish-speaking countries and how they differ from those in the United States (p. 249)	☐	☐
• explain how long something has been going on and how long ago something occurred (p. 249)	☐	☐
• ask myself questions when listening to organize and summarize what I hear (p. 253)	☐	☐
• communicate about ailments and healthy living (p. 254)	☐	☐
• write a summary, sequencing past events (p. 255)	☐	☐

Perú

09-46 to 09-47

Les presento mi país

Diana Ávila Peralta

Mi nombre es Diana Ávila Peralta y soy de Ayacucho, Perú. Estudio historia en la Universidad Nacional Mayor de San Marcos en Lima y mientras estudio, vivo con unos parientes en Miraflores, un barrio de la capital. **¿Dónde viven los estudiantes de tu universidad generalmente?** Quiero ser profesora porque me fascina la historia de mi país y quiero compartir mi pasión con otras personas. Hay muchas ruinas de la civilización incaica en Perú. **¿Qué sabes de la historia de tu país y sus pueblos antiguos?** Perú es un país de extremos geográficos: tenemos la costa, al nivel del mar, los Andes, montañas impresionantes, cañones profundos, la selva y los principios del río Amazonas con flora y fauna magníficas. ¡Puedes mantenerte en forma caminando por estas regiones!

Las líneas de Nazca

Loros en la selva amazónica

Miraflores, en las afueras de Lima, Perú

ALMANAQUE

Nombre oficial:	República del Perú
Gobierno:	República constitucional
Población:	29.907.003 (2010)
Idiomas:	español (oficial); quechua (oficial); idiomas indígenas
Moneda:	Nuevo sol (S/)

¿Sabías que...?

- Las líneas de Nazca, que se encuentran en un desierto del sur del país, son un enigma. Consisten en una serie de dibujos de diferentes animales, plantas y flores, y figuras geométricas que se reconocen solamente desde el aire.
- Hay casi 3,5 millones de llamas en los Andes.

Preguntas

1. ¿Por qué Diana quiere ser profesora?
2. ¿Por qué se dice que Perú es un país de geografía muy variada?
3. ¿Qué otros países comparten algunas de las características geográficas de Perú?

Amplía tus conocimientos sobre Perú en MySpanishLab.

Bolivia

09-46, 09-48

Les presento mi país

Jorge Gustavo Salazar

Mi nombre es Jorge Gustavo Salazar y soy de Sucre, una de las dos capitales de mi país y la sede (*headquarters*) constitucional donde se mantiene el Tribunal Supremo de Bolivia. La Paz, la capital administrativa, es la capital más alta del mundo, a unos 3.650 m.s.n.m. en los Andes. **¿A qué altura está tu ciudad?** La gente indígena constituye más del cincuenta por ciento de la población del país, y muchos viven en el altiplano, un área cerca del lago Titicaca, que es el lago navegable más alto del mundo. En el altiplano se encuentran las ruinas de una civilización antigua preincaica, anterior a los aymara, que pueblan la región hoy en día. **¿Hay ruinas de antiguas civilizaciones cerca de donde tú vives?**

Fíjate

The abbreviation *m.s.n.m.* means *metros sobre nivel del mar*, or meters above sea level.

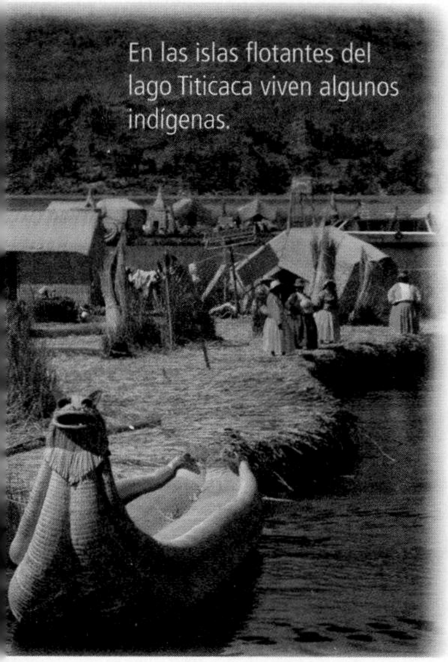
En las islas flotantes del lago Titicaca viven algunos indígenas.

Una mujer aymara con ropa tradicional

Unas chullpas en el altiplano

ALMANAQUE

Nombre oficial:	República de Bolivia
Gobierno:	República
Población:	9.947.418 (2010)
Idiomas:	español (oficial); quechua (oficial); aymara (oficial)
Moneda:	Boliviano (Bs)

¿Sabías que...?

- La papa, nativa de Sudamérica, es un alimento básico en Bolivia. Se cultivan más de doscientos tipos de papa en el país.
- Aunque no tiene salida al mar, Bolivia tiene una fuerza marina: la Armada Boliviana.

Preguntas

1. ¿Por qué crees que Bolivia tiene tres idiomas oficiales?
2. ¿Qué distinción tiene La Paz como capital?
3. ¿Qué riesgo para la salud (*health risk*) comparten Bolivia y Perú?

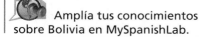

Amplía tus conocimientos sobre Bolivia en MySpanishLab.

Ecuador

09-46, 09-49

Yolanda Pico Briones

Les presento mi país

Mi nombre es Yolanda Pico Briones y soy de Quito, la capital de Ecuador. Mi país tiene tres diferentes tipos de geografía: la costa, la sierra y el oriente o la selva. La población, principalmente mestiza e indígena, se concentra en la sierra y la costa. **¿Dónde vive la mayoría de la población en tu país?** Uno de los grupos indígenas de Ecuador son los tsáchilas, también llamados "los colorados", debido a la costumbre de los hombres de pintarse (*dye*) el pelo de color rojo. Los chamanes (*shamans*) de esta tribu tienen gran conocimiento de las plantas medicinales y, por lo tanto, tienen mucho poder en la comunidad. **¿Es popular la medicina alternativa donde tú vives?**

Las islas Galápagos

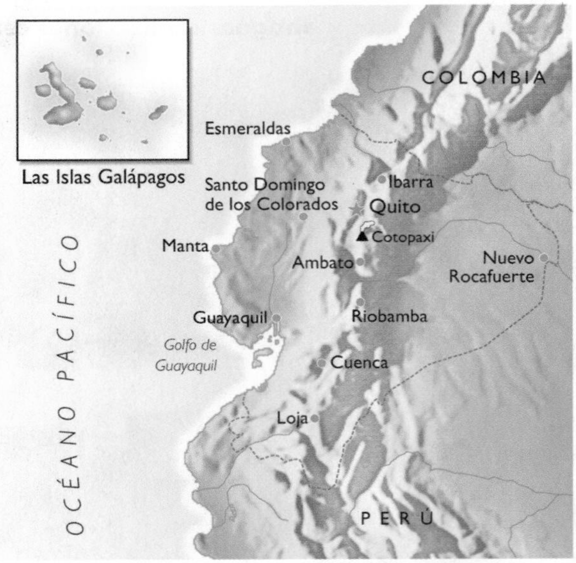

Un sombrero panamá

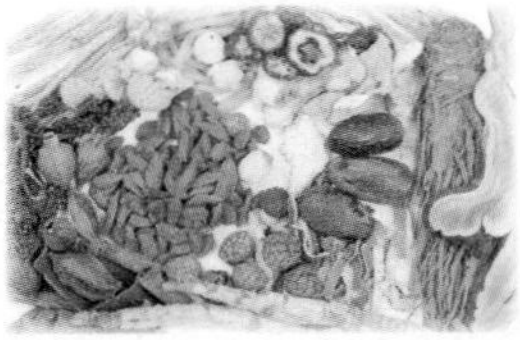

Las plantas medicinales son importantes en la medicina alternativa.

ALMANAQUE

Nombre oficial:	República del Ecuador
Gobierno:	República
Población:	14.790.608 (2010)
Idiomas:	español (oficial), quechua y otros idiomas indígenas
Moneda:	El dólar estadounidense ($)

¿Sabías que...?

- El famoso sombrero panamá es en realidad de Ecuador.
- El volcán Cotopaxi se considera el volcán activo más alto del mundo.

Preguntas

1. ¿Cuál es una costumbre de los tsáchilas?
2. ¿Qué tiene Ecuador en común geográficamente con Perú y Bolivia?
3. ¿En qué otros países se encuentra un gran porcentaje de mestizos e indígenas?

Amplía tus conocimientos sobre Ecuador en MySpanishLab.

¡Hola! eText 366

09-52

Ambiciones siniestras

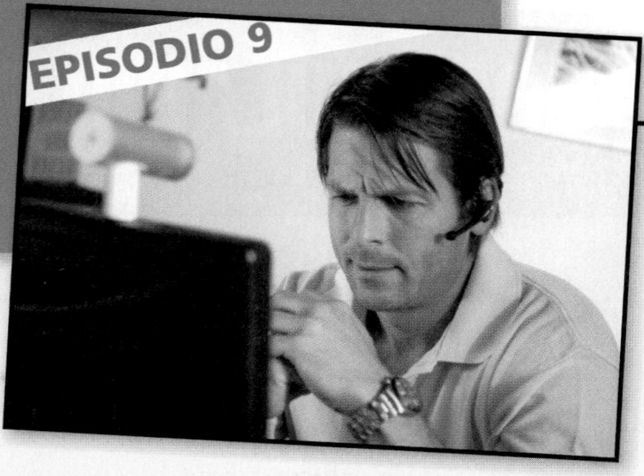

Lectura y video

Y por fin, ¿cómo andas?

Having completed this chapter, I now can . . .	Feel confident	Need to review
Comunicación I		
• describe the human body (p. 228)	☐	☐
• pronounce the letters **d** and **t** (MSL / SAM)	☐	☐
• share about people, actions, and things (p. 231)	☐	☐
• explain ailments and treatments (p. 235)	☐	☐
• make emphatic and exclamatory statements (p. 240)	☐	☐
Comunicación II		
• narrate in the past (p. 242)	☐	☐
• explain how long something has been going on and how long ago something occurred (p. 249)	☐	☐
• ask myself questions when listening to organize and summarize what I hear (p. 253)	☐	☐
• communicate about ailments and healthy living (p. 254)	☐	☐
• write a summary, sequencing past events (p. 255)	☐	☐
Cultura		
• relate the importance of water in maintaining good health (p. 239)	☐	☐
• consider pharmacies in Spanish-speaking countries and how they differ from those in the United States (p. 249)	☐	☐
• list important information about this chapter's featured countries: Peru, Bolivia, and Ecuador (pp. 256–258)	☐	☐
Ambiciones siniestras		
• create check questions to facilitate comprehension when reading, and give details about the new e-mail message (p. 259)	☐	☐
• discover the progress the characters are making in deciphering the new riddle (p. 259)	☐	☐
Comunidades		
• use Spanish in real-life contexts (SAM)	☐	☐

VOCABULARIO ACTIVO

El cuerpo humano	*The human body*
la boca	*mouth*
el brazo	*arm*
la cabeza	*head*
la cara	*face*
la cintura	*waist*
el corazón	*heart*
el cuello	*neck*
el cuerpo	*body*
el dedo (de la mano)	*finger*
el dedo (del pie)	*toe*
el diente	*tooth*
la espalda	*back*
el estómago	*stomach*
la garganta	*throat*
la mano	*hand*
la nariz	*nose*
el oído	*inner ear*
el ojo	*eye*
la oreja	*ear*
el pecho	*chest*
el pelo	*hair*
el pie	*foot*
la pierna	*leg*

Algunos verbos	*Some verbs*
doler (ue)	*to hurt*
estar enfermo/a	*to be sick*
estar sano/a; saludable	*to be healthy*
ser alérgico/a (a)	*to be allergic (to)*

Otras palabras útiles	*Other useful words*
la salud	*health*
la sangre	*blood*

Algunas enfermedades y tratamientos médicos	*Illnesses and medical treatments*
el antiácido	*antacid*
el antibiótico	*antibiotic*
la aspirina	*aspirin*
el catarro / el resfriado	*cold*
la curita	*adhesive bandage*
el/la doctor/a	*doctor*
el dolor	*pain*
el/la enfermero/a	*nurse*
el estornudo	*sneeze*
el examen físico	*physical exam*
la farmacia	*pharmacy*
la fiebre	*fever*
la gripe	*flu*
la herida	*wound; injury*
el hospital	*hospital*
la inyección	*shot*
el jarabe	*cough syrup*
el/la médico/a	*doctor*
la náusea	*nausea*
las pastillas	*pills*
la receta	*prescription*
la sala de urgencias	*emergency room*
la tos	*cough*
la venda / el vendaje	*bandage*

Algunos verbos	*Some verbs*
acabar de + *infinitivo*	*to have just finished + (something)*
caer(se)	*to fall down*
cortar(se)	*to cut (oneself)*
curar(se)	*to cure; to be cured*
enfermar(se)	*to get sick*
estornudar	*to sneeze*
evitar	*to avoid*
guardar cama	*to stay in bed*
lastimar(se)	*to get hurt*
mejorar(se)	*to improve; to get better*
ocurrir	*to occur*
quemar(se)	*to burn; to get burned*
romper(se)	*to break*
tener…	
alergia (a)	*to be allergic (to)*
(un) catarro, resfriado	*to have a cold*
(la/una) gripe	*to have the flu*
una infección	*to have an infection*
tos	*to have a cough*
un virus	*to have a virus*
tener dolor de…	*to have a…*
cabeza	*headache*
espalda	*backache*
estómago	*stomachache*
garganta	*sore throat*
toser	*to cough*
tratar de	*to try to*
vendar(se)	*to bandage (oneself); to dress (a wound)*

10 ¡Viajemos!

¿Te gusta viajar (*travel*)? ¿Adónde? ¿Cómo? ¿Cuándo? Exploremos muchas opciones. ¡Viajemos!

PREGUNTAS

1. Cuando viajas, ¿adónde vas generalmente?
2. ¿Cuándo viajas? ¿Por qué?
3. En el futuro, ¿adónde quieres ir?

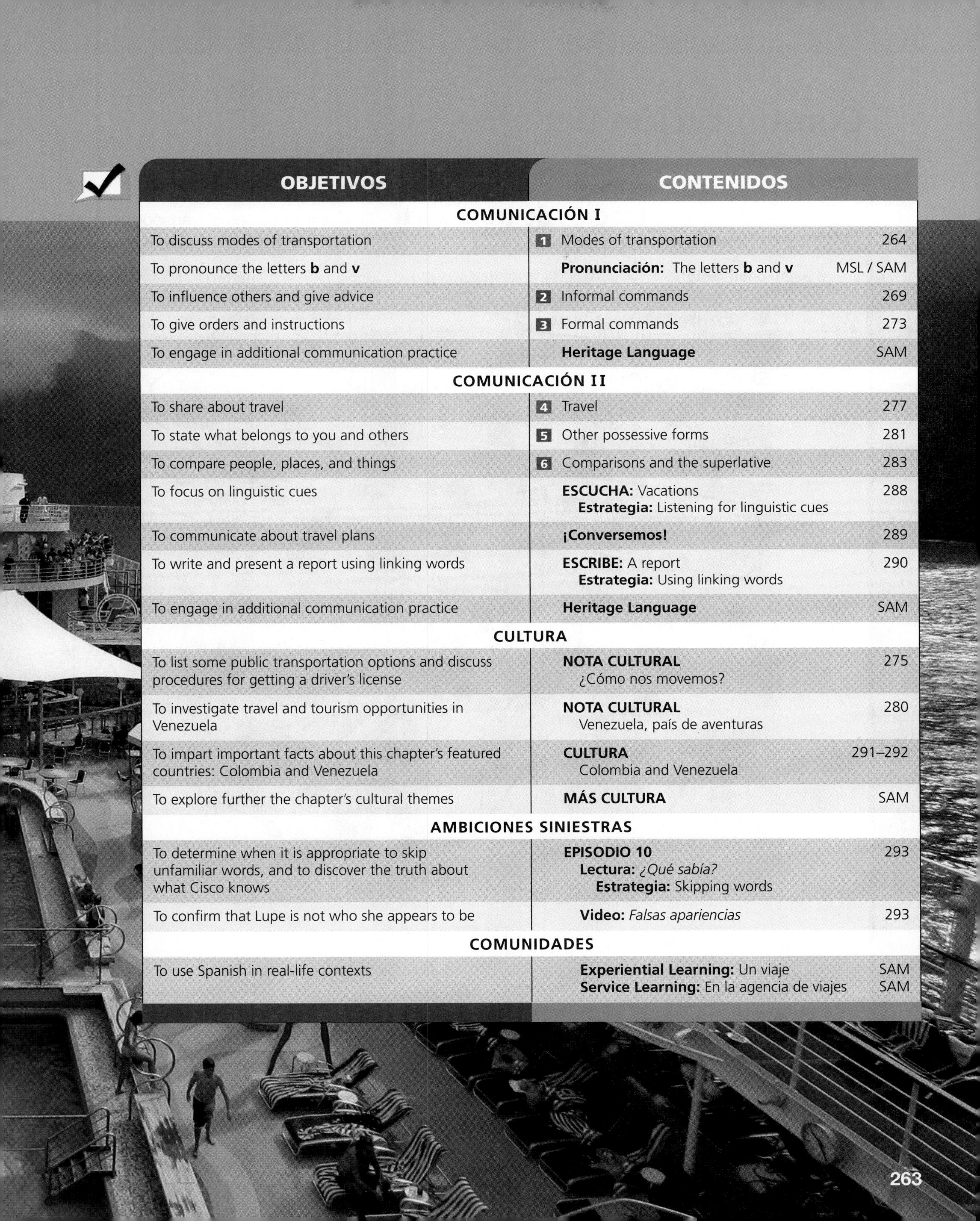

OBJETIVOS	CONTENIDOS	
COMUNICACIÓN I		
To discuss modes of transportation	1 Modes of transportation	264
To pronounce the letters **b** and **v**	**Pronunciación:** The letters **b** and **v**	MSL / SAM
To influence others and give advice	2 Informal commands	269
To give orders and instructions	3 Formal commands	273
To engage in additional communication practice	**Heritage Language**	SAM
COMUNICACIÓN II		
To share about travel	4 Travel	277
To state what belongs to you and others	5 Other possessive forms	281
To compare people, places, and things	6 Comparisons and the superlative	283
To focus on linguistic cues	**ESCUCHA:** Vacations **Estrategia:** Listening for linguistic cues	288
To communicate about travel plans	**¡Conversemos!**	289
To write and present a report using linking words	**ESCRIBE:** A report **Estrategia:** Using linking words	290
To engage in additional communication practice	**Heritage Language**	SAM
CULTURA		
To list some public transportation options and discuss procedures for getting a driver's license	**NOTA CULTURAL** ¿Cómo nos movemos?	275
To investigate travel and tourism opportunities in Venezuela	**NOTA CULTURAL** Venezuela, país de aventuras	280
To impart important facts about this chapter's featured countries: Colombia and Venezuela	**CULTURA** Colombia and Venezuela	291–292
To explore further the chapter's cultural themes	**MÁS CULTURA**	SAM
AMBICIONES SINIESTRAS		
To determine when it is appropriate to skip unfamiliar words, and to discover the truth about what Cisco knows	**EPISODIO 10** **Lectura:** *¿Qué sabía?* **Estrategia:** Skipping words	293
To confirm that Lupe is not who she appears to be	**Video:** *Falsas apariencias*	293
COMUNIDADES		
To use Spanish in real-life contexts	**Experiential Learning:** Un viaje **Service Learning:** En la agencia de viajes	SAM SAM

Comunicación I

1 VOCABULARIO

10-01 to 10-08

Los medios de transporte Discussing modes of transportation

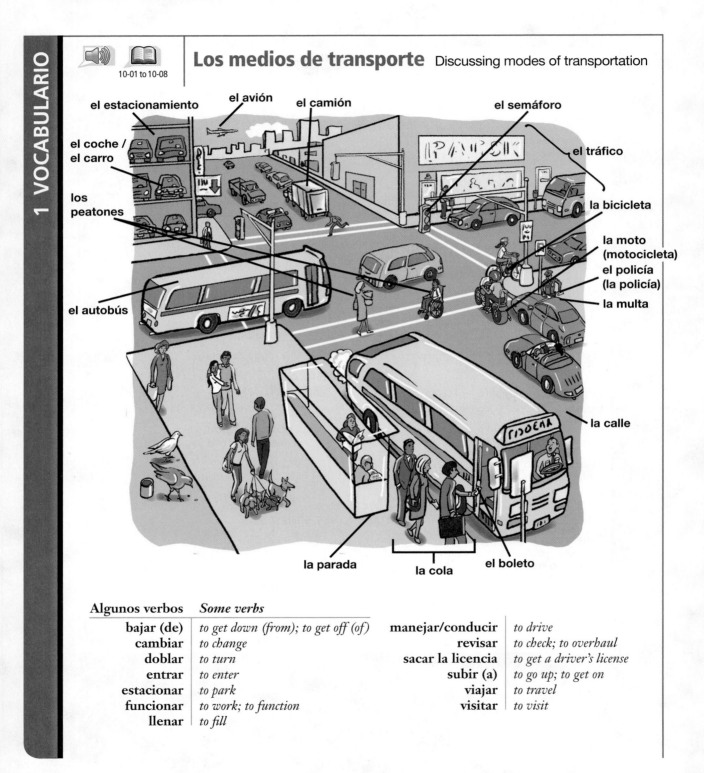

Algunos verbos	*Some verbs*
bajar (de)	*to get down (from); to get off (of)*
cambiar	*to change*
doblar	*to turn*
entrar	*to enter*
estacionar	*to park*
funcionar	*to work; to function*
llenar	*to fill*
manejar/conducir	*to drive*
revisar	*to check; to overhaul*
sacar la licencia	*to get a driver's license*
subir (a)	*to go up; to get on*
viajar	*to travel*
visitar	*to visit*

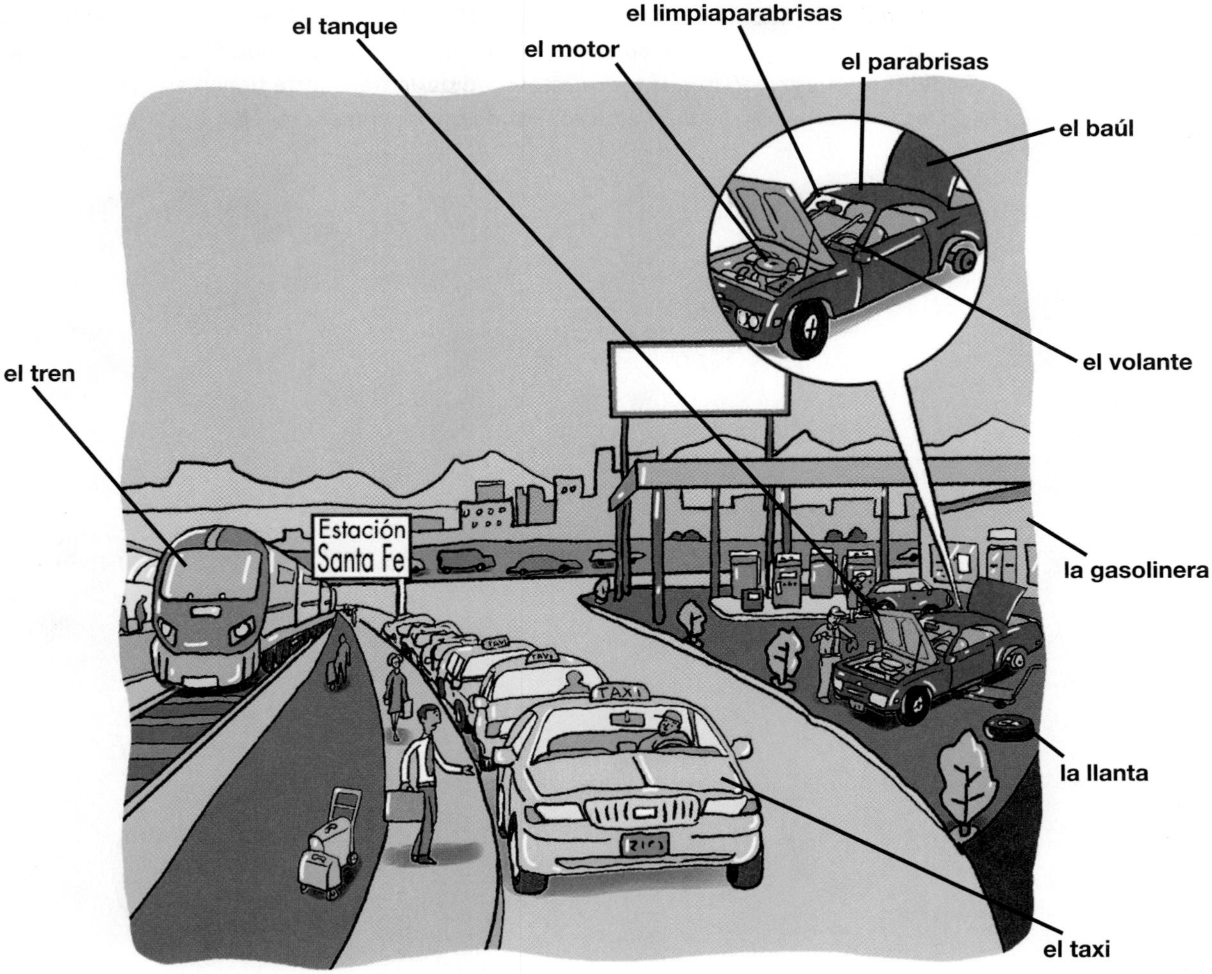

Otras palabras útiles	*Other useful words*
el aire acondicionado	*air conditioning*
la autopista	*highway; freeway*
el barco	*boat*
la calefacción	*heat*
la licencia (de conducir)	*driver's license*
la llave	*key*
el metro	*subway*
el ruido	*noise*
el taller mecánico	*auto repair shop*

PRONUNCIACIÓN

¡Hola! 10-09 to 10-12

The letters *b* and *v*

Go to MySpanishLab / Student Activities Manual to learn about the letters *b* and *v*.

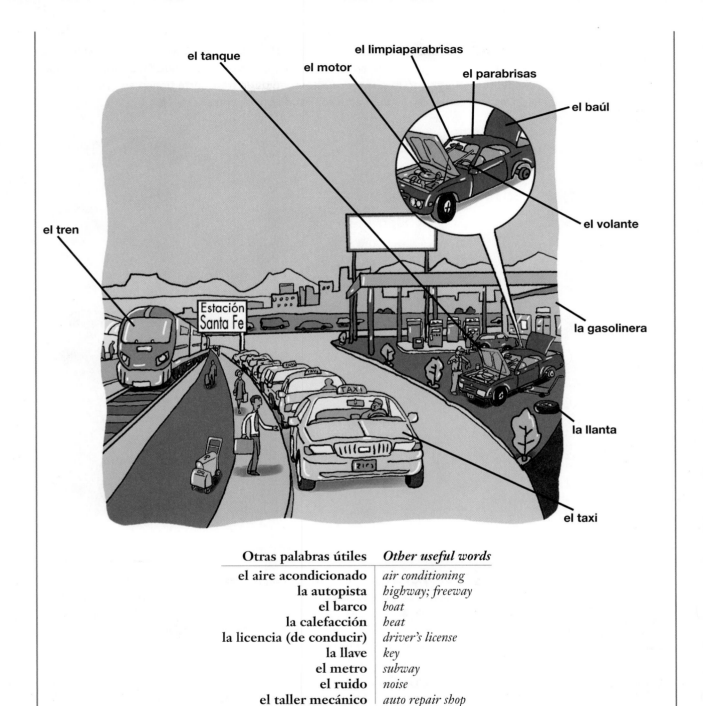

Workbooklet

10-1 ¿Qué tienen en común? Escriban características específicas de cada medio de transporte en cada uno de los círculos pequeños. En el círculo grande del centro, escriban lo que todos estos medios de transporte tienen en común. Después comparen su diagrama con los de otros compañeros. ■

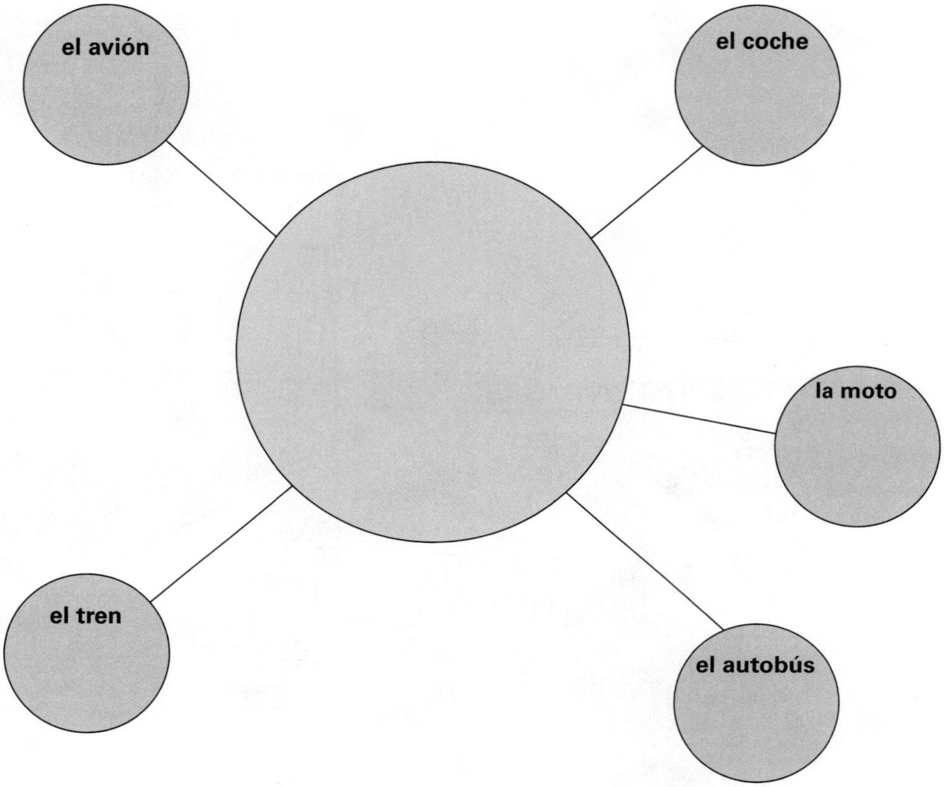

10-2 ¿Es verdad? Decide si las siguientes oraciones son ciertas (**C**) o falsas (**F**). Si son falsas, corrígelas (*correct them*). Compara tus respuestas con las de un/a compañero/a. ■

Estrategia

When correcting true/false statements, instead of simply adding a negative word, correct the word that is false to make the statement true.

MODELO Un carro tiene seis llantas.

E1: *Un carro tiene seis llantas.*

E2: *Falso. Un carro tiene cuatro llantas.*

1. Hay semáforos en las autopistas.
2. Para llegar a la universidad yo puedo tomar el autobús o ir a pie.
3. Ir en avión es más rápido que ir en tren.
4. Un coche no puede funcionar sin limpiaparabrisas.
5. Hay que cambiar el aceite de un coche cada 100.000 millas.
6. Puedes llenar el tanque con gasolina en la gasolinera.
7. Usamos la calefacción en el verano.
8. Si manejamos muy rápido el policía nos puede dar una llave.

10-3 ¿Cómo vas? Completa los siguientes pasos. ■

Paso 1 Pon una equis (X) en la columna apropiada. Después, pregúntale a un/a compañero/a qué medios de transporte usa él/ella.

¿QUÉ USAS...?	A MENUDO	A VECES	NUNCA
bicicleta			
autobús			
avión			
carro			
tren			

MODELO E1: *¿Qué medio de transporte usas a menudo?*
E2: *Uso el autobús a menudo. ¿Y tú?*
E1: *Uso el carro.*
E2: *¿Qué medio de transporte usas a veces?*
E1: *Uso la bicicleta a veces. ¿Y tú?*

Paso 2 Túrnense para hacerse y contestar las siguientes preguntas.
¿Qué medio de transporte usas...

1. más?
2. menos?
3. para ir a la universidad?
4. para ir al centro comercial?
5. para ir a visitar a tus amigos?
6. para ir a la casa de tus padres o de unos parientes?
7. para ir a Los Ángeles?
8. para ir a Caracas, Venezuela?
9. para ir a Europa?

10-4 Cinco preguntas En grupos de tres o cuatro estudiantes, escriban **cinco** preguntas interesantes relacionadas con **Los medios de transporte.** Después, para cada pregunta, deben escoger a una persona de otro grupo para contestarla. ■

MODELO
GRUPO 1: *¿Cambiaste el aceite del coche la semana pasada?*
GRUPO 2 (PHILIP): *No, no cambié el aceite la semana pasada, pero tengo que cambiarlo pronto.*
GRUPO 1: *¿Viajaste a México el verano pasado?*
GRUPO 2 (GENA): *Sí, fui a Cancún con mi familia.*

Workbooklet

Estrategia

When performing a signature search (or *Firma aquí*) activity, remember to circulate around the classroom, speaking to many different classmates. You should try to have a different student's signature for each item.

10-5 **Firma aquí** Circula por la clase hasta encontrar a un estudiante que pueda contestar afirmativamente a tu pregunta. **¡OJO!** Debes usar **el pretérito** en la mayoría de las preguntas. ■

MODELO manejar un camión el verano pasado

E1: *¿Manejaste un camión el verano pasado?*

E2: *Sí, manejé un camión el verano pasado.*

E1: *Pues, firma aquí.*

Rosario

manejar un camión el verano pasado ______	ir a una gasolinera esta mañana ______	saber manejar un barco ______
tener más de tres llaves contigo ______	ir a la universidad por la autopista. ______	tener un coche sin (*without*) calefacción ______
perder las llaves alguna vez ______	viajar a algún lugar exótico durante las últimas vacaciones ______	recibir una multa el año pasado ______
tener un accidente de coche en los últimos dos años ______	llevar el coche al taller mecánico el mes pasado ______	viajar en tren el año pasado ______

10-6 **¡No funciona!** Necesitan llevar su coche a un mecánico. Hagan los papeles del conductor y el mecánico. Tienen que descubrir qué problema tiene el coche, hablar de posibles soluciones y decidir cuánto tiempo se necesita para repararlo. ■

2 GRAMÁTICA

10-13 to 10-18 ¡Hola! Spanish/ English Tutorials

Los mandatos informales

Influencing others and giving advice

¡A la derecha, Pepe! Dobla a la derecha, no a la izquierda...

When you need to give orders, advise, or ask people to do something, you use commands. If you are addressing a friend or someone you normally address as **tú,** you use informal commands. You have been responding to **tú** commands since the beginning of ***¡Anda! Curso elemental*:** **escucha, escribe, abre tu libro en la página,** etc.

1. The affirmative *tú* command form is the same as the *él, ella, Ud.* form of the present tense of the verb:

Infinitive		**Present tense**	**Affirmative *tú* command**
llen**ar**	él, ella, Ud.	llen**a**	llen**a**
le**er**	él, ella, Ud.	le**e**	le**e**
ped**ir**	él, ella, Ud.	pid**e**	pid**e**

Llen**a** el tanque. — *Fill the tank.*
Dobl**a** a la derecha. — *Turn to the right.*
Conduc**e** con cuidado. — *Drive carefully.*
Pid**e** permiso. — *Ask permission.*

There are eight common verbs that have irregular affirmative *tú* commands:

decir → **di**	ir → **ve**	salir → **sal**	tener → **ten**
hacer → **haz**	poner → **pon**	ser → **sé**	venir → **ven**

Sé respetuoso con los peatones. — *Be respectful of pedestrians.*
Ten cuidado al conducir. — *Be careful when driving.*
Ven al aeropuerto con tu pasaporte. — *Come to the airport with your passport.*
Pon las llaves en la mesa. — *Put the keys on the table.*

(continued)

2. To form the negative *tú* (informal) commands:

1. Take the **yo** form of the present tense of the verb.
2. Drop the **-o** ending.
3. Add ***-es*** for **-ar** verbs, and add ***-as*** for **-er** and **-ir** verbs.

Infinitive	Present tense		Negative *tú* command
llen**ar**	yo llen**ø**	+ es	no llen**es**
le**er**	yo le**ø**	+ as	no le**as**
ped**ir**	yo pid**ø**	+ as	no pid**as**

No llen**es** el tanque. — *Don't fill the tank.*
No dobl**es** a la derecha. — *Don't turn to the right.*
No conduzc**as** muy rápido. — *Don't drive very fast.*
No pid**as** permiso. — *Don't ask permission.*

Fíjate
The verb *conducir* has an irregular *yo* form, similar to *conocer* (conocer → cono**zc**o; conducir → condu**zc**o).

Verbs ending in **-car, -gar,** and **-zar** have a spelling change in the negative **tú** command. These spelling changes are needed to preserve the sounds of the infinitive endings.

Infinitive	Present tense		Negative *tú* command
sa**car**	yo sac**o**	**c → qu**	no sa**ques**
lle**gar**	yo lleg**o**	**g → gu**	no lle**gues**
empe**zar**	yo empiez**o**	**z → c**	no empie**ces**

Fíjate
These are the same spelling changes with which you were presented when you learned the irregular preterit tense of these verbs.

3. Object and reflexive pronouns are used with *tú* commands in the following ways:

a. They are *attached* to the ends of *affirmative* commands. When the command is made up of more than two syllables after the pronoun(s) is/are attached, a written accent mark is placed over the stressed vowel.

Se me pinchó una llanta. **¡Cámbiamela!** — *I got a flat tire. Change it for me!*
Tu bicicleta no funciona. **Revísala.** — *Your bike does not work. Check it.*
Me gusta tu coche. **Préstamelo.** — *I like your car. Lend it to me.*
Es tarde. **Duérmete** mientras conduzco. — *It's late. Sleep while I drive.*

b. They are placed *before negative* **tú** commands.

No se nos pinchó una llanta. ¡No **me la** cambies! — *We don't have a flat tire. Don't change it for me!*

Tu bicicleta funciona. No **la** revises. — *Your bicycle works. Don't check it.*

No me gusta tu coche. No **me lo** prestes. — *I don't like your car. Don't lend it to me.*

Es tarde. No **te duermas** mientras conduces. — *It's late. Don't fall asleep while you drive.*

10-7 ¿Qué diría el profesor?

Túrnense para decir cuál de los dos mandatos diría (*would say*) un/a profesor/a de una escuela de conducir. ■

MODELO a. Toma apuntes mientras hablo.
b. No tomes apuntes mientras hablo.
E1: *Toma apuntes mientras hablo.*

1. a. Estudia las reglas (*rules*) en el manual de conducir. b. No estudies las reglas.
2. a. Ven tarde a la clase. b. No vengas tarde a la clase.
3. a. Lee el manual con cuidado. b. No leas el manual con cuidado.
4. a. Practica fuera de la clase. b. No practiques fuera de la clase.
5. a. Ponte nervioso/a. b. No te pongas nervioso/a.
6. a. Conduce con cuidado. b. No conduzcas con cuidado.
7. a. Sal de la clase antes de tiempo. b. No salgas de la clase antes de tiempo.
8. a. Trae tu manual a clase. b. No traigas tu manual a clase.

10-8 Hazlo, por favor

Túrnense para expresar mandatos afirmativos y negativos usando los pronombres de complemento directo. ■

Capítulo 5. Los pronombres de complemento directo, pág. 189 del eText.

MODELO esperar el autobús
E1: *¡Espéralo!*
E2: *¡No lo esperes!*

Estrategia

For activities like **10-8** you can take turns by having one student do the even-numbered items while the other does the odd-numbered ones. Or, one can give the affirmative commands while the other gives the negatives; then switch roles.

1. tomar el autobús
2. prestarme las llaves
3. conducir el carro
4. usar la calefacción
5. hacer ruido
6. limpiar el parabrisas
7. subir la ventana
8. estacionar el coche en el garaje
9. buscar un estacionamiento

10-9 El sobrinito

Tu hermana está enferma y necesita ir al médico. Tú tienes que quedarte en su casa con Abel, su hijo de cuatro años. Dile lo que puede y no puede hacer en las siguientes situaciones. ■

MODELO Abel quiere comer un plato de donas (*donuts*).
¡No comas todas las donas!

Abel quiere…

1. mirar un programa de *Sesame Street*
2. llamar por teléfono a Big Bird
3. dibujar en la pared
4. limpiar su cuarto
5. mirar una película de terror
6. poner el gato (*cat*) en la lavadora
7. beber una Coca-Cola
8. dormir la siesta

10-10 ¡Ayúdame! ¡Tu compañero/a de apartamento te vuelve loco/a! ■

Paso 1 Usa los siguientes verbos para decirle lo que debe y no debe hacer y compara tus respuestas con las de un/a compañero/a.

MODELO no poner tus libros en mi cama
No pongas tus libros en mi cama.

1. no dormirse en el sofá
2. sacar la basura
3. no comer en la sala
4. no beber de mi vaso
5. decirme la verdad siempre
6. no vestirse en la cocina
7. tener más paciencia con mi gato
8. no invitar siempre a los amigos después de las once de la noche

Paso 2 Para cada mandato negativo que dieron juntos, den otra alternativa.

MODELO E1: *No pongas tus libros en mi cama.*
E2: *Ponlos en la mesa.*

10-11 ¡Una fiesta! Tu compañero/a y tú organizan una fiesta para sus amigos. Tienen mucho que hacer: limpiar el apartamento, organizar la música, comprar y preparar la comida, vestirse, etc. Un amigo se ofrece a ayudarles. Hagan una lista de las cosas que él puede hacer. ■

MODELO

1. Organiza los CD.

10-12 El transporte Revisa el vocabulario de **Los medios de transporte.** Escoge seis de los verbos y haz una lista de mandatos afirmativos y negativos, usando los verbos. ¡Sé creativo! Después, comparte tu lista con un/a compañero/a. ■

MODELO revisar → *Revisa el motor de tu coche.*

3 GRAMÁTICA

10-19 to 10-22 ¡Hola! Spanish/English Tutorials

Los mandatos formales Giving orders and instructions

¡Volaba!
Muéstreme su licencia, por favor.
¿Iba muy rápido, señor policía?

When you need to influence others by making a request, giving advice, giving instructions, or giving orders to people you normally treat as **Ud.** or **Uds.,** you are going to use a different set of commands: **formal** commands. The forms of these commands are similar to the negative **tú** command forms.

1. To form the *Ud.* and *Uds.* commands:

1. Take the **yo** form of the present tense of the verb.
2. Drop the **-o** ending.
3. Add ***-e(n)*** for **-ar** verbs, and add ***-a(n)*** for **-er** and **-ir** verbs.

Infinitive	**Present tense**		***Ud.* commands**	***Uds.* commands**
limpi**ar**	yo limpi**ø**	+ e(n)	(no) limpi**e**	(no) limpi**en**
le**er**	yo le**ø**	+ a(n)	(no) le**a**	(no) le**an**
ped**ir**	yo pid**ø**	+ a(n)	(no) pid**a**	(no) pid**an**

Llene el tanque. **Llénelo.** — *Fill up the tank. Fill it.*
No limpie el parabrisas. **No lo limpie.** — *Don't clean the windshield. Don't clean it.*
Conduzca el camión. **Condúzcalo.** — *Drive the truck. Drive it.*
No ponga esa gasolina cara en el coche. — *Don't put that expensive gasoline in the car.*
No la ponga en el coche. — *Don't put it in the car.*
Traiga su licencia. **Tráigala.** — *Bring your license. Bring it.*
No busquen sus llaves. **No las busquen.** — *Don't look for your keys. Don't look for them.*

¡Explícalo tú!

1. Where do the object pronouns appear in affirmative commands? Where do they appear in negative commands? In what order?
2 Why are there written accents added to some of the commands and not to others?

✓ Check your answers to the preceding questions in Appendix 1.

2. Verbs ending in *-car*, *-gar*, and *-zar* have a spelling change in the *Ud.* and *Uds.* commands. These spelling changes are needed to preserve the sounds of the infinitive endings.

Infinitive	**Present tense**		***Ud/Uds.* commands**
sa**car**	yo saco	**c → qu**	sa**que**(n)
lle**gar**	yo llego	**g → gu**	lle**gue**(n)
empe**zar**	yo empiezo	**z → c**	empie**ce**(n)

(continued)

3. These verbs also have irregular forms for the *Ud./Uds.* commands:

dar	→	**dé(n)**	ir	→	**vaya(n)**	ser	→	**sea(n)**
estar	→	**esté(n)**	saber	→	**sepa(n)**			

Finally, compare the forms of the *tú* and *Ud./Uds.* commands:

	***Tú* commands**		***Ud./Uds.* commands**	
	affirmative	**negative**	**affirmative**	**negative**
hablar	habla	no hables	hable(n)	no hable(n)
comer	come	no comas	coma(n)	no coma(n)
pedir	pide	no pidas	pida(n)	no pida(n)

Capítulo 8. Las construcciones reflexivas, pág. 312 del eText.

10-13 Consejos

Dos estudiantes de intercambio (*exchange students*) van a llegar a tu universidad y necesitan tu ayuda con lo que deben y no deben hacer antes de venir a los Estados Unidos. Hazles una lista con tus consejos y comparte la lista con un/a compañero/a. ■

MODELO E1: acostarse temprano la noche antes de viajar
E2: *Acuéstense temprano la noche antes de viajar.*

1. levantarse temprano el día del viaje
2. preparar el equipaje (*luggage*) el día anterior
3. llevar ropa cómoda
4. no ponerse nervioso/a
5. evitar el alcohol
6. tener su pasaporte a mano (*on hand*)
7. sentarse en el asiento correcto
8. dormirse en el avión

Capítulo 9. Un resumen de los pronombres de complemento directo, indirecto y reflexivos, pág. 337 del eText.

10-14 La multa

Termina el diálogo entre Mayra y el policía. Después presenta la escena con un/a compañero/a. ■

MAYRA: Buenas noches. ¿Iba muy rápido, señor policía?

POLICÍA: Sí, señorita. (1) ________ (mostrarme) su licencia, por favor.

MAYRA: Aquí la tiene (*here you go*), señor. Sé que la foto es muy mala.

POLICÍA: No (2) ________ (preocuparse). Ahora, (3) ________ (contarme), señorita: ¿A qué velocidad (*speed*) iba?

MAYRA: Pues… la verdad es que no estoy segura. (4) ________ (decírmelo) usted.

POLICÍA:	Iba a ochenta kilómetros por hora y el límite aquí es sesenta y cinco.
MAYRA:	¡Ay! ¡Mi padre me va a matar! Por favor, no (5) ________ (darme) una multa. Lo siento. Le aseguro que voy a manejar mucho más lento ahora.
POLICÍA:	No es mi decisión. Es la ley (*law*).
MAYRA:	Entonces, por lo menos no (6) ________ (escribir) ochenta kilómetros por hora en la multa. (7) ________ (poner) setenta, por favor.
POLICÍA:	No puedo hacer eso. Bueno, (8) ________ (tomarla).
MAYRA:	(*silencio*)
POLICÍA:	Y no (9) ________ (manejar) tan rápido en el futuro. (10) ________ (tener) más cuidado.

10-15 El transporte rápido

El Transmilenio es un sistema de transporte masivo de pasajeros (*passengers*) en autobús que permite llegar rápidamente a cualquier (*any*) lugar de la ciudad de Bogotá. Lee las siguientes reglas del Transmilenio y completa la lista con mandatos formales. Luego, compártela con un/a compañero/a. ■

entrar	llevar	pagar	pararse (*to stand*)
permitir	respetar	evitar	transitar (*to enter/exit*)

MODELO Siempre <u>evite</u> correr.

- Instrucciones para el uso adecuado (*suitable*) del sistema:

1. Cuando espere al autobús, ________ detrás de la línea amarilla de seguridad.
2. Antes de entrar, ________ que salgan los pasajeros.
3. ________ con su tarjeta al entrar.
4. Al usar las rampas, túneles o plataformas, ________ por la derecha.
5. No ________ paquetes (*packages*) grandes ni mascotas (*pets*).
6. No ________ en el autobús bebiendo o fumando ni en estado de embriaguez (*intoxication*).
7. ________ las sillas azules que son para personas con discapacidad, mujeres embarazadas, niños pequeños y ancianos.

NOTA CULTURAL

¡Hola! eText 386 10-23

¿Cómo nos movemos?

Capítulo 8. Los pronombres de complemento indirecto, pág. 299 del eText; Los pronombres de complemento directo e indirecto usados juntos, pág. 305 del eText.

10-16 La gasolinera

Ustedes acaban de llegar a una gasolinera con taller mecánico. Túrnense para decirle al mecánico lo que necesitan. ■

MODELO No pueden abrir el baúl.
Ábranos el baúl, por favor. / Ábranoslo, por favor.

1. Necesitan gasolina.
2. El parabrisas está sucio.
3. El limpiaparabrisas no funciona.
4. El motor tiene un ruido extraño.
5. Las llantas necesitan aire.
6. El aceite está sucio.

Capítulo 2. La sala de clase, pág. 65 del eText.

10-17 ¿Cómo contestaría tu profe de español?

Túrnense para hacer los papeles de profesor/a (**P**) y estudiante (**E**). ■

MODELO E: ¿Debemos hacer la tarea para mañana?
P: *Sí, hagan la tarea para mañana. / Sí, háganla para mañana.*

1. ¿Debemos traer el cuaderno a la clase?
2. ¿Podemos llegar cinco minutos tarde?
3. ¿Hay que hablar en español todo el tiempo?
4. ¿Tenemos que tomar un examen pasado mañana?
5. ¿Podemos usar nuestros apuntes durante el examen?
6. ¿Está bien si no venimos a clase mañana?
7. ¿Podemos desayunar en la sala de clase?
8. ¿Buscamos la lectura en el Internet?
9. ¿Empezamos la tarea en clase?
10. ¿Podemos salir temprano?

Capítulo 3. La casa, pág. 98 del eText; Los muebles y otros objetos de la casa, pág. 106 del eText; Los quehaceres de la casa, pág. 109 del eText.

10-18 ¡A su servicio!

Ustedes son compañeros/as de apartamento y acaban de ganar el concurso ¡A su servicio! Reciben como premio la ayuda de Jaime, un mayordomo (*butler*), por una semana. Díganle **ocho** cosas que quieren que haga (*you want him to do*) para ayudarlos hoy con los quehaceres. Después, díganle **tres** cosas que no debe hacer. ■

MODELO *Jaime, saque la basura, por favor.*

¿Cómo andas? I

Having completed **Comunicación I,** I now can . . .	Feel confident	Need to review
• discuss modes of transportation (p. 264)	☐	☐
• pronounce the letters **b** and **v** (MSL / SAM)	☐	☐
• influence others and give advice (p. 269)	☐	☐
• give orders and instructions (p. 273)	☐	☐
• list some public transportation options and discuss procedures for getting a driver's license (p. 275)	☐	☐

Comunicación II

4 VOCABULARIO

10-24 to 10-29

El viaje Sharing about travel

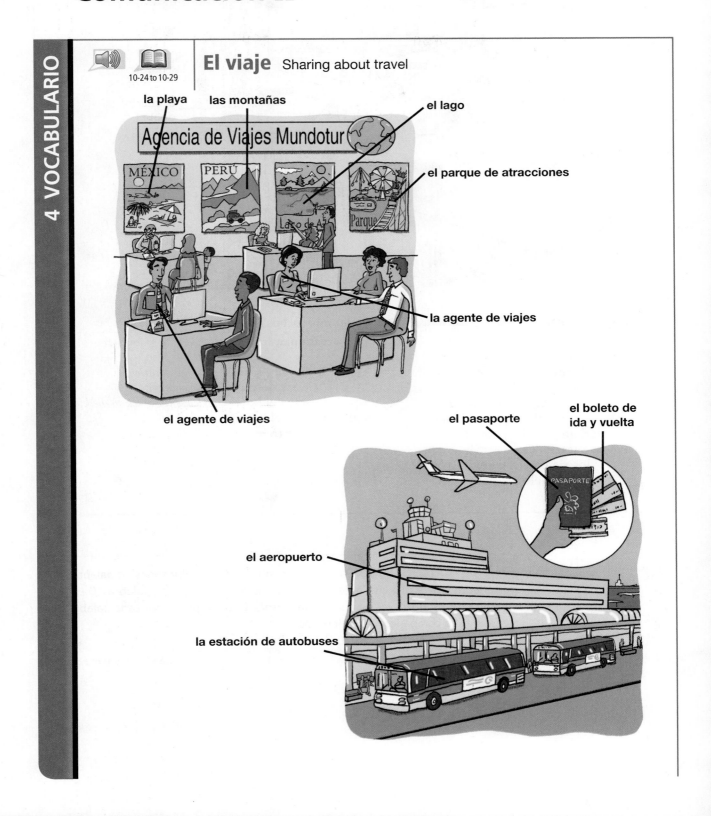

Otras palabras útiles	*Other useful words*
la agencia de viajes	*travel agency*
la estación de tren	*train station*
el extranjero	*abroad*
la recepción	*front desk*
la reserva	*reservation*
el sello	*postage stamp*
la tarjeta postal	*postcard*
las vacaciones	*vacation*
los viajeros	*travelers*
el vuelo	*flight*

Algunos verbos útiles	*Some useful verbs*
caminar, ir a pie	*to walk; to go on foot*
dejar	*to leave*
ir de vacaciones	*to go on vacation*
ir de viaje	*to go on a trip*
irse del hotel	*to leave the hotel; to check out*
registrarse (en el hotel)	*to check in*
volar (o → ue)	*to fly; to fly away*

Workbooklet

10-19 Categorías Tienes tres minutos para escribir todas las palabras que pertenecen (*pertain*) a las siguientes categorías. No debes repetir palabras. Después, compara tus listas con las de un/a compañero/a. Date un punto por cada palabra que tienes que tu compañero/a no tiene. ■

EL AEROPUERTO	EL HOTEL	LAS VACACIONES

10-20 La competencia

En grupos de cuatro o cinco estudiantes, escriban la oración más larga (y lógica) posible usando las palabras nuevas de **El viaje**. ■

10-21 ¿Quiénes lo hacen?

Workbooklet

Capítulo 7. El pretérito, pág. 263 del eText.

Circula por la clase hasta encontrar a un/a estudiante que pueda contestar afirmativamente a tu pregunta. **¡OJO!** Debes usar el pretérito (P) en algunas de las preguntas. ■

MODELO ¿Quién…?

siempre dejar una buena propina para el/la camarero/a (*housekeeper*) cuando va a un hotel

TIFFANY: *¿Siempre dejas una buena propina para el camarero cuando vas a un hotel?*

ROB: *Sí, siempre dejo una buena propina.*

TIFFANY: *Pues, firma aquí.*

Rob
____

¿QUIÉN…?		
siempre dejar una buena propina para el/la camarero/a cuando va a un hotel _______________	ir a un parque de atracciones el año pasado _______________	viajar al extranjero _______________
ir a la playa el verano pasado _______________	volar en avión _______________	recibir tarjetas postales _______________
quedarse en un hotel elegante una vez _______________	esquiar en las montañas _______________	tener más de dos maletas _______________

10-22 Antes de ir

Tu amigo tiene que ir a Venezuela para una reunión (*meeting*) de negocios. Dale **cinco** consejos sobre lo que debe o no debe hacer para prepararse para el viaje y compara tu lista con la de tu compañero/a. ■

MODELO 1. *Busca tu pasaporte.*

10-23 Un joven increíble Su profesor/a les va a dar información sobre Jordan Romero, un alpinista mexicoamericano muy interesante. Luego, van a preparar una entrevista entre Jordan y un/a reportero/a. Completen los siguientes pasos. ■

Paso 1 Preparen una lista de preguntas para Jordan.

MODELO
1. ¿Cuándo y dónde naciste?
2. ¿Cuándo empezaste a hacer alpinismo?

Paso 2 Inventen respuestas lógicas a las preguntas.

MODELO
E1: *¿Cuándo y dónde naciste?*
E2: *Nací en Bear Lake, California, el doce de julio del año 1996.*

Paso 3 Hagan los papeles de Jordan y el/la reportero/a.

10-24 Las mejores vacaciones Piensa en tus mejores vacaciones al contestar las siguientes preguntas. Después, circula por la clase para entrevistar a tus compañeros/as. ■

1. ¿Adónde fuiste?
2. ¿Cómo viajaste?
3. ¿Dónde te quedaste?
4. ¿Cuánto tiempo estuviste allí?
5. ¿Qué hiciste durante aquellas vacaciones especiales?
6. ¿A quién le mandaste una tarjeta postal?, ¿una tarjeta electrónica?

NOTA CULTURAL

¡Hola! eText 391 — 10-30

Venezuela, país de aventuras

5 GRAMÁTICA

10-31 to 10-33 ¡Hola! Spanish/ English Tutorials

Otras formas del posesivo
Stating what belongs to you and others

¿Dónde están tus llaves? Tengo las mías aquí.
Pues, las llaves mías deben estar en el carro.

You have already learned how to say *my*, *your*, *his*, *ours*, etc. (**mi/s, tu/s, su/s, nuestro/a/os/as, vuestro/a/os/as, su/s**). In Spanish you can also show possession with the long (or stressed) forms, the equivalents of the English *of mine*, *of yours*, *of his*, *of hers*, *of ours*, and *of theirs*.

Singular		Plural		
Masculine	**Feminine**	**Masculine**	**Feminine**	
mío	**mía**	**míos**	**mías**	*mine*
tuyo	**tuya**	**tuyos**	**tuyas**	*yours* (fam.)
suyo	**suya**	**suyos**	**suyas**	*his, hers, yours* (for.), *theirs* (form.)
nuestro	**nuestra**	**nuestros**	**nuestras**	*ours*
vuestro	**vuestra**	**vuestros**	**vuestras**	*yours* (fam.)

Study the following examples.

Mi coche funciona bien.	**El coche mío** funciona bien.	**El mío** funciona bien.
Nuestros boletos cuestan mucho.	**Los boletos nuestros** cuestan mucho.	**Los nuestros** cuestan mucho.
¿Dónde están **tus** llaves?	¿Dónde están **las llaves tuyas**?	¿Dónde están **las tuyas**?
Su multa es de $100.	**La multa suya** es de $100.	**La suya** es de $100.

¡Explícalo tú!

Compare the possessives in the sentences above.

1. What is the position of each possessive in the left-hand column? the middle column?
2. How do the possessive adjectives and pronouns agree?
3. What do the sentences in the column on the right mean? What has been removed from each previous sentence?

✔ Check your answers to the preceding questions in Appendix 1.

*Note that the third-person forms (**suyo/a/os/as**) can have more than one meaning. To avoid confusion, you can use:

article + *noun* + de + *subject pronoun:*

el coche suyo {
- el coche de él/ella
- el coche de Ud.
- el coche de ellos/ellas
- el coche de Uds.

10-25 Entre hermanos

Cambia todos los posesivos a la forma nueva (larga) en la conversación entre Marco y Mari. Después compara los cambios con los de un/a compañero/a. ■

MODELO El problema que tienes con tu coche es serio.
El problema que tienes con el coche tuyo es serio.

MARCO: Mari, parece que tu llanta pierde aire.
MARI: Ah, ¿sí? Tampoco funciona bien mi coche.
MARCO: Pues, mi mecánico es muy bueno.
MARI: Gracias, pero pienso llevar el coche a nuestro mecánico. Hace muchos años que Tom y yo lo conocemos.
MARCO: ¿Él tiene su negocio en la calle Bolívar?
MARI: Sí, y trabaja con uno de sus hermanos.
MARCO: ¿Puedes usar uno de sus coches mientras arregla el tuyo?
MARI: Sí, pero prefiero sacar tu BMW del garaje. Nunca lo manejas.
MARCO: Escucha, hermana. Ese BMW es un tesoro (*treasure*) y nadie lo maneja.

Capítulo 8. La ropa, pág. 294 del eText; Las telas y los materiales, pág. 309 del eText.

10-26 ¡Problemas!

Están de viaje con algunos de sus mejores amigos. El hotel les lavó la ropa pero ahora ustedes no saben de quiénes son las prendas. Túrnense para hacer y contestar las preguntas de Ana, quien está intentando organizar la ropa. ■

MODELO E1 (ANA): Los calcetines rojos, ¿son tuyos? (de Felipe)
E2: *No, son de Felipe. Los calcetines son suyos.*

1. Los pantalones cortos azules, ¿son tuyos? (de Tina)
2. La camisa de rayas, ¿es mía? (de Susana)
3. Los calcetines estampados, ¿son tuyos? (mío)
4. La chaqueta negra, ¿es tuya? (de Felipe)
5. El suéter de algodón, ¿es tuyo? (mío)
6. Las camisetas blancas, ¿son tuyas? (de Tina)

10-27 Personalmente... Termina las siguientes oraciones sobre tu mejor amigo/a y tú y después compártelas con un/a compañero/a. ■

1. El mejor amigo mío...
2. La casa suya...
3. La especialidad mía...
4. La materia favorita suya...
5. El restaurante favorito nuestro...
6. A los otros amigos nuestros les encanta(n)...

6 GRAMÁTICA

10-34 to 10-39 ¡Hola! Spanish/English Tutorials

El comparativo y el superlativo

Comparing people, places, and things

El comparativo

Just as English does, Spanish uses comparisons to specify which of two people, places, or things has a lesser, equal, or greater degree of a particular quality.

1. The formula for comparing unequal things follows the same pattern as in English:

más + *adjective/adverb/noun*	+ **que**	*more . . . than*
menos + *adjective/adverb/noun*	+ **que**	*less . . . than*

El Hotel Hilton es **más** caro **que** el Motel 6.	*The Hilton is **more** expensive **than** Motel 6.*
El Motel 6 hace reservas **más** rápidamente **que** el Hotel Hilton.	*Motel 6 makes reservations **faster than** the Hilton.*
En esta ciudad hay **menos** hoteles **que** moteles.	*In this city there are **fewer** hotels **than** motels.*

- When comparing numbers, **de** is used instead of **que:**

El Hilton de Bogotá tiene **más de** doscientos cuartos.	*The Bogotá Hilton has **more than** two hundred rooms.*

2. The formula for comparing two or more *equal* things also follows the same pattern as in English:

tan + *adjective/adverb*	+ **como**	*as . . . as*
tanto(a/os/as) + *noun*	+ **como**	*as much/many . . . as*

La agencia de viajes Mundotur es **tan** conocida **como** Meliá.	*The Mundotur travel agency is **as** well known **as** Meliá.*
Estos vuelos son **tan** caros **como** esos.	*These flights are **as** expensive **as** those.*
Mi coche va **tan** rápido **como** un Ferrari.	*My car is **as** fast **as** a Ferrari.*
No tengo **tantas** maletas **como** tú.	*I don't have **as many** suitcases **as** you (do).*
No hay **tanto** tráfico **como** ayer.	*There isn't **as much** traffic **as** yesterday.*

El superlativo

1. **To compare three or more people or things, use the superlative. The formula for expressing the superlative is:**

el, la, los, las (*noun*) + **más/menos** + *adjective* (+ **de**)

La agencia de viajes Viking es **la** agencia **más** popular **de** nuestro pueblo. — *The Viking Travel Agency is the most popular (travel) agency in our town.*

—¿Es el aeropuerto Hartsfield de Atlanta **el** aeropuerto **más** concurrido **de** los Estados Unidos? — *Is Atlanta's Hartsfield Airport the busiest airport in the United States?*

—Sí, ¡y el aeropuerto de mi ciudad es **el menos** concurrido! — *Yes, and my city's airport is the least busy!*

2. **The following adjectives have irregular comparative and superlative forms.**

Adjective		Comparative		Superlative	
bueno/a	*good*	**mejor**	*better*	**el/la mejor**	*the best*
malo/a	*bad*	**peor**	*worse*	**el/la peor**	*the worst*
joven	*young*	**menor**	*younger*	**el/la menor**	*the youngest*
viejo/a	*old*	**mayor**	*older*	**el/la mayor**	*the eldest*

Comparative:

Mi clase de español es **mejor que** mis otras clases. — *My Spanish class is better than my other classes.*

Superlative:

Mi clase de español es **la mejor de** mis clases. — *My Spanish class is the best (one) of my classes.*

10-28 ¿Cierto o falso?

¿Qué sabes de la geografía? Indica si las siguientes oraciones son ciertas (**C**) o falsas (**F**); si son falsas, corrígelas. Después, comparte tus oraciones con las de un/a compañero/a siguiendo el modelo. ■

MODELO México es más grande que Uruguay.

E1: *¿Es México más grande que Uruguay?*

E2: *Sí. México es mucho más grande que Uruguay. ¿Es Chile tan grande como Argentina?*

E1: *No. Chile es más pequeño que Argentina, pero creo que es tan grande como Venezuela.*

1. México es más pequeño que Colombia.
2. Venezuela es casi tan grande como Colombia.
3. Panamá es más grande que Venezuela.
4. De estos países, Panamá es el más pequeño.
5. Colombia es más grande que los Estados Unidos.
6. Caracas es tan grande como México, D.F.

Capítulo 1. Los adjetivos descriptivos, pág. 43 del eText.

10-29 ¡Así son!

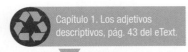

Cada persona tiene su opinión. Vamos a descubrir sus opiniones. ■

Paso 1 Con un/a compañero/a, hagan una lista de tres o cuatro adjetivos para describir a la persona de cada categoría.

MODELO persona de la clase

E1: *alto/a, interesante*

E2: *cómico/a, simpático/a*

1. actriz de la televisión
2. actor del cine
3. jugador de fútbol/béisbol/tenis/etc.
4. cantante de rock/jazz/ópera
5. profesor/a de la universidad
6. persona de la política

Paso 2 Ahora creen preguntas y luego respuestas para cada categoría.

E1: *¿Quién es la persona más alta de la clase?*

E2: *Catalina es la persona más alta de la clase.*

Workbooklet

Estrategia

You can also use the following expressions to express your opinions: *Pienso que…*, *Creo que…*, *Estoy de acuerdo*, *No estoy de acuerdo*, and *En mi opinión…*

10-30 ¿El mejor o el peor?

Circula por la clase para averiguar qué opinan los estudiantes sobre "los mejores" y "los peores". Necesitas al menos **dos** opiniones para cada categoría. ■

MODELO
E1: *¿Cuál es el mejor supermercado?*
E2: *En mi opinión, Whole Foods es el mejor supermercado. Y tú, ¿qué piensas?*
E1: *Creo que el mejor supermercado es Kroger.*

	ESTUDIANTE 1	ESTUDIANTE 2
1. el mejor supermercado		
el peor supermercado		
2. el mejor almacén		
el peor almacén		
3. el mejor restaurante		
el peor restaurante		
4. el mejor aeropuerto		
el peor aeropuerto		
5. el mejor hotel		
el peor hotel		
6. el mejor parque de atracciones		
el peor parque de atracciones		
7. la mejor playa		
la peor playa		
8. el mejor lugar para la luna de miel (*honeymoon*)		
el peor lugar para la luna de miel		
9. la mejor aerolínea (*airline*)		
la peor aerolínea		
10. el mejor coche		
el peor coche		

Estrategia

One way to approach **10-31** is to arrange your clues from most general to most specific.

10-31 Adivina, adivinanza

Trae un objeto personal a la clase y escribe **cuatro** oraciones sobre él, usando las formas comparativas. No digas el nombre de tu objeto. Lee las oraciones en grupos de cuatro o cinco estudiantes para ver si los compañeros pueden adivinar (*guess*) lo que es. ■

MODELO un bolígrafo

E1:
1. Es más grande que un anillo.
2. Es tan importante como un libro.
3. Es menos largo que mi zapato.
4. Seguramente ustedes lo usan tanto como yo.
5. Es tan útil como un lápiz.

E2: *¡Es un bolígrafo!*

10-32 El transporte

Habla con un/a compañero/a sobre todos los medios de transporte que usan o han usado (*have used*) y compárenlos, pensando en los aspectos positivos y negativos de cada uno. ■

MODELO E1: *Uso el coche más que el metro pero el metro es más rápido que el coche.*

E2: *Nunca voy en metro porque no hay metro en mi ciudad. Voy mucho en autobús porque es más barato que un taxi y es más rápido que mi bicicleta.*

Capítulo 7. El pretérito, pág. 263 del eText; Algunos verbos irregulares en el pretérito, pág. 272 del eText; Capítulo 8. El imperfecto, pág. 317 del eText; Capítulo 9. El pretérito y el imperfecto, pág. 349 del eText.

10-33 Los mejores recuerdos (*memories*)

Escoge uno de los siguientes temas y descríbele la situación a un/a compañero/a. Debes mencionar cuándo y dónde ocurrió, quiénes estaban contigo y qué pasó. Túrnense. ■

1. el mejor regalo que recibí
2. el mejor regalo que regalé (*gave*)
3. el mejor día de mi vida
4. el peor día de mi vida
5. las mejores vacaciones que tomé
6. las peores vacaciones que tomé

ESCUCHA

10-40 to 10-41

Las vacaciones

Estrategia

Listening for linguistic cues

You can enhance comprehension by listening for linguistic cues. For example, verb endings can tell you who is participating and whether the incident is taking place now, already took place in the past, or will take place in the future.

10-34 Antes de escuchar

Los amigos de Manolo están en una fiesta. Oyen por casualidad una conversación entre varias personas sobre algunos viajes que ya tomaron y otros viajes que quieren tomar en el futuro. ■

1. ¿Cuáles fueron tus viajes más memorables?
2. ¿Hay un viaje en particular que le puedes recomendar a un/a amigo/a?
3. ¿A dónde quieres ir en tu próximo viaje?

Memo, Cristina y Rosa hablan de unos viajes interesantes.

10-35 A escuchar

Paso 1 Escucha la conversación entre Memo, Cristina y Rosa para tener una idea general de lo que dicen.

Paso 2 Cristina habla de Venezuela. Escucha otra vez y apunta todos los verbos que puedas que ella usa. ¿Cuál es el tiempo verbal que usa más? Entonces, es un viaje que…

a. hizo ya.
b. va a hacer.
c. quiere hacer.

Paso 3 Escucha una vez más para poder completar la siguiente actividad.

1. ¿Quién sale mañana para Colombia? Escribe los verbos que usa esta persona para hablar de su viaje.
2. ¿Habla Rosa de un viaje que hizo ya, va a hacer o quiere hacer? ¿Cómo lo sabes?

10-36 Después de escuchar

En grupos de tres o cuatro estudiantes, hablen de dos o tres lugares turísticos diferentes que conozcan (*you know*). ¿Qué tienen en común? ■

¡CONVERSEMOS!

10-42

10-37 Ayudante indispensable

Tu jefe/a viaja mucho para el negocio y necesita que tú le hagas los arreglos (*make the arrangements*) para su próximo viaje a Colombia. Crea un itinerario para tu jefe/a y dile lo que necesita hacer y cuándo, usando por lo menos **siete** mandatos. Tu compañero/a de clase va a ser el/la jefe/a y tiene que responder a tus arreglos, usando mandatos cuando sea necesario. ¿Van a usar mandatos formales o informales? ■

10-38 ¡Buen viaje!

Tienes fondos (*funds*) sin límite para tus próximas vacaciones. Planea un viaje para tu compañero/a de clase y tú. Después, descríbele el viaje a tu compañero/a y dile qué necesita hacer y cuándo, usando por lo menos **siete** mandatos. Tu compañero/a tiene que responder, también usando mandatos cuando sea necesario. ¿Van a usar mandatos formales o informales? ■

ESCRIBE

10-43

Un reportaje

Estrategia

Using linking words

Linking words help you connect ideas and sentences so you can communicate more effectively. As you write your travel review, practice linking your ideas and sentences. Linking words you know include *y, o, pero, porque, que, cuando, antes de, después de, durante, para empezar, entonces, antes, después, de repente, finalmente, al final, por fin,* and *mientras.*

10-39 Antes de escribir Escoge un lugar turístico de Colombia o Venezuela e investígalo en el Internet. Toma apuntes sobre los aspectos que encuentres más interesantes del lugar. ■

10-40 A escribir Organiza tus ideas y escribe un reportaje para una revista turística que incluya como mínimo la siguiente información: ■

1. dónde está
2. cómo llegar allí
3. qué actividades se pueden hacer
4. dónde uno puede quedarse (hotel de lujo, etc.)
5. el precio del viaje
6. este lugar es más interesante que…
7. este lugar es más/menos barato que…
8. este lugar es el más ______ porque…

10-41 Después de escribir Presenta tu reportaje a los compañeros de clase. Después de todas las presentaciones deben votar para elegir los **tres** lugares que desean visitar. ■

¿Cómo andas? II

Having completed **Comunicación II,** I now can . . .	Feel confident	Need to review
• share about travel (p. 277)	☐	☐
• investigate travel and tourism opportunities in Venezuela (p. 280)	☐	☐
• state what belongs to me and others (p. 281)	☐	☐
• compare people, places, and things (p. 283)	☐	☐
• focus on linguistic cues (p. 288)	☐	☐
• communicate about travel plans (p. 289)	☐	☐
• write and present a report using linking words (p. 290)	☐	☐

Colombia

10-44 to 10-46

Les presento mi país

Rosa María Gutiérrez Murcia

Mi nombre es Rosa María Gutiérrez Murcia y soy de Medellín, la segunda ciudad de Colombia. El setenta y cinco por ciento de la población colombiana se concentra en los centros urbanos y las regiones montañosas del país. En Medellín disfrutamos del único sistema de metro del país que proporciona transporte a la gente que vive en las afueras de la ciudad. **¿Qué tipos de transporte público hay en tu pueblo o ciudad?** Bogotá tiene el sistema más extenso de ciclorrutas (caminos para bicicletas) del país; gracias a él, la gente puede circular y disfrutar de los espacios públicos y verdes de la capital. Mi país es muy bello y tiene muchas atracciones para los turistas. Además, es el único país de Sudamérica que tiene costa en el Océano Pacífico y en el Mar Caribe.

Bogotá, Colombia

La Catedral de Sal de Zipaquirá

El Museo del Oro en Bogotá

ALMANAQUE

Nombre oficial:	República de Colombia
Gobierno:	República
Población:	44.205.293 (2010)
Idioma:	español
Moneda:	Peso colombiano (COP/$)

¿Sabías que…?

- En Zipaquirá, Colombia, hay una catedral única. ¡La catedral está situada a 600 pies adentro de una montaña de sal!
- Simón Bolívar es conocido por ser *El Libertador*. Se considera un héroe en Colombia, Venezuela, Ecuador, Perú, Panamá y Bolivia, entre otros países hispanoamericanos.

Preguntas

1. ¿Qué tiene Colombia que no tiene ningún otro país del continente?
2. ¿Cómo se comparan los medios de transporte de Medellín y Bogotá con los de tu área?
3. ¿Qué tienen en común Colombia, Perú y Chile?

Amplía tus conocimientos sobre Colombia en MySpanishLab.

Venezuela

10-44 to 10-45, 10-47

Les presento mi país

Joaquín Navas Posada

Mi nombre es Joaquín Navas Posada y soy de Maracaibo, Venezuela. Hace dos años que vivo con mi hermano mayor y su esposa en la capital, Caracas, porque estudio arte en la Universidad Central de Venezuela. Mi hermano es ingeniero y trabaja en la industria petrolera. Venezuela es miembro de la Organización de Países Exportadores de Petróleo, conocida como la OPEP. **¿Qué papel tiene Venezuela en la OPEP?** Me encanta vivir con mi hermano porque es el mejor cocinero de Venezuela y sabe preparar todas las comidas tradicionales venezolanas como las arepas, las hallacas y el pabellón criollo. ¡Qué ricos! Vivir en la capital, es decir, en la costa, es muy agradable, porque hay mucho que hacer, tanto para nosotros como para los turistas.

Caracas tiene cuatro millones de habitantes.

Las arepas, un plato típico venezolano

La industria petrolera es muy importante para la economía venezolana.

ALMANAQUE

Nombre oficial:	República Bolivariana de Venezuela
Gobierno:	República federal
Población:	27.223.228 (2010)
Idiomas:	español (oficial); lenguas indígenas
Moneda:	Bolívar (BOB)

¿Sabías que...?

- El Salto Ángel, a unos 978 metros de altura, es la catarata más alta del mundo. El agua cae desde la cima del Auyan-tepuy, que está en el Parque Nacional Canaima, en el sureste del país.
- En Mérida hay una heladería que ha figurado en el libro Mundial de Récords Guinness por el mayor número de helados: tienen más de 600 sabores. Por costumbre hay 110 sabores disponibles diariamente.

Preguntas

1. ¿Dónde vive Joaquín? ¿Le gusta? Explica.
2. ¿Cuál es la base principal de la economía venezolana actualmente?
3. La bandera de Venezuela es muy parecida a la de Colombia y a la de Ecuador. ¿Por qué piensas que es así? ¿En qué se diferencian las banderas y a qué se deben estas diferencias?

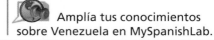

Amplía tus conocimientos sobre Venezuela en MySpanishLab.

¡Hola! eText 404 10-50 to 10-51

Ambiciones siniestras

Lectura y video

Y por fin, ¿cómo andas?

Having completed this chapter, I now can . . .	Feel confident	Need to review
Comunicación I		
• discuss modes of transportation (p. 264)	☐	☐
• pronounce the letters **b** and **v** (MSL / SAM)	☐	☐
• influence others and give advice (p. 269)	☐	☐
• give orders and instructions (p. 273)	☐	☐
Comunicación II		
• share about travel (p. 277)	☐	☐
• state what belongs to me and others (p. 281)	☐	☐
• compare people, places, and things (p. 283)	☐	☐
• focus on linguistic cues (p. 288)	☐	☐
• communicate about travel plans (p. 289)	☐	☐
• write and present a report using linking words (p. 290)	☐	☐
Cultura		
• list some public transportation options and discuss procedures for getting a driver's license (p. 275)	☐	☐
• investigate travel and tourism opportunities in Venezuela (p. 280)	☐	☐
• impart important facts about this chapter's featured countries: Colombia and Venezuela (pp. 291–292)	☐	☐
Ambiciones siniestras		
• determine when it is appropriate to skip unfamiliar words and to discover the truth about what Cisco knows (p. 293)	☐	☐
• confirm that Lupe is not who she appears to be (p. 293)	☐	☐
Comunidades		
• use Spanish in real-life contexts (SAM)	☐	☐

VOCABULARIO ACTIVO

El transporte	*Transportation*
el autobús	*bus*
el avión	*airplane*
la bicicleta	*bicycle*
el camión	*truck*
el carro / el coche	*car*
el metro	*subway*
la moto(cicleta)	*motorcycle*
el taxi	*taxi*
el tren	*train*

Otras palabras útiles	*Other useful words*
la autopista	*highway; freeway*
el boleto	*ticket*
la calle	*street*
la cola	*line (of people)*
el estacionamiento	*parking*
la gasolinera	*gas station*
la licencia (de conducir)	*driver's license*
la multa	*traffic ticket; fine*
la parada	*bus stop*
el peatón	*pedestrian*
el/la policía	*policeman/policewoman*
el ruido	*noise*
el semáforo	*traffic light*
el taller mecánico	*auto repair shop*
el tráfico	*traffic*

Algunas partes de un vehículo	*Parts of a vehicle*
el aire acondicionado	*air conditioning*
el baúl	*trunk*
la calefacción	*heat*
el limpiaparabrisas	*windshield wiper*
la llanta	*tire*
la llave	*key*
el motor	*motor; engine*
el parabrisas	*windshield*
el tanque	*gas tank*
el volante	*steering wheel*

Algunos verbos útiles	*Some useful verbs*
arreglar / hacer la maleta	*to pack a suitcase*
bajar (de)	*to get down (from); to get off (of)*
cambiar	*to change*
caminar, ir a pie	*to walk; to go on foot*
dejar	*to leave*
doblar	*to turn*
entrar	*to enter*
estacionar	*to park*
funcionar	*to work; to function*
ir de vacaciones	*to go on vacation*
ir de viaje	*to go on a trip*
irse del hotel	*to leave the hotel; to check out*
llenar	*to fill*
manejar / conducir	*to drive*
registrarse (en el hotel)	*to check in*
revisar	*to check; to overhaul*
sacar la licencia	*to get a driver's license*
subir (a)	*to go up; to get on*
viajar	*to travel*
visitar	*to visit*
volar (o → ue)	*to fly; to fly away*

El viaje	*The trip*
el aeropuerto	*airport*
la agencia de viajes	*travel agency*
el/la agente de viajes	*travel agent*
el barco	*boat*
el boleto de ida y vuelta	*round-trip ticket*
la estación (de tren, de autobús)	*(train, bus) station*
el extranjero	*abroad*
la maleta	*suitcase*
el pasaporte	*passport*
la reserva	*reservation*
el sello	*postage stamp*
la tarjeta postal	*postcard*
las vacaciones	*vacation*
los viajeros	*travelers*
el vuelo	*flight*

El hotel	*The hotel*
el botones	*bellman*
el cuarto doble	*double room*
el cuarto individual	*single room*
la recepción	*front desk*

Algunos lugares	*Some places*
el lago	*lake*
las montañas	*mountains*
el parque de atracciones	*theme park*
la playa	*beach*

11 El mundo actual

¿Qué peligros existen hoy en día para el medio ambiente (*environment*)? Hay más de 5.000 especies de animales en peligro (*danger*) de extinción, el 70% del aire en las ciudades está contaminado, y las selvas (*jungles*), las cuales contienen más del 50% de todas las especies de plantas y animales existentes, se reducen drásticamente cada año.

PREGUNTAS

1. ¿Dónde hay selvas tropicales?
2. ¿Puedes nombrar algunos animales que están en peligro de extinción?
3. ¿Dónde está contaminado el aire en los Estados Unidos?

Comunicación I

1 VOCABULARIO

11-01 to 11-05

Los animales Describing animals and their habitats

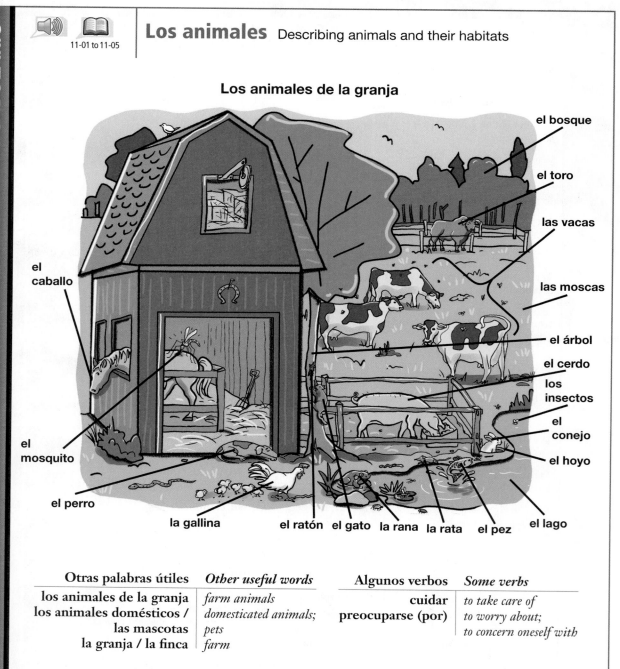

Los animales de la granja

Otras palabras útiles	*Other useful words*
los animales de la granja	*farm animals*
los animales domésticos / las mascotas	*domesticated animals; pets*
la granja / la finca	*farm*

Algunos verbos	*Some verbs*
cuidar	*to take care of*
preocuparse (por)	*to worry about; to concern oneself with*

Los animales salvajes

Otras palabras útiles	*Other useful words*
los animales salvajes	*wild animals*
los animales en peligro de extinción	*endangered species*
el bosque	*forest*
el océano	*ocean*
peligroso/a	*dangerous*
la selva	*jungle*

PRONUNCIACIÓN

¡Hola! 11-06 to 11-10

Review of Word Stress and Accent Marks

Go to MySpanishLab / Student Activities Manual to review word stress and accent marks.

Workbooklet

11-1 La fauna Organiza los animales del vocabulario con un/a compañero/a según las siguientes categorías: **insecto, reptil, mamífero, ave** y **anfibio.** ■

INSECTO	REPTIL	MAMÍFERO	AVE	ANFIBIO

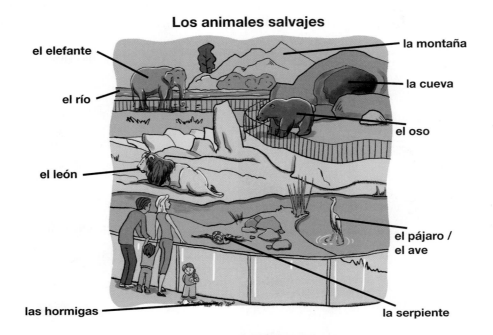

11-2 ¿Dónde viven? Digan en qué lugar viven los siguientes animales. ■

1. ______ 

2. ______ 

3. ______ 

4. ______ 

5. ______ 

6. ______ 

a. la selva
b. un lago
c. una granja
d. el bosque
e. un hoyo
f. un árbol

11-3 ¿Qué sabemos? Termina las siguientes oraciones con lo que sabes de los animales y dónde viven. Después compara tus oraciones con las de un/a compañero/a. ■

Capítulo 10. El comparativo y el superlativo, pág. 394 del eText.

MODELO Los insectos más molestos son…
Los insectos más molestos son las moscas y los mosquitos.

1. Los animales de la granja más grandes son…
2. Los animales de la granja más pequeños son…
3. Los animales domésticos más comunes en mi familia y entre mis amigos son…
4. El animal salvaje más peligroso es…
5. El animal salvaje más grande es…
6. Los animales del bosque más interesantes son…

Capítulo 8, *Gustar* y verbos como *gustar*, pág. 302 del eText.

11-4 Las preferencias

Completa los siguientes pasos. ■

Estrategia

When you write in Spanish you are not expected to be as articulate as you are in your native language. Try to limit, as much as possible, your responses to the vocabulary you know, and as always, you can circumlocute (see *Capítulo 8, Escribe* section).

Paso 1 Escribe los nombres de los **tres** animales que más te gustan y de los **tres** que menos te gustan y explica por qué. Usa verbos como **gustar, fascinar, encantar, hacer falta** y **molestar.** Después, comparte tus respuestas con un/a compañero/a.

MODELO *El animal que más me gusta es el caballo porque es muy fuerte y me encanta montar a caballo* (go horseback riding). *También me gustan los gatos y los perros porque puedo tenerlos en casa. Los tres animales que menos me gustan son… porque…*

Paso 2 Presenten sus respuestas a los compañeros de la clase. ¿Cuál es el animal que más les gusta? ¿Y el que menos les gusta?

Workbooklet

11-5 ¿Qué opinas?

Circula por la clase para averiguar (*find out*) con quiénes asocian tus compañeros las siguientes actividades. ■

Estrategia

Remember that when completing signature search activities like **11-5,** it is important to move quickly around the room, trying to get as many different signatures as possible, while asking and answering all questions in Spanish.

MODELO tener miedo de las serpientes

E1: *Hola Sarah. ¿Quién tiene miedo de las serpientes?*

E2: *Hola Tomás. Mi madre tiene mucho miedo de las serpientes.*

¿QUIÉN…?		
tener miedo de las serpientes E1: La madre de Sarah E2: ____________ E3: ____________	ver un oso el año pasado E1: ____________ E2: ____________ E3: ____________	gustarle los perros E1: ____________ E2: ____________ E3: ____________
tener un animal doméstico E1: ____________ E2: ____________ E3: ____________	odiar los insectos E1: ____________ E2: ____________ E3: ____________	saber ordeñar (*to milk*) una vaca E1: ____________ E2: ____________ E3: ____________
ver un elefante o un león E1: ____________ E2: ____________ E3: ____________	gustarle cuidar animales E1: ____________ E2: ____________ E3: ____________	tener un caballo E1: ____________ E2: ____________ E3: ____________

11-6 Una encuesta ¿Qué experiencias tienen ustedes con los animales?

Paso 1 Háganse preguntas sobre los siguientes animales.

MODELO los perros

E1: *Sarah, ¿tienes perros?*

E2: *Sí, tengo dos perros. Se llaman Duke y Spot. ¿Y ustedes?*

E3: *Sí, en mi casa tenemos dos perros grandes. Se llaman Sissie y Pepper. Son viejos porque ya tienen ocho años.*

E4: *Nosotros no tenemos perros. Tenemos dos gatos que se llaman Snuggles y Lucky.*

E1: *Tengo un perro pequeño. Es chihuahua y se llama Bullet…*

1. los perros
2. los gatos
3. las ranas
4. los caballos
5. los pájaros
6. las serpientes
7. los osos
8. las vacas
9. ¿?

Paso 2 Organicen las respuestas y compártanlas con los otros grupos.

MODELO *En nuestro grupo todos tenemos perros menos Jack. Los perros se llaman Duke, Spot, Sissie, Pepper y Bullet. Jack tiene dos gatos…*

2 VOCABULARIO

11-11 to 11-18

El medio ambiente Sharing details about the environment

Los desastres

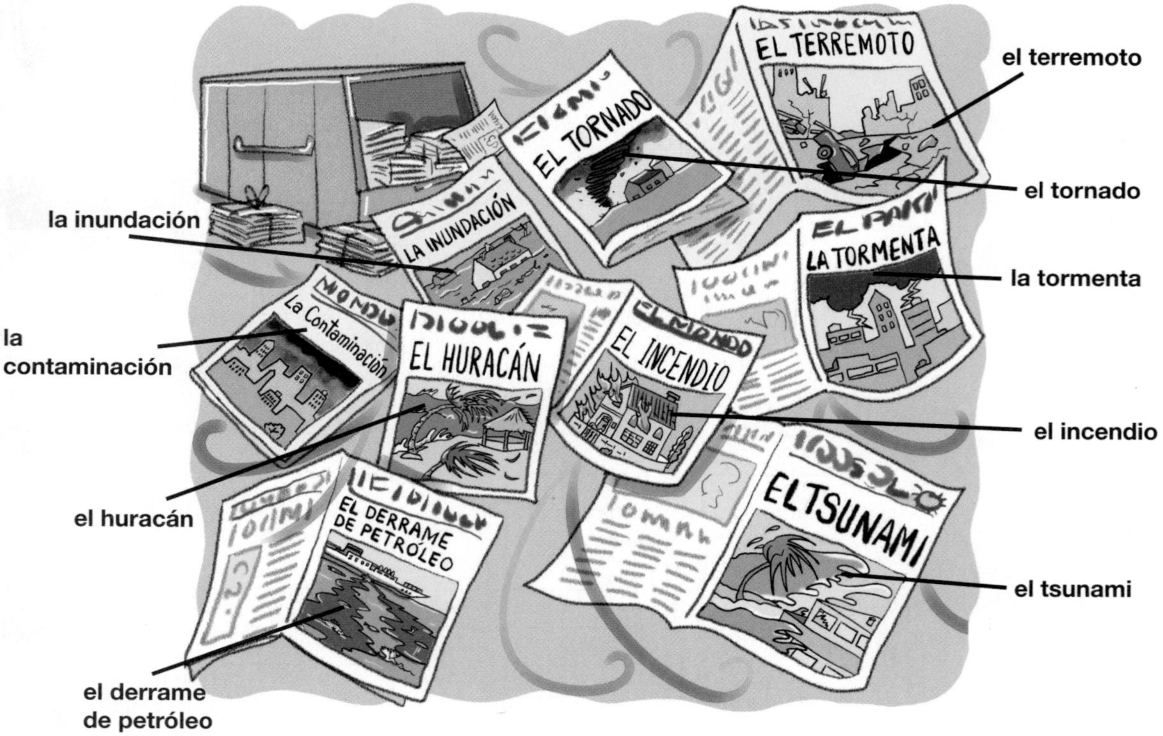

El reciclaje

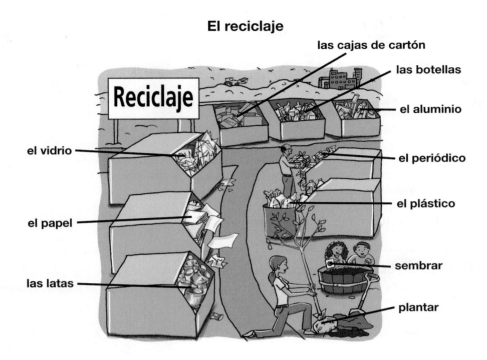

El planeta	*The planet*
el cielo	*sky; heaven*
la naturaleza	*nature*
el recurso natural	*natural resource*
la selva (tropical)	*jungle; (tropical) rain forest*
la tierra	*land; soil*
la Tierra	*Earth*

Otras palabras útiles	*Other useful words*
el aire	*air*
la basura	*garbage*
la calidad	*quality*
la ecología	*ecology*
puro/a	*pure*
el vertedero	*dump*
vivo/a	*alive; living*

Los desastres	*Disasters*
la destrucción	*destruction*
el efecto invernadero	*global warming*
la lluvia ácida	*acid rain*
la tragedia	*tragedy*

Algunos verbos	*Some verbs*
botar	*to throw away*
contaminar	*to pollute*
evitar	*to avoid*
hacer daño	*to (do) damage; to harm*
matar	*to kill*
proteger	*to protect*
reciclar	*to recycle*
reforestar	*to reforest*
reutilizar	*to reuse*

11-7 Asociaciones

Túrnense para decir qué asocian con cada una de las siguientes palabras o expresiones. ■

MODELO E1: reutilizar
E2: *reciclar*

1. la basura
2. hacer daño
3. el recurso natural
4. puro
5. proteger
6. la lluvia ácida

11-8 ¿Qué es...? Aquí tienen las definiciones. ¿Cuáles son las palabras? ■

Fíjate

Note that *la Tierra* (Earth) is capitalized in Spanish but *la tierra* (land, soil) is not.

MODELO E1: lo opuesto de contaminado
E2: *puro*

1. plantar árboles donde antes los había
2. el estudio de la protección del medio ambiente
3. un lugar designado donde botamos la basura
4. no botar; buscar un uso nuevo para una lata, botella, etc.
5. estas plantas grandes protegen la Tierra de la potencia del sol
6. ensuciar el agua o el aire
7. lo opuesto de muerto
8. el posible resultado de la contaminación del aire

11-9 Hay que reciclar ¿Qué hacen tu familia, tu comunidad y tu universidad para proteger el medio ambiente? Explícale a un/a compañero/a quién hace qué para proteger el medio ambiente. Después, cambien de papel. ■

MODELO *Yo voy a la universidad en bicicleta para evitar la contaminación del aire. Mi familia y yo reciclamos el plástico. Mi pueblo ofrece programas de prevención contra incendios. La universidad dio un seminario sobre el efecto invernadero y la destrucción de la capa de ozono.*

11-10 Entrevista Circula por la clase haciéndoles a tus compañeros las siguientes preguntas. ■

1. ¿Cuáles son los recursos naturales más importantes donde vivimos?
2. ¿Dónde está el vertedero más cerca de aquí?
3. ¿Qué haces con tu basura?
4. Dónde podemos reciclar en nuestra universidad?
5. ¿Qué reciclamos en nuestra universidad?
6. ¿Cómo es la calidad del aire donde vivimos?

11-11 El reportaje ¿Cómo podemos proteger el medio ambiente? ■

Paso 1 Escribe un párrafo de **seis** a **ocho** oraciones sobre qué podemos hacer en el futuro para proteger el medio ambiente. Puedes usar las ideas de la siguiente lista.

- sembrar muchas plantas
- reciclar y/o reutilizar el plástico, el vidrio, el papel y el cartón
- usar carros eléctricos
- proteger los animales en peligro de extinción
- apoyar las instituciones de conservación de los recursos naturales
- proteger la selva tropical
- reforestar los bosques
- usar el carro lo menos posible
- usar energía solar
- no prender (*turn on*) a menudo el aire acondicionado

MODELO *Para evitar la destrucción de los bosques y la selva tropical, no debemos cortar más árboles. En el futuro, debemos plantar más árboles para reforestar el bosque…*

Paso 2 Después, en grupos pequeños, comparen sus oraciones y juntos escriban un reportaje corto con sus recomendaciones para proteger el medio ambiente.

NOTA CULTURAL

¡Hola! eText 419 — 11-19 to 11-20

El Yunque: tesoro tropical

3 GRAMÁTICA

11-21 to 11-25 — ¡Hola! Spanish/English Tutorials

El subjuntivo Commenting on what is necessary, possible, probable, and improbable

In Spanish, *tenses* such as the present, past, and future are grouped under two different moods, the **indicative** mood and the **subjunctive** mood.

Up to this point you have studied tenses grouped under the *indicative* mood (with the exception of commands) to report what happened, is happening, or will happen. The *subjunctive* mood, on the other hand, is used to express doubt, insecurity, influence, opinion, feelings, hope, wishes, or desires that can be happening now, have happened in the past, or will happen in the future. In this chapter you will learn the present tense of the *subjunctive mood.*

Es una lástima que no quieran reciclar el plástico, el vidrio, el aluminio y el papel.

Present subjunctive

To form the subjunctive, take the **yo** form of the present indicative, drop the final **-o,** and add the following endings.

Fíjate

You are already somewhat familiar with the subjunctive forms from your practice with *usted* (*¡Estudie!*) and negative *tú* (*¡No hables!*) commands.

Present indicative	*yo* form		Present subjunctive
estudiar	estudiø	+ e	**estudi**e
comer	comø	+ a	**com**a
vivir	vivø	+ a	**viv**a

(continued)

	estudiar	**comer**	**vivir**
yo	estudie	coma	viva
tú	estudies	comas	vivas
Ud.	estudie	coma	viva
él, ella	estudie	coma	viva
nosotros/as	estudiemos	comamos	vivamos
vosotros/as	estudiéis	comáis	viváis
Uds.	estudien	coman	vivan
ellos/as	estudien	coman	vivan

Irregular forms

- Verbs with irregular **yo** forms maintain this irregularity in all forms of the present subjunctive. Note the following examples.

	conocer	**hacer**	**poner**	**venir**
yo	conozca	haga	ponga	venga
tú	conozcas	hagas	pongas	vengas
Ud.	conozca	haga	ponga	venga
él, ella	conozca	haga	ponga	venga
nosotros/as	conozcamos	hagamos	pongamos	vengamos
vosotros/as	conozcáis	hagáis	pongáis	vengáis
Uds.	conozcan	hagan	pongan	vengan
ellos/as	conozcan	hagan	pongan	vengan

- Verbs ending in **-car, -gar,** and **-zar** have a spelling change in all present subjunctive forms, in order to maintain the sound of the infinitive.

		Present indicative	**Present subjunctive**
buscar	**c → qu**	**yo** busco	busque
pagar	**g → gu**	**yo** pago	pague
empezar	**z → c**	**yo** empiezo	empiece

	buscar	**pagar**	**empezar**
yo	busque	pague	empiece
tú	busques	pagues	empieces
Ud.	busque	pague	empiece
él, ella	busque	pague	empiece
nosotros/as	busquemos	paguemos	empecemos
vosotros/as	busquéis	paguéis	empecéis
Uds.	busquen	paguen	empiecen
ellos/as	busquen	paguen	empiecen

Stem-changing verbs

In the present subjunctive, stem-changing **-ar** and **-er** verbs make the same vowel changes that they do in the present indicative: **e → ie** and **o → ue.**

	pensar (e → ie)	**poder (o → ue)**
yo	piense	pueda
tú	pienses	puedas
Ud.	piense	pueda
él, ella	piense	pueda
nosotros/as	pensemos	podamos
vosotros/as	penséis	podáis
Uds.	piensen	puedan
ellos/as	piensen	puedan

The pattern is different with the **-ir** stem-changing verbs. In addition to their usual changes of **e → ie, e → i,** and **o → ue,** in the **nosotros** and **vosotros** forms the stem vowels change **ie → i** and **ue → u.**

	sentir (e → ie, i)	**dormir (o → ue, u)**
yo	sienta	duerma
tú	sientas	duermas
Ud.	sienta	duerma
él, ella	sienta	duerma
nosotros/as	sintamos	durmamos
vosotros/as	sintáis	durmáis
Uds.	sientan	duerman
ellos/as	sientan	duerman

The **e → i** stem-changing verbs keep the change in all forms.

	pedir (e → i, i)
yo	pida
tú	pidas
Ud.	pida
él, ella	pida
nosotros/as	pidamos
vosotros/as	pidáis
Uds.	pidan
ellos/as	pidan

(continued)

Irregular verbs in the present subjunctive

- The following verbs are irregular in the subjunctive.

	dar	estar	saber	ser	ir
yo	dé	esté	sepa	sea	vaya
tú	des	estés	sepas	seas	vayas
Ud.	dé	esté	sepa	sea	vaya
él, ella	dé	esté	sepa	sea	vaya
nosotros/as	demos	estemos	sepamos	seamos	vayamos
vosotros/as	deis	estéis	sepáis	seáis	vayáis
Uds.	den	estén	sepan	sean	vayan
ellos/as	den	estén	sepan	sean	vayan

Dar has a written accent on the first- and third-person singular forms **(dé)** to distinguish them from the preposition **de.** All forms of **estar,** except the **nosotros** form, have a written accent in the present subjunctive.

Using the subjunctive

One of the uses of the subjunctive is with fixed expressions that communicate opinion, doubt, probability, and wishes. They are always followed by the subjunctive.

¡Es increíble que este capítulo sea el último!

Opinion

Es bueno / malo / mejor que…	*It's good / bad / better that . . .*
Es importante que…	*It's important that . . .*
Es increíble que…	*It's incredible that . . .*
Es una lástima que…	*It's a pity that . . .*
Es necesario que…	*It's necessary that . . .*
Es preferible que…	*It's preferable that . . .*
Es raro que…	*It's rare that . . .*

Doubt and probability

Es dudoso que…	*It's doubtful that . . .*
Es imposible que…	*It's impossible that . . .*
Es improbable que…	*It's unlikely that . . .*
Es posible que…	*It's possible that . . .*
Es probable que…	*It's likely that . . .*

Wishes and hopes

Ojalá (que)…	*Let's hope that . . . / Hopefully . . .*

Fíjate

The expression *Ojalá* (*que*) comes from the Arabic expression meaning *May it be Allah's will.* The conjunction *que* is optional in this expression.

Es necesario que protejamos los animales en peligro de extinción. — *It's necessary that we protect endangered species.*

Es una lástima que algunas personas no quieran reciclar el plástico, el vidrio, el aluminio y el papel. — *It's a shame that some people don't want to recycle plastic, glass, aluminum, and paper.*

Ojalá (que) haya menos destrucción del medio ambiente en el futuro. — *Let's hope that there is less destruction of the environment in the future.*

Fíjate

The subjunctive of *hay* is *haya.*

¡Explícalo tú!

1. What is the difference between the subjunctive and the indicative moods?
2. What other verb forms look like the subjunctive?
3. Where does the subjunctive verb come in relation to the word **que**?

✓ Check your answers to the preceding questions in Appendix 1.

11-12 ¡Corre! Escuchen mientras su profesor/a les explica cómo jugar con las formas de los verbos en el subjuntivo. ■

11-13 Opciones Túrnense para crear oraciones completas usando los sujetos indicados en cada frase. ■

MODELO Es preferible que ella / nosotros / tú (reciclar el vidrio)

E1: *Es preferible que ella recicle el vidrio.*

E2: *Es preferible que nosotros reciclemos el vidrio.*

E3: *Es preferible que tú recicles el vidrio.*

1. Es dudoso que tú / Marta y yo / ella (reutilizar las botellas de plástico)
2. Es necesario que el gobierno / ellos / Uds. (reforestar los bosques)
3. Ojalá que ellos / él / nosotros (conservar las selvas tropicales)
4. Es posible que yo / tú / Uds. (poder evitar la lluvia ácida)
5. Es importante que mi país / los jóvenes / nosotros (respetar la naturaleza)
6. Es una lástima que papá / tú / tus hermanos (botar basura por las calles)

11-14 El cocodrilo

Completa el siguiente párrafo con la forma correcta del verbo apropiado en el subjuntivo. Después, compara tus respuestas con las de un/a compañero/a. ■

El cocodrilo cubano

Fíjate

The *yo* form of the present tense (indicative mode) of *proteger* is *protejo*. Therefore, the subjunctive of *proteger* is *proteja, protejas*, etc.

estar	proteger	haber	matar
poder	existir	ser	vivir

Es raro que los cocodrilos (1) ____________ en el hemisferio occidental. ¡Siempre pienso en el continente de África como hábitat para este animal! Es una lástima que el cocodrilo americano y el cocodrilo cubano (2) ____________ en peligro de extinción. Es bueno que el cocodrilo americano (3) ____________ en varias partes del hemisferio (Florida, algunas islas del Caribe y varias zonas costeras del Golfo de México y el océano Pacífico), porque así tiene menos peligro de extinción que el cocodrilo cubano, el cual (*which*) existe solamente en el sureste de Cuba. Es posible que el cocodrilo americano (4) ____________ peligroso para los humanos. Son tan grandes que pueden atacar y comer animales de gran tamaño cuando se acercan a beber agua. Es improbable que el cocodrilo cubano (5) ____________ a una persona porque es mucho más pequeño y prefiere aves, pequeños mamíferos, peces y otros animales acuáticos. Es increíble que el cocodrilo americano (6) ____________ caminar distancias cortas, lo que significa que puede matar fuera del agua también. Es necesario que nosotros (7) ____________ estos reptiles y ojalá que (8) ____________ muchos más en el futuro.

Workbooklet

11-15 Mis mejores consejos...

Completa el cuadro con tus mejores consejos. Después, comparte tu información con un/a compañero/a. ■

PARA PROTEGER LOS RÍOS Y LOS OCÉANOS	PARA EVITAR LA CONTAMINACIÓN DEL AIRE	PARA MANTENER LAS CALLES LIMPIAS
1. Es importante que no botemos la basura en los ríos.	1.	1.
2.	2.	2.
3.	3.	3.

11-16 ¿Para quién es necesario que...?

Túrnense para hacer y contestar las preguntas sobre las siguientes situaciones usando las expresiones de las páginas 308–309. ■

MODELO estudiar esta noche

E1: *Es probable que estudie esta noche. ¿Y tú?*

E2: *Tengo que estudiar, pero es posible que vaya al cine.*

1. estudiar este fin de semana
2. comer menos comida rápida
3. arreglar su cuarto
4. gastar menos dinero
5. buscar un/a nuevo/a compañero/a de cuarto
6. dormir más
7. sacar mejores notas
8. comprar un coche nuevo
9. reciclar más

Estrategia

Take advantage of activities like **11-17** to challenge yourself to go beyond a simple answer, providing as much pertinent information as you can.

11-17 Posibles determinaciones

¿Cuáles pueden ser tus determinaciones (*resolutions*) para el próximo año? Descríbelas y después compártelas con un/a compañero/a. ■

MODELO *Es mejor que no coma tanto chocolate el próximo año, pero es dudoso que pueda evitarlo. ¡Me fascina el chocolate! Es importante que haga más ejercicio. Es una lástima que no me guste hacerlo.*

11-18 Es importante que...

Juntos escojan una de las siguientes situaciones para desarrollar en forma de diálogo. Usando las expresiones que acaban de (*have just*) aprender, den consejos según la situación. Después, presenten el diálogo a los compañeros de clase. ■

Situación A:

La doctora Pérez es especialista en nutrición. María Cecilia es una joven universitaria de dieciocho años que va a hacerle una consulta a la doctora sobre cómo mejorar el cutis *(complexion)*.

Situación C:

El sargento López está enamorado de la linda Carolina, pero es tan tímido que nunca la invita a salir con él. Su amiga Carmen trata de ayudarlo.

Situación B:

Bruno quiere comprar un carro usado y le pide a su amigo Manolo, quien trabaja en una agencia de carros, que le ayude.

Situación D:

Patricio se mata estudiando para el examen de matemáticas. Un día antes del examen se da cuenta *(he notices)* de que no tenía un examen de matemáticas, ¡sino de español! Va a su consejero para ver qué le aconseja.

¿Cómo andas? I

Having completed **Comunicación I,** I now can . . .	**Feel confident**	**Need to review**
• describe animals and their habitats (pp. 298–299)	☐	☐
• pronounce words following the rules for accentuation and stress (MSL / SAM)	☐	☐
• share details about the environment (p. 302)	☐	☐
• describe El Yunque, the rain forest of Puerto Rico (p. 305)	☐	☐
• comment on what is necessary, possible, probable, and improbable (p. 305)	☐	☐

Comunicación II

4 VOCABULARIO

11-26 to 11-29

La política Discussing government and current affairs

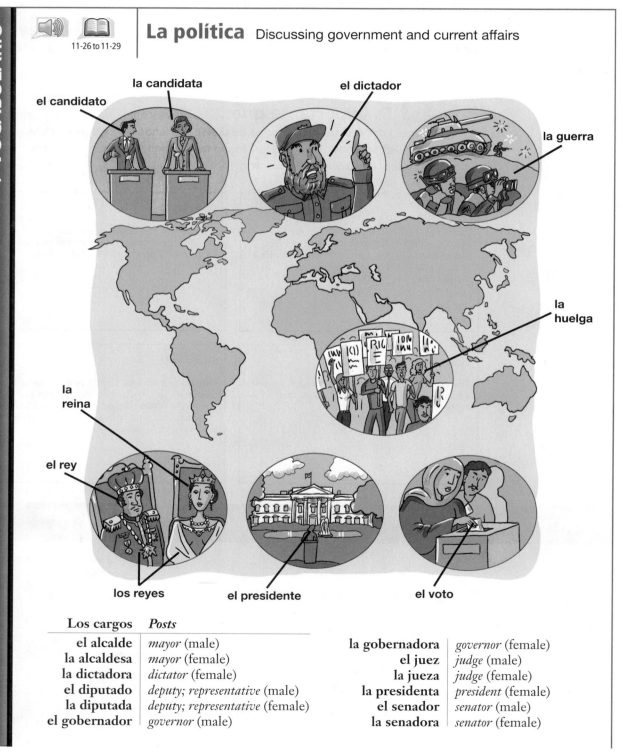

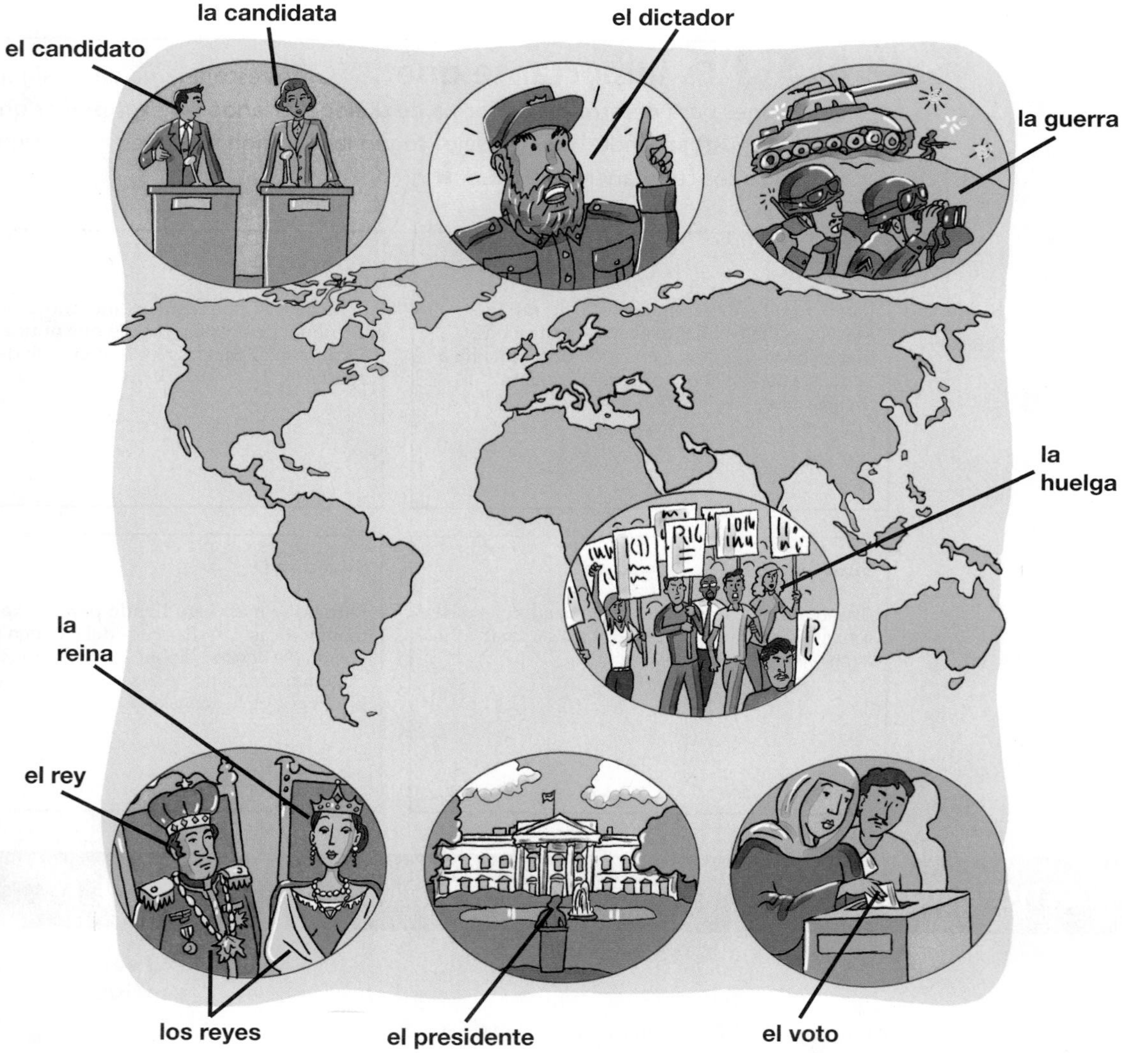

Los cargos	*Posts*
el alcalde	*mayor* (male)
la alcaldesa	*mayor* (female)
la dictadora	*dictator* (female)
el diputado	*deputy; representative* (male)
la diputada	*deputy; representative* (female)
el gobernador	*governor* (male)
la gobernadora	*governor* (female)
el juez	*judge* (male)
la jueza	*judge* (female)
la presidenta	*president* (female)
el senador	*senator* (male)
la senadora	*senator* (female)

Las administraciones y los regímenes	*Administrations and regimes*
el congreso	*congress*
la democracia	*democracy*
la dictadura	*dictatorship*
el estado	*state*
el gobierno	*government*
la ley	*law*
la monarquía	*monarchy*
la presidencia	*presidency*

Las cuestiones políticas	*Political matters*
el bienestar	*well-being; welfare*
la corte	*court*
la defensa	*defense*
la delincuencia	*crime*
el desempleo	*unemployment*
la deuda (externa)	*(foreign) debt*
el impuesto	*tax*
la inflación	*inflation*
el juicio	*trial*

Algunos verbos	*Some verbs*
apoyar	*to support*
combatir	*to fight; to combat*
elegir	*to elect*
estar en huelga	*to be on strike*
llevar a cabo	*to carry out*
luchar	*to fight; to combat*
meterse en política	*to get involved in politics*
resolver (o → ue)	*to resolve*
votar	*to vote*

11-19 Al revés

Generalmente ustedes reciben las definiciones y tienen que advinar la palabra o expresión. Esta vez van a elegir **seis** palabras o expresiones de **La política** y escribir las definiciones. ■

MODELO el impuesto
El dinero que tenemos que pagar al gobierno cuando compramos algo. Es un porcentaje del costo.

Workbooklet

11-20 Batalla

Completa cada parte del cuadro con el nombre de un lugar o una persona según la descripción. Después, compara tus respuestas con las de un/a compañero/a. Dense un punto por cada acierto (*match*). ■

1. una reina ______	5. un país con alta inflación ______	9. el nombre del segundo presidente de los Estados Unidos ______
2. un estado en el Noreste ______	6. un país con baja inflación ______	10. el nombre de un senador de tu estado ______
3. un país con monarquía ______	7. una ciudad de los Estados Unidos con mucha delincuencia (*crime*) ______	11. el nombre de una guerra muy larga ______
4. un rey ______	8. un alcalde ______	12. un/a juez/a de la Corte Suprema de los Estados Unidos ______

Capítulo 7. El pretérito, pág. 263 del eText; Algunos verbos irregulares en el pretérito, pág. 272 del eText.

11-21 Reportando Imagínense que son periodistas y tienen que hacer un reportaje sobre unas charlas y discursos de unos políticos. Formen oraciones lógicas, añadiendo otras palabras cuando sea necesario. ■

MODELO encuesta / mostrar / el 65% de las personas / no votar / elecciones
La encuesta mostró que el 65% de las personas no votaron en las elecciones.

1. alcalde / no resolver / problemas / huelgas
2. jefe / partido politico / decir / (él) meterse en política / para combatir / alta inflación
3. senadora / confirmar / senado / votar por / nuevos impuestos
4. reyes / preocuparse por / bienestar / personas / provincias
5. presidente / dedicarse a / luchar contra / delincuencia, desempleo, deuda externa

NOTA CULTURAL

¡Hola! eText 428 — 11-30

La política en el mundo hispano

11-22 ¿Qué sabes de...? Juntos contesten las siguientes preguntas para mostrar sus conocimientos políticos. ■

1. ¿En qué año fue la última campaña para la presidencia de los Estados Unidos?
2. ¿Cómo se llama el/la gobernador/a de tu estado?
3. ¿Quién fue un/a dictador/a infame? ¿De qué país? ¿Cuándo fue dictador/a?
4. ¿Qué países tienen un rey o una reina? ¿Cómo se llaman?
5. ¿Cuántos senadores hay en el senado de los Estados Unidos?
6. ¿Cuántos jueces hay en la Corte Suprema de los Estados Unidos?

11-23 El futuro político Escribe algunas ideas sobre lo que debe pasar en el futuro en tu ciudad, estado, país o en el mundo. Después, en grupos de tres, escriban un párrafo colectivo para la clase. Usen las expresiones que requieren el subjuntivo cuando sea posible. ■

MODELO *Es necesario que los partidos políticos no combatan tanto entre sí* (among themselves). *También es importante que el presidente resuelva problemas económicos como la inflación. Es dudoso que podamos bajar la deuda nacional porque todos quieren dinero para sus programas.*

11-24 Los partidos políticos En grupos de cinco o seis estudiantes van a crear un partido político nuevo. Tienen que determinar el nombre del partido y el programa (*platform*). Después, presenten sus partidos a los otros grupos y juntos decidan cuál(es) de los partidos mejor representa(n) las opiniones de la clase. ■

5 GRAMÁTICA

11-31 to 11-34

Por y para Expressing time, deadlines, movement, destination, means, purpose, etc.

As you have seen, Spanish has two main words to express *for*: **por** and **para.** They have distinct uses and are not interchangeable.

¿Por cuánto tiempo ocupa el presidente la presidencia?

POR is used to express:

1. Duration of time (*during, for*)

El presidente ocupa la presidencia **por** cuatro años consecutivos.

The president holds the presidency for four consecutive years.

El alcalde habló **por** más de media hora.

The mayor spoke for more than a half hour.

2. Movement or location (*through, along, past, around*)

Los candidatos andan **por** la calle y hablan con la gente.

The candidates are going through the streets talking with the people.

El rey saluda **por** la ventana.

The king is waving through the window.

3. Motive (*on account of, because of, for*)

Decidimos meternos en política **por** nuestros hijos. Queremos asegurarles un futuro mejor.

We decided to get involved in politics because of our children. We want to assure them a better future.

En resumen, nos dijeron que hay que reciclar **por** el futuro de nuestro planeta.

In short, they told us that we must recycle for the future of our planet.

4. Exchange (*in exchange for*)

Gracias **por** su ayuda, señora Presidenta.

Thank you for your help, Madam President.

Limpiaron el vertedero **por** diez mil dólares.

They cleaned the dump for ten thousand dollars.

5. Means (*by*)

Los diputados discutieron los resultados de las elecciones **por** teléfono.

The representatives argued about the election results over the phone.

¿Los reyes van a viajar **por** barco o **por** avión?

Are the king and queen going to travel by ship or by plane?

PARA is used to express:

1. Point in time or a deadline (*for, by*)

Es dudoso que todos los problemas se solucionen **para** el final de su presidencia.

It is doubtful that all problems will be solved by the end of her presidency.

Es importante que bajemos los impuestos **para** el próximo año.

It is important that we lower taxes by next year.

2. Destination (*for*)

La reina sale hoy **para** Puerto Rico.

The queen leaves for Puerto Rico today.

Los diputados se fueron **para** el Capitolio.

The representatives left for the Capitol.

3. Recipients or intended person or persons (*for*)

Mi hermano escribe discursos **para** la gobernadora.

My brother writes speeches for the governor.

Necesitamos un avión **para** el dictador.

We need a plane for the dictator.

4. Comparison (*for*)

Para un hombre que sabe tanto de la política, no tiene ni idea sobre la delincuencia de nuestras calles.

For a man who knows so much about politics, he has no idea about the crime on our streets.

La tasa de desempleo es bastante baja **para** un país en desarrollo.

The unemployment rate is quite low for a developing country.

5. Purpose or goal (*to, in order to*)

Para recibir más votos, la candidata necesita proponer soluciones **para** los problemas con la deuda externa.

(In order) to receive more votes, the candidate needs to propose solutions for the problems with foreign debt.

Hay que luchar contra la contaminacón **para** proteger el medio ambiente.

One needs to fight pollution to protect the environment.

11-25 Los políticos

Hoy en día, los políticos son muy activos y están en todas partes. Completen las oraciones de manera lógica. ■

MODELO La candidata Dávila tuvo una entrevista y habló por…
La candidata Dávila tuvo una entrevista y habló por tres horas.

1. El alcalde dijo que se metió en política para…
2. Las diputadas Meana y Caballero dijeron que hay que elegir a un gobernador nuevo para…
3. Nuestro presidente les dio las gracias a las organizadoras por…
4. El dictador se comunicó por…
5. Después del discurso el rey salió para…
6. La senadora, acompañada por ________, caminó por…

11-26 Razones

Túrnense para decir para quiénes están haciendo ustedes las siguientes cosas. ■

Capítulo 5. El presente progresivo, pág. 180 del eText.

MODELO comprar / libro sobre la inflación
E1: *¿Para quién estás comprando el libro sobre la inflación?*
E2: *Estoy comprando el libro para mis padres.*

1. hacer / campaña
2. escribir / discurso
3. pedir / donación (*contribution*)
4. buscar / empleo
5. circular / peticiones
6. proteger / el medio ambiente

11-27 Mi hermana Leonor

Mi hermana Leonor me dio una gran sorpresa para mi cumpleaños. ■

Paso 1 Para saber qué pasó, completa cada espacio en blanco del siguiente párrafo con **por** o **para.**

Leonor, mi hermana, estuvo en mi casa (1) ________ un mes el verano pasado. Vino (2) ________ mi cumpleaños. Leonor llegó con tres maletas y una enorme caja misteriosa. El día de mi cumpleaños me dijo que (yo) tenía que estar lista (3) ________ las cinco de la tarde. Efectivamente, a las cinco en punto estaba sentada en la sala cuando vi (4) ________ la ventana a un grupo de amigos. Venían con un trío de guitarras. ¡Era una serenata (5) ________ mí! ¡Qué emoción tan grande! La serenata comenzó y Leonor bajó (6) ________ la escalera con una caja.

—Es (7) ________ ti —me dijo. La abrí y ¡qué sorpresa! Era una hamaca de yute (*jute hammock*) de la República Dominicana, donde Leonor había vivido (*had lived*) (8) ________ varios meses.

—¡Una hamaca (9) ________ el patio —exclamé— (10) ________ leer y dormir al sol! ¡Qué delicia! —Y en seguida pregunté:— Pero, Leonor, ¿cómo trajiste esta hamaca desde Santo Domingo? ¿La trajiste (11) ________ avión o la mandaste (12) ________ correo?

Leonor se rió y me contestó: —(13) ________ una hermana como tú, todo es posible. Me la traje en avión. (14) ________ ser una caja tan grande la verdad es que no me causó tantos problemas. ¡Feliz cumpleaños!

Paso 2 Comparte tus respuestas con un/a compañero/a y explícale por qué usaste **por o para** en cada una.

11-28 Preguntas personales

Túrnense para contestar las siguientes preguntas. ■

Capítulo 7. El pretérito, pág. 263 del eText; Algunos verbos irregulares en el pretérito, pág. 272 del eText; Capítulo 8. El imperfecto, pág. 317 del eText.

1. ¿Por cuánto tiempo viste las noticias en la televisión anoche?
2. ¿Por cuánto tiempo estudiaste anoche?
3. ¿Qué veías por la ventana de tu cuarto cuando eras joven?
4. Cuando estabas en la escuela primaria, ¿ibas al colegio en autobús, carro o a pie?
5. ¿Por quién votaste la primera vez que pudiste votar?
6. ¿Qué puede hacer un estudiante universitario para ser más activo en la política?
7. ¿Sabes si hay un centro de reciclaje por aquí? ¿Por dónde voy para llegar allí?
8. ¿Qué necesitamos hacer para evitar la contaminación?

6 GRAMÁTICA

11-35 to 11-37 ¡Hola! Spanish/English Tutorials

Las preposiciones y los pronombres preposicionales

Specifying location and other information

Sin duda, su apoyo es esencial. Con ustedes podemos hacer grandes cambios sin dificultades.

Besides the prepositions **por** and **para,** there is a variety of useful prepositions and prepositional phrases, many of which you have already been using throughout ***¡Anda! Curso elemental.*** Study the following list to review the ones you already know and to acquaint yourself with those that may be new to you.

a	*to; at*	**después de**	*after*
a la derecha de	*to the right of*	**detrás de**	*behind*
a la izquierda de	*to the left of*	**en**	*in*
acerca de	*about*	**encima de**	*on top of*
(a)fuera de	*outside of*	**enfrente de**	*across from; facing*
al lado de	*next to*	**entre**	*among; between*
antes de	*before (time/space)*	**hasta**	*until*
cerca de	*near*	**lejos de**	*far from*
con	*with*	**para**	*for; in order to*
de	*of; from; about*	**por**	*for; through; by; because of*
debajo de	*under; underneath*	**según**	*according to*
delante de	*in front of*	**sin**	*without*
dentro de	*inside of*	**sobre**	*over; about*
desde	*from*		

El centro de reciclaje está **a la derecha del** supermercado. — *The recycling center is to the right of the supermarket.*

La alcadesa va a hablar **acerca de** los problemas que tenemos con la protección del cocodrilo cubano. — *The mayor is going to speak about the problems we are having with the protection of the Cuban crocodile.*

Vimos un montón de plástico **encima del** papel. — *We saw a mountain of plastic on top of the paper.*

Quieren sembrar flores **enfrente del** vertedero. — *They want to plant flowers in front of the dump.*

El proyecto no puede tener éxito **sin** el apoyo del gobierno local. — *The project cannot be successful without the support of the local government.*

Los pronombres preposicionales

Study the list of pronouns that are used following prepositions.

Fíjate

The list of pronouns that follow prepositions is the same as the list of subject pronouns, except for the first two (*mí* is used instead of *yo*, and *ti* instead of *tú*).

mí	*me*	**nosotros/as**	*us*
ti	*you*	**vosotros/as**	*you*
usted	*you*	**ustedes**	*you*
él	*him*	**ellos**	*them*
ella	*her*	**ellas**	*them*

Para mí, es muy importante resolver el problema de la lluvia ácida. — *For me, it's really important to solve the problem of acid rain.*

¿Qué candidato está sentado **enfrente de ti**? — *Which candidate is seated in front of you?*

Se fueron de la huelga **sin nosotros.** — *They left the strike without us.*

Trabajamos **con ellos** para proteger el medio ambiente. — *We work with them to protect the environment.*

Note that **con** has two special forms:

1. con + mí = **conmigo** *with me*
   —¿Vienes **conmigo** al discurso?
   Are you coming with me to the speech?

2. con + ti = **contigo** *with you*
   —Sí, voy **contigo.**
   Yes, I'm going with you.

11-29 Hablando del candidato

Termina la conversación entre Celia y Manolo sobre el candidato Carlos Arroyo con los pronombres preposicionales apropiados y después comparte tus respuestas con un/a compañero/a. ■

CELIA: Manolo, ¿qué opinas tú de (1) __________?

MANOLO: Pues, te digo que para (2) __________ está muy claro. El señor Arroyo no piensa en (3) __________ ni en nuestros problemas.

CELIA: Sí, siempre está con las personas ricas e influyentes (*influential*), tratando de conseguir dinero de (4) __________ para su campaña.

MANOLO: También creo que vive parte del año aquí y parte en la costa. Para (5) __________ eso significa que quiere ser nuestro líder pero no quiere vivir con (6) __________. ¿Y para (7) __________, Celia?

CELIA: Creo que tienes razón. Me gusta hablar con __________ (8) porque me haces pensar en las cosas que no son tan obvias.

Fíjate

Remember that when *a* + *el* and *de* + *el* appear together in a sentence, you must use the contractions (*al, del*).

11-30 Descríbemelo

Juntos describan el dibujo usando las siguientes preposiciones. ■

MODELO *El gato está al lado del árbol.*

1. al lado de
2. a la derecha de
3. a la izquierda de
4. cerca de
5. debajo de
6. delante de
7. detrás de
8. lejos de

11-31 Una política joven

Completa el párrafo sobre Martina Peña, una candidata nueva en el mundo político, con las preposiciones de la lista. Después compara tu párrafo con el de un/a compañero/a. ■

a	antes de	con (2 veces)	de
después de	entre	sobre	sin

(1) ________ meterse en la política. Martina compartió sus ideas (2) ________ mucha gente. (3) ________ otras personas se reunió (4) ________ políticos importantes y, (5) ________ ellos, aprendió mucho (6) ________ el bienestar, los derechos humanos, la violencia, el desempleo y la inflación. (7) ________ escuchar todo lo que tenían que decir, ella volvió (8) ________ su casa y empezó a convertir sus ideas en discursos. El próximo paso fue buscar apoyo y dinero. Sabía perfectamente que (9) ________ ese apoyo no iba a ser posible ganar las elecciones.

11-32 ¿Dónde están?

Con un/a compañero/a, expliquen dónde están los siguientes lugares en El Viejo San Juan en Puerto Rico, usando siempre las preposiciones apropiadas. ■

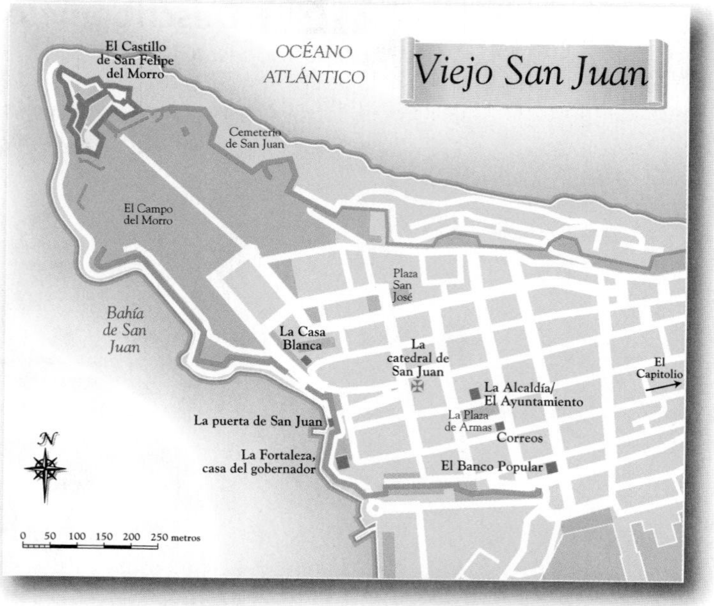

MODELO E1: *¿Dónde está el Campo del Morro?*

E2: *Está entre el Castillo y La Casa Blanca, al lado del Cementerio de San Juan.*

1. La Fortaleza, casa del gobernador
2. El Capitolio, edificio de las oficinas de los senadores y representantes
3. La Plaza de Armas
4. El Castillo de San Felipe del Morro
5. La Casa Blanca, casa de la familia de Juan Ponce de León
6. La Alcaldía / El Ayuntamiento, edificio donde el alcalde tiene sus oficinas
7. Correos
8. El Banco Popular
9. La puerta de San Juan
10. La catedral de San Juan

11-33 La universidad

Túrnense para explicar dónde están los siguientes lugares en su universidad. ■

Capítulo 2. En la universidad, pág. 74 del eText.

MODELO *La biblioteca está detrás del centro estudiantil.*

1. la biblioteca
2. el gimnasio
3. el centro estudiantil
4. la librería
5. la cafetería
6. tu cuarto o residencia estudiantil
7. el centro de salud
8. el estadio de fútbol

11-34 ¿Con quién...?

Decide quién hace las siguientes actividades contigo y después comparte las respuestas con un/a compañero/a. ■

MODELO E1: *¿Quién... habla contigo por teléfono todos los días?*

E2: *Mi madre habla conmigo por teléfono todos los días.*

¿Quién...?

1. viene a clase contigo
2. se sienta contigo en la sala de clase
3. hace las actividades de clase contigo
4. estudia contigo fuera de clase
5. almuerza o cena contigo
6. sale contigo por la tarde (para ir al cine / bar / club de baile, etc.)

7 GRAMÁTICA

11-38 to 11-40

El infinitivo después de preposiciones

Providing more information about location, time, and other subjects

¡No me digas que todos tienen que comer antes de salir nosotros!

In Spanish, if you need to use a verb immediately after a preposition, it must always be in the **infinitive** form. Study the following examples:

Antes de reciclar las latas debes limpiarlas.	*Before recycling the cans, you should clean them.*
Después de pisar la hormiga la niña empezó a llorar.	*After stepping on the ant, the little girl began to cry.*
Es fácil decidir **entre reciclar** y **botar.**	*It is easy to decide between recycling and throwing away.*
Necesitamos trabajar con personas de todos los países **para proteger** mejor la Tierra.	*We need to work with people from all countries in order to better protect the Earth.*
Ganaste el premio **por estar** tan interesado en el medio ambiente.	*You won the prize for being so interested in the environment.*
No podemos vivir **sin trabajar** juntos.	*We cannot live without working together.*

Capítulo 10. El viaje, pág. 388 del eText.

11-35 De viaje

Forma oraciones lógicas usando **antes de** o **después de.** Después, compártelas con un/a compañero/a. ■

MODELO E1: salir / hacer la maleta

E2: *Antes de salir, necesito hacer la maleta.* / *Antes de salir, tengo que hacer la maleta.*

1. comprar el boleto / ir al banco
2. pasar por recepción / ir al cuarto
3. llegar al aeropuerto / mostrar el pasaporte
4. hacer la maleta / lavar la ropa
5. ir de vacaciones / dejar el gato con mis padres

Fíjate

The sentences for **11-35** can be written two ways. Start the sentence with *antes de + infinitive* or *después de + infinitive* and finish the sentence, as in *Antes de salir necesito hacer la maleta.* Or end the sentence with the prepositional phrase, e.g., *Necesito hacer la maleta antes de salir.*

11-36 Lo que pasó con el perro

Termina las siguientes oraciones de forma lógica según el modelo. Después, comparte tus respuestas con un/a compañero/a. ■

MODELO E1: Es importante que sepas que el perro se escapó para…

E2: *Es importante que sepas que el perro se escapó para jugar con esa perra bonita del vecino.*

1. Es mejor que busquemos el perro antes de…
2. Es probable que el perro nos evite para…
3. Es posible que el perro tenga hambre después de…
4. Sí, es raro que no venga para…
5. Es dudoso que se vaya con otra persona después de…
6. Ojalá que lo encontremos sin…

11-37 Mis decisiones

Termina las siguientes oraciones y después compártelas con un/a compañero/a. ■

MODELO E1: No me voy de aquí sin…

E2: *No me voy de aquí sin terminar la tarea.*

1. Necesito pensar en el futuro antes de…
2. Quiero hablar con mis padres / mi mejor amigo sobre…
3. Voy a buscar un trabajo después de…
4. Tengo que escoger entre…
5. Me quedo en este lugar hasta…
6. Después pienso ir a ________ para…

ESCUCHA

11-41 to 11-43

Un anuncio político

Estrategia

Using visual organizers

Once you know the topic or gist of a passage, it may be helpful to mentally organize what you are about to hear.

Determine whether a list, chart, or diagram could be useful in helping you keep track of the information.

11-38 Antes de escuchar Fania Marte Lozada tiene un anuncio político en la radio. ■

1. ¿Qué es un anuncio político?
2. ¿Escuchaste alguna vez un anuncio político de un candidato en la radio o viste uno de estos anuncios en la televisión?
3. ¿Qué información contiene generalmente un anuncio de este tipo?

Fania Marte Lozada, candidata

11-39 A escuchar Completa los siguientes pasos. ■

1. Escucha el anuncio para sacar la idea general.
2. Decide de qué forma quieres organizar la información (*list, chart, diagram,* etc.).
3. Escucha otra vez para completar tu diagrama o lista con la información esencial.
4. Escucha una vez más para añadir algunos detalles.

11-40 Después de escuchar En grupos de tres o cuatro, compartan su información y juntos decidan si la Dra. Marte Lozada sería (*would be*) una buena alcaldesa. Expliquen. ■

¡CONVERSEMOS!

11-44

11-41 Nuestro mundo

Junto con un/a compañero/a, creen una conversación entre un ciudadano y un candidato sobre los problemas más críticos del medio ambiente y las posibles soluciones y fondos (*funding*). Necesitan incluir por lo menos **diez** oraciones y usar el **subjuntivo por lo menos cinco veces.** Después, presenten la entrevista para los compañeros de la clase. ■

11-42 La política

Tu companero/a y tú son reporteros de noticias. Juntos creen un reportaje sobre algún aspecto de la política del mundo y de lo que pasó hoy. Incluyan por lo menos **diez** oraciones. ■

ESCRIBE

11-45

Un anuncio de servicio público

Estrategia

Persuasive writing

In writing a public announcement, your goal is to influence the listeners to support your cause and become better environmentalists. To create the most effective announcement, consider the elements of persuasive writing: appeal to reason, emotions, and good character (ethical, morals, and concern for the well-being of the audience); define any key terms that may not be clear; reference an authority and/or supporting evidence to back your claims; and anticipate counterarguments and address them. You must develop a rational argument, making sure the conclusion logically follows the claims you make.

11-43 Antes de escribir Vas a crear un anuncio de publicidad para la radio sobre algún aspecto de la protección del medio ambiente. Debe durar (*last*) unos quince segundos. Decide de qué quieres hablar y haz una lista de los puntos más importantes que quieres incluir. ■

11-44 A escribir Organiza tus ideas y escribe un anuncio. Debe estar dirigido (*directed*) a los adultos jóvenes. ■

11-45 Después de escribir Presenta tu anuncio a los compañeros de clase. ■

¿Cómo andas? II

	Feel confident	Need to review
Having completed **Comunicación II**, I now can . . .		
• discuss government and current affairs (p. 312)	☐	☐
• relate specific facts about politics in the Spanish-speaking world (p. 314)	☐	☐
• express time, deadlines, movement, destination, means, purpose, etc. (p. 315)	☐	☐
• specify location and other information (p. 317)	☐	☐
• provide more information about location, time, and other subjects (p. 321)	☐	☐
• listen to a radio announcement and practice using visual organizers to enhance comprehension (p. 323)	☐	☐
• communicate about world issues (p. 324)	☐	☐
• employ persuasive writing to create a public announcement (p. 325)	☐	☐

Cuba

11-46 to 11-47

Les presento mi país

Alicia Ortega Mujica

Mi nombre es Alicia Ortega Mujica y soy de La Habana, la capital de Cuba. La mayoría de los cubanos tenemos herencia española, africana o una mezcla (*mixture*) de las dos. La influencia africana se nota sobre todo en la música cubana, especialmente en la salsa. Celia Cruz, "la reina de la salsa", siempre alababa estas raíces africanas en sus canciones. **¿Qué influencia africana se siente en la música de tu país?** Antes, la economía cubana dependía mayormente de la producción de azúcar, pero ahora el turismo es muy importante y el gobierno invierte recursos para desarrollar esa infraestructura a fin de (*in order to*) atraer más visitantes al país.

La Plaza de la Revolución

El ajiaco, un plato típico cubano

El Gran Teatro de La Habana y El Ballet Nacional de Cuba

ALMANAQUE

Nombre oficial:	República de Cuba
Gobierno:	Estado/Régimen comunista
Población:	11.477.459 (2010)
Idioma:	español
Moneda:	Peso cubano (CUP) y Peso convertible (CUC)

¿Sabías que…?

- El zunzuncito, el pájaro más pequeño del mundo, es endémico (*common*) de Cuba. Mide menos de seis centímetros y pesa menos de dos gramos. Es una especie de colibrí (*hummingbird*).

Preguntas

1. ¿Cuál es la composición étnica de la población cubana?
2. ¿Cuáles son las bases principales de la economía cubana?
3. ¿Qué tipo de música es popular en Cuba? ¿Es popular en otras partes del mundo?

Amplía tus conocimientos sobre Cuba en MySpanishLab.

Puerto Rico

11-46, 11-48

Les presento mi país

Pablo Colón Padín

Mi nombre es Pablo Colón Padín y soy de San Germán, Puerto Rico, conocido como la Ciudad de las Lomas (*hills*). Actualmente soy estudiante del Recinto Universitario de Mayagüez, donde han asistido, entre muchos otros, algunos ingenieros de NASA. **¿Te interesan los estudios del espacio y de los planetas?** El Observatorio de Arecibo, sitio del radiotelescopio de un solo plato más grande del mundo, está a unas setenta millas de mi universidad. También se puede estudiar una naturaleza muy diversa en mi isla: desde un área de cuevas del norte hasta El Yunque, bosque lluvioso del este. Puerto Rico es territorio de los Estados Unidos pero la cuestión de la independencia y la estadidad (*statehood*) se siguen debatiendo. **¿Qué opinas tú de esta cuestión?**

El radiotelescopio del Observatorio de Arecibo

Vista de San Juan, la capital

El coquí, el famoso símbolo de Puerto Rico

ALMANAQUE

Nombre oficial:	Estado Libre Asociado de Puerto Rico
Gobierno:	Territorio de los Estados Unidos; Estado Libre Asociado
Población:	3.978.702 (2010)
Idiomas:	español e inglés
Moneda:	Dólar estadounidense ($)

¿Sabías que…?

- Puerto Rico tiene tres bahías fosforescentes habitadas por millones de microorganismos (dinoflagelados) que emanan (*emanate*) luz cuando son alborotados (*stirred up*). Se puede observar este fenómeno por la noche. ¡Qué maravilla!

Preguntas

1. ¿Qué evidencia del desarrollo avanzado de las ciencias hay en Puerto Rico?
2. Describe la variedad natural de la isla.
3. ¿Hay otros países de Centroamérica que tienen bosques lluviosos?

Amplía tus conocimientos sobre Puerto Rico en MySpanishLab.

La República Dominicana

11-46, 11-49

Les presento mi país

Amparo Burgos Báez

Mi nombre es Amparo Burgos Báez y soy de la República Dominicana, que comparte la isla de La Española con Haití. Mi país es muy montañoso y áspero (*rough*), con cuatro sistemas principales de cordilleras (*mountain ranges*), pero también tiene unas playas increíbles de arena fina y agua cristalina. **¿Prefieres las montañas o la playa?** Uno de nuestros platos más típicos es *la bandera dominicana,* que consiste en arroz, habichuelas rojas, carne, ensalada y tostones (*plantain chips*)… Si nos visitas, vas a escuchar el merengue y la bachata con sus ritmos contagiosos. Otras aficiones del país son los deportes acuáticos y el béisbol. **¿Sabes qué jugadores dominicanos juegan para equipos estadounidenses?**

Santa María La Menor, la primera catedral del Nuevo Mundo

Los cigarros dominicanos son de los mejores del mundo.

El merengue, la música nacional

ALMANAQUE

Nombre oficial:	La República Dominicana
Gobierno:	Democracia representativa
Población:	9.823.821 (2010)
Idioma:	español (oficial)
Moneda:	Peso dominicano ($RD)

¿Sabías que…?

- Cristóbal Colón descubrió la isla en su primer viaje y la nombró La Española. Santo Domingo fue la primera ciudad europea fundada en el Nuevo Mundo y hoy en día casi la mitad de la población vive ahí, en la capital.
- La mayoría de los beisbolistas hispanos en las Grandes Ligas son dominicanos.

Preguntas

1. ¿Cómo es la geografía dominicana y qué tiene de especial?
2. ¿Qué es "la bandera dominicana"?
3. ¿Qué tienen en común la República Dominicana y los otros países del Caribe que has estudiado?

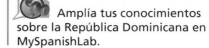

Amplía tus conocimientos sobre la República Dominicana en MySpanishLab.

¡Hola! eText 444 11-52

Ambiciones siniestras

Lectura y video

Y por fin, ¿cómo andas?

Having completed this chapter, I now can . . .

	Feel confident	Need to review
Comunicación I		
• describe animals and their habitats (pp. 298–299)	☐	☐
• pronounce words following the rules for accentuation and stress (MSL / SAM)	☐	☐
• share details about the environment (p. 302)	☐	☐
• comment on what is necessary, possible, probable, and improbable (p. 305)	☐	☐
Comunicación II		
• discuss government and current affairs (p. 312)	☐	☐
• express time, deadlines, movement, destination, means, purpose, etc. (p. 315)	☐	☐
• specify location and other information (p. 317)	☐	☐
• provide more information about location, time, and other subjects (p. 321)	☐	☐
• listen to a radio announcement and practice using visual organizers to enhance comprehension (p. 323)	☐	☐
• communicate about world issues (p. 324)	☐	☐
• employ persuasive writing to create a public announcement (p. 325)	☐	☐
Cultura		
• describe El Yunque, the rain forest of Puerto Rico (p. 305)	☐	☐
• relate specific facts about politics in the Spanish-speaking world (p. 314)	☐	☐
• share important facts about Cuba, Puerto Rico, and the Dominican Republic (pp. 326–328)	☐	☐
Ambiciones siniestras		
• use visual organizers when reading, and explain who Lupe really is (p. 329)	☐	☐
• relate what happened to Eduardo and Alejandra (p. 329)	☐	☐
Comunidades		
• use Spanish in real-life contexts (SAM)	☐	☐

VOCABULARIO ACTIVO

Algunos animales	*Some animals*
el caballo	*horse*
el cerdo	*pig*
el conejo	*rabbit*
el elefante	*elephant*
la gallina	*chicken; hen*
el gato	*cat*
la hormiga	*ant*
el insecto	*insect*
el león	*lion*
la mosca	*fly*
el mosquito	*mosquito*
el oso	*bear*
el pájaro / el ave	*bird*
el perro	*dog*
el pez (*pl.*, los peces)	*fish*
la rana	*frog*
la rata	*rat*
el ratón	*mouse*
la serpiente	*snake*
el toro	*bull*
la vaca	*cow*

Algunos verbos	*Some verbs*
cuidar	*to take care of*
preocuparse (por)	*to worry about; to concern oneself with*

Las cuestiones políticas	*Political issues*
el bienestar	*well-being; welfare*
la defensa	*defense*
la delincuencia	*crime*
el desempleo	*unemployment*
la deuda (externa)	*(foreign) debt*
el impuesto	*tax*
la inflación	*inflation*

Otras palabras útiles	*Other useful words*
los animal domésticos / las mascotas	*domesticated animals; pets*
los animales en peligro de extinción	*endangered species*
los animales salvajes	*wild animals*
el árbol	*tree*
el bosque	*forest*
la cueva	*cave*
la finca	*farm*
la granja	*farm*
el hoyo	*hole*
el lago	*lake*
la montaña	*mountain*
el océano	*ocean*
peligroso/a	*dangerous*
el río	*river*
la selva	*jungle*

El medio ambiente	*The environment*
el aluminio	*aluminum*
la botella	*bottle*
la caja (de cartón)	*(cardboard) box*
la contaminación	*pollution*
el derrame de petróleo	*oil spill*
el huracán	*hurricane*
el incendio	*fire*
la inundación	*flood*
la lata	*can*
el periódico	*newspaper*
el plástico	*plastic*
el terremoto	*earthquake*
la tormenta	*storm*
el tornado	*tornado*
el tsunami	*tsunami*
el vidrio	*glass*

Algunos verbos	Some verbs
apoyar	*to support*
botar	*to throw away*
combatir	*to fight; to combat*
contaminar	*to pollute*
cuidar	*to take care of*
elegir	*to elect*
estar en huelga	*to be on strike*
evitar	*to avoid*
hacer daño	*to (do) damage; to harm*
llevar a cabo	*to carry out*
luchar	*to fight; to combat*
matar	*to kill*
meterse en política	*to get involved in politics*
plantar	*to plant*
proteger	*to protect*
reciclar	*to recycle*
reforestar	*to reforest*
reutilizar	*to reuse*
resolver (o → ue)	*to resolve*
sembrar (e → ie)	*to sow*
votar	*to vote*

La política	Politics
el alcalde / la alcaldesa	*mayor*
el/la candidato/a	*candidate*
el/la dictador/a	*dictator*
el/la diputado/a	*deputy; representative*
el/la gobernador/a	*governor*
la guerra	*war*
la huelga	*strike*
el/la juez/a	*judge*
el juicio	*trial*
el/la presidente/a	*president*
el rey / la reina	*king / queen*
el/la senador/a	*senator*

Las preposiciones	Prepositions

See page 317.

Las administraciones y los regímenes	Administrations and regimes
el congreso	*congress*
la corte	*court*
la democracia	*democracy*
la dictadura	*dictatorship*
el estado	*state*
el gobierno	*government*
la ley	*law*
la monarquía	*monarchy*
la presidencia	*presidency*
la provincia	*province*
la región	*region*
el senado	*senate*

Las elecciones	Elections
la campaña	*campaign*
el discurso	*speech*
la encuesta	*survey; poll*
el partido político	*political party*
el voto	*vote*

Otras palabras útiles	Other useful words
el aire	*air*
la basura	*garbage*
la calidad	*quality*
la capa de ozono	*ozone layer*
el cielo	*sky; heaven*
el desastre	*disaster*
la destrucción	*destruction*
la ecología	*ecology*
el efecto invernadero	*global warming*
la lluvia ácida	*acid rain*
la naturaleza	*nature*
el planeta	*planet*
puro/a	*pure*
el recurso natural	*natural resource*
la selva tropical	*jungle; (tropical) rain forest*
la Tierra	*Earth*
la tierra	*land; soil*
la tragedia	*tragedy*
el vertedero	*dump*
vivo/a	*alive; living*

12 Y por fin, ¡lo sé!

This final chapter is designed for you to see just how much Spanish you have acquired thus far. The *major points* of **Capítulos 7–11** are recycled in this chapter. No new vocabulary is presented.

All learners are different in terms of what they have mastered and what they still need to practice. Take the time with this chapter to determine what you feel confident with, and what you personally need to work on. And remember, language learning is a process. Like any skill, learning Spanish requires practice, review of the basics, and then more practice!

Before we begin revisiting the important grammar concepts, go to the end of each chapter, to the **Vocabulario activo** summary sections, and review the vocabulary that you have learned. Doing so now will help you successfully and creatively complete the following recycling activities. Consult the **Vocabulario activo** pages as needed as you progress through this chapter.

OBJETIVOS

COMUNICACIÓN
To communicate preferences regarding food and clothing
To relate ideas about past experiences and your daily routine
To convey information about people and things
To express ideas on topics such as health, travel, animals, the environment, and politics
To make requests and give advice using commands
To articulate desires and opinions on a variety of topics
CULTURA
To share information about Chile, Paraguay, Argentina, Uruguay, Perú, Bolivia, Ecuador, Venezuela, Colombia, Cuba, Puerto Rico, and La República Dominicana
To compare and contrast the countries you learned about in **Capítulos 7–11**
AMBICIONES SINIESTRAS
To go behind the scenes of **Ambiciones siniestras**
COMUNIDADES
To use Spanish in real-life contexts (SAM)

Organizing Your Review

There are processes used by successful language learners for reviewing a world language. The following tips can help you organize your review. There is no one correct way, but these are some suggestions that will best utilize your time and energy.

1 Reviewing Strategies

1. Make a list of the *major* topics you have studied and need to review, dividing them into categories: *vocabulary, grammar,* and *culture.* These are the topics where you need to focus the majority of your time and energy.
   Note: The two-page chapter openers can help you determine the *major* topics.
2. Allocate a minimum of an hour each day over a period of days to review. Budget the majority of your time with the major topics. After beginning with the major grammar and vocabulary topics, review the secondary/supporting grammar topics and the culture. Cramming the night before a test is *not* an effective way to review and retain information.
3. Many educational researchers suggest that you start your review with the most recent chapter, or for this review, **Capítulo 11.** The most recent chapter is the freshest in your mind, so you tend to remember the concepts better, and you will experience quick success in your review.
4. Spend the most amount of time on concepts in which you determine *you* need to improve. Revisit the self-assessment tools from **Y por fin, ¿cómo andas?** in each chapter to see how you rated yourself. Those tools are designed to help you become good at self-assessing what *you* need to work on the most.

2 Reviewing Grammar

1. When reviewing grammar, begin with the *major* points, that is, begin with the *preterit, imperfect, pronouns (direct, indirect, and reflexive), commands,* and the *subjunctive*. After feeling confident using the major grammar points correctly, then proceed with the additional grammar points and review them.
2. Good ways to review include redoing activities in your textbook, redoing activities in your Student Activities Manual, and (re)doing activities on MySpanishLab.

3 Reviewing Vocabulary

1. When studying vocabulary, it is usually most helpful to look at the English word, and then say or write the word in Spanish. Make a special list of words that are difficult for you to remember, writing them in a small notebook or in an electronic file. Pull out the notebook every time you have a few minutes (in between classes, waiting in line at the grocery store, etc.) to review the words. The **Vocabulario activo** pages at the end of each chapter will help you organize the most important words of each chapter.
2. Saying vocabulary (which includes verbs) out loud helps you retain the words better.

4 Overall Review Technique

1. Get together with someone with whom you can practice speaking Spanish. It is always good to structure the oral practice. If you need something to spark the conversation, take the drawings from each vocabulary presentation in ***¡Anda! Curso elemental*** and say as many things as you can about each picture. Have a friendly challenge to see who can make more complete sentences or create the longest story about the pictures. This will help you build your confidence and practice stringing sentences together to speak in paragraphs.
2. Yes, it is important for you to know "mechanical" pieces of information such as verb endings, or how to take a sentence and replace the direct object with a pronoun. *But*, it is *much more important* for you to be able to take those mechanical pieces of information and put them all together, creating meaningful and creative samples of your speaking and writing on the themes of **Capítulos 7–11.** Also remember that **Capítulos 7–11** are built upon previous knowledge that you acquired in the beginning chapters of ***¡Anda! Curso elemental.***
3. You are on the road to success if you can demonstrate that you can speak and write in paragraphs, using a wide variety of verbs and vocabulary words correctly. Keep up the good work!

Un poco de todo

12-33 to 12-41

12-21 Nuestro medio ambiente y más aún

Creen juntos un reportaje (*report*) para la televisión sobre uno de los siguientes temas. ■

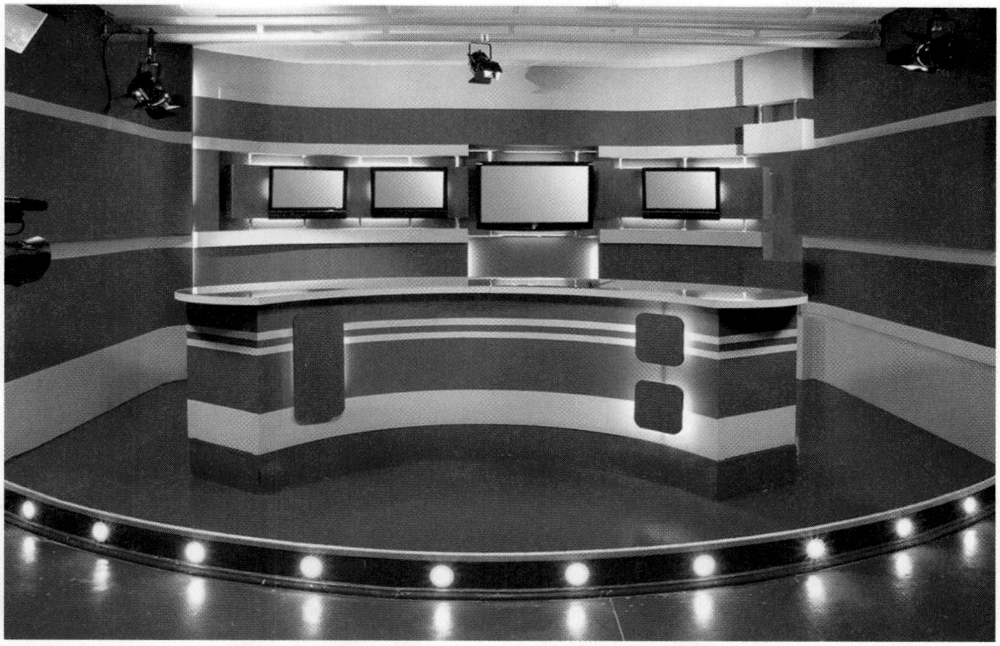

TEMAS

1. el medio ambiente
2. la política
3. el tiempo
4. el arte, la música, los deportes y otros eventos

12-22 **¿Cómo eres?** Conoces un poco a los estudiantes de los países que estudiamos en los capítulos anteriores. ¿Qué más quieres saber de ellos? Escribe por lo menos **diez** preguntas que quieras hacerles. Usa **el pretérito, el imperfecto** y **el subjuntivo** en tus preguntas. ■

MODELO

1. *¿Qué estudiaste el semestre pasado?*
2. *¿Adónde fuiste el verano pasado?*
3. *¿Es posible que viajes este verano?*
4. *...*

Gino Breschi Arteaga

Sandra Manrique Esquivel

María Graciela Martelli Paz

Francisco Tomás Bacigalupe Bustamante

Diana Ávila Peralta

Jorge Gustavo Salazar

Yolanda Pico Briones

Rosa María Gutiérrez Murcia

Joaquín Navas Posada

Alicia Ortega Mujica

Pablo Colón Padín

Amparo Burgos Báez

Workbooklet

12-23 ¿Sabías que…? Completa los siguientes pasos. ■

Paso 1 Escribe dos cosas interesantes que no sabías antes pero que aprendiste sobre cada uno de los siguientes países.

CHILE	PARAGUAY	ARGENTINA	URUGUAY

1.	1.	1.	1.
2.	2.	2.	2.

PERÚ	BOLIVIA	ECUADOR	COLOMBIA

1.	1.	1.	1.
2.	2.	2.	2.

VENEZUELA	CUBA	PUERTO RICO	LA REPÚBLICA DOMINICANA

1.	1.	1.	1.
2.	2.	2.	2.

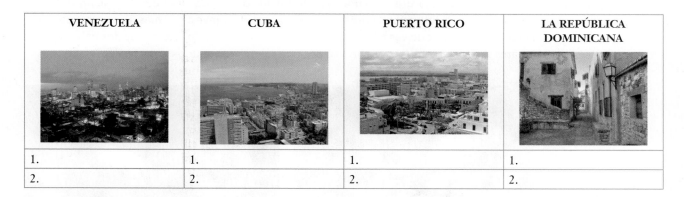

Paso 2 Compara la información con el lugar donde vives. ¿Qué cosas son similares? ¿Qué diferencias hay?

12-24 **¡A cocinar!** Vas a preparar una cena latina para tus amigos con platos representativos de varios países. Selecciona por lo menos **tres** platos y **una** bebida. Indica el país de origen de cada plato y los ingredientes. Si varios países comparten el plato, menciónalos también. ■

La parrillada

El chivito

12-25 **Los símbolos nacionales** Escoge **tres** países distintos y un símbolo para cada uno de ellos. Describe estos símbolos nacionales y habla de cómo y por qué son representativos del país. Después, haz una comparación entre los países y sus símbolos. ■

12-26 **¿El ecoturismo o una expedición antropológica?**
¡Qué suerte! Recibiste la distinción de ser el/la mejor estudiante de español y puedes elegir entre un viaje de ecoturismo o una expedición antropológica. Piensa en lo que aprendiste de cada país y decide adónde quieres ir para divertirte e investigar más. Después, describe el lugar específico que vas a visitar y di por qué, cómo, cuándo, etc. Si hay dos países con lugares similares, compáralos e indica por qué seleccionaste uno en particular. ■

Episodio 12

12-27 Tus propias ambiciones siniestras ¡Ahora te toca a ti!

Puedes seleccionar entre las siguientes actividades basadas en **Ambiciones siniestras.**

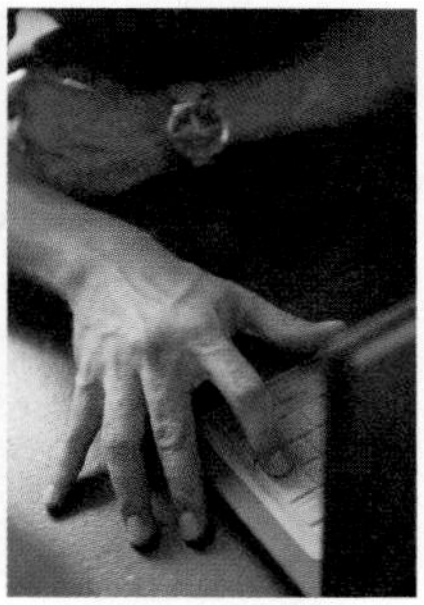

1. Imagina que eres David Letterman o Cristina y que tienes la oportunidad de entrevistar a los actores de **Ambiciones siniestras.** Prepara la entrevista con un/a compañero/a.

2. Escribe tu propia versión resumida de **Ambiciones siniestras.** ¿Termina igual que el original? Compara tu versión con la de un/a compañero/a.

3. Escribe y filma **Ambiciones siniestras II.** Al final, ¿qué pasa con el Sr. Verdugo? Preséntale tu película a la clase.

Y por fin, ¿cómo andas?

Having completed this chapter, I now can . . .	Feel confident	Need to review
Comunicación		
• communicate preferences regarding food and clothing	☐	☐
• relate ideas about past experiences and my daily routine	☐	☐
• convey information about people and things	☐	☐
• express ideas on topics such as health, travel, animals, the environment, and politics	☐	☐
• make requests and give advice using commands	☐	☐
• articulate desires and opinions on a variety of topics	☐	☐
Cultura		
• share information about Chile, Paraguay, Argentina, Uruguay, Perú, Bolivia, Ecuador, Venezuela, Colombia, Cuba, Puerto Rico, and La República Dominicana	☐	☐
• compare and contrast the countries I learned about in **Capítulos 7–11**	☐	☐
Ambiciones siniestras		
• go behind the scenes of **Ambiciones siniestras**	☐	☐
Comunidades		
• use Spanish in real-life contexts (SAM)	☐	☐

Appendix 1

Inductive Grammar Answers to *¡Explícalo tú!* in the eText

Capítulo Preliminar A

12. Gustar

1. To say you like or dislike one thing, what form of **gustar** do you use?
   gusta
2. To say you like or dislike more than one thing, what form of **gustar** do you use?
   gustan

Capítulo 2

9. El verbo *gustar*

1. To say you like or dislike one thing, what form of **gustar** do you use?
   gusta
2. To say you like or dislike more than one thing, what form of **gustar** do you use?
   gustan
3. Which words in the examples mean *I*? **(Me)** *You?* **(Te)** *He/she?* **(le)**
4. If a verb is needed after **gusta/gustan,** what form of the verb do you use?
   the infinitive form of the verb

Capítulo 4

4. Los verbos con cambio de raíz

1. Which verb forms look like the infinitive **cerrar**?
   nosotros, vosotros
2. Which verb forms have a spelling change that differs from the infinitive **cerrar**?
   yo, tú, él, ella, usted, ellos, ellas, ustedes

1. Which verb forms look like the infinitive **pedir**?
   nosotros, vosotros
2. Which verb forms have a spelling change that differs from the infinitive **pedir**?
   yo, tú, él, ella, usted, ellos, ellas, ustedes

1. Which verb forms look like the infinitive **encontrar**?
   nosotros, vosotros
2. Which verb forms have a spelling change that differs from the infinitive **encontrar**?
   yo, tú, usted, él, ella, ustedes, ellos, ellas

1. Which verb forms look like the infinitive **jugar**?
   nosotros, vosotros
2. Which verb forms have a spelling change that differs from the infinitive **jugar**?
   yo, tú, usted, él, ella, ustedes, ellos, ellas
3. Why does **jugar** not belong with the verbs like **encontrar**?
   because the change is *u* → *ue*, not *o* → *ue* like *encontrar*

To summarize . . .

1. What is a rule that you can make regarding all four groups of stem-changing verbs and their forms?
   ***Nosotros/vosotros* look like the infinitive. All the other forms have the spelling change.**
2. With what group of stem-changing verbs would you put **querer**?
   e → ie
3. With what group of stem-changing verbs would you put the following verbs:
   demostrar *to demonstrate* **o → ue**
   devolver *to return (an object)* **o → ue**
   encerrar *to enclose* **e → ie**
   perseguir *to chase* **e → i**

6. *Ir* + *a* + infinitivo

1. When do the actions in these sentences take place: in the *past*, *present*, or *future?*
   future
2. What is the first bold type verb you see in each sentence?
   a form of *ir*
3. In what form is the second bolded verb?
   infinitive
4. What word comes between the two verbs?
   a

   Does this word have an equivalent in English?
   no
5. What is your rule, then, for expressing future actions or statements?
   use a form of *ir* + *a* + infinitive

8. Las expresiones afirmativas y negativas

1. When you use a negative word (**nadie, nunca,** etc.) in a sentence, does it come before or after the verb?
   The negative word can go either before or after the verb.
2. When you use the word **no** and then a negative word in the same sentence, does **no** come before or after the verb?
   ***No* comes before the verb.**

   Where does the negative word come in these sentences?
   The negative word can go either before or after the verb.
3. Does the meaning change depending on where you put the negative word? (E.g., **Nadie llama** *versus* **No llama nadie.**)
   No, the meaning stays the same.

9. Un repaso de *ser* y *estar*

1. Why do you use a form of **ser** in the first sentence?
   because it is a characteristic that remains relatively constant
2. Why do you use a form of **estar** in the second sentence?
   because it describes a physical or personality characteristic that can change, or a change in condition

Capítulo 5

2. Los adjetivos demostrativos

1. When do you use **este, ese,** and **aquel**?
   when you want to point out *one* masculine person or object
2. When do you use **esta, esa,** and **aquella**?
   when you want to point out *one* feminine person or object
3. When do you use **estos, esos,** and **aquellos**?
   when you want to point out *two or more* masculine persons or objects, or a mix of masculine and feminine persons or objects
4. When do you use **estas, esas,** and **aquellas**?
   when you want to point out *two or more* feminine persons or objects

5. El presente progresivo

1. What is the infinitive of the first verb in each sentence that is in *italics*?
   estar
2. What are the infinitives of **haciendo, estudiando, escuchando, tocando, viendo,** and **escribiendo**?
   hacer, estudiar, escuchar, tocar, ver, escribir
3. How do you form the verb forms in **boldface**?
   Take the infinitive, drop the *-ar*, *-er*, or *-ir*, and add *-ando* or *-iendo*.
4. In this new tense, the *present progressive*, do any words come between the two parts of the verb?
   no
5. Therefore, your formula for forming the present progressive is:
   a form of the verb *estar* + a verb ending in *-ando* or *-iendo*

Capítulo 6

Major grammar points to be reviewed

1. Present tense of:
   Regular **-ar, -er, -ir** verbs
   Irregular verbs
   Stem-changing verbs **e → ie, e → i, o → ue, u → ue**
2. Future tense ***ir* + *a* + infinitive**
3. Use of direct object pronouns

4. Correctly using **ser** and **estar**
5. Correctly using **gustar**

Major vocabulary to be reviewed

1. The *Vocabulario activo* at the end of each chapter

Major cultural information to be reviewed

1. At least two facts about each of the feature countries
2. At least one point about each of the two culture presentations in each chapter

Capítulo 7

2. Repaso del complemento directo

1. What are direct objects?
   Direct objects receive the action of verbs, answering the questions *what* and *whom*.

   What are direct object pronouns?
   Direct object pronouns replace direct objects.
2. What are the pronouns (forms)? With what must they agree?
   The pronoun forms are *me, te, lo, la, nos, los, las*. They must agree with direct objects.
3. Where are direct object pronouns placed in a sentence?
   They are placed either before verbs or attached to infinitives, *-ando*, or *-iendo*.

3. El pretérito (Parte I)

1. What do you notice about the endings for **-er** and **-ir** verbs?
   They are the same.
2. Where are accent marks needed?
   Accent marks are needed on the *yo* and *él/ella/usted* forms.

Capítulo 8

2. Los pronombres de complemento indirecto

1. Who is buying the clothing?
   Mi madre.
2. Who is receiving the clothing?

   Mi madre **me** compra mucha ropa.
   I am receiving the clothes.
   Mi madre **te** compra mucha ropa.

You are receiving the clothes.
Mi madre **le** compra mucha ropa a usted.
You are receiving the clothes.
Mi madre **le** compra mucha ropa a mi hermano.

My brother is receiving the clothes.
Mi madre **nos** compra mucha ropa.
We are receiving the clothes.
Mi madre **os** compra mucha ropa.

You all are receiving the clothes.
Mi madre **les** compra mucha ropa a ustedes.

You all are receiving the clothes.
Mi madre **les** compra mucha ropa a mis hermanos.
My brothers are receiving the clothes.

¿Me (i.o.) traes la falda gris (d.o.)?	*Will you bring me the gray skirt?*
Su novio le (i.o.) regaló la chaqueta mas formal (d.o.).	*Her boyfriend gave her the more formal jacket.*
Mi hermana me (i.o.) compró la blusa elegante (d.o.).	*My sister bought me the elegant blouse.*
Nuestra compañera de cuarto nos (i.o.) lavó la ropa (d.o.).	*Our roommate washed our clothes for us.*

4. Los pronombres de complemento directo e indirecto usados juntos

1. You know that direct and indirect objects come after verbs. Where do you find direct and indirect object pronouns?
   before verbs or attached to infinitives or present participles
2. Reading from left to right, which pronoun comes first (direct or indirect)? Which pronoun comes second?
   The indirect object pronoun comes first, and the direct object pronoun comes second.

6. Las construcciones reflexivas

In each drawing:

Who is performing / doing the action?

a. La fiesta
b. Alberto
c. Beatriz
d. Raúl y Gloria
e. Alberto
f. Beatriz

Who or what is receiving the action?

a. neighbors
b. daughter
c. car
d. Raúl and Gloria
e. Alberto
f. Beatriz

Which of the drawings and captions demonstrate reflexive verbs?
the bottom row (Raúl y Gloria se despiertan. / Alberto se acuesta. / Beatriz se lava.)

Capítulo 10

3. Los mandatos formales

1. Where do the object pronouns appear in affirmative commands?
   attached to the command
   In negative commands?
   before the command and not attached
   In what order?
   i.o. / d.o.
2. Why are there written accents on some of the commands and not on others?
   because some commands would change pronunciation without the accent marks

5. Otras formas del posesivo

1. What is the position of each possessive in the left-hand column? the middle column?
   before the noun; after the noun
2. How do the possessive adjectives and pronouns agree?
   They agree in number and gender with the nouns they describe or replace.
3. What do the sentences mean in the column on the right?
   Mine works fine; Ours cost a lot; Where are yours? His/hers/yours is $100.
   What have you removed from the previous sentence?
   the noun

Capítulo 11

3. El subjuntivo

1. What is the difference between the subjunctive and the indicative moods?
   The subjunctive expresses concepts such as doubts, emotions, wishes, and desires. The indicative reports events and happenings.
2. What other verb forms look like the subjunctive?
   The *Usted* and *Ustedes* (formal) commands.
3. Where does the subjunctive verb come in relation to the word **que?**
   after the word *que*

Capítulo 12

Major grammar points to be reviewed

1. Past tenses:
   Regular and irregular preterit
   Regular and irregular imperfect
   Uses of the preterit and imperfect
2. Pronouns:
   Direct object
   Indirect object
   Reflexive
   Placement of pronouns

3. Commands:
   Informal affirmative and negative
   Formal affirmative and negative
4. Subjunctive:
   Formation
   Usage

Major vocabulary to be reviewed

1. The *Vocabulario activo* at the end of each chapter

Major cultural information to be reviewed

1. At least two facts about each of the feature countries
2. At least one point about each of the two culture presentations in each chapter

Appendix 2

Verb Charts

Regular Verbs: Simple Tenses

Infinitive Present Participle Past Participle	Indicative					Subjunctive		Imperative
	Present	Imperfect	Preterit	Future	Conditional	Present	Imperfect	Commands
hablar hablando hablado	hablo hablas habla hablamos habláis hablan	hablaba hablabas hablaba hablábamos hablabais hablaban	hablé hablaste habló hablamos hablasteis hablaron	hablaré hablarás hablará hablaremos hablaréis hablarán	hablaría hablarías hablaría hablaríamos hablaríais hablarían	hable hables hable hablemos habléis hablen	hablara hablaras hablara habláramos hablarais hablaran	habla (tú), no hables hable (usted) hablemos hablad (vosotros), no habléis hablen (Uds.)
comer comiendo comido	como comes come comemos coméis comen	comía comías comía comíamos comíais comían	comí comiste comió comimos comisteis comieron	comeré comerás comerá comeremos comeréis comerán	comería comerías comería comeríamos comeríais comerían	coma comas coma comamos comáis coman	comiera comieras comiera comiéramos comierais comieran	come (tú), no comas coma (usted) comamos comed (vosotros), no comáis coman (Uds.)
vivir viviendo vivido	vivo vives vive vivimos vivís viven	vivía vivías vivía vivíamos vivíais vivían	viví viviste vivió vivimos vivisteis vivieron	viviré vivirás vivirá viviremos viviréis vivirán	viviría vivirías viviría viviríamos viviríais vivirían	viva vivas viva vivamos viváis vivan	viviera vivieras viviera viviéramos vivierais vivieran	vive (tú), no vivas viva (usted) vivamos vivid (vosotros), no viváis vivan (Uds.)

Regular Verbs: Perfect Tenses

Indicative										Subjunctive			
Present Perfect		Past Perfect		Preterit Perfect		Future Perfect		Conditional Perfect		Present Perfect		Past Perfect	
he has ha hemos habéis han	hablado comido vivido	había habías había habíamos habíais habían	hablado comido vivido	hube hubiste hubo hubimos hubisteis hubieron	hablado comido vivido	habré habrás habrá habremos habréis habrán	hablado comido vivido	habría habrías habría habríamos habríais habrían	hablado comido vivido	haya hayas haya hayamos hayáis hayan	hablado comido vivido	hubiera hubieras hubiera hubiéramos hubierais hubieran	hablado comido vivido

Irregular Verbs

Infinitive Present Participle Past Participle	Indicative					Subjunctive		Imperative
	Present	Imperfect	Preterit	Future	Conditional	Present	Imperfect	Commands
andar andando andado	ando andas anda andamos andáis andan	andaba andabas andaba andábamos andabais andaban	anduve anduviste anduvo anduvimos anduvisteis anduvieron	andaré andarás andará andaremos andaréis andarán	andaría andarías andaría andaríamos andaríais andarían	ande andes ande andemos andéis anden	anduviera anduvieras anduviera anduviéramos anduvierais anduvieran	anda (tú), no andes ande (usted) andemos andad (vosotros), no andéis anden (Uds.)
caer cayendo caído	caigo caes cae caemos caéis caen	caía caías caía caíamos caíais caían	caí caíste cayó caímos caísteis cayeron	caeré caerás caerá caeremos caeréis caerán	caería caerías caería caeríamos caeríais caerían	caiga caigas caiga caigamos caigáis caigan	cayera cayeras cayera cayéramos cayerais cayeran	cae (tú), no caigas caiga (usted) caigamos caed (vosotros), no caigáis caigan (Uds.)
dar dando dado	doy das da damos dais dan	daba dabas daba dábamos dabais daban	di diste dio dimos disteis dieron	daré darás dará daremos daréis darán	daría darías daría daríamos daríais darían	dé des dé demos deis den	diera dieras diera diéramos dierais dieran	da (tú), no des dé (usted) demos dad (vosotros), no deis den (Uds.)
decir diciendo dicho	digo dices dice decimos decís dicen	decía decías decía decíamos decíais decían	dije dijiste dijo dijimos dijisteis dijeron	diré dirás dirá diremos diréis dirán	diría dirías diría diríamos diríais dirían	diga digas diga digamos digáis digan	dijera dijeras dijera dijéramos dijerais dijeran	di (tú), no digas diga (usted) digamos decid (vosotros), no digáis digan (Uds.)

Irregular Verbs (continued)

Infinitive Present Participle Past Participle	Indicative					Subjunctive		Imperative
	Present	Imperfect	Preterit	Future	Conditional	Present	Imperfect	Commands
estar estando estado	estoy estás está estamos estáis están	estaba estabas estaba estábamos estabais estaban	estuve estuviste estuvo estuvimos estuvisteis estuvieron	estaré estarás estará estaremos estaréis estarán	estaría estarías estaría estaríamos estaríais estarían	esté estés esté estemos estéis estén	estuviera estuvieras estuviera estuviéramos estuvierais estuvieran	está (tú), no estés esté (usted) estemos estad (vosotros), no estéis estén (Uds.)
haber habiendo habido	he has ha hemos habéis han	había habías había habíamos habíais habían	hube hubiste hubo hubimos hubisteis hubieron	habré habrás habrá habremos habréis habrán	habría habrías habría habríamos habríais habrían	haya hayas haya hayamos hayáis hayan	hubiera hubieras hubiera hubiéramos hubierais hubieran	
hacer haciendo hecho	hago haces hace hacemos hacéis hacen	hacía hacías hacía hacíamos hacíais hacían	hice hiciste hizo hicimos hicisteis hicieron	haré harás hará haremos haréis harán	haría harías haría haríamos haríais harían	haga hagas haga hagamos hagáis hagan	hiciera hicieras hiciera hiciéramos hicierais hicieran	haz (tú), no hagas haga (usted) hagamos haced (vosotros), no hagáis hagan (Uds.)
ir yendo ido	voy vas va vamos vais van	iba ibas iba íbamos ibais iban	fui fuiste fue fuimos fuisteis fueron	iré irás irá iremos iréis irán	iría irías iría iríamos iríais irían	vaya vayas vaya vayamos vayáis vayan	fuera fueras fuera fuéramos fuerais fueran	ve (tú), no vayas vaya (usted) vamos, no vayamos id (vosotros), no vayáis vayan (Uds.)
oír oyendo oído	oigo oyes oye oímos oís oyen	oía oías oía oíamos oíais oían	oí oíste oyó oímos oísteis oyeron	oiré oirás oirá oiremos oiréis oirán	oiría oirías oiría oiríamos oiríais oirían	oiga oigas oiga oigamos oigáis oigan	oyera oyeras oyera oyéramos oyerais oyeran	oye (tú), no oigas oiga (usted) oigamos oíd (vosotros), no oigáis oigan (Uds.)

Irregular Verbs (continued)

Infinitive Present Participle Past Participle	Indicative					Subjunctive		Imperative
	Present	Imperfect	Preterit	Future	Conditional	Present	Imperfect	Commands
poder pudiendo podido	puedo puedes puede podemos podéis pueden	podía podías podía podíamos podíais podían	pude pudiste pudo pudimos pudisteis pudieron	podré podrás podrá podremos podréis podrán	podría podrías podría podríamos podríais podrían	pueda puedas pueda podamos podáis puedan	pudiera pudieras pudiera pudiéramos pudierais pudieran	
poner poniendo puesto	pongo pones pone ponemos ponéis ponen	ponía ponías ponía poníamos poníais ponían	puse pusiste puso pusimos pusisteis pusieron	pondré pondrás pondrá pondremos pondréis pondrán	pondría pondrías pondría pondríamos pondríais pondrían	ponga pongas ponga pongamos pongáis pongan	pusiera pusieras pusiera pusiéramos pusierais pusieran	pon (tú), no pongas ponga (usted) pongamos poned (vosotros), no pongáis pongan (Uds.)
querer queriendo querido	quiero quieres quiere queremos queréis quieren	quería querías quería queríamos queríais querían	quise quisiste quiso quisimos quisisteis quisieron	querré querrás querrá querremos querréis querrán	querría querrías querría querríamos querríais querrían	quiera quieras quiera queramos queráis quieran	quisiera quisieras quisiera quisiéramos quisierais quisieran	quiere (tú), no quieras quiera (usted) queramos quered (vosotros), no queráis quieran (Uds.)
saber sabiendo sabido	sé sabes sabe sabemos sabéis saben	sabía sabías sabía sabíamos sabíais sabían	supe supiste supo supimos supisteis supieron	sabré sabrás sabrá sabremos sabréis sabrán	sabría sabrías sabría sabríamos sabríais sabrían	sepa sepas sepa sepamos sepáis sepan	supiera supieras supiera supiéramos supierais supieran	sabe (tú), no sepas sepa (usted) sepamos sabed (vosotros), no sepáis sepan (Uds.)
salir saliendo salido	salgo sales sale salimos salís salen	salía salías salía salíamos salíais salían	salí saliste salió salimos salisteis salieron	saldré saldrás saldrá saldremos saldréis saldrán	saldría saldrías saldría saldríamos saldríais saldrían	salga salgas salga salgamos salgáis salgan	saliera salieras saliera saliéramos salierais salieran	sal (tú), no salgas salga (usted) salgamos salid (vosotros), no salgáis salgan (Uds.)

Irregular Verbs (continued)

Infinitive Present Participle Past Participle	Indicative					Subjunctive		Imperative
	Present	Imperfect	Preterit	Future	Conditional	Present	Imperfect	Commands
ser siendo sido	soy eres es somos sois son	era eras era éramos erais eran	fui fuiste fue fuimos fuisteis fueron	seré serás será seremos seréis serán	sería serías sería seríamos seríais serían	sea seas sea seamos seáis sean	fuera fueras fuera fuéramos fuerais fueran	sé (tú), no seas sea (usted) seamos sed (vosotros), no seáis sean (Uds.)
tener teniendo tenido	tengo tienes tiene tenemos tenéis tienen	tenía tenías tenía teníamos teníais tenían	tuve tuviste tuvo tuvimos tuvisteis tuvieron	tendré tendrás tendrá tendremos tendréis tendrán	tendría tendrías tendría tendríamos tendríais tendrían	tenga tengas tenga tengamos tengáis tengan	tuviera tuvieras tuviera tuviéramos tuvierais tuvieran	ten (tú), no tengas tenga (usted) tengamos tened (vosotros), no tengáis tengan (Uds.)
traer trayendo traído	traigo traes trae traemos traéis traen	traía traías traía traíamos traíais traían	traje trajiste trajo trajimos trajisteis trajeron	traeré traerás traerá traeremos traeréis traerán	traería traerías traería traeríamos traeríais traerían	traiga traigas traiga traigamos traigáis traigan	trajera trajeras trajera trajéramos trajerais trajeran	trae (tú), no traigas traiga (usted) traigamos traed (vosotros), no traigáis traigan (Uds.)
venir viniendo venido	vengo vienes viene venimos venís vienen	venía venías venía veníamos veníais venían	vine viniste vino vinimos vinisteis vinieron	vendré vendrás vendrá vendremos vendréis vendrán	vendría vendrías vendría vendríamos vendríais vendrían	venga vengas venga vengamos vengáis vengan	viniera vinieras viniera viniéramos vinierais vinieran	ven (tú), no vengas venga (usted) vengamos venid (vosotros), no vengáis vengan (Uds.)
ver viendo visto	veo ves ve vemos veis ven	veía veías veía veíamos veíais veían	vi viste vio vimos visteis vieron	veré verás verá veremos veréis verán	vería verías vería veríamos veríais verían	vea veas vea veamos veáis vean	viera vieras viera viéramos vierais vieran	ve (tú), no veas vea (usted) veamos ved (vosotros), no veáis vean (Uds.)

Stem-Changing and Orthographic-Changing Verbs

Infinitive Present Participle Past Participle	Indicative					Subjunctive		Imperative
	Present	Imperfect	Preterit	Future	Conditional	Present	Imperfect	Commands
almorzar (ue) (c) almorzando almorzado	almuerzo almuerzas almuerza almorzamos almorzáis almuerzan	almorzaba almorzabas almorzaba almorzábamos almorzabais almorzaban	almorcé almorzaste almorzó almorzamos almorzasteis almorzaron	almorzaré almorzarás almorzará almorzaremos almorzaréis almorzarán	almorzaría almorzarías almorzaría almorzaríamos almorzaríais almorzarían	almuerce almuerces almuerce almorcemos almorcéis almuercen	almorzara almorzaras almorzara almorzáramos almorzarais almorzaran	almuerza (tú), no almuerces almuerce (usted) almorcemos almorzad (vosotros), no almorcéis almuercen (Uds.)
buscar (qu) buscando buscado	busco buscas busca buscamos buscáis buscan	buscaba buscabas buscaba buscábamos buscabais buscaban	busqué buscaste buscó buscamos buscasteis buscaron	buscaré buscarás buscará buscaremos buscaréis buscarán	buscaría buscarías buscaría buscaríamos buscaríais buscarían	busque busques busque busquemos busquéis busquen	buscara buscaras buscara buscáramos buscarais buscaran	busca (tú), no busques busque (usted) busquemos buscad (vosotros), no busquéis busquen (Uds.)
corregir (i, i) (j) corrigiendo corregido	corrijo corriges corrige corregimos corregís corrigen	corregía corregías corregía corregíamos corregíais corregían	corregí corregiste corrigió corregimos corregisteis corrigieron	corregiré corregirás corregirá corregiremos corregiréis corregirán	corregiría corregirías corregiría corregiríamos corregiríais corregirían	corrija corrijas corrija corrijamos corrijáis corrijan	corrigiera corrigieras corrigiera corrigiéramos corrigierais corrigieran	corrige (tú), no corrijas corrija (usted) corrijamos corregid (vosotros), no corrijáis corrijan (Uds.)
dormir (ue, u) durmiendo dormido	duermo duermes duerme dormimos dormís duermen	dormía dormías dormía dormíamos dormíais dormían	dormí dormiste durmió dormimos dormisteis durmieron	dormiré dormirás dormirá dormiremos dormiréis dormirán	dormiría dormirías dormiría dormiríamos dormiríais dormirían	duerma duermas duerma durmamos durmáis duerman	durmiera durmieras durmiera durmiéramos durmierais durmieran	duerme (tú), no duermas duerma (usted) durmamos dormid (vosotros), no durmáis duerman (Uds.)
incluir (y) incluyendo incluido	incluyo incluyes incluye incluimos incluís incluyen	incluía incluías incluía incluíamos incluíais incluían	incluí incluiste incluyó incluimos incluisteis incluyeron	incluiré incluirás incluirá incluiremos incluiréis incluirán	incluiría incluirías incluiría incluiríamos incluiríais incluirían	incluya incluyas incluya incluyamos incluyáis incluyan	incluyera incluyeras incluyera incluyéramos incluyerais incluyeran	incluye (tú), no incluyas incluya (usted) incluyamos incluid (vosotros), no incluyáis incluyan (Uds.)

Stem-Changing and Orthographic-Changing Verbs (continued)

Infinitive Present Participle Past Participle	Indicative					Subjunctive		Imperative
	Present	Imperfect	Preterit	Future	Conditional	Present	Imperfect	Commands
llegar (gu) llegando llegado	llego llegas llega llegamos llegáis llegan	llegaba llegabas llegaba llegábamos llegabais llegaban	llegué llegaste llegó llegamos llegasteis llegaron	llegaré llegarás llegará llegaremos llegaréis llegarán	llegaría llegarías llegaría llegaríamos llegaríais llegarían	llegue llegues llegue lleguemos lleguéis lleguen	llegara llegaras llegara llegáramos llegarais llegaran	llega (tú), no llegues llegue (usted) lleguemos llegad (vosotros), no lleguéis lleguen (Uds.)
pedir (i, i) pidiendo pedido	pido pides pide pedimos pedís piden	pedía pedías pedía pedíamos pedíais pedían	pedí pediste pidió pedimos pedisteis pidieron	pediré pedirás pedirá pediremos pediréis pedirán	pediría pedirías pediría pediríamos pediríais pedirían	pida pidas pida pidamos pidáis pidan	pidiera pidieras pidiera pidiéramos pidierais pidieran	pide (tú), no pidas pida (usted) pidamos pedid (vosotros), no pidáis pidan (Uds.)
pensar (ie) pensando pensado	pienso piensas piensa pensamos pensáis piensan	pensaba pensabas pensaba pensábamos pensabais pensaban	pensé pensaste pensó pensamos pensasteis pensaron	pensaré pensarás pensará pensaremos pensaréis pensarán	pensaría pensarías pensaría pensaríamos pensaríais pensarían	piense pienses piense pensemos penséis piensen	pensara pensaras pensara pensáramos pensarais pensaran	piensa (tú), no pienses piense (usted) pensemos pensad (vosotros), no penséis piensen (Uds.)
producir (zc) (j) produciendo producido	produzco produces produce producimos producís producen	producía producías producía producíamos producíais producían	produje produjiste produjo produjimos produjisteis produjeron	produciré producirás producirá produciremos produciréis producirán	produciría producirías produciría produciríamos produciríais producirían	produzca produzcas produzca produzcamos produzcáis produzcan	produjera produjeras produjera produjéramos produjerais produjeran	produce (tú), no produzcas produzca (usted) produzcamos producid (vosotros), no produzcáis produzcan (Uds.)
reír (i, i) riendo reído	río ríes ríe reímos reís ríen	reía reías reía reíamos reíais reían	reí reíste rio reímos reísteis rieron	reiré reirás reirá reiremos reiréis reirán	reiría reirías reiría reiríamos reiríais reirían	ría rías ría riamos riáis rían	riera rieras riera riéramos rierais rieran	ríe (tú), no rías ría (usted) riamos reíd (vosotros), no riáis rían (Uds.)

Stem-Changing and Orthographic-Changing Verbs (continued)

Infinitive Present Participle Past Participle	Indicative					Subjunctive		Imperative
	Present	Imperfect	Preterit	Future	Conditional	Present	Imperfect	Commands
seguir (i, i) (ga) siguiendo seguido	sigo sigues sigue seguimos seguís siguen	seguía seguías seguía seguíamos seguíais seguían	seguí seguiste siguió seguimos seguisteis siguieron	seguiré seguirás seguirá seguiremos seguiréis seguirán	seguiría seguirías seguiría seguiríamos seguiríais seguirían	siga sigas siga sigamos sigáis sigan	siguiera siguieras siguiera siguiéramos siguierais siguieran	sigue (tú), no sigas siga (usted) sigamos seguid (vosotros), no sigáis sigan (Uds.)
sentir (ie, i) sintiendo sentido	siento sientes siente sentimos sentís sienten	sentía sentías sentía sentíamos sentíais sentían	sentí sentiste sintió sentimos sentisteis sintieron	sentiré sentirás sentirá sentiremos sentiréis sentirán	sentiría sentirías sentiría sentiríamos sentiríais sentirían	sienta sientas sienta sintamos sintáis sientan	sintiera sintieras sintiera sintiéramos sintierais sintieran	siente (tú), no sientas sienta (usted) sintamos sentid (vosotros), no sintáis sientan (Uds.)
volver (ue) volviendo vuelto	vuelvo vuelves vuelve volvemos volvéis vuelven	volvía volvías volvía volvíamos volvíais volvían	volví volviste volvió volvimos volvisteis volvieron	volveré volverás volverá volveremos volveréis volverán	volvería volverías volvería volveríamos volveríais volverían	vuelva vuelvas vuelva volvamos volváis vuelvan	volviera volvieras volviera volviéramos volvierais volvieran	vuelve (tú), no vuelvas vuelva (usted) volvamos volved (vosotros), no volváis vuelvan (Uds.)

Appendix 3

También se dice…

Capítulo Preliminar A

Los saludos/*Greetings*

¿Cómo andas? *How are you doing?*
¿Cómo vas? *How are you doing?*
El gusto es mío. *Pleased to meet you; The pleasure is all mine.*
Hasta entonces. *Until then.*
¿Qué hubo? *How's it going? What's happening? What's new?*
¿Qué pasa? *How's it going? What's happening? What's new?*
¿Qué pasó? *How's it going? What's happening? What's new?*

Las despedidas/*Farewells*

Nos vemos. *See you.*
Que te vaya bien. *Hope everything goes well.*
Que tenga(s) un buen día. *Have a nice day.*
Vaya con Dios. *Go with God.*

Las presentaciones/*Introductions*

Me gustaría presentarle a… *I would like to introduce you to . . . (formal)*
Me gustaría presentarte a… *I would like to introduce you to . . . (familiar)*

Expresiones útiles para la clase/*Useful classroom expressions*

Preguntas y respuestas/*Questions and answers*

(No) entiendo. *I (don't) understand.*
¿Puede repetir, por favor? *Could you repeat, please?*

Expresiones de cortesía/*Polite expressions*

Muchas gracias. *Thank you very much.*
No hay de qué. *Not at all.*

Mandato para la clase/*Instruction for class*

Saque(n) un bolígrafo/papel/lápiz. *Take out a pen/a piece of paper/a pencil.*

Las nacionalidades/*Nationalities*

argentino/a *Argentinian*
boliviano/a *Bolivian*
chileno/a *Chilean*
colombiano/a *Colombian*
costarricense *Costa Rican*
dominicano/a *Dominican*
ecuatoriano/a *Ecuadorian*
guatemalteco/a *Guatemalan*
hondureño/a *Honduran*
nicaragüense *Nicaraguan*
panameño/a *Panamanian*
peruano/a *Peruvian*
uruguayo/a *Uruguayan*
venezolano/a *Venezuelan*

Expresiones del tiempo/*Weather expressions*

el arco iris *rainbow*
el chirimiri *drizzle (Spain)*
Está despejado. *It's clear.*
Hace fresco. *It's cool.*
Hay neblina/niebla. *It's foggy.*
la humedad *humidity*
los copos de nieve *snowflakes*
las gotas de lluvia *raindrops*
el granizo *hail*
el hielo *ice*
el huracán *hurricane*
la llovizna *drizzle*
el pronóstico *weather forecast*
el/los rayo/s, el relámpago *lightning*
la tormenta *storm*
el tornado *tornado*
el/los trueno/s *thunder*

Capítulo 1

La familia/*Family*

el/la ahijado/a *godchild*
el bisabuelo *great-grandfather*
la bisabuela *great-grandmother*
el/la cuñado/a *brother-in-law/sister-in-law*
la familia política *in-laws*
el/la hermanastro/a *stepbrother/stepsister*
el /la hijastro/a *stepson/stepdaughter*
el/la hijo/a único/a *only child*
la madrina *godmother*
el/la medio/a hermano/a *half brother/half sister*
los medios hermanos *half brothers and sisters*
la mami *Mommy; Mom (Latin America)*
el marido *husband*
la mujer *wife*
los nietos *grandchildren*
la nuera *daughter-in-law*
el padrino *godfather*

el papi *Daddy; Dad (Latin America)*
el pariente *relative*
el/la prometido/a *fiancé(e)*
los sobrinos *nieces and nephews*
el/la suegro/a *father-in-law/mother-in-law*
los suegros *in-laws*
la tatarabuela *great-great-grandmother*
el tatarabuelo *great-great-grandfather*
la tía abuela *great-aunt*
el tío abuelo *great-uncle*
el/la viudo/a *widower/widow*
el yerno *son-in-law*

Otra palabra útil/*Another useful word*

divorciado/a *divorced*

La gente/*People*

el bato *friend; guy (in SE USA slang)*
el/la chaval/a *young man/young woman (Spain)*
el chamaco *young man (Cuba, Honduras, Mexico, El Salvador)*
el/la fulano/a *unknown man/woman*

Los adjetivos/*Adjectives*

La personalidad y otros rasgos/*Personality and other characteristics*

amable *nice; kind*
bobo/a *stupid; silly*
el/la bromista *person who likes to play jokes*
cariñoso/a *loving; affectionate*
chistoso/a *funny*
cursi *pretentious; affected*
divertido/a *funny*
educado/a *well mannered; polite*
elegante *elegant*
empollón/ona *bookworm; nerd*
encantador/a *charming; lovely*
espabilado/a *smart; vivacious; alert (Latin America)*
frustrado/a *frustrated*
gracioso/a *funny*
grosero/a *unpleasant*
histérico/a *crazed*
impaciente *impatient*
indiferente *indifferent*
irresponsable *irresponsible*
malvado/a *evil; wicked*
majo/a *pretty; nice (Spain)*
mono/a *pretty; nice (Spain, Caribbean)*
odioso/a *unpleasant*
pesado/a *annoying person*
pijo/a *posh; snooty (Spain)*
progre *liberal; progressive (Spain)*
sabelotodo *know-it-all*
viejo/a *old*

Las características físicas/*Physical characteristics*

atlético/a *athletic*
bello/a *beautiful (Latin America)*
blando/a *soft*
esbelto/a *slender*
flaco/a *thin*
frágil *fragile*
hermoso/a *beautiful; lovely*
musculoso/a *muscular*
robusto/a *sturdy*

Otras palabras útiles/*Other useful words*

demasiado/a *too much*
suficiente *enough*

Capítulo 2

Las materias y las especialidades/*Subjects and majors*

la agronomía *agriculture*
la antropología *anthropology*
el cálculo *calculus*
las ciencias políticas *political sciences*
las comunicaciones *communications*
la contabilidad *accounting*
la economía *economics*
la educación física *physical education*
la enfermería *nursing*
la filosofía *philosophy*
la física *physics*
la geografía *geography*
la geología *geology*
la historia *history*
la ingeniería *engineering*
la literatura comparada *comparative literature*
el mercadeo *marketing (Latin America)*
la mercadotecnia (el márketing) *marketing (Spain)*
la medicina del deporte *sports medicine*
la química *chemistry*
los servicios sociales *social work*
la sociología *sociology*
la terapia física *physical therapy*

En la sala de clase/*In the classroom*

el aula *classroom*
el/la alumno/a *student*
la bombilla *light bulb*
la cámara proyectora *overhead camera*
el cielorraso *ceiling*
el enchufe *wall socket*
el interruptor *light switch*
las luces *lights*
el ordenador *computer (Spain)*
la pantalla *screen*
el proyector *projector*
la prueba *test*
el pupitre *student desk*

el rotulador *marker*
el sacapuntas *pencil sharpener*
el salón de clase *classroom*
el suelo *floor*
la tarima *dais; platform*

Los verbos/*Verbs*

apuntar *to point*
asistir a clase *to attend class*
beber *to drink*
entrar *to enter*
entregar *to hand in*
mirar *to look; to observe*
prestar atención *to pay attention*
repasar *to review*
responder *to answer*
sacar *to take out*
sacar buenas/malas notas *to get good/bad grades*
tomar apuntes *to take notes*

Las palabras interrogativas/*Interrogative words*

¿Con cuánto/a/os/as? *With how many . . . ?*
¿Con qué? *With what . . . ?*
¿Con quién? *With whom . . . ?*
¿De dónde? *From where . . . ?*
¿De qué? *About what . . . ?*
¿De quién? *Of whom . . . ?*

Emociones y estados/*Emotions and states of being*

agotado/a *exhausted*
agradable *nice*
alegre *happy*
asombrado/a *amazed; astonished*
asqueado/a *disgusted*
asustado/a *scared*
deprimido/a *depressed*
desanimado/a *discouraged; disheartened*
disgustado/a *upset*
dormido/a *sleepy*
emocionado/a *moved; touched*
entusiasmado/a *delighted*
fastidiado/a *annoyed; bothered*
ilusionado/a *thrilled*
optimista *optimistic*
pesimista *pessimistic*
retrasado/a *late*
sonriente *smiling*
soñoliento/a *sleepy (Spain)*

Los lugares/*Places*

el apartamento estudiantil *student apartment*
el campo de fútbol *football field*
el campus *campus*
la cancha de tenis/baloncesto *tennis/basketball court*
la/s casa/s de hermandad/es *fraternity and sorority housing*
el centro comercial *mall*
el comedor estudiantil *student dining hall*
la habitación *room*
la matrícula *registration*
el museo *museum*
la oficina de consejeros *guidance/advising office*
el supermercado *supermarket*
el teatro *theater*

La residencia/*The dorm*

los bafles *speakers (Spain)*
el calendario *calendar*
la cama *bed*
el iPod *iPod*
el Internet *Internet*
las literas *bunkbeds*
la llave *memory stick*
la mesita de noche *nightstand*
el móvil *cell phone (Spain)*
la redacción/la composición *essay*
la tarjeta de crédito *credit card*
la tarjeta de identidad; el carnet *ID card*
los videojuegos *video games*

Los deportes y los pasatiempos/*Sports and pastimes*

cazar *to hunt*
conversar con amigos *to talk with friends*
escalar *to go mountain climbing*
esquiar *to ski*
estar en forma *to be in shape*
hablar por teléfono *to talk on the phone*
hacer alpinismo *to go hiking*
hacer footing *to go jogging (Spain)*
hacer gimnasia *to exercise*
hacer senderismo *to hike*
hacer pilates *to do Pilates*
hacer yoga *to do yoga*
ir al centro comercial *to go the mall; to go downtown*
ir a fiestas *to go to parties*
ir a un partido de… *to go to a . . . game*
jugar al ajedrez *to play chess*
jugar al boliche *to bowl*
jugar al ráquetbol *to play racquetball*
jugar a videojuegos *to play video games*
levantar pesas *to lift weights*
ver videos *to watch videos*
montar a caballo *to go horseback riding*
pasear *to go out for a ride; to take a walk*
pasear en barco *to sail*
ir a navegar *to sail*
pescar *to fish*
practicar boxeo *to box*
practicar ciclismo *to cycle*
practicar lucha libre *to wrestle*
practicar las artes marciales *to do martial arts*
salir a cenar/comer *to go out to dinner/eat*
tirar un platillo volador *to throw a Frisbee*

Palabras asociadas con los deportes y los pasatiempos/*Words associated with sports and pastimes*

el/la aficionado/a *fan*
el bate *bat*

el campo *field*
los libros de…
acción *action books*
aventura *adventure books*
cuentos cortos *short stories*
ficción (ciencia-ficción) *fiction (science fiction)*
horror *horror books*
misterio *mystery books*
romance *romance books*
espías *spy books*
el palo de golf *golf club*
la pista *track*
la pista y el campo *track and field (Spain)*
la raqueta *racket*

Capítulo 3

La casa/*The house*

la alcoba *bedroom*
el armario empotrado *closet (Spain)*
el ático *attic*
la bodega *cellar*
la buhardilla *attic*
el clóset *closet (Latin America)*
el corredor *hall*
el cuarto *bedroom*
el despacho *office*
el desván *attic*
el pasillo *hallway*
el patio *patio; yard*
el placar *closet (Argentina)*
el portal *porch*
el porche *porch*
la recámara *bedroom (Mexico)*
el salón *salon; lounge; living room*
el tejado *roof*
la terraza *terrace; porch*
el vestíbulo *entrance hall*

En la sala y el comedor/*In the living room and dining room*

la banqueta/el banquillo *small seating stool*
la estantería *bookcase*
la mecedora *rocking chair*
la moqueta *carpet (Spain)*

En la cocina/*In the kitchen*

el congelador *deep freezer*
el friegaplatos *dishwasher*
el frigorífico *refrigerator (Spain)*
el horno *oven*
el lavavajillas *dishwasher (Spain)*
el taburete *bar stool*

Otras palabras/*Other words*

el aparato eléctrico *electric appliance*
la chimenea *chimney*
la cómoda *dresser*
las cortinas *curtains*
el espejo *mirror*
el fregadero *sink*
los gabinetes *cabinets*
la lavadora *washer*
la secadora *dryer*
el librero *bookcase (Mexico)*
la nevera *refrigerator*
las persianas *shutters; window blinds*

En el baño/*In the bathroom*

la cisterna *toilet water tank*
el espejo *mirror*
los grifos *faucets*
la jabonera *soap dish*
el toallero *towel rack*

En el dormitorio/*In the bedroom*

el edredón *comforter*
la frazada *blanket (Latin America)*

Los quehaceres de la casa/*Household chores*

barrer *to sweep*
cortar el césped *to cut the grass*
fregar los platos *to wash the dishes*
fregar los suelos *to clean the floors*
guardar la ropa *to put away clothes*
lavar la ropa *to do laundry*
ordenar *to put in order*
planchar la ropa *to iron*
quitar el polvo *to dust*
recoger *to clean up in general*
recoger la mesa *to clean up after a meal*
regar las plantas *to water the plants*
sacudir las alfombras *to shake out the rugs*
sacudir el polvo *to dust*

Expresiones con tener/*Expressions with* tener

tener celos *to be jealous*
tener novio/a *to have a boyfriend/girlfriend*

Los colores/*Colors*

color café *brown*
púrpura *purple (Spain)*
azul/verde claro *light blue/green*
azul/verde oscuro *dark blue/green*
rosa *pink (Spain)*

Capítulo 4

Lugares en una ciudad o pueblo/*Places in a city or town*

la alberca *swimming pool; sports complex (Mexico)*
el ambulatorio *medical center (not a hospital) (Spain)*
el aseo *public restroom*
la catedral *cathedral*
el campo de golf *golf course*
la capilla *chapel*
la clínica *clinic*
el consultorio *doctor's office*
el convento *convent*
la cuadra *block (Latin America)*
la ferretería *hardware store*
la fogata *bonfire*
la frutería *fruit store*
la fuente *fountain*
la gasolinera *gas station*
la heladería *ice cream shop*
la manzana *block (Spain)*
el mercadillo *open-air market*
la mezquita *mosque*
la papelería *stationary store*
la panadería *bread store*
la pastelería *pastry shop*
la pescadería *fish shop; fishmonger*
la piscina *pool*
el polideportivo *sports center*
el quiosco *newsstand*
los servicios *public restrooms*
la sinagoga *synagogue*
la tienda de juguetes *toy store*
la tienda de ropa *clothing store*
el zócalo *plaza (Mexico)*

Capítulo 5

El mundo de la música/*The world of music*

la musica…
alternativa *alternative music*
bluegrass *bluegrass music*
el coro *choir*
el cuarteto *quartet*
el equipo de cámara/sonido *camera/sound crew*
el/la mánager *manager*
el merengue *merengue*
la música popular *popular music*
el/la organista *organist*
la pandilla *gang; posse*
los/las seguidores/as *groupies*
el teclado *keyboard*

El mundo del cine/*The world of film*

Gente/*People*

el/la cinematógrafo/a *cinematographer*
el/la director/a *director*
el/la guionista *scriptwriter*

Las películas/*Movies*

el cortometraje *short (film)*
los dibujos animados *cartoons*
el guión *script*
el montaje *montage*

Capítulo 7

Las carnes y las aves/*Meats and poultry*

las aves de corral *poultry*
la carne de cerdo *pork*
la carne de cordero *lamb*
la carne de res *beef*
la carne molida *ground beef*
la carne picada *ground beef (Spain)*
el chorizo *highly seasoned pork sausage*
la chuleta *chop*
el chuletón *T-bone (Spain)*
el jamón serrano *prosciutto ham (Spain)*
el pavo *turkey*
la salchicha *sausage; hot dog*
el salchichón *spiced sausage (Spain)*
la ternera *veal*
el tocino *bacon*

El pescado y los mariscos/*Fish and seafood*

las almejas *clams*
las anchoas *anchovies*
los calamares *squid*
el cangrejo *crab*
el chillo *red snapper (Puerto Rico)*
las gambas *shrimp*
el huachinango *red snapper (Mexico)*
la langosta *lobster*
el lenguado *flounder*
la ostra *oyster*
el pulpo *octopus*
la sardina *sardines*

Las frutas/*Fruits*

el aguacate *avocado*
el albaricoque *apricot*
el ananá *pineapple (Latin America)*
el banano *banana; banana tree*
la cereza *cherry*
la china *orange (Puerto Rico)*
la ciruela *plum*
el durazno *peach*

la fresa *strawberry*
el melocotón *peach*
la papaya *papaya*
la piña *pineapple*
el pomelo *grapefruit*
la sandía *watermelon*
la toronja *grapefruit*

Las verduras/*Vegetables*

las aceitunas *olives*
la alcaparra *caper*
el apio *celery*
la berza *cabbage (Spain)*
el calabacín *zucchini*
la calabaza *squash; pumpkin*
los champiñones *mushrooms*
la col *cabbage*
la coliflor *cauliflower*
los espárragos *asparagus*
las espinacas *spinach*
los guisantes *peas*
las habichuelas *kidney beans*
los hongos *mushrooms (Latin America)*
la judías verdes *green beans*
el pepinillo *pickle*
el pepino *cucumber*
el pimiento *pepper*
el plátano *plantain*
el repollo *cabbage*
la salsa *sauce*
las setas *wild mushrooms (Spain)*
la zanahoria *carrot*

Los postres/*Desserts*

el arroz con leche *rice pudding*
la batida *milkshake*
el batido *milkshake (Spain)*
los bocaditos *bite-size sandwiches*
los bollos *sweet bread*
el bombón *sweets; candy*
el caramelo *sweets; candy*
los chocolates *chocolates*
los chuches *candies in general (Spain)*
la dona *donut*
el dónut *donut (Spain)*
el flan *caramel custard*
la natilla *custard*
los pastelitos *turnover; pastry; finger cakes*
la tarta *cake*

Las bebidas/*Beverages*

el champán *champagne*
la sidra *cider*
el zumo *juice (Spain)*

Más comidas/*More foods*

el ajo *garlic*
la avena *oatmeal*
el caldo *broth*
el consomé *clear soup*
los fideos *noodles (in soup)*
la harina *flour*
la jalea *jelly; marmalade (Spain, Puerto Rico)*
la margarina *margarine*
la miel *honey*
el pan dulce *sweet roll*
el panqueque *pancake*
las tortas americanas *pancakes (Spain)*

Las comidas/*Meals*

el aperitivo *appetizer*
las tapas *hors d'oeuvres*

Los condimentos y las especias/*Condiments and spices*

el aderezo *seasoning; dressing*
el aliño *seasoning; dressing (Spain)*

Algunos términos de la cocina/*Some cooking terms*

agregar *to add*
asar *to roast; to broil*
aumentar libras/kilos *to gain weight*
batir *to beat*
calentar *to heat*
derretir *to melt*
espesarse *to thicken*
freír *to fry*
mezclar *to mix*
revolver *to stir*
servir *to serve*
unir *to combine*
verter *to pour*

Otras palabras útiles/*Other useful words*

aclararse *to thin*
añadir *to add*
el batidor *beater*
la batidora *hand-held mixer*
la cacerola *saucepan*
cocer *to cook*
la copa *goblet; wine glass*
el cuenco *bowl; mixing bowl*
echar (algo) *to add*
el fuego (lento, mediano, alto) *(low, medium, high) heat*
la fuente *serving platter/dish*
el ingrediente *ingredient*
el kilogramo *kilogram (or 2.2 pounds)*
el nivel *level*
la olla *pot*
el pedazo *piece*
el platillo *saucer*
el plato hondo *bowl*
el plato sopero *soup bowl*
la receta *recipe*
recalentar *to reheat*
remover *to stir (Spain)*
la sartén *frying pan*
el/la sopero/a *soup serving bowl*

En el restaurante/*In the restaurant*

la cucharilla *teaspoon (Spain)*
el friegaplatos *dishwasher (person)*
el/la mesero/a *waiter/waitress (Latin America)*
el/la pinche *kitchen assistant*

Capítulo 8

La ropa y la joyería/*Clothing and jewelry*

el albornoz *bathrobe (Spain)*
las alpargatas *espadrille shoes (Spain)*
el anorak *rain-proof coat*
los aretes *earrings*
la bolsa *bag*
la bufanda *scarf*
la capa de agua *raincoat (Puerto Rico)*
la cartera *pocketbook, purse*
el chubasquero *raincoat (Spain)*
el collar *necklace*
la correa *belt*
el gorro *wool cap; hat*
los mahones *jeans (Puerto Rico)*
las pantallas *earrings (Puerto Rico)*
el peine *comb*
la peinilla *comb (Latin America)*
los pendientes *earrings*
la pulsera *bracelet*
la sombrilla *parasol; umbrella*
los vaqueros *jeans*
las zapatillas de tenis *sneakers; tennis shoes (Spain)*

Más palabras útiles/*More useful words*

de buena/mala calidad *good/poor quality*
de goma *(made of) rubber*
de lino *(made of) linen*
de manga corta/larga/media *short/long/half sleeve*
de nilón *nylon*
de oro *(made) of gold*
de plata *(made) of silver*
de platino *platinum*
de puntitos *polka dotted*

Para comprar ropa/*To go clothes shopping*

el escaparate *store window*
el/la dependiente/a *clerk*
la ganga *bargain*
la liquidación *clearance sale*
el maniquí *mannequin*
el mostrador *counter*
la oferta *offer; sale*
la rebaja *sale; discount*
el tacón alto/bajo *high/low heel*
la venta *clearance sale*
la vitrina *store window*
los zapatos planos/de cuña *flat/wedge shoes*

Algunos adjetivos/*Some adjectives*

amplio/a *wide*
apretado/a *tight*

Un verbo reflexivo/*A reflexive verb*

desvestirse (e → i → i) *to get undressed*

Capítulo 9

El cuerpo humano/*The human body*

la arteria *artery*
el cabello *hair*
la cadera *hip*
la ceja *eyebrow*
el cerebelo *cerebellum*
el cerebro *brain*
la cintura *waist*
el codo *elbow*
la costilla *rib*
la frente *forehead*
el hombro *shoulder*
el hueso *bone*
el labio *lip*
la lengua *tongue*
las mejillas *cheeks*
la muñeca *wrist*
el músculo *muscle*
el muslo *thigh*
los nervios *nerves*
la pestaña *eyelash*
la piel *skin*
el pulmón *lung*
la rodilla *knee*
el talón *heel*
el trasero *buttocks (Spain)*
el tobillo *ankle*
la uña *nail*
las venas *veins*

Algunas enfermedades/*Some illnesses*

el alcoholismo *alcoholism*
la alta tensión *high blood pressure*
el ataque del corazón *heart attack*
la baja tensión *low blood pressure*
el cáncer *cancer*
la depresión *depression*
la diabetes *diabetes*
el dolor de cabeza *headache*
el/la drogadicto/a *drug addict*
la hipertensión *high blood pressure*
el infarto *heart attack*
la inflamación *inflammation*
el mareo *dizziness*
la narcomanía *drug addiction*
la presión alta/baja *high/low blood pressure*
la quemadura *burn*
el sarampión *measles*
el SIDA *AIDS*
la varicela *chicken pox*

Otros verbos útiles/*Other useful verbs*

contagiarse de *to catch (an illness)*
desmayarse *to faint*
desvanecerse *to faint*
doblarse *to sprain*
enyesar *to put on a cast*
fracturar(se) *to break; to fracture*
hacer gárgaras *to gargle*
hinchar *to swell*
pegársele *to catch something*
recetar *to prescribe*
respirar *to breathe*
sacar la sangre *to draw blood*
tomarle la presión *to take someone's blood pressure*
tomarle el pulso *to take someone's pulse*
tomarle la temperatura *to check someone's temperature*
torcerse *to sprain*
vomitar *to vomit*

Otras palabras útiles/*Other useful words*

las alergias *allergies*
el antihistamínico *antihistamine*
la camilla *stretcher*
la cura *cure*
la dosis *dosage*
la enfermedad *illness*
las gotas para los ojos *eyedrops*
los medicamentos *medicines*
las muletas *crutches*
operar *to operate*
el/la paciente *patient*
la penicilina *penicillin*
el pulso *pulse*
las pruebas médicas *medical tests*
la radiografía *X-ray*
el resultado *result*
retorcerse *to sprain*
el termómetro *thermometer*
la tirita *bandage*
la vacuna *vaccination*

Capítulo 10

El transporte y otras palabras/*Transportation and other words*

el aparcamiento *parking lot*
el atasco *traffic jam*
el billete *ticket*
el camino *dirt road*
el camión *bus (Mexico)*
la camioneta *pickup truck; van; station wagon*
el carnet *driver's license (Spain)*
la carretera *highway*
enviar *to send; to dispatch*
la goma *tire (Latin America)*
la guagua *bus (Caribbean)*
el guía *steering wheel*
el paso de peatones *crosswalk*
el seguro del coche *car insurance*
el tiquete *ticket*
la velocidad *speed*

Algunas partes de un vehículo/*Some parts of a car*

el acelerador *accelerator; gas pedal*
el cinturón de seguridad *seat belt*
el claxon *horn*
el espejo retrovisor *rearview mirror*
los frenos *brakes*
las luces *lights*
el maletero *car trunk (Spain)*
el parachoques *bumper*
la transmisión *transmission*

Un verbo útil/*A useful verb*

perderse *to get lost*

El viaje/*Travel*

los cheques de viajero *traveler's checks*
la dirección *address*
el equipaje *luggage*
la estampilla *(postage) stamp*
la oficina de turismo *tourist office*
el paquete *package*
el pasaje de ida y vuelta *round-trip ticket*
los pasajes *(travel) tickets*
el sobre *the envelope*

El hotel/*The hotel*

el/la camarero/a *service maid*
el/la guardia de seguridad *security guard*
el/la portero/a *doorman/woman*
el/la recepcionista *receptionist*
el servicio *room service (cleaning)*
el/la telefonista *telephone operator*

Capítulo 11

Algunos animales/*Some animals*

la abeja *bee*
la ardilla *squirrel*
la ballena *whale*
la cabra *goat*
el cangrejo *crab*
el ciervo *deer*
el cochino *pig*
la culebra *snake*
el dinosaurio *dinosaur*
la foca *seal*
el gallo *rooster*
el gorila *gorilla*
la iguana *iguana*
la jirafa *giraffe*
el lobo *wolf*
el loro *parrot*
la mariposa *butterfly*
el marrano *pig*
el mono *monkey*
el nido *nest*
la oveja *sheep*
la paloma *pigeon; dove*
el pato *duck*
el puerco *pig*
el pulpo *octopus*
el puma *puma*
el rinoceronte *rhinoceros*
el saltamontes *grasshopper*
el tiburón *shark*
el tigre *tiger*
la tortuga *turtle*
el venado *deer*
el zorro *fox*

El medio ambiente/*The environment*

el aerosol *aerosol*
el agua subterránea *ground water*
la Antártida *Antarctica*
el Ártico *the Arctic*
la atmósfera *atmosphere*
el aumento *increase*
el bióxido de carbono *carbon dioxide*
el carbón *coal*
el central nuclear *nuclear plant*
el clorofluorocarbono *chlorofluorocarbon*
el combustible fósil *fossil fuel*
la cosecha *crop; harvest*
la descomposición *decomposition*
el desperdicio de patio *yard waste*
el ecosistema *ecosystem*
la energía *energy*
la energía eólica (molinos de viento) *wind power (windmills)*
la industria *industry*
insoportable *unbearable; unsustainable*
el medio ambiente *environment*
el oxígeno *oxygen*
el país *country*
el pesticida *pesticide*
el petróleo *petroleum*
la piedra *rock; stone*
las placas solares *solar panels*
la planta eléctrica *power plant*
el plomo *lead*
el polvo *dust*
el rayo de sol *ray of sunlight*
el rayo ultravioleta *ultraviolet ray*
el riesgo *risk*

Algunos verbos/*Some verbs*

atrapar *to trap*
conseguir *to achieve*
corroer *to corrode*
dañar *to damage*
desarrollar *to evolve; to develop*
descongelarse *to melt; melt down*
destruir *to destroy*
hacer huelga *to go on strike*
hundirse *to sink*
luchar en contra *to fight against*
prevenir *to prevent*
realizar *to achieve*
tirar *to throw away (Spain)*

La política/*Politics*

la constitución *constitution*
la ciudadanía *citizenship*
el/la ciudadano/a *citizen*
el/la congresista *congressman/woman*
el gobierno *the government*
la monarquía constitucional *constitutional monarchy*
el paro general *general strike*
el/la primer/a ministro/a *prime minister*
el/la secretario/a de estado *secretary of state*

Las cuestiones políticas/*Political issues*

el aborto *abortion*
el abuso de menores *child abuse*
el derecho de trabajadores *workers' rights*
la eutanasia *euthanasia*
el genocidio *genocide*
la inmigración ilegal *illegal immigration*
la pena capital *death penalty*
la seguridad social *social security*
la violencia doméstica *domestic violence*

Appendix 4

Spanish-English Glossary

A

a to; at (**11**); **~ cambio** in exchange (**4**, PB); **~ eso de** around (7); **~ fin de** in order to (11); **~ la derecha** (de) to the right (of) (**3**, **11**); **~ la izquierda (de)** to the left (of) (**3**, **11**); **~ la parrilla** grilled (7); **~ mano** on hand (10); **~ menudo** often (**2**, **3**); **¿~ qué hora...?** At what time? (**PA**); **~ veces** sometimes; from time to time (**2**, **3**, **4**); **~ ver** let's see (2)
abarcar to encompass (5)
Abra(n) el libro en la página... Open your book to page . . . (**PA**)
abrazo, el hug (**PA**)
abrigo, el coat; overcoat (3, **8**)
abrir to open (**2**)
abuelo/a, el/la grandfather/ grandmother (**1**)
abuelos, los grandparents (**1**)
aburrido/a boring; bored (*with* **estar**) (**1**, **2**, **5**)
acabar con end (**4**)
acabar de + infinitivo to have just finished + (*something*) (3, **9**)
aceite, el oil (**7**)
acerca de about (**11**)
acercar to approach (8)
acierto, el match (11)
acompañar to accompany (6)
acordarse (o, ue) de to remember (**8**)
acostarse (o, ue) to go to bed (**8**)
actor, el actor (**5**)
actriz, la actress (**5**)
además de furthermore; in addition to (2, 7)
Adiós. Good-bye. (**PA**)
adivinar to guess (7)
adjetivos, los adjectives (**1**)
administración de empresas, la business (2)
¿Adónde? To where? (**2**)
advertir to warn (8)
aerolínea, la airline (10)
aeropuerto, el airport (**10**)
afeitarse to shave (**8**)
aficionado/a, el/la fan (**5**)
afuera de outside of (**11**)
afueras, las outskirts (3)
agencia de viajes, la travel agency (6, **10**)
agente de viajes, el/la travel agent (**10**)
agua, el water; **~ (con hielo)** water (with ice) (5, **7**); **~ dulce** fresh water (5)
ahora now (**PB**)
aire, el air (**11**); **~ acondicionado** air conditioning (**10**)
al horno baked (**7**)
al lado (de) beside; next to (**3**, **11**)
alborotado/a stirred up (11)
alcalde, el mayor (**11**)
alcaldesa, la mayor (**11**)
alebrijes, los painted wooden animals (2)
alemán/alemana German (**PA**)
alfabetazación, la literacy (8)
alfombra, la rug; carpet (**3**)
algo something; anything (**4**, **PB**)
algodón, el cotton (**8**)
alguien someone (**4**)
algún some; any (**4**)
alguno/a/os/as some; any (3, **4**)
allá over there (*and potentially not visible*) (**6**)
allí there / over there (**4**, **6**)
almacén, el department store (**4**)
almohada, la pillow (**3**)
almorzar (ue) to have lunch (**4**, **7**)
almuerzo, el lunch (**7**)
alpargatas, las espadrilles (8)
altillo, el attic (**3**)
altiplano, el high plateau (9)
alto/a tall (**1**)
aluminio, el aluminum (**11**)
amarillo yellow (**3**)
ambulante roving (**4**)
amenaza, la threat (8)
amenazada endangered (7)
amigo/a, el/la friend (**1**)
amor, el love (**4**)
amueblado/a furnished (**3**)
anaranjado orange (3)
ancho wide (7, **8**)
andar to walk (**7**)
anillo, el ring (5)
animada animated (**5**)
animal, el animal (**11**); **~ doméstico** domesticated animal; pet (**11**); **~ en peligro de extinción** endangered species (**11**); **~ salvaje** wild animal (**11**)
año pasado, el last year (**7**)
anoche last night (**7**)
ante before (6)
anteayer the day before yesterday (**7**)
anterior previous (5)
antes de before (time/space) (**11**)
antiácido, el antacid (**9**)
antibiótico, el antibiotic (**9**)
antiguo/a old (**3**)
antipático/a unpleasant (**1**)
anuncio, el ad (3)
apartamento, el apartment (**2**)
apasionado/a passionate (**5**)
apéndice, el appendix (**4**)
apodo, el nickname (5)
apoyar to support (5, PB, **11**); **~ a un/a candidato/a** to support a candidate (**4**)
aprender to learn (**2**)
aprobado/a approved (10)
apuntes, los (*pl.*) notes (**2**)
aquel/la that, that one (*way over there/not visible*) (**5**)
aquellos/as that, those (*way over there/not visible*); those ones (**5**)
aquí here (**6**)
árbol, el tree (**11**)
arbusto, el bush; shrub (7)
armario, el armoire; closet; cabinet (**3**)
arquitectura, la architecture (**2**)
arreglar to straighten up; to fix (**3**); **~se** to get ready (**8**); **~ la maleta** to pack a suitcase (**10**)
arroz, el rice (**7**)
arte, el art (**2**)
artículo, el article (1); **~ definido** definite article (**1**); **~ indefinido** indefinite article (**1**)

artista, el/la artist (**5**)
asado/a roasted; grilled (**7**)
áspero/a rough (11)
aspirina, la aspirin (**9**)
asunto, el matter (6)
asustado/a frightened (7)
asustar to scare (9)
atender to wait on (9)
aterredor/a frightening (9)
atletismo, el track and field (2)
atrevido/a daring (**8**)
atún, el tuna (**7**)
aumentar to grow (11)
autobús, el bus (**10**)
autopista, la highway; freeway (**10**)
ave, el bird (**11**)
averiguar to find out (**4**, **PB**)
aves, las poultry (**7**)
avión, el airplane (**10**)
ayer yesterday (**7**)
ayudante, el/la assistant (5)
ayudar to help (**3**); **~ a las personas mayores/los mayores** to help elderly people (4)
azotar to whip (11)
azúcar, el sugar (**7**)
azul blue (**3**)

B

bailar to dance (**2**)
bajar (de) to get down (from); to get off (of) (**10**)
bajo/a short (**1**)
balcón, el balcony (**3**)
banana, la banana (**7**)
bañarse to bathe (**8**)
banco, el bank (**4**)
bañera, la bathtub (**3**)
baño, el bathroom (**3**)
bar, el bar (**4**)
barato/a cheap (**7**)
barco, el boat (4, **10**, PB)
barro negro, el black clay (2)
Bastante bien. Just fine. (**PA**)
basura, la garbage (**11**)
bata, la robe (**8**)
batata, la yam (7)
batería, la drums (**5**)
baterista, el/la drummer (**5**)
baúl, el trunk (**10**)
beber to drink (**7**)
bebida, la beverage (**7**, **PB**)
beige beige (**3**)
bella beautiful (**4**)
besito, el little kiss (**PA**)
biblioteca, la library (**2**)
bicicleta, la bicycle (**10**)
bidet, el bidet (**3**)
bien: bien cocido/a well done (**7**); **~ hecho/a** well cooked (**7**); **~, gracias.** Fine, thanks. (**PA**)
bienestar, el well-being; welfare (**11**)
biología, la biology (**2**)
bistec, el steak (**7**)
blanco white (**3**)
blusa, la blouse (**8**)
boca, la mouth (**9**)
boda, la wedding (**4**, **6**)
boleto, el ticket (8, **10**); **~ de ida y vuelta** round-trip ticket (**10**)
bolígrafo, el ballpoint pen (**2**)
bolso, el purse (**8**)
bondadoso/a kind (11)
bonito/a pretty (**1**)
borrador, el eraser (**2**)
bosque, el forest (**11**)
botar to throw away (**11**)
botas, las (*pl.*) boots (**8**)
botella, la bottle (**11**)
botones, el bellman (**10**)
brazo, el arm (**9**)
broma, la joke (3, 8)
buceo, el scuba diving (**4**)
¡Buen provecho! Enjoy your meal! (**7**)
bueno/a good (**1**, **10**)
Buenos días. Good morning. (**PA**)
Buenas noches. Good evening. (**PA**)
Buenas tardes. Good afternoon. (**PA**)
bufanda, la scarf (9)
bullicio, el hubbub (**4**)
buscar to look for (**4**)

C

caballo, el horse (**11**)
cabeza, la head (**9**)
cada each (3)
cadena, la chain (3)
caer(se) to fall down (**9**)
café, el café (**4**, **7**)
cafetería, la cafeteria (**2**)
caja, la (de cartón) (cardboard) box (**11**)
cajero automático, el ATM (**4**)
calcetines, los (*pl.*) socks (**8**)
calculadora, la calculator (**2**)
calefacción, la heat (**10**)
calidad, la quality (**11**)
caliente hot (temperature) (**7**)
callarse to get / keep quiet (**8**)
calle, la street (**3**, **10**)
cama, la bed (**3**)
camarero/a, el/la waiter/waitress (**7**); housekeeper (10)
camarones, los (*pl.*) shrimp (**7**)
cambiar to change (**10**)
caminar to walk (**2**); to walk; to go on foot (**10**)
camión, el truck (**10**)
camisa, la T-shirt (5); shirt (**8**)
camiseta, la T-shirt (**8**)
campamento de niños, el summer camp (**4**)
campaña, la campaign (**11**)
campo, el country (**3**)
canadiense Canadian (**PA**)
candidato/a, el/la candidate (**11**)
cansado/a tired (**2**)
cantante, el/la singer (**5**)
capa de ozono, la ozone layer (**11**)
capítulo, el chapter (5)
cara, la face (**9**)
cargos, los posts (**11**)
carne, la meat (**7**); **~ de cerdo** pork (7)
caro/a expensive (4, **7**)
carro, el car (**10**)
casa, la house (**3**)
casado/a married (**1**)
cascada, la waterfall (10)
castillo, el castle (3)
catarro, el cold (**9**)
catorce fourteen (**PA**)
cebolla, la onion (**7**)
cena, la dinner (**7**)
cenar to have dinner (**7**)
centro, el downtown (**4**); **~ comercial** mall; business/shopping district (**4**); **~ estudiantil** student center; student union (**2**)
cepillarse (el pelo, los dientes) to brush (one's hair, teeth) (**8**)
cerca (de) near (**2**, **7**, **11**)
cerdo, el pig (**11**)
cereal, el cereal (**7**)
cero zero (PA)
cerrar (ie) to close (**4**)
cerveza, la beer (**7**)
cestería, la basket making (2)
chamán, el shaman (9)
Chao. Bye. (**PA**)
chaqueta, la jacket (**8**)
chico/a, el/la boy/girl (**1**)

chile, el chili pepper (**7**)
chino/a Chinese (**PA**)
cibercafé, el Internet café (**4**)
cielo, el sky; heaven (**11**)
cien one hundred (**2**); **~ mil** one hundred thousand (**3**); **~ millones** one hundred million (**3**); ~ one hundred (**1**)
ciencias, las (*pl.*) science (**2**)
Cierre(n) el/los libros/s. Close your book/s. (**PA**)
cierto/a true (**4**)
cinco five (**PA**)
cincuenta fifty (**1**)
cine, el movie theater (**4**)
cintura, la waist (**9**); **de la ~ para arriba** from the waist up (9)
cinturón, el belt (**8**)
circular una petición to circulate a petition (**4**)
cita, la appointment (**4, PB**)
ciudad, la city (**3, 4**)
claro/a light (colored) (**8**)
cliente/a, el/la customer; client (**7**)
club, el club (**4**); **~ de campo** country club (**4**)
coche, el car (8, **10**)
cocido/a boiled; baked (**7**)
cocina, la kitchen (**3**)
cocinar to cook (**7**)
cocinero/a, el/la chef (**4, 7**)
cognado, el cognate (**PA**)
cola, la line (of people) (**10**)
colcha, la bedspread; comforter (**3**)
colgar to hang up (7)
colibrí, el hummingbird (11)
color, el color (**3**)
combatir to fight; to combat (**11**)
comedor, el dining room (**3**)
comenzar (ie) to begin (**4**)
comer to eat (**2**)
cómico/a funny; comical (**1**)
comida, la food; meal (**7, PB**)
¿Cómo? What? How? (**PA, 2**); **¿~ está usted?** How are you? (*for.*) (**PA**); **¿~ estas?** How are you? (*fam.*) (**PA**); **¿~ se dice... en españól?** How do you say . . . in Spanish? (**PA**); **¿~ se llama usted?** What is your name? (*for.*) (**PA**); **¿~ te llamas?** What is your name? (*fam.*) (**PA**)
como like (5)
cómodo/a comfortable (**8**)
compañero/a de clase, el/la classmate (**2**)
compartir share (3, 5)
composición, la composition (**2**)
comprar to buy (**2**)
comprender to understand (**2**)
Comprendo. I understand. (**PA**)
computadora, la computer (**2**)
con with (**11**)
concierto, el concert (**5**)
concurso, el contest (3)
condimento, el condiment; seasoning (**7**)
conducción, la driving (10)
conducir to drive (**7**, 8, **10**)
conejo, el rabbit (**11**)
congreso, el congress (**11**)
conjunto, el group; band (**5**); outfit (**8**)
conmigo with me (9)
conmovedora moving (**5**)
conocer to be acquainted with (**3**)
consejo, el advice (5)
contaminación, la pollution (**11**)
contaminar to pollute (**11**)
contar to narrate (9)
contemporáneo/a contemporary (**3**)
contento/a content; happy (**2**)
contestar to answer (**2**)
Conteste(n). Answer. (**PA**)
contigo with you (9)
corazón, el heart (**9**)
corbata, la tie (**8**)
cordillera, la mountain range (11)
corregir to correct (3, 10)
correo basura, el spam (3)
correos, el post office (**4**)
correr to run (**2**)
cortar(se) to cut (oneself) (**9**)
corte, la court (**11**)
cortejo, el courting (7)
corto/a short (**8**)
cosa, la thing (**3**)
cosecha, la crop (7)
costar (ue) to cost (**4**)
costurero/a, el/la tailor/ seamstress (8)
crear create (**4**)
creativa creative (**5**)
creer to believe (**2**)
crucero, el cruise ship (5)
crudo/a rare; raw (7)
cuaderno, el notebook (2)
cuadro, el picture; painting (3, 5)
cual which (11)
¿Cuál? Which (one)? (**2**); **¿~ es la fecha de hoy?** What is today's date? (**PA**)
cualquier whatever (8)
¿Cuándo? When? (**2**)
¿Cuánto/a? How much?, How many? (**2**)
cuarenta forty (**1**)
cuarto, el room (**2, 3**); **~ doble** double room (**10**); **~ individual** single room (**10**)
cuarto/a fourth (**5**)
cuatro four (**PA**)
cuatrocientos four hundred (**2**)
cubano/a Cuban (**PA**)
cubrir to cover (8)
cuchara, la soup spoon; tablespoon (**7**)
cucharada, la spoonful (7)
cucharita, la teaspoon (**7**)
cuchillo, el knife (**7**)
cuello, el neck (**9**)
cuenta, la bill; account (**4**)
cuero, el leather (**8**)
cuerpo humano, el human body (**9**)
cuestiones políticas, las political issues (**11**)
cueva, la cave (**11**)
cuidadoso/a careful (**5**)
cuidar to take care of (3, **11**)
culpable, el/la guilty (8)
curandero/a, el/la folk healer (**4**)
curar(se) to cure; to be cured (**9**)
curita, la adhesive bandage (**9**)
curso, el course (**2**)

D

dañar to hurt (11)
dar to give (**3**); to find (2); **~ un concierto** to give/perform a concert (**5**); **~ vida** give life (5)
de of; from; about (**11**); **~ cuadros** checked (**8**); **¿~ dónde?** From where? (**2**); **~ la mañana** in the morning (**PA**); **~ la noche** in the evening (**PA**); **~ la tarde** in the afternoon (**PA**); **~ lunares** polka-dotted (**8**); **~ nada.** You're welcome. (**PA**); **¿~ qué se trata... ?** What is the gist of . . . ? (8); **~ rayas** striped (**8**); **~ repente** suddenly (**PB**); **~ suspenso** suspenseful (**5**)
debajo (de) under; underneath (**7, 11**)
deber, el obligation; duty (**4**); ~ ought to; should (**4**)
débil weak (**1**)

décimo/a tenth (**5**)
decir to say; to tell (**3**)
dedo, el (de la mano) finger (**9**); **~ (del pie)** toe (**9**)
defensa, la defense (**11**)
dejar to leave (**10**)
delante de in front of (**11**)
delgado/a thin (**1**)
delincuencia, la crime (**11**)
demás, los others (**4**)
democracia, la democracy (**11**)
demostrar (ue) to demonstrate (**4**)
dentro de inside of (**11**)
deporte, el sport (**2**)
derecho, el law (**2**)
derrame de petróleo, el oil spill (**11**)
desaparecer to disappear (5)
desaparecido/a missing (9)
desastre, el disaster (**11**)
desayunar to have breakfast (**7**)
desayuno, el breakfast (**7**)
descansar to rest (7)
desde from (**11**)
desempleo, el unemployment (**11**)
desfile de moda, el fashion show (8)
desilusionar to disappoint (9)
desordenado/a messy (**3**)
despedida, la farewell (**PA**)
despertador, el alarm clock (**2**)
despertarse (e, ie) to wake up; to awaken (**8**)
después afterward (**6**); after (**11**)
destacar stand out (5); to distinguish (7)
destino, el destination (8)
destrucción, la destruction (**11**)
destruir to destroy (5)
detrás (de) behind (**4, 11**)
deuda, la (externa) (foreign) debt (**11**)
devolver (ue) to return (an object) (**4**)
día, el day (**PA**); **~ festivo** holiday (7)
dibujo, el drawing (3)
dictador/a, el/la dictator (**11**)
dictadura, la dictatorship (**11**)
diente, el tooth (**9**)
diez ten (**PA**)
difícil difficult (**2**)
dinero, el money (**2**)
diputado/a, el/la deputy; representative (**11**)
disco compacto, el (el CD) compact disk, CD (**2**)
discurso, el speech (**11**)
discutir to discuss (**PB**)
diseñador/a, el/la designer (8)
disfrutar de enjoy (**4, PB**)
distraer to distract (**5**)
divertirse (e, ie) to enjoy oneself; to have fun (**8**)
dividido por divided by (**1**)
doblar to turn (**10**)
doce twelve (**PA**)
doctor/a, el/la doctor (**9**)
doler (ue) to hurt (**9**)
dolor, el pain (**9**)
domingo, el Sunday (**PA**)
dona, la donut (10)
¿Dónde? Where? (2)
dormir (ue) to sleep (**4**); **~se (o, ue)** to fall asleep (**8**)
dormitorio, el bedroom (**3**)
dos two (**PA**)
dos millones two million (**3**)
doscientos two hundred (**2**)
ducha, la shower (**3**)
ducharse to shower (**8**)
dulce, el candy; sweets (**7**)
durante during (**PB**)
durar to last (9, 11)
duro/a hard-boiled (**7**)
DVD, el (*pl.* los DVD) DVD/s (**2**)

E

echar una siesta take a nap (**PB**)
ecología, la ecology (**11**)
edificio, el building (**2**)
efecto invernadero, el global warming (**11**)
ejército, el army (5)
él he, him (**PA, 11**)
el/la/los/las the (**1**)
elecciones, las elections (**11**)
elefante, el elephant (**11**)
elegante elegant (**8**)
elegir to elect (**11**)
ella she (**PA**); her (**11**)
ellos/as they (**PA**); them (**11**)
emanar to emanate (11)
embarazada pregnant (9)
embriaguez, el intoxication (10)
emocionante moving (**5**)
emociones, las emotions (**2**)
empanada, la turnover (meat) (7)
empezar (ie) to begin (**4**)
empleado/a, el/la attendant (12)
empresario/a, el/la agent; manager (**5**)
en in (**11**); **~ frente de** in front of (2); **~ vez de** instead of (8)
encantar to love; to like very much (**8**)
Encantado/Encantada. Pleased to meet you. (**PA**)
encender to turn on (9)
encerrar (ie) to enclose (**4**)
encima (de) on top (of); above (**3, 7, 11**)
encontrar (ue) to find (**4**)
encubierto/a undercover (11)
encuesta, la survey; poll (**11**)
endémico/a common (11)
enfermar(se) to get sick (**9**)
enfermedad illness (**9**)
enfermero/a, el/la nurse (**9**)
enfermo/a ill; sick (**2**)
enfrente (de) in front (of) (**4**); across from; facing (**11**)
enojado/a angry (**2**)
ensalada, la salad (**7**)
ensayar to practice/rehearse (**5**)
ensayo, el essay (2)
enseñar to teach; to show (**2**)
entender (ie) to understand (**4**)
enterar to find out (8, 10)
entonces then (**6**)
entrada, la ticket (**5**); **~ gratis** free ticket (5); **~** entrance (5)
entrar to enter (**10**); **~ ganas** get the urge (9)
entre among; between (**4, PB, 11**)
entregar to turn in (7)
entretenerse to entertain oneself (8)
entretenido/a entertaining (**5**)
entrevista, la interview (3)
envolver to wrap (7)
épica epic (**5**)
equipaje, el luggage (10)
equipo, el team (**2**)
equivocarse to be mistaken (9)
es: ~ la... It's . . . o'clock. (**PA**); **~ necesario que** it's necessary that (**11**); **~ una lástima** it's a shame (**11**)
escalera, la staircase (**3**, 11)
esconder to hide (8)
escribir to write (**2**)
Escriba(n). Write. (**PA**)
escritorio, el desk (**2**)
escuchar: escuchar música to listen to music (**2**)
Escuche(n). Listen. (**PA**)
escuela secundaria, la high school (9)

ese/a that, that one (**5**)
esos/as those over there; those ones (3, **5**)
espalda, la back (**9**)
español/española Spaniard (**PA**)
espantosa scary (**5**)
especialidad, la: ~ de la casa specialty of the house (7); **~es** majors (**2**)
especias, las spices (**7**)
esperar to wait for; to hope (**2**)
esposo/a, el/la husband/wife (**1**)
Está nublado. It's cloudy. (**PA**)
estación, la (de tren, de autobús) (train, bus) station (10); **~** season (**PA**)
estacionamiento, el parking (**10**)
estacionar to park (**10**)
estadidad, la statehood (11)
estadio, el stadium (**2**)
estado, el state (2, 9, 11)
estadounidense (norteamericano/a) American (**PA**)
estafar to defraud (10)
estampado/a print; with a design or pattern (**8**)
estante, el bookcase (**3**)
estar to be (**2**); **~ de acuerdo** to agree (**4**); **~ en huelga** to be on strike (**11**); **~ enfermo/a** to be sick (9); **~ sano/a; saludable** to be healthy (**9**)
este/a this, this one (**5**)
estilo, el style (8)
esto this (3)
estómago, el stomach (**9**)
estornudar to sneeze (**9**)
estornudo, el sneeze (**9**)
estos/as these (**5**)
estrecho/a narrow; tight (**8**)
estrella, la star (**5**)
estrenar una película to release a film/movie (**5**)
estreno, el opening (**5**)
estudiante, el/la student (**2**)
estudiar to study (**2**, 6)
estufa, la stove (**3**)
estupendo/a stupendous (**5**)
evitar to avoid (**9**, **11**)
evolucionar evolve (5)
examen, el exam (**2**); **~ físico** physical exam (**9**)
exigente demanding (9)
experimentar to experience (11)
expresión, la expression (**PA**); **~ de cortesía** polite expression (**PA**)
extranjero, el abroad (**10**)
extraño/a strange (**4**)

F

fabada, la bean stew (7)
fábrica, la factory (8)
fácil easy (**2**)
falda, la skirt (**8**)
faltar to miss (**4**, **PB**)
fama, la fame (**5**)
familia, la family (**1**)
farmacéutico/a, el/la pharmacist (9)
farmacia, la pharmacy (**9**)
fascinar to fascinate (**8**)
feliz happy (**2**)
feo/a ugly (**1**)
fiebre, la fever (9)
fiesta, la party (3)
fila, la row (5)
fin de semana, el weekend (7)
finalmente finally (6)
finca, la farm (11)
fino/a fine; delicate (5)
firma, la signature (4)
físico/a physical (1)
floreciente flourishing (8)
fondos, los funds (10)
formal formal (8)
foto, la photo (1)
francés/francesa French (PA)
fresco/a fresh (**7**)
frijoles, los (*pl.*) beans (**7**)
frito/a fried (**7**)
fruta, la fruit (**7**)
fuente, la source (5, 9)
fuera outside (7)
fuerte strong (**1**); loud (3)
funcionar to work; to function (**10**)

G

galleta, la cookie; cracker (**7**)
gallina, la chicken, hen (7, **11**)
gallo, el rooster (7)
ganar to win (6)
garaje, el garage (**3**)
garganta, la throat (**9**)
gasolinera, la gas station (**10**)
gato, el cat (10, **11**)
género, el genre (**5**)
gente, la people (**1**)
gimnasio, el gymnasium (**2**)
gira, la tour (**5**)
gobernador/a, el/la governor (**11**)
gobierno, el government (**11**)
gordo/a fat (**1**)
gorra, la cap (**8**)
grabación, la recording (**5**)
grabar to record (**5**)
Gracias. Thank you. (**PA**)
graduar to graduate (11)
gramo, el gram (7)
grande big; large (**1**, **10**)
granja, la farm (**11**)
gripe, la flu (**9**)
gris gray (**3**)
gritar to scream (8)
guantes, los gloves (**8**)
guapo/a handsome/pretty (**1**)
guardar to put away; to keep (**3**); **~ cama** to stay in bed (**9**)
guerra, la war (**11**)
guía, la guide (5)
guitarra, la guitar (**5**)
guitarrista, el/la guitarist (**5**)
gustar to like (**PA**)

H

habilidad, la ability; skill (**5**)
hablar to speak (**2**)
hace: ~ buen tiempo. The weather is nice. (**PA**); **~ calor.** It's hot. (**PA**); **~ frío.** It's cold. (**PA**); **~ mal tiempo.** The weather is bad. (**PA**); **~ sol.** It's sunny. (**PA**); **~ viento.** It's windy. (**PA**)
hacer to do; to make (**3**, **9**); **~ artesanía** to make arts and crafts (**4**); **~ daño** to (do) damage; to harm (**11**); **~ ejercicio** to exercise (**2**); **~ falta** to need; to be lacking (**8**); **~ la cama** to make the bed (**3**); **~ mímica** to play charades (8); **~ una caminata** to take a walk (**4**); **~ una gira** to tour (**5**); **~ una hoguera** to light a campfire (**4**)
hamaca, la hammock (11)
hamburguesa, la hamburger (**7**)
hasta until (**11**); **~ luego.** See you later. (**PA**); **~ mañana.** See you tomorrow. (**PA**); **~ pronto.** See you soon. (**PA**)
hay there is; there are (2); **~ que + infinitivo** it is necessary . . . / you must . . . / one must/should . . . (**5**)
helado, el ice cream; iced (**7**)
herida, la wound; injury (**9**)
hermano/a, el/la brother/sister (**1**)
hermanos, los brothers and sisters; siblings (**1**)

hervido/a boiled (**7**)
hijo/a, el/la son/daughter (**1**)
hijos, los sons and daughters; children (**1**)
hispanohablante Spanish-speaking (3)
hojalatería, la tin work (2)
¡Hola! Hi! (**PA**)
hombre, el man (**1**)
hora, la time (**PA**)
horario, el (de clases) schedule (of classes) (**2**, 6)
hormiga, la ant (**11**)
hospital, el hospital (**9**)
hotel, el hotel (**10**)
hoyo, el hole (**11**)
huelga, la strike (**11**)
huevo, el egg (**7**)
humilde humble (**3**)
huracán, el hurricane (**11**)

I

idiomas, los (*pl.*) languages (**2**)
iglesia, la church (**4**)
Igualmente. Likewise. (**PA**)
imaginativo/a imaginative (**5**)
impermeable, el raincoat (**8**)
importar to matter; to be important (**8**)
impresionante impressive (**5**)
impuesto, el tax (**11**)
incendio, el fire (**11**)
incómodo/a uncomfortable (**8**)
incumbir to concern (8)
inflación, la inflation (**11**)
influyente influential (11)
informal casual (**8**)
informática, la computer science (**2**)
inglés/inglesa English (**PA**)
inodoro, el toilet (**3**)
insecto, el insect (**11**)
inteligente intelligent (**1**)
interesante interesting (**1**)
interesar to be interested in (2)
inundación, la flood (**11**)
invierno, el winter (**PA**)
involucrado/a involved (11)
inyección, la shot (**9**)
ir to go (**4**); **~ de camping** to go camping (**4**); **~ de compras** to go shopping (**2**); **~ de excursión** to take a short trip (**4**); **~ de vacaciones** to go on vacation (**10**); **~ de viaje** to go on a trip (**10**); **~se del hotel** to leave the hotel; to check out (**10**); **~se** to go away; to leave (**8**)

J

jamás never; not ever (*emphatic*) (**4**, 11)
jamón, el ham (**7**)
japonés/japonesa Japanese (**PA**)
jarabe, el cough syrup (**9**)
jardín, el garden (**3**)
jazz, el jazz (**5**)
jeans, los (*pl.*) jeans (**8**)
joven young; young man/young woman (**1**, **10**)
joya, la jewel (9)
jueves, el Thursday (**PA**)
juez/a, el/la judge (**11**)
jugar (ue) to play (**4**); **~ al básquetbol** to play basketball; **~ al béisbol** to play baseball; **~ al fútbol** to play soccer; **~ al fútbol americano** to play football; **~ al golf** to play golf; **~ al tenis** to play tennis (**2**)
jugo, el juice (**7**)
juicio, el jury (**11**)

L

La cuenta, por favor. The check, please. (**7**)
laboratorio, el laboratory (**2**)
lado, el side (**2**)
lago, el lake (5, **10**, **11**)
lámpara, la lamp (**3**)
lana, la wool (**8**)
lápiz, el pencil (**2**)
largo/a long (**8**)
lastimar(se) to get hurt (**9**)
lata, la can (**11**)
latir to beat (heart) (9)
lavabo, el sink (**3**)
lavaplatos, el dishwasher (**3**)
lavar los platos to wash dishes (**3**); **~se** to wash oneself (**8**)
le to/for him, her (**8**)
Lea(n). Read. (**PA**)
leche, la milk (**7**)
lechuga, la lettuce (**7**)
leer to read (**2**)
lejos de far from (2, **11**)
lento/a slow (3, **5**)
león, el lion (**11**)
les to/for them (**8**)
letra, la lyrics (**5**)
levantarse to get up; to stand up (**8**)
ley, la law (10, **11**)
leyenda, la legend (9)
librería, la bookstore (**2**)
libro, el book (**2**)
licencia, la (de conducir) driver's license (**10**)
ligero/a light (**PB**)
limón lemon (**7**)
limpiaparabrisas, el windshield wiper (**10**)
limpiar to clean (**3**)
limpio/a clean (**3**)
lío, el mess (**9**)
liso/a solid-colored (**8**)
literatura, la literature (**2**)
llamarse to be called (**8**)
llanta, la tire (**10**)
llave, la key (**10**)
llegar to arrive (**2**)
llenar to fill (**10**)
llevar to wear; to take; to carry (**8**); **~ a alguien al médico** to take someone to the doctor (**4**); **~ a cabo** to carry out (**11**)
Llueve. It's raining. (**PA**)
lluvia, la rain (**PA**); **~ ácida** acid rain (**11**)
Lo sé. I know. (**PA**)
lo, la him, her, it, you (**5**)
loma, la hill (11)
loro, el parrot (11)
los, las them; you all (**5**)
lucha libre, la wrestling (2)
luchar to fight; to combat (**11**)
luego then (**6**)
lugar, el place (**2**)
lugareños, los locals (*pl.*) (**4**)
luna de miel, la honeymoon (10)
lunes, el Monday (**PA**)

M

madrastra, la stepmother (**1**)
madre, la mother (**1**)
maíz, el corn (**7**)
mal de altura, el altitude sickness (9)
maleta, la suitcase (**10**)
malo/a bad (**1**, **10**)
malvado/a evil (10)
mamá, la mom (**1**)
mandar una carta to send/mail a letter (4)
mandato, el instruction, command (PA)
mandioca, la yucca (7)
manejar to drive (8, **10**)
manejo, el management (7)
mano, la hand (**1**, **9**)

manta, la blanket (**3**)
mantel, el tablecloth (**7**)
mantequilla, la butter (**7**)
manzana, la apple (**7**)
mapa, el map (**2**)
maquillarse to put on make up (**8**)
marcar to dial (9)
mariscos, los seafood (7)
marrón brown (3)
martes, el Tuesday (**PA**)
más + *adjective/adverb/noun* + **que** more . . . than (**10**)
más plus (**1**); ~ **o menos.** So-so. (**PA**); ~ **tarde que** later than (7); ~ **temprano que** earlier than (7)
mascota, la domesticated animal; pet (10, **11**)
matar to kill (**11**)
matemáticas, las (*pl.*) mathematics (2)
materia, la subject (**2**)
material, el material (**8**)
mayonesa, la mayonnaise (**7**)
mayor old; older (**1**); the eldest (**10**); the largest (5); bigger (**10**)
mayordomo, el butler (10)
me me (**5**); to/for me (**8**)
Me llamo... My name is . . . (**PA**)
medianoche, la midnight (**PA**)
medias, las (*pl.*) stockings; hose (**8**)
medicina, la medicine (2)
médico/a, el/la doctor (**9**)
medio ambiente, el environment (**11**)
medio medium (7)
mediodía, el noon (**PA**)
mejor, el/la the best (**4**, **10**); better (**10**); ~**(se)** to improve; to get better (**9**)
melón, el melon (**7**)
menor smaller; younger; the smallest; the youngest (**10**)
menos + *adjective/adverb/noun* + **que** less . . . than (**10**)
menos minus (**1**)
mensaje, el message (3)
mentir (ie) to lie (**4**)
mentira, la lie (5, 7)
menú, el menu (**7**)
mercado, el market (**4**)
merendar to have a snack (**7**)
merienda, la snack (**7**)
mermelada, la jam; marmalade (7)
mes, el month (**PA**)
mesa, la table (**2**)
meterse en política to get involved in politics (**11**)
metro, el subway (**10**)
mexicano/a Mexican (**PA**)
mezcla, la mixture (7)
mí me (**11**)
mi, mis my (**1**)
microondas, el microwave (**3**)
mientras while (2)
miércoles, el Wednesday (**PA**)
mil one thousand (**2**)
milla, la mile (**PB**)
millón one million (**3**)
mío/a/os/as mine (**10**)
mirar to look at (1)
mochila, la bookbag; knapsack (**2**)
moda, la fashion (**8**)
modelo, el/la model (**8**)
moderno/a modern (**3**)
molestar to bother (**8**)
monarquía, la monarchy (**11**)
montaña, la mountain (**10**, **11**)
montañoso/a mountainous (**4**)
montar: ~ **(a caballo)** to ride a horse (**11**); ~ **en bicicleta** to ride a bike (**2**); ~ **una tienda de campaña** to put up a tent (**4**)
montón, el pile (7)
morado purple (**3**)
morir (ue) to die (**4**)
mosca, la fly (**11**)
mosquito, el mosquito (**11**)
mostaza, la mustard (**7**)
mostrar (ue) to show (**4**)
moto(cicleta), la motorcycle (**1**, **10**)
motor, el motor; engine (**10**)
muchacho/a, el/la boy/girl (**1**)
Mucho gusto. Nice to meet you. (**PA**)
mueble, el piece of furniture (**3**)
muebles, los furniture (*pl.*) (**3**)
muerto/a dead (**11**)
mujer, la woman (**1**)
multa, la traffic ticket; fine (**10**)
museo, el museum (**4**)
música, la music (2); ~ **clásica** classical music (**5**); ~ **folklórica** folk music (**5**); ~ **popular** pop music (**5**); ~ **rap** rap music (**5**)
musical musical (**5**)
músico/a, el/la musician (**5**)
muy very (**1**)
Muy bien. Really well. (PA)

N

nacionalidad, la nationality (PA)
nada nothing (**4**)
nadar to swim (**2**)
nadie no one; nobody (**4**)
naranja, la orange (**7**)
nariz, la nose (**9**)
narrar to narrate (6)
naturaleza, la nature (**11**)
náusea, la nausea (**9**)
necesitar to need (**2**)
negocio, el business (8)
negro black (**3**)
nervioso/a upset; nervous (**2**)
ni... ni neither . . . nor (**4**)
ni nor (3)
nieto/a, el/la grandson/granddaughter (**1**)
nieve, la snow (**PA**)
nigeriano/a Nigerian (**PA**)
ningún none (**4**)
ninguno/a/os/as none (3, **4**)
niño/a, el/la little boy/little girl (**1**)
no: ~ **comprendo.** I don't understand. (**PA**); ~ **lo sé.** I don't know. (**PA**); ~. No. (**PA**)
noreste, el northeast (2)
nos us (**5**); to/for us (**8**)
nosotros/as us (**PA**); we (**11**)
novecientos nine hundred (**2**)
noveno/a ninth (**5**)
noventa ninety (**1**)
novio/a, el/la boyfriend/girlfriend (**1**)
nube, la cloud (**PA**)
nuestro/a/os/as our/s (1, **10**)
nueve nine (**PA**)
nuevo/a new (**3**)
número, el number (**PA**); ~ **ordinal** ordinal number (5)
nunca never (**2**, **3**, **4**)

O

o... o either . . . or (**4**)
objeto, el object (**3**)
obtener to get (10)
océano, el ocean (**11**)
ochenta eighty (**1**)
ocho eight (**PA**)
ochocientos eight hundred (**2**)
octavo/a eighth (**5**)
ocurrir to occur (**9**)
oeste, el west (2)
oferta, la offer (3)
oficina, la office (3); ~ **de correos** post office (**4**)
ofrecer offer (2)
oído, el inner ear (**9**)
oír to hear (**3**)
ojalá que let's hope (**11**)

ojear las vitrinas to window shop (8)
ojo, el eye (**9**)
once eleven (**PA**)
ópera, la opera (**5**)
oreja ear (**9**)
organizar to organize (**4**)
orgulloso/a proud (4)
orquesta, la orchestra (**5**)
os to/for you all (**5, 8**)
oscuro/a dark (**8**)
oso, el bear (**11**)
otoño, el fall (**PA**)
otro/a another (**PA**)

P

paciente, el/la patient (1)
padrastro, el stepfather (**1**)
padre, el father (**1**)
padres, los parents (**1**)
pagar to pay (**7**)
paisaje, el countryside (3)
pájaro, el bird (**11**)
palabra, la word (**PA**)
pan, el bread (**7**)
pantalla, la screen (**5**)
pantalones, los (*pl.*) pants (**8**); **~ cortos** (*pl.*) shorts (**8**)
papá, el dad (**1**)
papa, la potato (**7**)
papas fritas, las (*pl.*) french fries; potato chips (**7**)
papel, el paper (**2**)
paquete, el package (10)
para for (**PB**); in order to (**11**)
parabrisas, el windshield (**10**)
parada, la bus stop (**10**)
paraguas, el umbrella (**8**)
pararse to stand (10)
parecer seem (**4**)
pared, la wall (**2**)
parientes, los relatives (*pl.*) (2)
parque, el park (**4**); **~ de atracciones** theme park (**10**)
parrillada, la mixed grill (7)
participar en una campaña política to participate in a political campaign (**4**)
partido político, el political party (**11**)
pasajero, el passenger (10)
pasaporte, el passport (**10**)
pasar: ~ to happen (**PB**); **~ la aspiradora** to vacuum (**3**)
pasatiempos, los pastimes (**2**)
pastel, el pastry; pie (**7**)
pastilla, la pill (**9**)
pata, la leg (of an animal) (9)
patata, la potato (**7**)
patinar to skate (**2**)
paz, la peace (5)
peatón, el pedestrian (**10**)
pecho, el chest (**9**)
pedagogía, la education (**2**)
pedido, el request (9)
pedir (i) to ask for (**4**); to order (**7**)
peinarse to comb one's hair (8)
película, la film (**4, 5**); **~ de acción** action movie (**5**); **~ de ciencia ficción** science fiction movie (**5**); **~ documental** documentary (**5**); **~ dramática** drama (**5**); **~ de guerra** war movie (**5**); **~ de humor** funny movie; comedy (**5**); **~ de misterio** mystery movie (**5**); **~ musical** musical (**5**); **~ romántica** romantic movie (**5**); **~ de terror** horror movie (**5**)
peligro, el danger (11)
peligroso/a dangerous (8, **11**)
pelo, el hair (**9**)
pelota, la ball (**2**)
pensar (ie) to think (**4**)
peor worse, the worst (**4, 10**)
pequeño/a small (**1, 10**)
pera, la pear (**7**)
perder (ie) to lose; to waste (**4**)
perdido/a lost (**4**)
perezoso/a lazy (**1**)
periódico, el newspaper (**11**)
periodismo, el journalism (**2**)
pero but (**2**)
perro: ~ dog (3, **11**); **~ caliente** hot dog (**7**)
perseguir (i) to chase (**4**)
personalidad, la personality (**1**)
pertenecer to belong (9)
pesadilla, la nightmare (8)
pescado, el fish (**7**)
pésimo/a heavy; depressing (**5**)
peso corporal, el body weight (9)
pez, el (*pl.*, los peces) fish (**11**)
pianista el/la pianist (**5**)
piano, el piano (**5**)
picante spicy (**7**)
pie, el foot (8, **9**)
pierna, la leg (**9**)
pijama, el pajamas (**8**)
pimienta, la pepper (**7**)
pintar to dye (9)
piso, el floor; story (**3**)
pista, la clue (5, 7)
pizarra, la chalkboard (**2**)
placer, el pleasure (7)
planeta, el planet (**11**)
planta baja, la ground floor (**3**)
plantar to plant (**11**)
plástico, el plastic (**11**)
plato, el plate; dish (**7**)
playa, la beach (**10**)
plaza, la town square (**4**)
pobre poor (**1**)
poco (un) (a) little (**1**); **~ hecho/a** rare (**7**)
poder to be able to (**3**)
policía, el policeman (**10**)
poliéster, el polyester (**8**)
política, la politics (**11**)
pollo, el chicken (**7**)
poner to put; to place (**3**); **~ la mesa** to set the table (**3**); **~se (la ropa)** to put on (one's clothes) (**8**); **~se (nervioso/a)** to get (nervous) (**8**)
por times; by (**1**); ~ for; through; by; because of (**11**); **~ favor.** Please. (PA); **~ lo menos** at least (3); **~ ciento** percent (**1**); **¿~ qué?** Why? (2)
portarse to behave (8)
postre, el dessert (**7**)
preferir (ie) to prefer (**4**)
preguntar to ask (a question) (**2**)
prenda, la article of clothing (**8**)
preocupado/a worried (**2**)
preocuparse (por) to worry about; to concern (**11**)
preparar to prepare; to get ready (**2**); **~ la comida** to prepare a meal (**3**)
preparativo preparation (5)
presentación, la introduction (**PA**)
presentar una película to show a film/movie (**5**)
presentarlo to introduce (3)
presidencia, la presidency (**11**)
presidente/a, el/la president (**11**)
prestar to loan; to lend (**8**)
presupuesto, el budget (8)
primavera, la spring (**PA**)
primer first (5); **~ piso** second floor (**3**)
primero/a first (**5**)
primo/a, el/la cousin (**1**)
primos, los cousins (**1**)
principio, el start (8)
probarse (o, ue) la ropa to try on clothing (**8**)
profesor/a, el/la professor (**2**)
programa, el platform (11)

promedio, el average (7)
propina, la tip (**7**)
propio/a own (6)
proponer propose (5)
próposito, el purpose (7)
proteger to protect (**11**)
provincia, la province (**11**)
prueba, la proof (**10**)
psicología, la psychology (**2**)
pueblo, el town; village (**4**)
puerta, la door (**2**)
puertorriqueño/a Puerto Rican (**PA**)
puro/a pure (**11**)

Q

que what (3)
¿Qué? What? (**2**); **¿~ día es hoy?** What day is today? (**PA**); **¿~ es esto?** What is this? (**PA**); **¿~ hora es?** What time is it? (**PA**); **¿ ~ significa?** What does it mean? (**PA**); **¿~ tal?** How's it going? (**PA**); **¿~ tiempo hace?** What's the weather like? (**PA**)
quedar to stay (11)
quedarle bien / mal to fit well / poorly (**8**)
quedarse to stay; to remain (**8**)
quehaceres, los (*pl.*) chores (**3**)
quemar(se) to burn; to get burned (**9**)
querer to want; to love (2, **3**)
queso, el cheese (**7**)
¿Quién/es? Who? (PA, **2**)
quiero: ~ presentarle a... I would like to introduce you to . . . (*for.*) (**PA**); **~ presentarte a...** I would like to introduce you to . . . (*fam.*) (**PA**)
quince fifteen (**PA**)
quinientos five hundred (**2**)
quinto/a fifth (**5**)
quitarse (la ropa) to take off (one's clothes) (**8**)

R

radio, el/la radio (**2**)
rana, la frog (**11**)
rasgo, el characteristic (**1**)
rata, la rat (**11**)
ratón, el mouse (**11**)
realizar to act out (7)
rebozo, el poncho (8)
recepción, la front desk (**10**)
receta, la prescription (**9**)
recetar to prescribe (9)
recibir to receive (**2**)
reciclar to recycle (**11**)
recomendar (ie) to recommend (**4**)
reconocer to recognize (8)
recordar (ue) to remember (**4**)
recuerdo, el memento (3); memory (7)
recurso natural, el natural resource (**11**)
reforestar to reforest (**11**)
refresco, el soft drink (**7**)
refrigerador, el refrigerator (**3**)
regalo, el gift (8)
regatear to bargain (7)
regímenes, los regimes (**11**)
región, la region (**11**)
registrarse (en el hotel) to check in (**10**)
regresar to return (**2**)
Regular. Okay. (**PA**)
reina, la queen (**11**)
reírse to laugh (**4**)
reloj, el clock; watch (**2**)
remedio casero, el home-made remedy (7)
repartir comidas to hand out/deliver food (**4**)
repetir (i) to repeat (**4**)
Repita(n). Repeat. (**PA**)
reportaje, el report (**12**)
reproductor de CD/DVD, el CD/DVD player (**2**)
requerir to require (11)
reseña, la review (PB, 5)
reserva, la reservation (**10**)
reservar una mesa to reserve a table (**7**)
resfriado, el cold (**9**)
residencia, la dorm (**2**); **~ estudiantil** dormitory (**2**)
resolver (o, ue) to resolve (**11**)
respetar to respect (5)
responsable responsible (**1**)
restaurante, el restaurant (**4**, **7**)
resumir to summarize (9)
reunirse to get together; to meet (**8**)
reutilizar to reuse (**11**)
revisar to check; to overhaul (**10**)
revista, la magazine (8)
rey, el king (**11**)
rico/a rich (**1**)
riesgo, el risk (9)
río, el river (**11**)
ritmo, el rhythm (**5**)
rock, el rock (**5**)
rojo red (**3**)
rompecabeza, el riddle (7)
romper(se) to break (**9**)
ropa, la clothes; clothing (**3**, **8**); **~ interior** underwear (**8**)
rosado pink (3)
roto broken (9)
ruido, el noise (3, **PB**, **10**)

S

sábado, el Saturday (**PA**)
sábana, la sheet (**3**)
saber to know (**4**)
sacar: ~ la basura to take out the garbage (**3**); **~ la licencia** to get a driver's license (**10**); **~ un CD** to release a CD (**5**)
sacudir los muebles to dust (**3**)
sal, la salt (**7**)
sala, la: ~ de clase classroom (**2**); **~ de urgencias** emergency room (**9**); **~** living room (**3**)
salir to leave; to go out (**3**)
salsa, la salsa (**5**); **~ de tomate** ketchup (**7**)
salud, la health (**9**)
saludo, el greeting (**PA**)
salvar to save (9)
sano/a healthy (9)
sandalia, la sandal (**8**)
sangre, la blood (**9**)
secarse to dry off (**8**)
seda, la silk (**8**)
sede, la seat (of government) (9)
seguir (i) to follow; to continue (doing something) (**4**)
según according to (3, **11**)
segundo/a second (**5**)
segundo piso, el third floor (**3**)
seguridad, la security (2)
seguro médico, el health insurance (9)
seis six (**PA**)
seiscientos six hundred (**2**)
sello, el postage stamp (**10**)
selva, la jungle (**11**); **~ tropical** jungle; (tropical) rain forest (**11**)
semáforo, el traffic light (**10**)
semana, la week (**PA**); **~ pasada** last week (**7**)
sembrar (e, ie) to sow (**11**)
semejanza, la similarity (6)
semestre, el semester (2)
senado, el senate (**11**)

senador/a, el/la senator (**11**)
señor, el (Sr.) man; gentleman; Mr. (**1**)
señora, la (Sra.) woman; lady; Mrs. (**1**)
señorita, la (Srta.) young woman; Miss (**1**)
sentarse (e, ie) to sit down (**8**)
sentido, el meaning (3)
sentir to feel (**PB**); **~se (e, ie)** to feel (**8**)
séptimo/a seventh (**5**)
ser to be (**PA**); **~ alérgico/a (a)** to be allergic (to) (**9**)
serpiente, la snake (**11**)
servilleta, la napkin (**7**)
servir (i) to serve (**4**)
sesenta sixty (**1**)
setecientos seven hundred (**2**)
setenta seventy (**1**)
sexto/a sixth (**5**)
si if (**4**)
Sí. Yes. (**PA**)
siempre always (**3**, **4**)
siete seven (**PA**)
siglo, el century (3)
siguiente, el following (3)
silla, la chair (**2**)
sillón, el armchair (**3**)
simpático/a nice (**1**)
sin embargo nevertheless (2, 3, **6**)
sin without (**4**, **PB**, **11**)
sobre on; on top (of); over (**3**, 4, **11**); **~ todo** above all (5)
sofá, el sofa (**3**)
sol, el sun (**PA**)
solamente only (8)
solicitud, la application (2)
solo alone (9)
sombrero, el hat (**8**)
son equals (**1**)
sopa, la soup (**7**)
sorprendente surprising (**5**)
sorpresa, la surprise (8)
sospechoso/a suspicious (2)
sótano, el basement (**3**)
Soy... I am . . . (**PA**)
su/s his, her, its, your, their (**1**)
suave smooth (**5**)
subir (a) to go up; to get on (**10**)
subrayar to underline (7)
sucio/a dirty (**3**)
sudadera, la sweatshirt (**8**)
suelo, el floor (**3**)
suéter, el sweater (**8**)
sunami, el tsunami (**11**)
supermercado, el supermarket (**4**)
surgir to emerge (8)
suspiro, el sigh (11)
suyo/a/os/as his, her/s, your/s (*for.*), their/s (PB, 3, **10**)

T

tal vez perhaps (3)
taller mecánico, el auto repair shop (**10**)
también too; also (**2**)
tambor, el drum (**5**)
tamborista, el/la drummer (**5**)
tampoco nor (7)
tan such (**2**)
tan... como as . . . as (1)
tanque, el gas tank (**10**)
tanto many (2); so much (9)
tarde late (3)
tarea, la homework (**2**)
tarjeta, la: ~ de crédito credit card (**7**); **~ de débito** debit card (**7**); **~ postal** postcard (**4**, **10**)
taxi, el taxi (**10**)
taza, la cup (**7**)
te to/for you (**5**, **8**)
té, el (helado / caliente) tea (iced / hot) (**7**)
teatro, el theater (**4**)
techo, el roof (**3**)
tela, la fabric (**8**)
televisión, la television (2)
tema, el topic; gist (5)
temperatura, la temperature (PA)
templo, el temple (4)
temprano early (3)
tenedor, el fork (7)
tener to have (**1**); **~ alergia (a)** to be allergic (to) (**9**); **~ ... años** to be . . . years old (**3**); **~ calor** to be hot (**3**); **~ cuidado** to be careful (**3**); **~ dolor de cabeza** to have a headache (**9**); **~ dolor de estómago** to have a stomachache (**9**); **~ dolor de espalda** to have a backache (**9**); **~ éxito** to be successful (**3**); **~ frío** to be cold (**3**); **~ ganas de + (infinitive)** to feel like + (verb) (**3**); **~ hambre** to be hungry (**3**); **~ (la/una) gripe** to have the flu (**9**); **~ miedo** to be afraid (**3**); **~ prisa** to be in a hurry (**3**); **~ que + (infinitive)** to have to + (verb) (**3**); **~ razón** to be right (**3**); **~ resfriado** to have a cold (**9**); **~ sed** to be thirsty (**3**); **~ sueño** to be sleepy (**3**); **~ suerte** to be lucky (**3**); **~ tos** to have a cough (**9**); **~ (un) catarro** to have a cold (**9**); **~ un virus** to have a virus (**9**); **~ una infección** to have an infection (**9**); **~ vergüenza** to be embarrassed (**3**)
tenis, los (*pl.*) tennis shoes (**8**)
tercer, el: ~ piso fourth floor (**3**)
tercero/a third (**5**)
terminar to finish; to end (**2**)
terremoto, el earthquake (5, **11**)
tesoro, el treasure (10)
ti you (11)
tiburón, el shark (5)
tienda, la store (**2**)
tierra, la land; soil (**11**)
Tierra, la Earth (**11**)
tío/a, el/la uncle/aunt (**1**)
tíos, los aunts and uncles (**1**)
tirar to throw (9)
tiza, la chalk (**2**)
tocador, el dresser (**3**)
tocar touch (**4**); **~** to play (a musical instrument) (**2**, **5**)
todavía still (**4**)
tomar to take; to drink (**2**); **~ el sol** to sunbathe (**2**)
tomate, el tomato (**7**)
tonto/a silly; dumb (**1**)
tormenta, la storm (**11**)
tornado, el tornado (**11**)
torneo, el tournament (**4**)
toro, el bull (**11**)
torre, la tower (3)
torta, la cake (**7**)
tos, la cough (**9**)
toser to cough (**9**)
tostada, la toast (**7**)
trabajador/a hard-working (**1**)
trabajar to work (**2**); **~ como consejero/a** to work as a counselor (**4**); **~ como voluntario/a en la residencia de ancianos** to volunteer at a nursing home (**4**); **~ en política** to work in politics (**4**)
trabajo en prácticas, el internship (8)
tradicional traditional (**3**)
traer to bring (**3**)
tráfico, el traffic (**10**)
tragedia, la tragedy (**11**)
trágico/a tragic (**5**)
traje, el suit (**8**); outfit (5); **~ de baño** swimsuit; bathing suit (**8**)
transitar to enter/exit (10)

transporte, el transportation (**10**)
tratamiento médico, el medical treatment (**9**)
tratar de to try to (3, **9**); to treat (9)
trece thirteen (**PA**)
treinta thirty (**PA**)
tren, el train (**10**)
tres three (**PA**)
trescientos three hundred (**2**)
triste sad (**2**)
trompeta, la trumpet (**5**)
trompetista, el/la trumpet player (**5**)
tú you (*fam.*) (**PA**)
tu, tus your (**1**)
turnarse to take turns (3)
tuyo/a/os/as yours (*fam.*) (3, **10**)

U

un/una/unos/unas a, an, some (**1**)
uno one (**PA**)
usar to use (**2**, 4, **PB**)
uso adecuado, el suitable use (10)
usted/es you (*for.*) (**PA**, **11**)
útil useful (**PA**)

V

vaca, la cow (**11**)
vacaciones, las vacation (**10**)
vaso, el glass (**7**)
Vaya(n) a la pizarra. Go to the board. (**PA**)
vehículo, el vehicle (10)
veinte twenty (**PA**)
venda, la bandage (**9**)
vendaje, el bandage (**9**)
vendar(se) to bandage (oneself); to dress (a wound) (**9**)
venir to come (**3**)
ventana, la window (**2**)
ver to see (3); **~ la televisión** to watch television (**2**)
verano, el summer (**PA**)
verbo, el verb (**1**, **2**)
verde green (**3**)
verdura, la vegetable (**7**)
vertedero, el dump (**11**)
vestido, el dress (**8**)
vestirse (e, i) to get dressed (**8**)
vez, la time (5)
viajar to travel (**10**); **~ en canoa** to canoe (**4**)
viaje, el trip (**10**)
viajero/a, el/la traveler (**10**)
vidrio, el glass (**11**)
viejo/a old (**3**, **10**)
viento, el wind (**PA**)
viernes, el Friday (**PA**)
vinagre, el vinegar (**7**)
vino, el wine (**7**)
visitar to visit (**10**)
vivir to live (**2**)
vivo/a alive; living (**11**)
volante, el steering wheel (**10**)
volar (o, ue) to fly; to fly away (**10**)
voluntariado, el volunteerism (**4**)
volver (ue) to return (**4**); **~ loco/a** to drive him/her crazy (12)
vosotros/as you (*fam. pl. Spain*) (**PA**, **11**)
votar to vote (**11**)
voto, el vote (**11**)
voz, la voice (**5**)
vuelo, el flight (**10**)
vuestro/a/os/as your/s (*fam. pl. Spain*) (1, **10**)

Y

y: ¿~ tú? And you? (*fam.*) (**PA**); **¿~ usted?** And you? (*for.*) (**PA**)
ya already (**4**); **~ no** no longer (5); **~ que** since (1)
yo I (**PA**)

Z

zapatillas, las (*pl.*) slippers (**8**)
zapatos, los (*pl.*) shoes (**8**)

Appendix 5

English-Spanish Glossary

A

a un/una/unos/unas (**1**)
ability la habilidad (**5**)
able to, to be poder (**3**)
about acerca de (**11**); sobre (4, **11**)
above all sobre todo (5)
abroad el extranjero (**10**)
aburrida boring (**5**)
accompany, to acompañar (6)
according to según (3, **11**)
account la cuenta (**4**)
acid rain la lluvia ácida (**11**)
acquainted with, to be conocer (**3**)
across from enfrente de (**11**)
act out, to realizar (7)
actor el actor (**5**)
actress la actriz (**5**)
ad el anuncio (3)
adjectives los adjetivos (**1**)
administration la administración (**11**)
advice el consejo (5)
afraid, to be tener miedo (**3**)
after después de (**11**)
afterward después (**6**)
agent el/la empresario/a (**5**)
agree, to estar de acuerdo (**4**)
air el aire (**11**); **~ conditioning** el aire acondicionado (**10**)
airline la aerolínea (10)
airplane el avión (**10**)
airport el aeropuerto (**10**)
alarm clock el despertador (**2**)
alive vivo/a (**11**)
allergic (to), to be tener alergia (a) (**9**)
alone solo (9)
already ya (4)
also también (**2**)
altitude sickness el mal de altura (9)
aluminum el aluminio (**11**)
always siempre (**3, 4**)
American estadounidense (norteamericano/a) (**PA**)
among entre (**11**)
an un/una/unos/unas (**1**)
And you? ¿Y tú? (*fam.*) (**PA**); **And you?** ¿Y usted? (*for.*) (**PA**)
angry enojado/a (**2**)
animal animal (**11**)
animated animado/a (**5**)
another otro/a
answer, to contestar (**2**); **~.** Conteste(n). (**PA**)
ant la hormiga (**11**)
antacid el antiácido (**9**)
antibiotic el antibiótico (**9**)
any algún; alguno/a/os/as (**4**)
anything algo (**4**)
apartment el apartamento (**2**)
appendix el apéndice (4)
apple la manzana (**7**)
application la solicitud (2)
appointment la cita (4)
approach, to acercar (8)
approved aprobado/a (10)
architecture la arquitectura (**2**)
arm el brazo (**9**)
armchair el sillón (**3**)
armoire el armario (**3**)
army el ejército (5)
around a eso de (7)
arrive, to llegar (**2**)
art el arte (**2**)
article el artículo (**1**); **definite ~** el artículo definido (**1**); **indefinite ~** el artículo indefinido (**1**)
articles of clothing las prendas (**8**)
artist el/la artista (**5**)
as . . . as tan... como (1)
ask (a question), to preguntar (**2**); **to ~ for** pedir (i) (**4**)
aspirin la aspirina (**9**)
assistant la ayudante (5)
at least por lo menos (3)
At what time . . . ? ¿A qué hora... ? (**PA**)
ATM el cajero automático (**4**)
attendant el/la empleado/a (12)
attic el altillo (**3**)
aunt la tía (**1**)
auto repair shop el taller mecánico (**10**)
average el promedio (7)
avoid, to evitar (**9, 11**)
awaken, to despertarse (e, ie) (**8**)
away, to go irse (**8**)

B

back la espalda (**9**)
bad malo/a (**1, 10**)
baked al horno; cocido/a (**7**)
balcony el balcón (**3**)
ball la pelota (**2**)
ballpoint pen el bolígrafo (**2**)
banana la banana (**7**)
band el conjunto (**5**)
bandage (adhesive) la curita; el vendaje; la venda (**9**)
bandage (oneself), to vendar(se) (**9**)
bank el banco (**4**)
bar el bar (**4**)
bargain, to regatear (7)
basement el sótano (**3**)
basket making la cestería (2)
bathe, to bañarse (**8**)
bathroom el baño (**3**)
bathtub la bañera (**3**)
be, to estar (**2**); ser (**PA**)
beach la playa (**10**)
beans los frijoles (*pl.*) (**7**); **~ stew** la fabada (7)
bear el oso (**11**)
beat (*heart*), **to** latir (9)
beautiful bella (4)
because of por (**11**)
bed la cama (**3**)
bedroom el dormitorio (**3**)
bedspread la colcha (**3**)
beer la cerveza (**7**)
before ante (6); **~** (*time/space*) antes de (**11**)
begin, to comenzar (ie); empezar (ie) (**4**)
behave, to portarse (8)
behind detrás de (**4, 11**)
beige beige (**3**)
believe, to creer (**2**)
bellman el botones (**10**)
belong, to pertenecer (9)
belt el cinturón (**8**)
beside al lado (de) (**3**)
best el/la mejor (1, **4, 10**)
better mejor (**10**); **to get ~** mejorar(se) (**9**)
between entre (4, **11**)
beverage la bebida (**PB, 7**)

bicycle la bicicleta (**10**)
bidet el bidet (**3**)
big grande (**1, 10**); **bigger** mayor (**10**); **biggest** el/la mayor (**10**)
bill la cuenta (**4**)
biology la biología (**2**)
bird el ave; el pájaro (**11**)
black negro (2, **3**)
blanket la manta (**3**)
blood la sangre (**9**)
blouse la blusa (**8**)
blue azul (**3**)
boat el barco (4, **10**)
body el cuerpo (**9**); ~ **weight** el peso corporal (9)
boiled cocido/a; hervido/a (**7**)
book el libro (**2**); ~**bag** la mochila (**2**); ~**case** el estante (**3**); ~**store** la librería (**2**)
boots las botas (*pl.*) (**8**)
bored (with *estar*) aburrido/a (**2**)
boring aburrido/a (**1**)
bother, to molestar (**8**)
bottle la botella (**11**)
box (*cardboard*) la caja (*de cartón*) (**11**)
boy el chico; el muchacho; **little** ~ el niño (**1**); ~**friend** el novio (**1**)
bread el pan (**7**)
break, to romper(se) (**9**)
breakfast el desayuno (**7**); **to have** ~ desayunar (**7**)
bring, to traer (**3**)
broken roto (9)
brother el hermano (**1**)
brown marrón (**3**)
brush, to (*one's hair, teeth*) cepillarse (*el pelo, los dientes*) (**8**)
budget el presupuesto (8)
building el edificio (**2**)
bull el toro (**11**)
burn, to quemar(se) (**9**)
bus el autobús (**10**); ~ **stop** la parada (**10**)
bush el arbusto (7)
business el negocio (8); ~ la administración de empresas (**2**); ~ / **shopping district** el centro comercial (**4**)
but pero (2)
butler el mayordomo (10)
butter la mantequilla (**7**)
buy, to comprar (**2**)
by por (**1, 11**)
Bye. Chao. (**PA**)

C

cabinet el armario (**3**)
café el café (**4**)
cafeteria la cafetería (**2**)
cake la torta (**7**)
calculator la calculadora (**2**)
called, to be llamarse (**8**)
campaign la campaña (**11**)
can la lata (**11**)
Canadian canadiense (**PA**)
candidate el/la candidato/a (**11**)
candy los dulces (**7**)
canoe, to viajar en canoa (**4**)
cap la gorra (**8**)
car el coche (8, **10**)
care for cuidar (3)
careful cuidadoso/a (**5**); **to be** ~ tener cuidado (**3**)
carpet la alfombra (**3**)
carry, to llevar (**8**); **to** ~ **out** llevar a cabo (**11**)
castle el castillo (3)
casual informal (**8**)
cat el/la gato/a (10, **11**)
cave la cueva (**11**)
CD/DVD player el reproductor de CD/DVD (**2**)
century el siglo (3)
cereal el cereal (**7**)
chain la cadena (3)
chair la silla (**2**)
chalk la tiza (**2**); ~**board** la pizarra (**2**)
change, to cambiar (**10**)
chapter el capítulo (5)
characteristic el rasgo (**1**)
charades, to play hacer mímica (8)
chase, to perseguir (i) (**4**)
cheap barato/a (**7**)
check in, to registrarse (en el hotel) (**10**); **to** ~ **out** irse del hotel (**10**)
checked de cuadros (**8**)
cheese el queso (**7**)
chef el/la cocinero/a (4)
chest el pecho (**9**)
chicken el pollo (**7**); la gallina (**11**)
children los hijos (**1**)
chili pepper el chile (**7**)
Chinese chino/a (**PA**)
chores los quehaceres (**3**)
church la iglesia (**4**)
circulate a petition, to circular una petición (**4**)
city la ciudad (**3, 4**)
classmate el/la compañero/a de clase (**2**)
Classroom instructions (*commands*) Mandatos para la clase (**PA**)
classroom la sala de clase (**2**)
clay barro (2)
clean limpio/a (**3**); **to** ~ limpiar (**3**)
client el/la cliente/a (**7**)
clock el reloj (**2**)
Close your book/s. Cierre(n) el/los libros/s. (**PA**)
close, to cerrar (ie) (**4**)
closet el armario (**3**)
clothes la ropa (**3**)
clothing la ropa (**3, 8**)
cloud la nube (**PA**)
club el club (**4**)
clue la pista (5, 7)
coat el abrigo (3)
coffee el café (**7**)
cognate el cognado (**PA**)
cold el catarro; el resfriado (**9**)
cold, to be tener frío (**3**); **to have a** ~ tener (un) catarro; tener resfriado (**9**)
color el color (**3**)
comb one's hair, to peinarse (**8**)
combat, to combatir (**11**)
come, to venir (**3**)
comfortable cómodo/a (**8**)
comforter la colcha (**3**)
comical cómico/a (**1**)
common endémico/a (11)
compact disk el disco compacto (el CD) (**2**)
composition la composición (**2**)
computer la computadora (**2**); ~ **science** la informática (**2**)
concern, to incumbir (8)
concert el concierto (**5**)
condiment el condimento (**7**)
congress el congreso (**11**)
contemporary contemporáneo/a (**3**)
content contento/a (**2**)
contest el concurso (3)
continue (*doing something*), **to** seguir (i) (**4**)
cook el/la cocinero/a (**7**)
cook, to cocinar (**3, 7**)
cookies las galletas (**7**)
corn el maíz (**7**)
correct, to corregir (3, 10)
cost, to costar (ue) (**4**)
cotton el algodón (**8**)

cough, to toser (**9**); ~ la tos (**9**); ~ **syrup** el jarabe (**9**); **to have a** ~ tener tos (**9**)
country el campo (**3**); ~ **club** el club de campo (**4**)
countryside el paisaje (3)
course el curso (**2**)
court la corte (**11**)
courting el cortejo (7)
cousin el/la primo/a (**1**)
cover, to cubrir (8)
cow la vaca (**11**)
crackers las galletas (**7**)
create crear (4)
creative creativo/a (**5**)
credit card la tarjeta de crédito (**7**)
crime la delincuencia (**11**)
crop la cosecha (7)
cruise ship el crucero (5)
Cuban cubano/a (**PA**)
cup la taza (**7**)
cure, to curar(se) (**9**)
customer el/la cliente/a (**7**)
cut (oneself), to cortar(se) (**9**)

D

dad el papá (**1**)
damage, to (do) hacer daño (**11**)
dance, to bailar (**2**)
danger el peligro (11)
dangerous peligroso/a (8, **11**)
daring atrevido/a (**8**)
dark oscuro/a (**8**)
daughter la hija (**1**)
day el día (**PA**); **the** ~ **before yesterday** anteayer (7)
dead muerto/a (11)
debit card la tarjeta de débito (**7**)
debt (*foreign*) la deuda (*externa*) (**11**)
defense la defensa (**11**)
defraud, to estafar (10)
delicate fino/a (**5**)
demanding exigente (9)
democracy la democracia (**11**)
demonstrate, to demostrar (ue) (**4**)
department store el almacén (**4**)
depressing pésimo/a (**5**)
deputy el/la diputado/a (**11**)
designer el/la diseñador/a (8)
desk el escritorio (**2**)
dessert el postre (**7**)
destination el destino (8)
destroy, to destruir (5)
destruction la destrucción (**11**)
dial, to marcar (9)
dictator el/la dictador/a (**11**); **~ship** la dictadura (**11**)
die, to morir (ue) (**4**)
difficult difícil (**2**)
dining room el comedor (**3**)
dinner la cena (**7**); **to have** ~ cenar (**7**)
dirty sucio/a (**3**)
disappear, to desaparecer (5)
disappoint, to desilusionar (9)
disaster el desastre (**11**)
discuss, to discutir (**PB**)
dish el plato (**7**); **~washer** el lavaplatos (**3**)
distinguish, to destacar (7)
distract, to distraer (5)
divided by dividido por (**1**)
do, to hacer (**3**)
doctor el/la doctor/a; el/la médico/a (**9**)
documentary el documental (**5**)
dog el perro (3, **11**)
domesticated animals los animales domésticos (**11**)
donut la dona (10)
door la puerta (**2**)
dorm / dormitory la residencia (**2**)
double room el cuarto doble (**10**)
downtown el centro (**4**)
drama dramático/a (**5**)
drawing el dibujo (3)
dress (*a wound*), **to** vendar(se) (**9**)
dress el vestido (**8**)
dresser el tocador (**3**)
drink, to tomar (**2**); beber (**7**)
drive, to conducir (**7, 10**); manejar (8); **to** ~ **him/her crazy** volver loco/a (12)
driver's license la licencia (*de conducir*) (**10**); **to get a** ~ sacar la licencia (**10**)
driving la conducción (10)
drum el tambor (**5**)
drummer el/la baterista (**5**); el/la tamborista (**5**)
drums la batería (**5**)
dry off, to secarse (**8**)
dumb tonto/a (**1**)
dump el vertedero (**11**)
during durante (**PB**)
dust, to sacudir los muebles (**3**)
duty el deber (**4**)
DVD el DVD (**2**)
dye, to pintar (9)

E

each cada (3)
ear la oreja (**9**); **ear** (*inner*) el oído (**9**)
earlier than más temprano que (**7**)
early temprano (3)
Earth la Tierra (**11**)
earthquake el terremoto (5, **11**)
easy fácil (**2**)
eat, to comer (**2**)
ecology la ecología (**11**)
education la pedagogía (**2**)
egg el huevo (**7**)
eight hundred ochocientos (**2**)
eight ocho (**PA**)
eighteen diez y ocho (**PA**)
eighth octavo/a (**5**)
eighty ochenta (**1**)
either . . . or o… o (**4**)
eldest el/la mayor (**10**)
elect, to elegir (**11**)
elections las elecciones (**11**)
elegant elegante (**8**)
elephant el elefante (**11**)
eleven once (**PA**)
emanate, to emanar (11)
embarrassed, to be tener vergüenza (**3**)
emerge, to surgir (8)
emergency room la sala de urgencias (**9**)
emotions emociones (**2**)
enclose, to encerrar (ie) (**4**)
encompass, to abarcar (5)
end, to acabar con (4); terminar (**2**)
endangered amenazada (7); ~ **species** los animales en peligro de extinción (**11**)
engine el motor (**10**)
English inglés/inglesa (**PA**)
Enjoy your meal! ¡Buen provecho! (**7**)
enjoy, to disfrutar de (4); **to** ~ **oneself** divertirse (e, ie) (**8**)
enter, to entrar (**10**)
enter/exit, to transitar (10)
entertain oneself, to entretenerse (8)
entrance la entrada (5)
entretenida entertaining (**5**)
environment el medio ambiente (**11**)
epic épica (**5**)
equals son (**1**)
eraser el borrador (**2**)
espadrilles las alpargatas (8)
essay el ensayo (2)
ever jamás (11)
evil malvado/a (10)
evolve, to evolucionar (5)
exam el examen (**2**)
exercise, to hacer ejercicio (**2**)
expensive caro/a (4, **7**)

experience, to experimentar (11)
expression la expresión (**PA**)
eye el ojo (**9**)

F

fabric la tela (**8**)
face la cara (**9**)
facing enfrente de (**11**)
factory la fábrica (8)
fall: ~ el otoño (**PA**); **to ~ asleep** dormirse (o, ue) (**8**); **to ~ down** caer(se) (**9**)
fame la fama (**5**)
family la familia (**1**)
fan el/la aficionado/a (**5**)
far from lejos de (2, **11**)
Farewells Las despedidas (**PA**)
farm la finca; la granja (**11**)
fascinate, to fascinar (**8**)
fashion la moda (**8**); **~ show** el desfile de moda (8)
fat gordo/a (**1**)
father el padre (**1**)
feel, to sentir (**PB**); sentirse (e, ie) (**8**)
fever la fiebre (**9**)
fifteen quince (**PA**)
fifth quinto/a (**5**)
fifty cincuenta (**1**)
fight, to luchar (**11**)
fill, to llenar (**10**)
film la película (**4**)
finally finalmente (**6**)
find out, to averiguar (**PB**, 4); enterar (8); enterarse (10)
find, to dar con (2); encontrar (ue) (**4**)
Fine, thanks. Bien, gracias. (**PA**)
fine: ~ fino/a (**5**); **~** la multa (**10**)
finger el dedo (de la mano) (**9**)
finish, to terminar (**2**); **to have just ~ed +** (*something*) acabar de + *infinitivo* (**9**)
fire el incendio (**11**)
first primer, primero/a (**5**)
fish el pez (*pl.*, los peces) (**7, 11**)
fit well / poorly, to quedarle bien / mal (**8**)
five cinco (**PA**); **~ hundred** quinientos (**2**)
fix, to arreglar (**3**)
flight el vuelo (**10**)
flood la inundación (**11**)
floor el piso (**3**); el suelo (**3**)
flourishing floreciente (8)
flu la gripe (**9**); **to have the ~** tener (la/una) gripe (**9**)
fly la mosca (**11**)
fly, to volar (o, ue); **to ~ away** volar (o, ue) (**10**)
folk healer el/la curandero/a (4)
follow, to seguir (i) (**4**)
following el siguiente (3)
food la comida (**7**)
foot el pie (8, **9**); **to go on ~** ir a pie (**10**)
for para (**PB, 11**); por (**11**)
forest el bosque (**11**)
fork el tenedor (**7**)
formal formal (**8**)
forty cuarenta (**1**)
four cuatro (**PA**); **~ hundred** cuatrocientos (**2**); **~ hundred thousand** cuatrocientos mil (**3**)
fourteen catorce (**PA**)
fourth cuarto/a (**5**); **~ floor** el tercer piso (**3**)
freeway la autopista (**10**)
French francés/francesa (**PA**)
french fries las papas fritas (*pl.*) (**7**)
fresh fresco/a (**7**)
Friday el viernes (**PA**)
fried frito/a (**7**)
friend el/la amigo/a (**1**)
frightened asustado/a (7)
frightening aterredor (9)
frog la rana (**11**)
From where? ¿De dónde? (**2**)
from: ~ desde (**11**); **~ time to time** a veces (**2**); **~ about** de (**11**)
front: ~ desk la recepción (**10**); **in ~ (of)** enfrente (de) (**4**)
fruit las frutas (**7**)
function, to funcionar (**10**)
funds los fondos (10)
funny cómico/a (**1**)
furnished amueblado/a (**3**)
furniture los muebles (**3**); **piece of ~** el mueble (**3**)
furthermore además (2)

G

garage el garaje (**3**)
garbage la basura (**11**)
garden el jardín (**3**)
gas: ~ station la gasolinera (**10**); **~ tank** el tanque (**10**)
genre el género (**5**)
gentleman el señor (Sr.) (**1**)
German alemán/alemana (**PA**)
get: to ~ obtener (10); **to ~ dressed** vestirse (e, i) (**8**); **to ~ down** (*from*) bajar (*de*) (**10**); **to ~** (*nervous*) ponerse (*nervioso/a*) (**8**); **to ~ off** (*of*) bajar (*de*) (**10**); **to ~ on** subir (a) (**10**); **to ~ ready** preparar (**2**), arreglarse (**8**); **to ~ the urge** entrar ganas (9); **to ~ together** reunirse (**8**); **to ~ up** levantarse (**8**)
gift el regalo (8)
girl la chica; la muchacha; **little ~** la niña (**1**); **~friend** la novia (**1**)
gist el tema (5)
give, to dar (**3**); **to ~ life** dar vida (5); **to ~ a concert** dar un concierto (**5**)
glass el vaso (**7**); el vidrio (**11**)
global warming el efecto invernadero (**11**)
gloves los guantes (**8**)
go out, to salir (**3**)
Go to the board. Vaya(n) a la pizarra. (**PA**)
go: to ~ ir (**4**); **to ~ camping** ir de camping (**4**); **to ~ shopping** ir de compras (**2**); **to ~ to bed** acostarse (o, ue) (**8**); **to ~ up** subir (a) (**10**)
Good afternoon. Buenas tardes. (**PA**)
good bueno/a (**1, 10**); **~ -bye.** Adiós. (**PA**); **~ evening.** Buenas noches. (**PA**); **~ morning.** Buenos días. (**PA**)
government el gobierno (**11**)
governor el/la gobernador/a (**11**)
graduate, to graduar (11)
gram el gramo (7)
granddaughter la nieta (**1**)
grandfather el abuelo (**1**)
grandmother la abuela (**1**)
grandparents los abuelos (**1**)
grandson el nieto
gray gris (**3**)
green verde (**3**)
Greetings Los saludos (**PA**)
grilled a la parrilla (**7**); asado/a (**7**)
ground floor la planta baja (**3**)
group el conjunto (**5**)
grow, to aumentar (11)
guess, to adivinar (7)
guide la guía (5)
guilty el/la culpable (8)
guitar la guitarra (**5**)
guitarist el/la guitarrista (**5**)
gymnasium el gimnasio (**2**)

H

hair el pelo (**9**)
ham el jamón (**7**)

hamburger la hamburguesa (**7**)
hammock la hamaca (11)
hand la mano (**1, 9**); **to ~ out food** repartir comidas (**4**)
handsome guapo
hang up, to colgar (7)
happen, to pasar (**PB**)
happy contento/a (**2**); feliz (**2**)
hard: ~ -boiled duro/a (**7**); **~ -working** trabajador/a (**1**)
harm, to hacer daño (**11**)
hat el sombrero (**8**)
have, to tener (**1**); **to ~ a... -ache** tener dolor de... (**9**); **to ~ a backache** tener dolor de espalda (**9**); **to ~ fun** divertirse (e, ie) (**8**); **to ~ a headache** tener dolor de cabeza (**9**); **to ~ just** acabar de (3); **to ~ lunch** almorzar (ue) (**4**); **to ~ a stomachache** tener dolor de estómago (**9**); to **~** + (*verb*) **to** tener que + (*infinitive*) (**3**)
he él (**PA**)
head la cabeza (**9**)
headquarters la sede (9)
health la salud (**9**); **~ insurance** seguro médico (9)
healthy sana (9); **to be ~** estar sano/a; saludable (**9**)
heart el corazón (**9**)
heat la calefacción (**10**)
heaven el cielo (**11**)
heavy pésimo/a (**5**)
help, to ayudar (**3**); **to ~ elderly people** ayudar a las personas mayores/los mayores (**4**)
hen la gallina (7, **11**)
her ella (**11**)
here aquí (**6**)
Hi! ¡Hola! (**PA**)
hide, to esconder (8)
high school la escuela secundaria (9)
highway la autopista (**10**)
hill la loma (11)
him él (**11**)
him/her, to/for le (**8**)
him/her/it lo, la (**5**)
his/her/its su, sus (**1**)
his/her/s/your/s (*for.*) **/their/s** suyo/a/os/as (3, **10**); suyo/a (**PB**)
hole el hoyo (**11**)
holiday el día festivo (7)
home-made remedy el remedio casero (7)
homework la tarea (**2**)
honeymoon la luna de miel (10)
hope, to esperar (**2**)
horse el caballo (**11**)
hose las medias (*pl.*) (**8**)
hospital el hospital (**9**)
hot dog el perro caliente (**7**)
hot, to be tener calor (**3**); ~ (*temperature*) caliente (**7**)
hotel el hotel (**10**); **to leave the ~** irse del hotel (**10**)
house la casa (**3**)
housekeeper el/la camarero/a (10)
how: ~? ¿Cómo? (**2**); **~ are you?** ¿Cómo está usted? (*for.*) (**PA**); **~ are you?** ¿Cómo estas? (*fam.*) (**PA**); **~ do you say . . . in Spanish?** ¿Cómo se dice... en español? (**PA**); **~ many?** ¿Cuántos/as? (**2**); **~ much?** ¿Cuánto/a? (**2**); **~'s it going?** ¿Qué tal? (**PA**)
hubbub el bullicio (4)
hug el abrazo (**PA**)
human body el cuerpo humano (**9**)
humble humilde (**3**)
hummingbird el colibrí (11)
hungry, to be tener hambre (**3**)
hurricane el huracán (**11**)
hurry, to be in a tener prisa (**3**)
hurt, to dañar (11); doler (ue) (**9**); **to get ~** lastimar(se) (**9**)
husband el esposo (**1**)

I

I: ~ yo (**PA**); **~ am . . .** Soy... (**PA**); **~ don't know.** No lo sé. (**PA**); **~ don't understand.** No comprendo. (**PA**); **~ know.** Lo sé. (**PA**); **~ understand.** Comprendo. (**PA**); **~ would like to introduce you to . . .** Quiero presentarle a... (*for.*) (**PA**); **~ would like to introduce you to . . .** Quiero presentarte a... (*fam.*) (**PA**)
ice cream el helado (**7**)
iced helado/a (**7**)
if si (4)
ill enfermo/a (**2**)
illness la enfermedad (**9**)
imaginative imaginativo/a (**5**)
important, to be importar (**8**)
impressive impresionante (**5**)
improve, to mejorar(se) (**9**)
in en (**11**); **~ addition to** además de (7); **~ exchange** a cambio (4); **~ front of** delante de (**11**), en frente de (2); **~ order to** a fin de (11); **~ order to** para (**11**); **~ the afternoon** de la tarde (**PA**); **~ the evening** de la noche (**PA**); **~ the morning** de la mañana (**PA**)
infection, to have an tener una infección (**9**)
inflation la inflación (**11**)
influential influyente (11)
injury la herida (**9**)
insect el insecto (**11**)
inside of dentro de (**11**)
instead of en vez de (8)
intelligent inteligente (**1**)
interested in, to be interesar (2)
interesting interesante (**1**)
Internet café el cibercafé (**4**)
internship el trabajo en prácticas (8)
interview la entrevista (3)
intoxication el embriaguez (10)
introduce, to presentar (3)
Introductions Las presentaciones (**PA**)
involved involucrado/a (11)
it is necessary . . . (*you must . . . / one must/should . . .*) hay que + *infinitivo* (**5**)
it's: ~ a shame es una lástima (**11**); **~ cold.** Hace frío. (**PA**); **~ cloudy.** Está nublado. (**PA**); **~ hot.** Hace calor. (**PA**); **~ necessary that** es necesario que (**11**); **~ raining.** Llueve. (**PA**); **~ sunny.** Hace sol. (**PA**); **~ windy.** Hace viento. (**PA**); **~ . . . o'clock.** Es la... / Son las... (**PA**)

J

jacket la chaqueta (**8**)
jam la mermelada (7)
Japanese japonés/japonesa (**PA**)
jazz el jazz (**5**)
jeans los jeans (*pl.*) (**8**)
jewel la joya (9)
joke la broma (3, 8)
journalism el periodismo (**2**)
judge el/la juez/a (**11**)
juice el jugo (**7**)
jungle la selva, la selva tropical (**11**)
jury el juicio (**11**)
Just fine. Bastante bien. (**PA**)

K

keep, to guardar (**3**)
ketchup la salsa de tomate (7)
key la llave (**10**)

kill, to matar (**11**)
kind bondadoso/a (11)
king el rey (**11**)
kiss el beso (1); **little ~** el besito (**PA**)
kitchen la cocina (**3**)
knapsack la mochila (**2**)
knife el cuchillo (**7**)
know, to saber (**4**)

L

laboratory el laboratorio (**2**)
lacking, to be hacer falta (**8**)
lady la señora (Sra.) (**1**)
lake el lago (5, **10, 11**)
lamp la lámpara (**3**)
land la tierra (**11**)
languages los idiomas (*pl.*) (**2**)
large grande (**1**)
largest mayor (5)
last: to ~ durar (9, 11); **~ night** anoche (**7**); **~ week** la semana pasada (**7**); **~ weekend** el fin de semana pasado (**7**); **~ year** el año pasado (**7**)
late tarde (3)
later than más tarde que (**7**)
laugh, to reírse (4)
law el derecho (**2**); la ley (10, **11**)
lazy perezoso/a (**1**)
learn, to aprender (**2**)
leather el cuero (**8**)
leave, to dejar (**10**); irse (**8**); salir (**3**)
left (of), to the a la izquierda (de) (**3, 11**)
leg (*of an animal*) la pata (9); la pierna (**9**)
legend la leyenda (9)
lemon el limón (**7**)
lend, to prestar (**8**)
less . . . than menos + *adjective/adverb/noun* + que (**10**)
let's: ~ hope ojalá que (**11**); **~ see** a ver (2)
lettuce la lechuga (**7**)
library la biblioteca (**2**)
lie la mentira (5, 7); **to ~** mentir (ie) (4)
light a campfire, to hacer una hoguera (**4**)
light ligero (**PB**); **~** (*colored*) claro/a (**8**)
like very much, to encantar (**8**)
like, to gustar (**PA**)
like: ~ como (5); **to feel ~ +** (*verb*) tener ganas de + (*infinitive*) (**3**)
Likewise. Igualmente. (**PA**)
line (*of people*) la cola (**10**)
lion el león (**11**)
listen to music, to escuchar música (**2**)
Listen. Escuche(n). (**PA**)
literacy la alfabetazación (8)
literature la literatura (**2**)
little (*a*) (un) poco (**1**)
live, to vivir (**2**)
living room la sala (**3**)
living vivo/a (**11**)
loan to, to prestar (**8**)
locals los lugareños (4)
long largo/a (**8**)
look: to ~ at mirar (1); **to ~ for** buscar (**4**)
lose, to perder (ie) (**4**)
lost perdido/a (4)
loud fuerte (3)
love el amor (4); **to ~** encantar (**8**); querer (**3**)
lucky, to be tener suerte (**3**)
luggage el equipaje (10)
lunch el almuerzo (**7**); **to have ~** almorzar (ue) (**7**)
lyrics la letra (**5**)

M

magazine la revista (8)
mail a letter, to mandar una carta (**4**)
majors las especialidades (**2**)
make, to hacer (**3**); **to ~ arts and crafts** hacer artesanía (4); **to ~ the bed** hacer la cama (**3**)
mall el centro comercial (**4**)
man el hombre; el señor (Sr.) (**1**)
management el manejo (7)
manager el/la empresario/a (**5**)
many tanto/a (2)
map el mapa (**2**)
market el mercado (**4**)
marmalade la mermelada (**7**)
married casado/a (**1**)
match el acierto (11)
material el material (**8**)
mathematics las matemáticas (*pl.*) (**2**)
matter: ~ el asunto (6); **to ~** importar (**8**)
mayonnaise la mayonesa (**7**)
mayor el alcalde/la alcaldesa (**11**)
me me (**5**); mí (**11**); **to/for ~** me (**8**)
meal la comida (**PB, 7**)
meaning sentido (3)
meat la carne (**7**)
medical treatment el tratamiento médico (**9**)
medicine la medicina (**2**)
medium término medio (**7**)
meet, to reunirse (**8**)
melon el melón (**7**)
memento el recuerdo (3)
memory el recuerdo (7)
menu el menú (**7**)
mess el lío (9)
message el mensaje (3)
messy desordenado/a (**3**)
Mexican mexicano/a (**PA**)
microwave el microondas (**3**)
midnight la medianoche (**PA**)
mile la milla (**PB**)
milk la leche (**7**)
mine mío/a/os/as (**10**)
minus menos (**1**)
miss, to faltar (4)
Miss la señorita (Srta.) (**1**)
missing desaparecido/a (9)
mistaken, to be equivocarse (9)
mixed grill la parrillada (7)
mixture la mezcla (7)
model el/la modelo (**8**)
modern moderno/a (**3**)
mom la mamá (**1**)
monarchy la monarquía (**11**)
Monday el lunes (**PA**)
money el dinero (**2**)
month el mes (**PA**)
more . . . than más + *adjective/adverb/noun* + que (**10**)
mosquito el mosquito (**11**)
mother la madre (**1**)
motor el motor (**10**)
motorcycle la moto (**1**); la moto(cicleta) (**10**)
mountain la montaña (**10, 11**); **~ range** la cordillera (11)
mountainous montañoso/a (4)
mouse el ratón (**11**)
mouth la boca (**9**)
movie la película (**4, 5**); **action ~** una película de acción (**5**); **science fiction ~** una película de ciencia ficción (**5**); **war ~** una película de guerra (**5**); **comedy ~** una película de humor (**5**); **mystery ~** una película de misterio (**5**); **romantic ~** una película romántica (**5**); **horror ~** una película de terror (**5**); **~ theater** el cine (**4**)
moving conmovedor/a; emocionante (**5**)
Mr. Sr. (**1**)
Mrs. Sra. (**1**)

much tanto/a (9)
museum el museo (**4**)
music la música (**2, 5**); **classical ~** la música clásica (**5**); **folk ~** la música folklórica (**5**); **pop ~** la música popular (**5**); **rap ~** la música rap (**5**)
musical musical (**5**)
musician el/la músico/a (**5**)
mustard la mostaza (**7**)
my mi, mis (**1**)
My name is . . . Me llamo... (**PA**)

N

napkin la servilleta (**7**)
narrate, to contar (9); narrar (6)
narrow estrecho/a (**8**)
nationality la nacionalidad (**PA**)
natural resource el recurso natural (**11**)
nature la naturaleza (**11**)
nausea la náusea (**9**)
near cerca de (2, **7, 11**)
neck el cuello (**9**)
need, to hacer falta (**8**); necesitar (**2**)
neither . . . nor ni… ni (**4**)
nervous nervioso/a (**2**)
never jamás (**4**); nunca (**2, 3, 4**)
nevertheless sin embargo (2, 3, **6**)
new nuevo/a (**3**)
newspaper el periódico (**11**)
next to al lado de (**11**)
nice simpático/a (**1**)
Nice to meet you. Mucho gusto. (**PA**)
nickname el apodo (5)
Nigerian nigeriano/a (**PA**)
nightmare la pesadilla (8)
nine nueve (**PA**); **~ hundred** novecientos (**2**)
nineteen diez y nueve (**PA**)
ninety noventa (**1**)
ninth noveno/a (**5**)
no: ~ longer ya no (5); **~.** No. (**PA**); **~ one** nadie (**4**)
nobody nadie (**4**)
noise el ruido (**PB**, 3, **10**)
none ninguna (3); ningún (**4**); ninguno/a/os/as (**4**)
noon el mediodía (**PA**)
nor ni (3); tampoco (7)
northeast el noreste (2)
nose la nariz (**9**)
not ever (*emphatic*) jamás (**4**)
notebook el cuaderno (**2**)
notes los apuntes (*pl.*) (**2**)

nothing nada (**4**)
now ahora (**PB**)
number el número (PA)
nurse el/la enfermero/a (**9**)

O

object el objeto (**3**)
obligation el deber (**4**)
occur, to ocurrir (**9**)
ocean el océano (**11**)
offer la oferta (3); **to ~** ofrecer (2)
office la oficina (**3**)
often a menudo (**2, 3**)
oil el aceite (**7**); **~ spill** el derrame de petróleo (**11**)
oír to hear (**3**)
Okay. Regular. (**PA**)
old antiguo/a (**3**); mayor (**1**); viejo/a (**3, 10**); **~er** mayor (**10**)
on top (*of*) encima (de), sobre (**3, 7, 11**)
on: on sobre (**3**); **~ hand** a mano (10)
one uno (**PA**); **~ hundred** cien (**1, 2**); **~ hundred million** cien millones (**3**); **~ hundred thousand** cien mil (**3**); **~ million** un millón (**3**); **~ thousand** mil (**2**)
onion la cebolla (**7**)
only solamente (8)
Open your book to page . . . Abra(n) el libro en la página... (**PA**)
open, to abrir (**2**)
opening el estreno (**5**)
opera la ópera (**5**)
orange anaranjado (**3**); **~** la naranja (**7**)
orchestra la orquesta (**5**)
order, to pedir (**7**)
ordinal numbers los números ordinales (**5**)
organize, to organizar (**4**)
others los demás (4)
ought to deber (**4**)
our/s nuestro/a/os/as (**1, 10**)
outfit el conjunto (**8**); el traje (5)
outside fuera (7); **~ of** (a)fuera de (**11**)
outskirts las afueras (3)
over sobre (**3, 11**); **~ there** (*and potentially not visible*) allá (**6**)
overcoat el abrigo (**8**)
overhaul, to revisar (**10**)
own propio/a (6)
ozone layer la capa de ozono (**11**)

P

package el paquete (10)
pain el dolor (**9**)
painted wooden animals los alebrijes (2)
painting el cuadro (**3**)
pajamas el pijama (**8**)
pants los pantalones (*pl.*) (**8**)
paper el papel (**2**)
parents los padres (**1**)
park el parque (**4**)
park, to estacionar (**10**)
parking el estacionamiento (**10**)
parrot el loro (11)
participate in a political campaign, to participar en una campaña política (**4**)
party fiesta (3)
passenger el pasajero (10)
passionate apasionado/a (**5**)
passport el pasaporte (**10**)
pastimes los pasatiempos (**2**)
pastry el pastel (**7**)
patient paciente (**1**)
pay, to pagar (**7**)
peace la paz (5)
pear la pera (7)
pedestrian el peatón (**10**)
pencil el lápiz (**2**)
people la gente (**1**)
pepper la pimienta (**7**)
percent por ciento (**1**)
perhaps tal vez (3)
personality la personalidad (**1**)
pet la mascota (10); el animal doméstico (**11**)
pharmacist el/la farmacéutico/a (9)
pharmacy la farmacia (**9**)
photo la foto (**1**)
physical física (**1**); **~ exam** el examen físico (**9**)
pianist el/la pianista (**5**)
piano el piano (**5**)
picture el cuadro (**3**, 5)
pie el pastel (**7**)
pig el cerdo (**11**)
pile el montón (7)
pill la pastilla (**9**)
pillow la almohada (**3**)
pink rosado (**3**)
place el lugar (**2**)
place, to poner (**3**)
planet el planeta (**11**)
plant, to plantar (**11**)
plastic el plástico (**11**)

plate el plato (**7**)
plateau (high) el altiplano (9)
platform el programa (11)
play, to jugar (ue) (**4**); **to ~ an instrument** tocar un instrumento (**2, 5**); **to ~ basketball** jugar al básquetbol; **to ~ baseball** jugar al béisbol; **to ~ soccer** jugar al fútbol; **to ~ football** jugar al fútbol americano; **to ~ golf** jugar al golf; **to ~ tennis** jugar al tenis (**2**)
Please. Por favor. (**PA**)
Pleased to meet you. Encantado/ Encantada. (**PA**)
pleasure el placer (7)
plus más (**1**)
policeman el policía (**10**)
Polite expressions Expresiones de cortesía (**PA**)
political: ~ issues las cuestiones políticas (**11**); **~ party** el partido político (**11**)
politics la política (**11**); **to get involved in ~** meterse en política (**11**)
polka-dotted de lunares (**8**)
poll la encuesta (**11**)
pollute, to contaminar (**11**)
pollution la contaminación (**11**)
polyester el poliéster (**8**)
poncho el rebozo (8)
poor pobre (**1**)
pork la carne de cerdo (7)
post office correos; la oficina de correos (**4**)
postage stamp el sello (**10**)
postcard la tarjeta postal (4, **10**)
posts los cargos (**11**)
potato chips las papas fritas (*pl.*) (**7**)
potato la papa; la patata (**7**)
poultry las aves (**7**)
practice, to ensayar (**5**)
prefer, to preferir (ie) (**4**)
pregnant embarazada (9)
preparation preparativo (5)
prepare, to preparar (**2**); **to ~ a meal** preparar la comida (**3**)
prescribe, to recetar (9)
prescription la receta (**9**)
presidency la presidencia (**11**)
president el/la presidente/a (**11**)
pretty bonito/a, guapa (**1**)
previous anterior (5)
print with a design or pattern el/la estampado/a (**8**)
professor el/la profesor/a (**2**)
proof la prueba (10)
propose, to proponer (5)
protect, to proteger (**11**)
proud orgulloso/a (4)
province la provincia (**11**)
psychology la psicología (**2**)
Puerto Rican puertorriqueño/a (**PA**)
pure puro/a (**11**)
purple morado (**3**)
purpose el própósito (7)
purse el bolso (**8**)
put away, to guardar (**3**)
put, to poner (**3**)
put: to ~ on (*one's clothes*) ponerse (la ropa) (**8**); **to ~ on make up** maquillarse (**8**); **to ~ up a tent** montar una tienda de campaña (**4**)

Q

quality la calidad (**11**)
queen la reina (**11**)
Questions and answers Preguntas y respuestas (**PA**)
quiet, to keep callarse (**8**)

R

rabbit el conejo (**11**)
radio el/la radio (**2**)
rain la lluvia (**PA**); **~ forest** (*tropical*) la selva tropical (**11**)
raincoat el impermeable (**8**)
rare crudo/a; poco hecho/a (**7**)
rat la rata (**11**)
raw crudo/a (**7**)
read, to leer (**2**)
Read. Lea(n). (**PA**)
Really well. Muy bien. (**PA**)
receive, to recibir (**2**)
recognize, to reconocer (8)
recommend, to recomendar (ie) (**4**)
record, to grabar (**5**)
recordings las grabaciones (**5**)
recycle, to reciclar (**11**)
red rojo (**3**)
reforest, to reforestar (**11**)
refrigerator el refrigerador (**3**)
regime el regímen (**11**)
region la región (**11**)
rehearse, to ensayar (**5**)
relatives los parientes (2)
release a CD, to sacar un CD (**5**)
release a movie, to estrenar una película (**5**)
remain, to quedarse (**8**)
remember, to acordarse de (o, ue) (**8**); recordar (ue) (**4**)
repeat, to repetir (i) (**4**)
Repeat. Repita(n). (**PA**)
report el reportaje (12)
representative el/la diputado/a (**11**)
request el pedido (9)
require, to requerir (11)
reservation la reserva (**10**)
reserve a table, to reservar una mesa (**7**)
resolve, to resolver (o, ue) (**11**)
respect, to respetar (5)
responsible responsable (**1**)
rest, to descansar (7)
restaurant el restaurante (**4, 7**)
return, to regresar (**2**); volver (ue) (**4**); **to ~** (*an object*) devolver (ue) (**4**)
reuse, to reutilizar (**11**)
review la reseña (PB, 5)
rhythm el ritmo (**5**)
rice el arroz (**7**)
rich rico/a (**1**)
riddle el rompecabeza (7)
ride: to ~ a bike montar en bicicleta (**2**); **to ~ a horse** montar (a caballo) (**11**)
right: to be ~ tener razón (**3**); **to the ~ (of)** a la derecha (de) (**3, 11**)
ring el anillo (5)
risk el riesgo (9)
river el río (**11**)
roasted asado/a (**7**)
robe la bata (**8**)
rock el rock (**5**)
roof el techo (**3**)
room el cuarto (**2, 3**); **~mate** el/la compañero/a de cuarto (**2**)
rooster el gallo (7)
rough áspero/a (11)
roving ambulante (4)
row la fila (5)
rug la alfombra (**3**)
run, to correr (**2**)

S

sad triste (**2**)
salad la ensalada (**7**)
salsa la salsa (**5**)
salt la sal (**7**)
sandals las sandalias (*pl.*) (**8**)
Saturday el sábado (**PA**)
save, to salvar (9)
say, to decir (**3**)
scare, to asustar (9)

scarf la bufanda (9)
scary espantoso/a (**5**)
schedule el horario (6); **~** (*of classes*) el horario (*de clases*) (**2**)
science las ciencias (*pl.*) (**2**)
scream, to gritar (8)
screen la pantalla (**5**)
scuba diving el buceo (4)
seafood los mariscos (**7**)
seamstress la costurera (8)
season la estación (**PA**)
seasoning el condimento (7)
second segundo/a (**5**); **~ floor** el primer piso (**3**)
security la seguridad (2)
see, to ver (**3**)
see: ~ you later. Hasta luego. (**PA**); **~ you soon.** Hasta pronto. (**PA**); **~ you tomorrow.** Hasta mañana. (**PA**)
seem, to parecer (4)
semester el semestre (**2**)
senate el senado (**11**)
senator el/la senador/a (**11**)
send a letter, to mandar una carta (**4**)
serve, to servir (i) (**4**)
set the table, to poner la mesa (**3**)
seven siete (**PA**); **~ hundred** setecientos (**2**)
seventeen diez y siete (**PA**)
seventh séptimo/a (**5**)
seventy setenta (**1**)
shaman el chamán (9)
share, to compartir (3, 5)
shark el tiburón (5)
shave, to afeitarse (**8**)
she ella (**PA**)
sheet la sábana (**3**)
shirt la camisa (**8**)
shoes los zapatos (*pl.*) (**8**)
short bajo/a (**1**); corto/a (**8**)
shorts los pantalones cortos (*pl.*) (**8**)
shot la inyección (**9**)
should deber (**4**)
show, to enseñar (**2**); mostrar (ue) (**4**); **to ~ a movie** presentar una película (**5**)
shower la ducha (**3**); **to ~** ducharse (**8**)
shrimp los camarones (*pl.*) (**7**)
shrub el arbusto (7)
siblings los hermanos (**1**)
sick, to be estar enfermo/a (**2, 9**); enfermar(se) (**9**)
side el lado (2)
sigh el suspiro (11)
signature la firma (4)
silk la seda (**8**)
silly tonto/a (**1**)
similarity la semejanza (6)
since ya que (1)
singer el/la cantante (**5**)
single room el cuarto individual (**10**)
sink el lavabo (**3**)
sister la hermana (**1**)
sit down, to sentarse (e, ie) (**8**)
six seis (**PA**); **~ hundred** seiscientos (**2**)
sixteen diez y seis (**PA**)
sixth sexto/a (**5**)
sixty sesenta (**1**)
skate, to patinar (**2**)
skill la habilidad (**5**)
skirt la falda (**8**)
sky el cielo (**11**)
sleep, to dormir (ue) (**4**)
sleepy, to be tener sueño (**3**)
slippers las zapatillas (*pl.*) (**8**)
slow lento/a (3, **5**)
small pequeño/a (**1, 10**); **smaller** menor (**10**); **smallest** el/la menor (**10**)
smooth suave (**5**)
snack la merienda (**7**); **to have a ~** merendar (**7**)
snake la serpiente (**11**)
sneeze el estornudo (**9**); **to ~** estornudar (**9**)
snow la nieve (**PA**)
socks los calcetines (*pl.*) (**8**)
sofa el sofá (**3**)
soft drink el refresco (**7**)
soil la tierra (**11**)
solid-colored liso/a (**8**)
some algún (**4**); alguno/a/os/as (3, **4**); un/una/unos/unas (**1**)
someone alguien (**4**)
something algo (**PB, 4**)
sometimes a veces (**2, 3, 4**)
son el hijo (**1**)
sore throat el dolor de garganta (**9**)
So-so. Más o menos. (**PA**)
soup la sopa (**7**); **~ spoon** la cuchara (**7**)
source la fuente (5, 9)
sow, to sembrar (e, ie) (**11**)
spam el correo basura (3)
Spaniard español/española (**PA**)
Spanish-speaking hispanohablante (3)
speak, to hablar (**2**)
specialty of the house la especialidad de la casa (**7**)
speech el discurso (**11**)
spices las especias (**7**)
spicy picante (**7**)
spoonful la cucharada (7)
sports los deportes (**2**)
spring la primavera (**PA**)
stadium el estadio (**2**)
staircase la escalera (**3,** 11)
stand: to ~ pararse (10); **to ~ out** destacar (5); **to ~ up** levantarse (**8**)
star la estrella (**5**)
start el principio (8)
state el estado (9, **11**)
statehood la estadidad (11)
states (*of being*) los estados (**2**)
station (*train, bus*) la estación (*de tren, de autobús*) (**10**)
stay, to quedarse (**8,** 11); **to ~ in bed** guardar cama (**9**)
steak el bistec (**7**)
steering wheel el volante (**10**)
stepfather el padrastro (**1**)
stepmother la madrastra (**1**)
still todavía (4)
stirred up alborotado/a (11)
stockings las medias (*pl.*) (**8**)
stomach el estómago (**9**)
store la tienda (**2**)
storm la tormenta (**11**)
story el piso (**3**)
stove la estufa (**3**)
straighten up, to arreglar (**3**)
strange extraño (4)
street la calle (**3, 10**)
strike la huelga (**11**); **to be on ~** estar en huelga (**11**)
striped de rayas (**8**)
strong fuerte (**1**)
student el/la estudiante (**2**); **~ center/ union** el centro estudiantil (**2**)
study, to estudiar (**2,** 6)
stupendous estupendo/a (**5**)
style el estilo (8)
subject la materia (**2**)
subway el metro (**10**)
successful, to be tener éxito (**3**)
such tan (2)
suddenly de repente (**PB**)
sugar el azúcar (**7**)
suit el traje (5, **8**); **bathing ~** el traje de baño (**8**)
suitable use el uso adecuado (10)
suitcase la maleta (**10**); **to pack a ~** arreglar/hacer la maleta (**10**)
summarize, to resumir (9)
summer el verano (**PA**); **~ camp** el campamento de niños (**4**)
sun el sol (**PA**); **to ~bathe** tomar el sol (**2**)

Sunday el domingo (**PA**)
supermarket el supermercado (**4**)
support, to apoyar (5, PB, **11**); **to ~ a candidate** apoyar a un/a candidato/a (**4**)
surprise la sorpresa (8)
surprising sorprendente (**5**)
survey la encuesta (**11**)
suspenseful de suspenso (**5**)
suspicious sospechoso/a (2)
sweater el suéter (**8**)
sweatshirt la sudadera (**8**)
sweets los dulces (**7**)
swim, to nadar (**2**); **~suit** traje de baño (**8**)

T

table la mesa (**2**)
tablecloth el mantel (**7**)
tablespoon la cuchara (**7**)
tailor el costurero (8)
take turns, to turnarse (3)
take, to tomar (**2**); llevar (**8**); **to ~ a nap** echar una siesta (**PB**); **to ~ a short trip** ir de excursión (**4**); **to ~ a walk** hacer una caminata (**4**); **to ~ care of** cuidar (**11**); **to ~ off** (*one's clothes*) quitarse (*la ropa*) (**8**); **to ~ out the garbage** sacar la basura (**3**); **to ~ someone to the doctor** llevar a alguien al médico (**4**)
tall alto/a (**1**)
tax el impuesto (**11**)
taxi el taxi (**10**)
tea (*iced/hot*) el té (*helado/caliente*) (**7**)
teach, to enseñar (**2**)
team el equipo (**2**)
teaspoon la cucharita (**7**)
television la televisión (**2**)
tell, to decir (**3**)
temperature la temperatura (**PA**)
temple el templo (**4**)
ten diez (**PA**)
tennis shoes los tenis (*pl.*) (**8**)
tenth décimo/a (**5**)
Thank you. Gracias. (**PA**)
that, that one (*way over there/not visible*) aquel/la; ese/a (**5**)
that, those (*way over there/not visible*); **those ones** aquellos/as (**5**)
the el/la/los/las (**1**); **~ check, please.** La cuenta, por favor. (**7**); **~ weather is bad.** Hace mal tiempo. (**PA**); **~ weather is nice.** Hace buen tiempo. (**PA**)
theater el teatro (**4**)
their su, sus (**1**)
them los, las (**5**); ellos/as (**11**); **to/for ~** les (**8**)
theme park el parque de atracciones (**10**)
then entonces, luego (**6**)
there / over there allí (4, **6**)
there is / are hay (**2**)
these estos/as (**5**)
they ellos/as (**PA**)
thin delgado/a (**1**)
thing la cosa (**3**)
think, to pensar (ie) (**4**)
third tercer, tercero/a (**5**); **~ floor** el segundo piso (**3**)
thirsty, to be tener sed (**3**)
thirteen trece (**PA**)
thirty treinta (**PA**, **1**); **~ thousand** treinta mil (**3**)
this esto (3)
this, this one este/a (**5**)
those over there; those ones esos/as (3, 5)
threat la amenaza (8)
three tres (**PA**); **~ hundred** trescientos (**2**)
throat la garganta (**9**)
through por (**11**)
throw, to tirar (9); **to ~ away** botar (**11**)
Thursday el jueves (**PA**)
ticket el boleto (8, **10**), la entrada (**5**); **free ~** la entrada gratis (5); **round-trip ~** el boleto de ida y vuelta (**10**)
tie la corbata (**8**)
tight estrecho/a (**8**)
time la hora (**PA**)
time la vez (5)
times por (**1**)
tin work hojalatería (2)
tip la propina (**7**)
tire la llanta (**10**)
tired cansado/a (**2**)
to a (**11**); **~ where?** ¿Adónde? (**2**)
toast la tostada (**7**)
toe el dedo (del pie) (**9**)
toilet el inodoro (**3**)
tomato el tomate (**7**)
too también (**2**)
tooth el diente (**9**)
topic el tema (5)
tornado el tornado (**11**)
touch, to tocar (4)
tour la gira (**5**); **to ~** hacer una gira (**5**)
tournament el torneo (4)
tower la torre (3)
town el pueblo (**4**); **~ square** la plaza (**4**)
track and field el atletismo (2)
traditional tradicional (**3**)
traffic el tráfico (**10**); **~ light** el semáforo (**10**); **~ ticket** la multa (**10**)
tragedy la tragedia (**11**)
tragic trágico/a (**5**)
train el tren (**10**)
transportation el transporte (**10**)
travel, to viajar (**10**); **~ agent** el/la agente de viajes (**10**); **~ agency** la agencia de viajes (6, **10**)
traveler el/la viajero/a (**10**)
treasure el tesoro (10)
treat, to tratar (9)
tree el árbol (**11**)
trip el viaje (**10**); **to go on a ~** ir de viaje (**10**)
truck el camión (**10**)
true cierto/a (4)
trumpet la trompeta (**5**); **~ player** el/la trompetista (**5**)
trunk el baúl (**10**)
try on clothing, to probarse (o, ue) la ropa (**8**)
try to, to tratar de (3, **9**)
T-shirt la camiseta (5, **8**)
tsunami el sunami (**11**)
Tuesday el martes (**PA**)
tuna el atún (**7**)
turn: to ~ doblar (**10**); **to ~ in** entregar (7); **to ~ on** encender (9)
turnover (*meat*) la empanada (7)
twelve doce (**PA**)
twenty veinte (**PA**)
two dos (**PA**); **~ hundred** doscientos (**2**); **~ million** dos millones (**3**); **~ thousand** dos mil (**3**)

U

ugly feo/a (**1**)
umbrella el paraguas (**8**)
uncle el tío (**1**)
uncomfortable incómodo/a (**8**)
under; underneath debajo (de) (**7, 11**)
undercover encubierto/a (11)
underline, to subrayar (7)
understand, to comprender (**2**); entender (ie) (**4**)
underwear la ropa interior (**8**)
unemployment el desempleo (**11**)

unpleasant antipático/a (**1**)
until hasta (**11**)
upset nervioso/a (**2**)
us nos (**5**); nosotros/as (**11**); **to/for ~** nos (**8**)
use, to usar (**PB, 2**, 4)
useful útil (**PA**)

V

vacation las vacaciones (**10**); **to go on ~** ir de vacaciones (**10**)
vacuum, to pasar la aspiradora (**3**)
vegetable la verdura (**7**)
vehicle el vehículo (**10**)
verb el verbo (**1, 2**)
very muy (**1**)
village el pueblo (**4**)
vinegar el vinagre (**7**)
virus, to have a tener un virus (**9**)
visit, to visitar (**10**)
voice la voz (**5**)
volunteer at a nursing home, to trabajar como voluntario/a en la residencia de ancianos (**4**)
volunteerism el voluntariado (**4**)
vote el voto (**11**); **to ~** votar (**11**)

W

waist la cintura (**9**); **from the ~ up** de la cintura para arriba (9)
wait: to ~ for esperar (**2**); **to ~ on** atender (9)
waiter el camarero (**7**)
waitress la camarera (**7**)
wake up, to despertarse (e, ie) (**8**)
walk, to andar (**7**); caminar (**2**)
wall la pared (**2**)
want, to querer (2, **3**)
war la guerra (**11**)
warn, to advertir (8)
wash: to ~ dishes lavar los platos (**3**); **to ~ oneself** lavarse (**8**)
waste, to perder (ie) (**4**)
watch el reloj (**2**)
watch television, to ver la televisión (**2**)
water el agua; **fresh ~** el agua dulce (5); **~ (with ice)** el agua (con hielo) (**7**)
waterfall la cascada (10)
we nosotros/as (**PA**)
weak débil (**1**)
wear, to llevar (**8**)
wedding la boda (4)
Wednesday el miércoles (**PA**)
week la semana (**PA**)
welfare el bienestar (**11**)
well: well cooked bien hecho/a (7); **~ done** bien cocido/a (7); **~ -being** el bienestar (**11**)
west el oeste (2)
what que (3)
what? ¿qué? (3); **~?** ¿Cómo? (**PA**); **~?** ¿Qué? (**2**); **~ day is today?** ¿Qué día es hoy? (**PA**); **~ does it mean?** ¿Qué significa? (**PA**); **~ is the gist of . . . ?** ¿De qué se trata... ? (8); **~ is this?** ¿Qué es esto? (**PA**); **~ is today's date?** ¿Cuál es la fecha de hoy? (**PA**); **~ is your name?** ¿Cómo se llama usted? (*for.*) (**PA**); **~ is your name?** (*fam.*) ¿Cómo te llamas? (**PA**); **~ time is it?** ¿Qué hora es? (**PA**); **~'s the weather like?** ¿Qué tiempo hace? (**PA**)
whatever cualquier (8)
When? ¿Cuándo? (**2**)
Where? ¿Dónde? (**2**)
which el cual (11); **~ (one/s)?** ¿Cuál/es? (**2**)
while mientras (2)
whip, to azotar (11)
white blanco (**3**)
Who? ¿Quién? (**PA, 2**); ¿Quiénes? (*pl.*) (**2**)
Why? ¿Por qué? (**2**)
wide ancho/a (7, **8**)
wife la esposa (**1**)
wild animals los animales salvajes (**11**)
win, to ganar (6)
wind el viento (**PA**)
window la ventana (**2**); **to ~ shop** ojear las vitrinas (8)
windshield el parabrisas (**10**); **~wiper** el limpiaparabrisas (**10**)
wine el vino (**7**)
winter el invierno (**PA**)
with con (**11**); **~ me** conmigo (9); **~ oneself** consigo (**11**); **~ you** contigo (9); **~out** sin (4, **11**)
woman la mujer (**1**); la señora (Sra.) (**1**)
wool la lana (**8**)
word la palabra (**PA**)
work, to funcionar (**10**), trabajar (**2**); **to ~ as a counselor** trabajar como consejero/a (4); **to ~ in politics** trabajar en política (4)
worried preocupado/a (**2**)
worry about, to preocuparse (por) (**11**)
worse peor (**10**)
worst el/la peor (**4, 10**)
wound la herida (**9**)
wrap, to envolver (7)
wrestling la lucha libre (2)
write, to escribir (**2**)
Write. Escriba(n). (**PA**)

Y

yam la batata (7)
years old, to be . . . tener… años (**3**)
yellow amarillo (**3**)
Yes. Sí. (**PA**)
yesterday ayer (**7**)
you te (**5**); ti (**11**); tú (*fam.*) (**PA**); usted/es (*for.*) (**PA, 11**); vosotros/as (*fam. pl. Spain*) (**PA, 11**); **~ all** os (**5**); **~ all** los, las (**5**); **to/for ~** te (**8**); **to/for ~ all** os (**8**)
young joven (**1, 10**); **~ man** el joven, el señor (Sr.) (**1**); **~ woman** la joven, la señorita (Srta.) (**1**); **~er** menor (**10**); **~est** el/la menor (**10**)
your (*for.*) su, sus (**1**); tu, tus (**1**); vuestro/a/os/as (*fam. pl. Spain*) (**1, 10**)
You're welcome. De nada. (**PA**)
yours (*fam.*) tuyo/a/os/as (3, **10**)
yucca la mandioca (7)

Z

zero cero (**PA**)

Credits

Photo Credits

Page numbers given for all references correspond to the eText, available in MySpanishLab.

p. 2: Jack Hollingsworth/Photodisc/Thinkstock; **p. 4**: (l) Demetrio Carrasco/Dorling Kindersley; (c) Jupiterimages/Comstock/Thinkstock; (r) Digital Vision/Thinkstock; **p. 7**: (t) Stockbyte/Getty Images; (b) Comstock Images/Thinkstock; **p. 12**: Yuri Arcurs/Shutterstock; **p. 15**: Jupiterimages/Comstock/Thinkstock; **p. 16**: George Doyle/Stockbyte/Thinkstock; **p. 20**:(t) Stockbyte/Thinkstock; (1st row, left to right) Jupiterimages/Photos.com/Thinkstock; Jupiterimages/Comstock/Thinkstock; Pete Saloutos/Shutterstock; BananaStock/Thinkstock; (2nd row, left to right) James Woodson/Photodisc/Thinkstock; BananaStock/Thinkstock; Jupiterimages/Brand X Pictures/Thinkstock; BananaStock/Thinkstock; **p. 21**: Samot/Shutterstock; **p. 22**: (l) Medioimages/Photodisc/Thinkstock; (tr) David Kay/Shutterstock; (br) Eddie Gerald/Rough Guides/DK Images; **p. 26**: (t) Andi Berger/Shutterstock; (1st row, l) iofoto/Shutterstock; (1st row, c) Resnak/Shutterstock; (1st row, r) Brad Remy/Shutterstock; (2nd row, l) Jupiterimages/Comstock/Thinkstock; (2nd row, c) Brandon Seidel/Shutterstock; (2nd row, r) Saleeee/Shutterstock; (3rd row, l) Paul Yates/Shutterstock; (3rd row, c) olly/Shutterstock; **pp. 30–31**: Andresr/Shutterstock; **p. 35**: (t) monbibi/Shutterstock; (b) David Sacks/Lifesize/Thinkstock; **p. 45**: Rido/Shutterstock; **p. 46**: (t) Knotsmaster/Shutterstock; (b) Grigory Kubatyan/Shutterstock; **p. 50**: (l) Goodshoot/Thinkstock; (r) Comstock Images/Thinkstock; **p. 52**: (t) ImageryMajestic/Shutterstock; (c) Jeffery Allan Salter/Corbis SABA/Corbis Entertainment/Corbis; (cr) Aspen Photo/Shutterstock; (bl) Michael Moran/Dorling Kindersley; (bc) Samot/Shutterstock; **pp. 60–61**: Bill Perry/Shutterstock; **p. 64**: csp/Shutterstock; **p. 69**: Jack Hollingsworth/Photodisc/Thinkstock; **p. 72**: (tl) kaarsten/Shutterstock; (cr) Creatista/Shutterstock; **p. 73**: (l) Poprugin Aleksey/Shutterstock; (cl) John Foxx/Stockbyte/Thinkstock; (cr) Matthew Ward/Dorling Kindersley; (r) Comstock Images/Getty Images/Thinkstock; **p. 81**: (tl) Skylinephoto/Shutterstock; (tc) Stockbyte/Thinkstock; (tr) Jack Hollingsworth/Digital Vision/Thinkstock; (bl) Comstock/Thinkstock; (bc) Jupiterimages/Comstock/Thinkstock; (br) Donald Miralle/Lifesize/Thinkstock; **p. 82**: (1st row, l) Bikeriderlondon/Shutterstock; (1st row, c) Stockbyte/Thinkstock; (1st row, r) Stephen Mcsweeny/Shutterstock; (2nd row, l) BananaStock/Thinkstock; (2nd row, c) Digital Vision/Thinkstock; (2nd row, r) Stockbyte/Thinkstock; (3rd row, l) Poleze/Shutterstock; (3rd row, c) Maridav/Shutterstock; (3rd row, r) Daria Minaeva/Shutterstock; (4th row, l) Jupiterimages/Brand X Pictures/Thinkstock; **p. 83**: Stockbyte/Thinkstock; **p. 84**: John Gibson/AFP/Getty Images; **p. 86**: (t) Jack Hollingsworth/Photodisc/Thinkstock; (b) Jupiterimages/Comstock/Thinkstock; **p. 88**: (t) Jack Hollingsworth/Photodisc/Thinkstock; (cr) csp/Shutterstock; (b) csp/Shutterstock; **p. 89**: (t) Pixland/Thinkstock; (c) SoloHielo/Shutterstock; (b) Francesca Yorke/Dorling Kindersley; **pp. 96–97**: D. Heining-Boynton, HBPHOTOPRO.COM; **p. 100**: (tl) D. Heining-Boynton, HBPHOTOPRO.COM; (tc) Evok20/Shutterstock; (tr) gary yim/Shutterstock; (bl) javarman/Shutterstock; (bc) Jarno Gonzalez Zarraonandia/Shutterstock; (br) D. Heining-Boynton, HBPHOTOPRO.COM; **p. 104**: Mark Hayes/Shutterstock; **p. 105**: (t) D. Heining-Boynton, HBPHOTOPRO.COM; (b) D. Heining-Boynton, HBPHOTOPRO.COM; **p. 107**: HamsterMan/Shutterstock; **p. 111**: (1st row, l) D. Heining-Boynton, HBPHOTOPRO.COM; (1st row, c) D. Heining-Boynton, HBPHOTOPRO.COM; (1st row, r) D. Heining-Boynton, HBPHOTOPRO.COM; (2nd row, l) D. Heining-Boynton, HBPHOTOPRO.COM; (2nd row, c) D. Heining-Boynton, HBPHOTOPRO.COM; (2nd row, r) D. Heining-Boynton, HBPHOTOPRO.COM; (3rd row, l) D. Heining-Boynton, HBPHOTOPRO.COM; (3rd row, tc) Alberto Loyo/Shutterstock; (3rd row, bc) D. Heining-Boynton, HBPHOTOPRO.COM; (3rd row, r) D. Heining-Boynton, HBPHOTOPRO.COM; **p. 112**: D. Heining-Boynton, HBPHOTOPRO.COM; **p. 113**: D. Heining-Boynton, HBPHOTOPRO.COM; **p. 117**: (tl) D. Heining-Boynton, HBPHOTOPRO.COM; (tr) Natalia Belotelova/Shutterstock; (bl) Pres Panayotov/Shutterstock; (br) D. Heining-Boynton, HBPHOTOPRO.COM; **p. 119**: (t) D. Heining-Boynton, HBPHOTOPRO.COM; (b) D. Heining-Boynton, HBPHOTOPRO.COM; **p. 121**: Comstock/Thinkstock; **p. 122**: Photoroller/Shutterstock; **p. 124**: (t) Brand X Pictures/Thinkstock; (cr) Richard Wareham Fotografie/Alamy; (bl) Vinicius Tupinamba/Shutterstock; (br) imageZebra/Shutterstock; **p. 125**: (tl) Sillycoke/Shutterstock; (cl) D. Heining-Boynton, HBPHOTOPRO.COM; (cr) Joan Ramon Mendo Escoda/Shutterstock; (b) D. Heining-Boynton, HBPHOTOPRO.COM; **p. 126**: Pearson Education; **p. 128**: (l) Erin Baiano/Pearson Education/PH College; (c) Erin Baiano/Pearson Education/PH College; (r) Erin Baiano/Pearson Education/PH College; **pp. 132–133**: Grigory Kubatyan/Shutterstock; **p. 135**: (t) Peter Wilson/Dorling Kindersley; (bl) Stockbyte/Thinkstock; (br) olly/Shutterstock; **p. 136**: Suzanne Long/Shutterstock; **p. 137**: Jennifer Stone/Shutterstock; **p. 139**: Jupiterimages/Thinkstock; **p. 141**: Medioimages/Photodisc/Thinkstock; **p. 145**: ImageState Royalty Free/Alamy; **p. 146**: PhotoLibrary; **p. 148**: Jack Hollingsworth/Stockbyte/Thinkstock; **p. 151**: vadim kozlovsky/Shutterstock; **p. 153**: Pixland/Thinkstock; **p. 156**: Andresr/Shutterstock; **p. 157**: Pearson Education; **p. 158**: BananaStock/Thinkstock; **p. 161**: (t) Andresr/Shutterstock; (cl) Christopher Poe/Shutterstock; (cr) Dave Rock/Shutterstock; (b) John A. Anderson/Shutterstock; **p. 162**: (t) Jupiterimages/liquidlibrary/Thinkstock; (cl) Daniel Loncarevic/Shutterstock; (cr) Gugli/Dreamstime; (b) Mike Cohen/Shutterstock; **p. 163**: (t) iofoto/Shutterstock; (cl) rj lerich/Shutterstock; (bl) Yai/Shutterstock; (br) EpicStockMedia/Shutterstock; **p. 164**: Pearson Education; **p. 166**: (l, c, r) Pearson Education; **pp. 170–171**: AndrusV/Shutterstock; **p. 174**: (t) olly/Shutterstock; **p. 178**: (tr) JLC/ZOJ WENN Photos/Newscom; (bl) Miguel Campos/Shutterstock; (br) Helga Esteb/Shutterstock; **p. 186**: (tl) cinemafestival/Shutterstock; (cl) cinemafestival/Shutterstock; (bl) cinemafestival/Shutterstock; (br) DFree/Shutterstock; **p. 191**: (t) dwphotos/Shutterstock; (b) Dana Nalbandian/Shutterstock; **p. 192**: Pearson Education; **p. 193**: DeshaCAM/Shutterstock; **p. 195**: (t) Getty Images, Inc. – PhotoDisc; (cl) rj lerich/Shutterstock; (cr) rj lerich/Shutterstock; (b) Terry Honeycutt/Shutterstock; **p. 196**: (t) Kim Steele/Photodisc/Thinkstock;

(cl) Sandra A. Dunlap/Shutterstock; (cr) Brandon Stein/Shutterstock; (b) Brand X Pictures/Thinkstock; **p. 197**: (t) Jack Hollingsworth/Photodisc/Thinkstock; (cl) Paul Katz/Photodisc/Thinkstock; (cr) Chris Howey/Shutterstock; (b) rj lerich/Shutterstock; **p. 198**: Pearson Education; **p. 200**: (l, c, r) Pearson Education; **p. 204**: (l) Michael Moran/Dorling Kindersley; (r) Vinicius Tupinamba/Shutterstock; **p. 205**: (l) Daniel Loncarevic/Shutterstock; (r) Brandon Stein/Shutterstock; **p. 207**: (tl) Jack Hollingsworth/Thinkstock; (tr) Creatas Images/Thinkstock; (b) Ryan McVay/Photodisc/Getty Images; **p. 208** (1st row, l) ImageryMajestic/Shutterstock; (1st row, lc) Jack Hollingsworth/Photodisc/Thinkstock; (1st row, rc) Brand X Pictures/Thinkstock; (1st row, r) Andresr/Shutterstock; (2nd row, l) Jupiterimages/liquidlibrary/Thinkstock; (2nd row, lc) iofoto/Shutterstock; (2nd row, c) Getty Images, Inc. – PhotoDisc; (2nd row, rc) Kim Steele/Photodisc/Thinkstock; (2nd row, r) Jack Hollingsworth/Photodisc/Thinkstock; **p. 211**: Ian Tragen/Shutterstock; **p. 214**: Steve Mason/Getty Images; **p. 216**: Dwphotos/Shutterstock; **p. 219**: Frontpage/Shutterstock; **p. 220**: (all) Pearson Education; **p. 221**: (all) Pearson Education; **p. 222**: Santiago Cornejo/Shutterstock; **p. 223**: (bl) Joe Mercier/Shutterstock; (br) Aspen Photo/Shutterstock; **p. 224**: (t, 1st row, l) csp/Shutterstock; (t, 1st row, lc) D. Heining-Boynton, HBPHOTOPRO.COM; (t, 1st row, rc) John A. Anderson/Shutterstock; (t, 1st row, r) Daniel Loncarevic/Shutterstock; (t, 2nd row, l) csp/Shutterstock; (t, 2nd row, lc) D. Heining-Boynton, HBPHOTOPRO.COM; (t, 2nd row, rc) Dave Rock/Shutterstock; (t, 2nd row, r) Mike Cohen/Shutterstock; (b, 1st row, l) rj lerich/Shutterstock; (b, 1st row, lc) Terry Honeycutt/Shutterstock; (b, 1st row, rc) Brandon Stein/Shutterstock; (b, 1st row, r) Paul Katz/Photodisc/Thinkstock; (b, 2nd row, l) EpicStockMedia/Shutterstock; (b, 2nd row, lc) rj lerich/Shutterstock; (b, 2nd row, rc) Brand X Pictures/Thinkstock; (b, 2nd row, r) rj lerich/Shutterstock; **pp. 226–227**: Andresr/Shutterstock; **p. 228**: (tl) Jack Hollingsworth/Photodisc/Thinkstock; (tr) Corbis; (bl) Julie Keen/Shutterstock; (br) Digital Vision./Digital Vision/Thinkstock; **p. 229**: Creatas/Jupiter Images; **p. 236**: (l) Ilja MaÅ¡Ãk/Shutterstock; (r) Pearson Education; **p. 238**: (l) D. Heining-Boynton, HBPHOTOPRO.COM; (r) russ witherington/Shutterstock; **p. 239**: (l) D. Heining-Boynton, HBPHOTOPRO.COM; (c) Pearson Education; (r) D. Heining-Boynton, HBPHOTOPRO.COM; **p. 240**: (l) Cheryl Casey/Shutterstock; (c) Giordano Aita/Shutterstock; (r) Michael Shake/Shutterstock; **p. 242**: Dean Mitchell/Shutterstock; **p. 243**: Jupiterimages/Thinkstock; **p. 246**: Creatas Images/Thinkstock; **p. 247**: Dario Sabljak/Shutterstock; **p. 248**: Barone Firenze/Shutterstock; **p. 250**: Marten Czamanske/Shutterstock; **p. 251**: Scott Leman/Shutterstock; **p. 252**: (all) Pearson Education; **pp. 254–255**: Jupiterimages/Goodshoot/Thinkstock; **p. 261**: Digital Vision/Thinkstock; **p. 262**: (t) catman/Shutterstock; (1st row, l) C.J. White/Shutterstock; (1st row, c) Digital Vision/Thinkstock; (1st row, r) Yellowj/Shutterstock; (2nd row, l) joingate/Shutterstock; (2nd row, c) Valentyn Volkov/Shutterstock; (2nd row, r) Michal Zajac/Shutterstock; **p. 264**: George Doyle/Thinkstock; **p. 267**: Yellowj/Shutterstock; **p. 270**: (t) Kiselev Andrey Valerevich/Shutterstock; (1st row, l) Valentyn Volkov/Shutterstock; (1st row, lc) Andrey Jitkov/Shutterstock; (1st row, rc) hfng/Shutterstock; (1st row, r) Robyn Mackenzie/Shutterstock; (2nd row, l) Shebeko/Shutterstock; (2nd row, lc) Denis Vrublevski/shutterstock; (2nd row, rc) epsylon_lyrae/Shutterstock; (2nd row, r) Ramon grosso dolarea/Shutterstock; **p. 271**: D. Heining-Boynton, HBPHOTOPRO.COM; **p. 279**: Comstock/Thinkstock; **p. 280**: D. Heining-Boynton, HBPHOTOPRO.COM; **p. 281**: Jupiterimages/Thinkstock; **p. 282**: (t) Deklofenak/Shutterstock; (b) Aleksey Kondratyuk/Shutterstock; **p. 284**: (t) Barbara Penoyar/Photodisc/Getty Images; (tr) Alexander Chaikin/Shutterstock; (l) D. Heining-Boynton, HBPHOTOPRO.COM; (br) Rhonda Klevansky/Getty Images; **p. 285**: (t) Andresr/Shutterstock; (c) iladm/Shutterstock; (bl) Pearson Learning Photo Studio; (br) Pixel1962/shutterstock; **p. 286**: Pearson Education; **p. 288**: (l, c, r) Pearson Education; **pp. 292–393**: Photos.com/Jupiterimages/Thinkstock; **p. 296**: (l) Suzanne Long/Shutterstock; (r) Joel Shawn/Shutterstock; **p. 297**: Brand X Pictures/Jupiterimages/Thinkstock; **p. 298**: Colin Sinclair/Dorling Kindersley; **p. 301**: Thomas Northcut/Photodisc/Thinkstock; **p. 304**: (t) NataliaYeromina/Shutterstock; (lc) Creatas/Thinkstock; (c) littleny/Shutterstock; (rc) Paul Sutherland/Digital Vision/Thinkstock; (b) Losevsky Pavel/Shutterstock; **p. 311**: (l) NataliaYeromina/Shutterstock; (l, inset) Doug James/Shutterstock; (r) lev radin/Shutterstock; **p. 316**: jorisvo/Shutterstock; **p. 318**: Pictorial Press Ltd/Alamy; **p. 319**: Linda Johnsonbaugh/Shutterstock; **p. 321**: Digital Vision/Thinkstock; **p. 322**: (t) lev radin/Shutterstock; (b) iofoto/Shutterstock; **p. 324**: (t) Jack Hollingsworth/Thinkstock; (tl) Larry Lee Photography/Corbis; (c) Demetrio Carrasco/Dorling Kindersley; (bl) Dale Mitchell/Shutterstock; **p. 325**: (t) Hans Neleman/Getty Images; (tl) Brand X Pictures/Thinkstock; (c) D. Heining-Boynton, HBPHOTOPRO.COM; (bl) SF photo/Shutterstock; **p. 326**: Pearson Education; **p. 328**: (l, c, r) Pearson Education; **pp. 332–333**: Andresr/Shutterstock; **p. 336**: Stephen Schildbach/Getty Images; **p. 340**: AVAVA/Shutterstock; **p. 344**: Guido Amrein, Switzerland/Shutterstock; **p. 346**: Stockbyte/Getty Images; **p. 351**: Galyna Andrushko/Shutterstock; **p. 352**: Regissercom/Shutterstock; **p. 355**: (t) Getty Images/Thinkstock; (b) BananaStock/Thinkstock; **p. 356**: TheThirdMan/Shutterstock; **p. 359**: Creatas/Jupiterimages/Thinkstock; **p. 360**: Pearson Education; **p. 361**: (t) Creatas Images/Thinkstock; (b) Andresr/Shutterstock; **p. 363**: (t) Maria Teijeiro/Photodisc/Thinkstock; (tl) Jarno Gonzalez Zarraonandia/Shutterstock.com; (c) terekhov igor/Shutterstock; (b) Maria Veras/Shutterstock; **p. 364**: (t) Andresr/Shutterstock; (l) gary yim/Shutterstock; (tc) Paul Clarke/Shutterstock; (bc) Jarno Gonzalez Zarraonandia/Shutterstock.com; **p. 365**: (t) Andresr/Shutterstock; (c) nousefornаme/Shutterstock; (bl) Jacqueline Abromeit/Shutterstock; (br) Sofia/Shutterstock; **p. 366**: Pearson Education; **p. 368**: (l, c, r) Pearson Education; **pp. 372–373**: Bryan Busovicki/Shutterstock; **p. 377**: Andresr, 2010/used under license from www.Shutterstock.com; **p. 378**: Ramona Heim/Shutterstock; **p. 382**: (t) Creatas Images/Thinkstock; (b) Stockbyte/Thinkstock; **p. 385**: (t) Stockbyte/Thinkstock; (b) gary yim/Shutterstock; **p. 386**: (t) Robert Kneschke/Shutterstock; (b) Noel Hendrickson/Thinkstock; **p. 387**: Thomas Northcut/Thinkstock; **p. 390**: John Foxx/Thinkstock; **p. 391**: (tl) Lysithee/Shutterstock; (r) Robert WrÃƒÂ³blewski/Shutterstock; (bl) Attila JANDI/Shutterstock; **p. 393**: Digital Vision/Thinkstock; **p. 398**: Andrey Yurlov/Shutterstock; **p. 399**: Stockbyte/Getty Images; **p. 400**: (t) Dmitriy Shironosov/Shutterstock; (b) nito/Shutterstock; **p. 402**: (t) Stockbyte/Getty Images; (l) gary yim/Shutterstock; (tc) max blain/Shutterstock; (bc) javarman/Shutterstock; **p. 403**: (t) Rido/Shutterstock; (l) Alexander Chaikin/Shutterstock; (tc) D. Heining-Boynton, HBPHOTOPRO.COM; (bc) Andriy Markov/Shutterstock; **p. 404**: Pearson Education; **p. 406**: (l, c, r) Pearson Education; **pp. 410–411**: James Thew/Shutterstock; **p. 413**: Pan Xunbin/Shutterstock; **p. 414**: (top to bottom) Ng Yin Jian/Shutterstock; Lucky Business/Shutterstock; marilyn barbone/Shutterstock; Denis Pepin/Shutterstock; Narcis Parfenti/Shutterstock; Hintau Aliaksei/Shutterstock; **p. 415**: kaarsten/Shutterstock; **p. 419**: Colin D. Young/

Page numbers given for all references correspond to the eText, available in MySpanishLab.

Shutterstock; **p. 424**: (t) Jupiterimages/Getty Images/Thinkstock; (b) George Doyle/Thinkstock; **p. 428**: stocklight,2009/Used under license from Shutterstock; **p. 429**: Jupiterimages/Thinkstock; **p. 433**: Jupiterimages/Thinkstock; **p. 434**: Jupiterimages/Thinkstock; **p. 437**: absolute/Shutterstock; **p. 438**: Jupiterimages/Thinkstock; **p. 439**: (t) Stephen Coburn/Shutterstock; (b) George Doyle/Thinkstock; **p. 441**: (t) Riser/DreamPictures; (tl) Heidi Grassley/Dorling Kindersley; (bl) Jeff Whyte/Shutterstock; (c) Paolo Pulga/Dorling Kindersley; **p. 442**: (t) Jupiterimages, Brand X Pictures/Thinkstock; (tl) Israel Pabon/Shutterstock; (bl) Lawrence Roberg/Shutterstock; (c) Joseph/Shutterstock; **p. 443**: (t) Blend Images/Shutterstock; (lc) rj lerich/Shutterstock; (rc) rj lerich/Shutterstock; (b) Demetrio Carrasco/Rough Guides/DK Images; **p. 444**: Pearson Education; **p. 446**: (l, c, r) Pearson Education; **p. 450**: (l) Larry Lee Photography/Corbis; (r) Dale Mitchell/Shutterstock; **p. 451**: (l) Galyna Andrushko/Shutterstock; (r) Salim October /Shutterstock; **p. 453**: (tl) Jupiterimages/Brand X Pictures/Thinkstock; (tc) Blaj Gabriel/Shutterstock; (tr) Stockbyte/Thinkstock; (b) Catalin Petolea/Shutterstock; **p. 455**: Stockbyte/Thinkstock; **p. 456**: (t) Monkey Business Images/Shutterstock; (b) Phil Date/Shutterstock; **p. 458**: (l) Comstock/Thinkstock; (c) photobank.ch/Shutterstock; (r) Horst Petzold/Shutterstock; **p. 459**: Tony Magdaraog/Shutterstock; **p. 461**: (l) Cedric Weber/Shutterstock; (c) Galyna Andrushko/Shutterstock; (r) Comstock/Getty Images; **p. 462**: (t) George Doyle/Stockbyte/Thinkstock; (b) Tatagatta/Shutterstock; **p. 465**: (l) Pattie Steib/Shutterstock; (c) Vadym Andrushchenko/Shutterstock; (r) Galina Barskaya/Shutterstock; **p. 466**: withGod/Shutterstock; **p. 467**: (1st row, left to right) Barbara Penoyar/Photodisc/Getty Images; Andresr/Shutterstock; Jack Hollingsworth/Thinkstock; Hans Neleman/Getty Images; (2nd row, left to right) Maria Teijeiro/Photodisc/Thinkstock; Andresr/Shutterstock; Andresr/Shutterstock; Stockbyte/Getty Images; (3rd row, left to right) Rido/Shutterstock; Riser/DreamPictures; Jupiterimages, Brand X Pictures/Thinkstock; Blend Images/Shutterstock; **p. 468**: (1st row, left to right) kwest/Shutterstock; Alexander Chaikin/Shutterstock; javarman/Shutterstock; jorisvo/Shutterstock; (2nd row, left to right) Yory Frenklakh/Shutterstock; gary yim/Shutterstock; Jose Alberto Tejo/Shutterstock; Alexander Chaikin/Shutterstock; (3rd row, left to right) Marinko Tarlac/Shutterstock; David Berry/Shutterstock; Eugene Moerman/Shutterstock; jovannig/Shutterstock; **p. 469**: (tl) D. Heining-Boynton, HBPHOTOPRO.COM; (tr) D. Heining-Boynton, HBPHOTOPRO.COM; (bl) fotum/Shutterstock; (br) thumb/Shutterstock; **p. 470**: (all) Pearson Education.

Index

Page numbers given for all references correspond to the eText, available in MySpanishLab.

Page numbers given for all references correspond to the eText, available in MySpanishLab.